Laufen ohne Beschwerden

Dr. paed. Thomas Prochnow
Priv.-Doz. Dr. med. habil. Wolfgang Bringmann
Caro Hammer

Laufen ohne Beschwerden

**Prävention,
Therapie und Rehabilitation**

Ein Fachbuch
für Läufer,
Physiotherapeuten
und Mediziner

www.las-verlag.com

Autorenkurzvorstellung

Dr. Thomas Prochnow
43 Jahre
Ausbildung/Qualifikation:
Diplomsportwissenschaftler, Diplomtrainer, BWL/VWL, Sportmarketing, medizinische Trainingstherapie
Berufliche Erfahrung:
Leistungssportforschung – Forschungsinstitut für Körperkultur und Sport in Leipzig
Nationaltrainer Marathon/Sportberater in Ägypten/Management Berlin-Marathon, Stadtmarathon Regensburg
Hubert-Schwarz-Zentrum Nürnberg
Marketing und Vertrieb Firma New Line Sport, Dänemark
Ambulantes Rehazentrum Klinik Bavaria in Regensburg, Sportmedizin
Medizinische Trainingstherapie der Einrichtungen ›Eder Reha‹ und ›Praxis Brüderlein‹ in Regensburg
Leiter Sportmarketing der Firma Kneipp in Würzburg
International erfolgreicher Trainer im Langstrecken- und Marathonlauf, Straßenradsport und Rennrollstuhlsport
Autor verschiedener Bücher und Veröffentlichungen zu den Themen »Laufen für Einsteiger und Fortgeschrittene«, »Gesundheitssport«, »Prävention und Rehabilitation im Sport«
Management mdm – Mitteldeutscher Marathon Halle – Leipzig

Priv.-Doz. Dr. med. habil. Wolfgang Bringmann
67 Jahre
Ausbildung/Qualifikation:
Facharzt für Sportmedizin, Facharzt für Allgemeinmedizin, Hochschuldozent
Berufliche Erfahrung:
Praktische sportmedizinische Betreuung (Prophylaxe, Therapie, Rehabilitation)
Sportmedizinische Forschung (Leistungssport, Breitensport, Gesundheitssport, Sporttherapie)
Leitung eines Sportmedizinischen Instituts
Leitung einer hausärztlichen Praxis für Allgemeinmedizin/Sportmedizin
Langjährige Lehrtätigkeit auf den Gebieten der Sportmedizin und Physiotherapie
Chefredakteur der Zeitschrift ›Medizin und Sport
Redakteur der Zeitschriften ›Theorie und Praxis der Körperkultur‹ und ›Deutsche Zeitschrift für Sportmedizin‹
Mehrmaliger organisatorischer Leiter von sportmedizinischen Kongressen
Langjährige Referententätigkeit auf dem Gebiet des Lauf- und Breitensports
Mannschaftsarzt nationaler Sportmannschaften (Fußball-Nachwuchsnationalmannschaft, Ruder-Juniorennationalmannschaft)
Autor verschiedener Bücher zu den Themen ›Gesundheitssport‹, ›Sportliches Training während der Kur‹, ›Alterssport‹, ›Lasertherapie‹ und zahlreicher wissenschaftlicher (219) sowie populärwissenschaftlicher (314) Publikationen.

Caro Hammer
34 Jahre
Ausbildung/Qualifikation:
Physiotherapeutin, Sportphysiotherapeutin, Manualtherapeutin, Fitnesstrainerin
Berufliche Erfahrung:
Physiotherapie und Trainingstherapie bei den Einrichtungen ›Eder Reha‹ und ›Praxis Brüderlein‹ in Regensburg
Freiberufliche Tätigkeit: Physiotherapeutin
Betreuung des Laufvereins LLC Marathon Regensburg
Laufanalyse und Beratung bei ›Runners Point‹ in Regensburg
Fach- und sportspezifische Vorträge bei Vereinen, Krankenkassen und anderen Einrichtungen
Assistententätigkeit bei der IAOM (internationale Akadamie für orthopädische Medizin)
Fachartikel für Laufzeitschriften

Inhaltsverzeichnis

1 Einführung

Das ständig wachsende Interesse am Freizeitsport erfordert zunehmend eine sachkundige Betreuung der Freizeit- und Wettkampfsportler bei der Vor- und Nachbereitung der sportlichen Betätigung sowie bei der Vorbeugung und Behandlung von Überlastungsschäden und Sportverletzungen. Der Sport mit seinen vielen Möglichkeiten, sich körperlich aktiv und sinnvoll zu betätigen, hat für unsere moderne Wohlstandsgesellschaft eine wichtige Ausgleichsfunktion zu erfüllen.

Man muss heute davon ausgehen, dass bei einem hohen Prozentsatz unserer Bevölkerung gesundheitliche Störungen vorliegen, die im Wesentlichen den Risikofaktoren zuzuordnen sind. Zu diesen zählen beispielsweise Übergewicht, Bewegungsmangel, Rauchen, Stress, erhöhter Blutdruck und Stoffwechselstörungen (Zuckerkrankheit, Gicht u. a.). Durch regelmäßige sportliche Betätigung werden nicht nur diese Risikofaktoren bekämpft, es ist auch nachgewiesen, dass etwa Übergewicht und erhöhter Blutdruck positiv bis zur Normalisierung beeinflusst werden können.

Im Rahmen der breiten Entwicklung des Freizeit- und Wettkampfsports hat die Laufbewegung weltweit in allen Altersgruppen in den letzten Jahren so großen Zuspruch erfahren, dass es Sinn macht, sich mit dieser Sportart in sportärtzlicher Hinsicht näher zu befassen.

Dieses Buch wendet sich sowohl an laufinteressierte Sportler aller Alters- und Leistungsklassen als auch an sportmedizinisch interessierte Trainer, Sportlehrer, Übungsleiter und Ärzte, die sich mit der Betreuung von Läufern befassen. Denn die wichtigste Aufgabe aller im Sport tätigen Menschen ist es, körperliche Schäden durch die sportliche Betätigung zu vermeiden. Falls trotz aller Vorsicht Überlastungsbeschwerden oder eine Verletzung auftreten, wird von den Betreuern erwartet, umgehend sachkundige Maßnahmen einzuleiten, um den Schaden zu begrenzen bzw. eine schnelle Behandlung zu ermöglichen.

Das Anliegen des Buches ist es, den Läufer zu befähigen, schnell erste Selbstmaßnahmen durchzuführen, um den Schaden zu begrenzen und die Heilung zu beschleunigen, denn falsche oder verzögerte Maßnahmen könnten den den gegenteiligen Effekt nach sich ziehen. Darüber hinaus soll aber auch darauf hingewiesen werden, welche Maßnahmen bei der zukünftigen Lauf- und Trainingsgestaltung vorsorglich Beachtung finden müssen, um einen erneuten Schaden zu verhindern.

Was die ärztliche Betreuung betrifft, sollten möglichst lauf- und sportmedizinisch erfahrene Ärzte die Behandlung übernehmen, weil immer die sportartspezifische Beurteilung eine notwendige Voraussetzung für eine schnelle Herstellung der Wiederbelastbarkeit darstellt. Nur wenige

Laufbeschwerden oder -verletzungen bedürfen einer längeren Belastungspause, wenn schnelle und umfassende Behandlungsmaßnahmen eingeleitet werden. Auch danach besteht nur in seltenen Fällen die Notwendigkeit, den Laufsport aufzugeben, falls die richtigen und notwendigen Schlussfolgerungen für die zukünftige Laufgestaltung getroffen werden.

Insgesamt soll das vorliegende Buch die weitere Entwicklung des Laufsports unterstützen, indem sowohl der aktive Laufsportler als auch der Betreuer befähigt werden, Überlastungserscheinungen frühzeitig zu erkennen bzw. prophylaktisch zu verhindern. Andererseits sollen sie in der Lage sein, bei Beschwerden oder Verletzungen schnelle und sachkundige Maßnahmen einzuleiten.

Die Verfasser

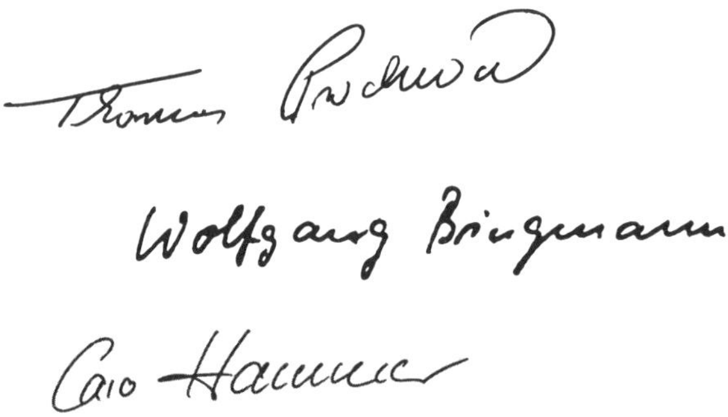

Verletzungsursachen

Die Zahl der Sportverletzungen und Sportschäden hat in den vergangenen Jahren deutlich zugenommen. Eine wichtige Ursache dafür ist das wachsende Interesse an der sportlichen Freizeitgestaltung. Die Sportverletzung beruht dabei auf einem unfallbedingten plötzlichen, unfreiwilligen und unvorhersehbaren Ereignis, das von außen auf den Körper einwirkt und die weitere Sportausübung unterbricht. Der sportliche Überlastungsschaden tritt als Folge einer anhaltenden Fehlbelastung beim Training und Wettkampf ein. Die Trennung dieser Begriffe ist allerdings nicht sehr scharf, da auch die Folgen einer nicht vollständig ausgeheilten Verletzung häufig zum Sportschaden führen. Für die Vorbeugung ist die begriffliche Unterscheidung bedeutsam, da ein Sportunfall nicht immer, eine chronische Fehlbelastung jedoch immer vermeidbar ist. Es soll hier hervorgehoben werden, dass der Laufsport zu den natürlichsten und am wenigsten verletzungsgefährdeten Sportarten für den Menschen gehört, da der Bewegungsablauf evolutionsbedingt erworben wurde. Die Häufigkeit und Lokalisation von Sportverletzungen und Sportschäden hängt weitgehend von der Sportart ab (siehe Abb. 1 auf der folgenden Seite).

So variieren die Sportverletzungen bei den einzelnen Sportarten zwischen einem und sieben Prozent. In den Laufdisziplinen sind diese gesundheitlichen Störungen insbesondere in der unteren Körperpartie lokalisiert. So hat etwa jeder 12. Läufer mindestens ein- oder mehrmals Unterschenkelbeschwerden. Außerdem konzentrieren sich etwa 60 % aller chronischen, laufbedingten Überlastungsschäden auf die untere Extremität.

Das Laufen stellt jedoch eine Ganzkörperleistung dar, bei der ca. 90 % der gesamten Muskulatur einbezogen werden. Neben der hohen Inanspruchnahme des Herzkreislauf- und Atemsystems sowie des Stoffwechsels wird aber auch der Stütz- und Bewegungsapparat starken Belastungen ausgesetzt. Dabei stehen unter anderem folgende Besonderheiten im Vordergrund:

- Die Fußbelastung beträgt das 2- bis 3-fache des Körpergewichtes.
- Der ständige rhythmische Bodenkontakt verursacht Stoßwellen auf den Stütz- und Bewegungsapparat, die bei harten Laufflächen 3- bis 4-mal größer sind als bei weichen Laufstrecken.
- Der Straßenneigungswinkel (ca. 7 Grad) beeinflusst bei Straßenläufen erheblich die Körperstatik, weil der Neigungswinkel zu einer indirekten Beinverkürzung führt.
- Bergaufläufe bewirken einen stärkeren Zug auf die Wadenmuskulatur und die Achillessehne, wogegen Bergabläufe eine hohe Druckbelastung auf das Kniegelenk auslösen.

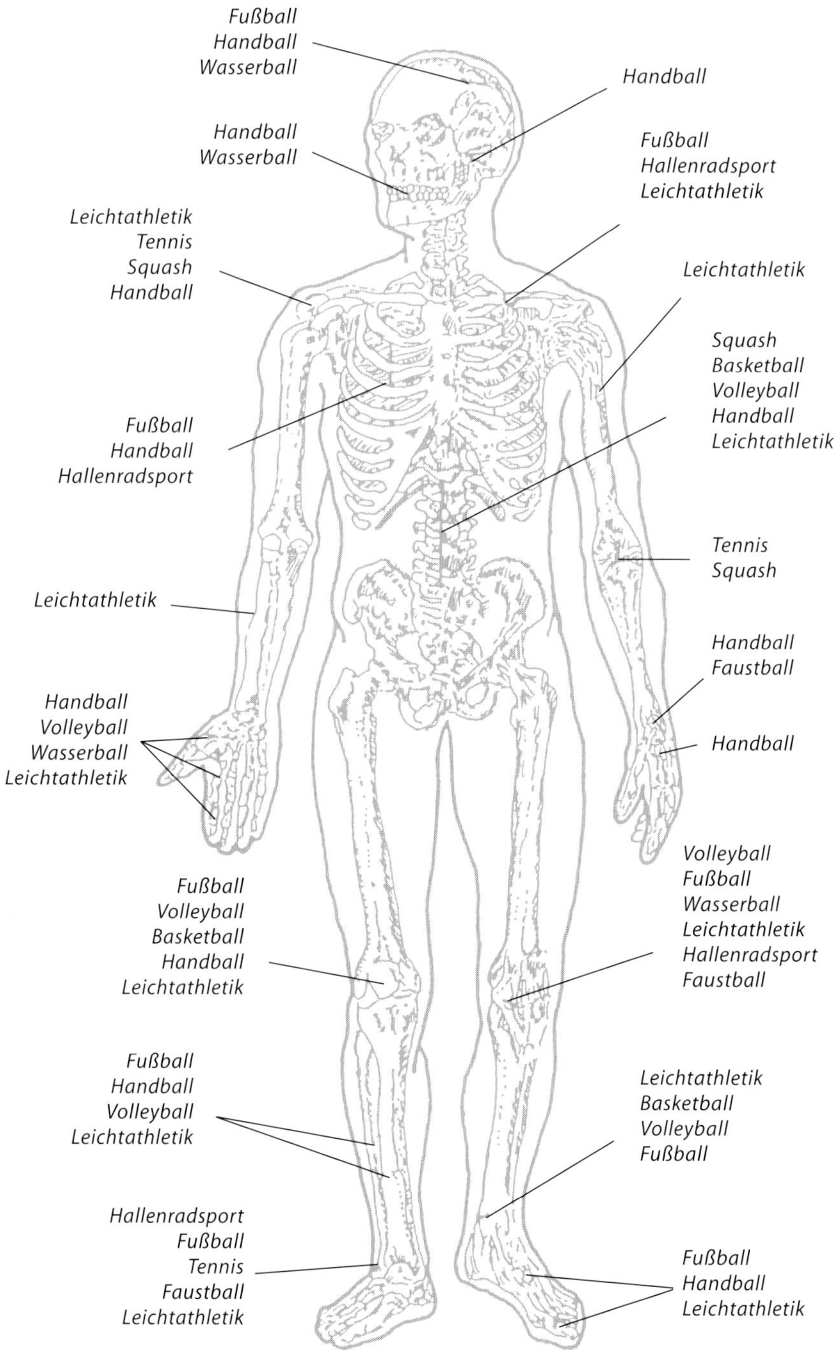

Abb. 1 Häufige sportartspezifische Verletzungen

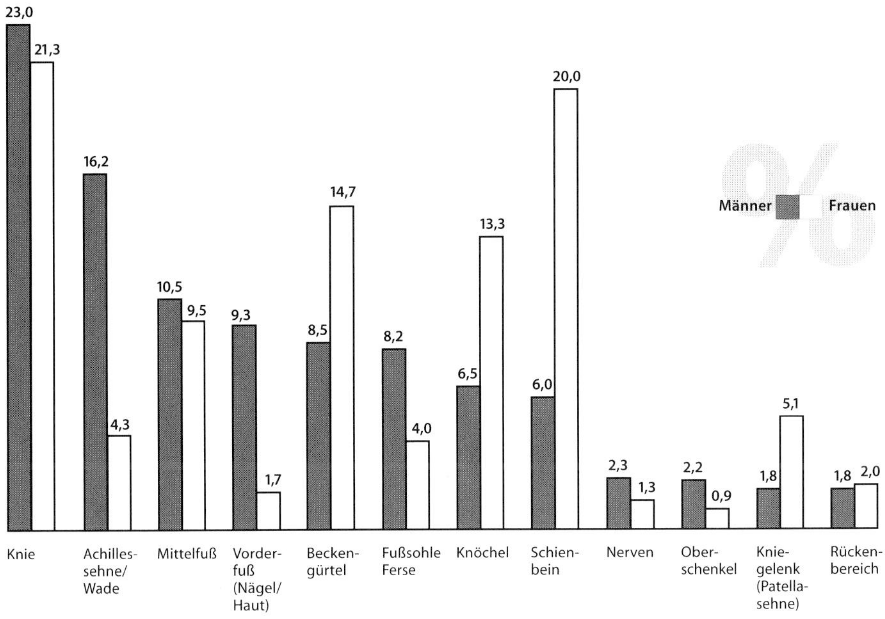

Abb. 2 Verteilung der häufigsten Verletzungslokalisationen

Darüber hinaus bestehen deutliche geschlechtspezifische Unterschiede. So ergab eine Erhebung an 10 754 Läufern in Kalifornien, dass bei den Frauen nur 30 %, bei den Männer dagegen 70 % aller Sportverletzungen zu beobachten waren (ELLIS et al. 1995). Aus Abbildung 2 ist zu entnehmen, dass die häufigsten Verletzungen eine sichtbare geschlechtsspezifische Verteilung aufweisen (Abb. 2).

Laufverletzungen und Überlastungsschäden haben dabei zahlreiche Ursachen, die in den belastenden Abschnitten des Stütz- und Bewegungssystems zu differenzierten Störungen führen können.

Anatomische Ursachen

Hierzu zählen u. a. konstitutionelle, geschlechtsspezifische und statische Ursachen, die die Belastbarkeit des Stütz- und Bewegungssystems verändern. Dazu gehören folgende Aspekte:

- Statische Fehlstellungen, wie unter anderem der Beckenschiefstand und die O- bzw. X-Stellung im Knie- oder Sprunggelenk *(Varus-/Valgus-Stellung)*, führen zu erheblichen Überforderungen bestimmter Gewebestrukturen. So bewirkt der Beckenschiefstand bei einer Beinlängendifferenz von über 0,6 cm eine vermehrte Seitenausbiegung der Wirbelsäule *(Skoliose)* und eine muskuläre Fehlbelastung im Bereich der Beine. Die O-Stellung im Kniegelenk führt zu einer vermehrten Belastung des inneren Gelenkspaltes und die X-Stellung zu einer Mehrbelastung des äußeren Kniegelenks. Die O- und X-Stellungen im Sprunggelenk unterstützen Sehnenansatzreizungen am Schienbein und chronische Achillessehnenbeschwerden (Abb. 3).

- Abweichungen der Fußanatomie können die Kraftbelastungen für einzelne Bänder und Muskeln erheblich verändern bzw. erhöhen. So ist der Hohlfuß mit seiner übermäßigen Ausprägung des Längsgewölbes sehr starr und unbeweglich, so dass die Stoßbelastung für das Schienbein, das Knie und die Hüfte größer werden. Außerdem kommt es zu einer Überbelastung an der Ferse und im Mittelfußbereich. Beim Plattfuß sind dagegen das Längs- und vordere Quergewölbe stark abgeflacht oder aufgehoben. Außerdem ist meist der Sehnen-Band-Apparat sehr schwach ausgebildet und es besteht oft eine Überpronation. Beides führt zu Beschwerden an der Fußsohle und am Sprunggelenk. Der Spreizfuß ist durch die Vorfußverbreiterung, die Abflachung des Quergewölbes und die Ausbildung eines verstärkten Großzehballens *(Hallux valgus)* gekennzeichnet. Gleichzeitig besteht oft eine Überpronation, da die physiologische Supination fehlt. Es treten gehäuft Mittelfußbeschwerden auf und der Abstoß über den Großzehenballen ist verschlechtert.

Die Situation:
80% der Deutschen haben Rückenschmerzen,

jeder Dritte hat Übergewicht,

jeder Vierte raucht,

jeder Sechste hat Stoffwechselstörungen.

Die Folge:
Jeder zweite Deutsche stirbt an Gefäßerkrankungen (Arteriosklerose)

Abb. 3 Krank in Deutschland

- Geschlechtsspezifische Aspekte spielen auch für die Belastbarkeit eine Rolle. Durch die breitere Hüfte der Frau trifft der Fuß in einem größeren Winkel auf, was die Überpronation fördert, so dass der Innenfuß stärker belastet wird. Außerdem sind die Gewebestrukturen elastischer, so dass die Erschütterungen weniger gut absorbiert werden können.
- Übergewicht führt ebenfalls zu einer schnelleren Überbeanspruchung der unteren Extremität, denn mit zunehmendem Körpergewicht erhöhen sich auch Erschütterungen und Belastungen, denen der Körper durch die Reaktionskräfte am Boden ausgesetzt ist. Bereits beim lockeren Dauerlauf trifft das 2- bis 3-fache des Körpergewichtes auf die Fußgelenke, eine Belastung,

die sich bei Übergewicht erheblich erhöht. Als weitere Folgeerscheinung zeigt sich eventuell eine breitere Beinstellung, die zu einer Überpronation der Fußstellung führt und dadurch eine Mehrbelastung für den inneren Bandapparat an Knie und Sprunggelenk darstellt. Das durchschnittliche Köperdepotfett der Unterhaut umfasst bei der Frau 18 % und beim Mann 12 % (Abb. 4).

- Die verhaltensbedingte muskuläre Dysbalance (Arbeit, Sport) zwischen Beugern und Streckern kann ebenfalls zu Störungen am Stütz- und Bewegungsapparat führen. Der Grund: Überlastungen an den Band- und Gelenkstrukturen, da das muskuläre Gleichgewicht aufgehoben ist. So bewirkt etwa eine muskuläre Verkürzung an der Rückseite des Ober- und Unterschenkels gleichzeitig eine Verkürzung der Wadenmuskulatur, die zu einer Anhebung der Ferse, einer Achillessehnenansatzreizung und zu einer Reizung der Fußsohlenfaszie führt.

$$\text{BMI} = \frac{\text{Körpergewicht}}{(\text{Körperlänge in m})^2} = \frac{\text{kg}}{\text{m}^2}$$

Klassifikation	**männlich**	**weiblich**
Untergewicht	< 20	< 19
Normalgewicht	20 – 25	19 – 24
Übergewicht	25 – 30	24 – 30
Adipositas	30 – 40	30 – 40
Massive Adipositas	> 40	> 40

Abb. 4 Body-Mass-Index (BMI)

- Übermäßige Rotationsbewegung in den Sprunggelenken im Sinne der Überpronation und -supination kann ebenfalls Beschwerden hervorrufen. Im Vordergrund steht dabei die Überpronation, die nicht selten durch einen schlechten Geh- oder Laufstil, durch Fehlbildungen der unteren Extremität oder durch lauftechnische Fehler, etwa durch zu enge Kurven beim Hallentraining, entstehen können. Pronation entsteht auch bei Vorhandensein eines zu schwachen Sehnen-Band-Apparates (anlagebedingt). Überpronation verlängert die Landephase. Dabei überdehnen besonders die inneren Band- und Sehnenstrukturen, die Muskulatur am Knie- und Sprunggelenk wird überbeansprucht.
- Die Gewebedisposition spielt bei der Belastbarkeit des Stütz- und Bewegungssystems ebenfalls eine wichtige Rolle. So gibt es eine genetische Minderanlage, die eine allgemeine Bindegewebs- und Muskelschwäche nach sich zieht und damit die Belastbarkeit auch bei einer physiologischen Belastung reduziert. Die Gewebedisposition ist auch durch das Lebensalter bestimmt, da die Anpassungsfähigkeit und Belastbarkeit mit dem Alter durch die physiologischen Alternsvorgänge abnimmt. Darüber hinaus wird die Belastbarkeit durch Stoffwechselveränderungen (Vitamin- oder Mineralstoffmangel u. a.), spezifische hormonelle Bedingungen und durch den Trainingszustand bestimmt.

2

Klinische Ursachen

Hierzu zählen gesundheitliche Störungen und Erkrankungen, die vorübergehend oder dauernd die körperliche und sportliche Belastbarkeit einschränken können. Dazu lassen sich folgende Zustände rechnen:

- Die psychische und körperliche Überforderung kann die Erholungsvorgänge in der Ruhephase und die Reaktionsfähigkeit während einer sportlichen Belastung deutlich senken und dadurch die allgemeine Belastbarkeit des Stütz- und Bewegungssystems reduzieren.
- Störungen im Knochenstoffwechsel führen zu einer Minderbelastbarkeit des Stützsystems des Körpers. So können zum Beispiel im Jugendalter und teilweise auch im Erwachsenenalter unter anderem die aseptischen Knochennekrosen an der Wirbelsäule *(Morbus Scheuermann u. a.)* und an den gelenknahen Knochen wie Schienbein und Mittelfußknochen *(Morbus Osgood-Schlatter, Köhler I und II)* den Laufsport im akuten Stadium verbieten und später einschränken. Die Osteoporose dagegen entwickelt sich meistens erst im höheren Lebensalter und führt zu einer erhöhten Knochenbruchgefahr.
- Die Einschränkung der Beweglichkeit der Gelenke und Wirbelsäule infolge krankhafter Zustände (Arthrose, rheumatische Arthritis, Gicht, Spondylose, Bandscheibenschaden u. a.) muss ebenfalls bei der Laufgestaltung Beachtung finden. Generell ist die angemessene Gelenkbeweglichkeit eine wirkungsvolle prophylaktische Maßnahme, die den krankhaften Prozess aufhalten kann. Im akuten Schub der Erkrankung muss eine Belastungspause eingehalten werden. Danach ist aber eine adäquate Laufbelastung möglich.
- Nach traumatischen Erkrankungen (Knochenbruch, Muskelfaserriss, Bandverletzungen u. a.) entscheidet das Ausheilungsstadium über die Belastbarkeit der Körperregion. Auch danach kann eine erhöhte Belastungsanfälligkeit bestehen bleiben, die unbedingt beachtet werden muss.

Belastungsbedingte Ursachen

Hierzu zählen alle äußeren, sportlichen und individuellen Bedingungen, die das Lauftraining und den Wettkampf negativ beeinflussen und damit auch einen Sportunfall oder einen Sportschaden begünstigen können. Dazu zählen folgende Aspekte:

- Die Laufgestaltung hat einen unmittelbaren Einfluss auf die körperliche Belastung. So besitzen die Laufdistanz und -frequenz eine große Bedeutung, da bei einer unzureichenden Belastbarkeit (Trainingsverlust nach Verletzungen, ungenügende Anpassung bei Anfängern u. a.) höhere Distanzen oder Frequenzen zu einer schnelleren Ermüdung führen und damit die Verletzungsgefahr begünstigen. Beispielsweise nimmt mit steigender Ermüdung auch die Überpronation des Fußes zu, was die Fußstatik ungünstig beeinflusst. Ein erhöhtes Lauftempo steigert auch die äußeren Kräfte, die auf den Körper einwirken. So ist etwa die physiologische Überpronation beim Abrollen des Fußes umso geringer, je höher das Tempo ist, da eine größere Muskelspannung am Fuß besteht und die Abhebephase schneller einsetzt.

- Der Laufstil beeinflusst auch Störungen am Stütz- und Bewegungssystem. Man unterscheidet bei der Bodenberührung den Fersenaufsatz (80 %), den plattfüßigen Fußaufsatz, der oft bei Anfängern zu beobachten ist, und den Ballenaufsatz mit anschließendem Absinken des Rückfußes. Nachteilig dagegen wirkt die erhöhte Beanspruchung der Fußsohlenmuskulatur, der Mittelfußknochen und der Achillessehne, die nicht selten zu einem Überlastungsschaden führen. Außerdem ermüdet beim Ballenlauf die Muskulatur schneller. Auch das seitliche Aufsetzen des Fußes, häufig bei Frauen mit breiterem Becken zu beobachten, führt zu vermehrter Pronation mit Überlastungsfolgen. Ein Laufstil mit starken Rotationsbewegungen des Oberkörpers durch fehlendes Armpendeln belastet die Band- und Muskelstrukturen der unteren Extremität, da die Rotation einen geraden Laufstil erschwert. Zu beachten ist auch, dass eine Änderung des Laufstiles zu vorübergehenden Beschwerden führen kann.
- Das Laufterrain spielt eine wichtige Rolle, denn: je härter der Boden, umso größer die Rückstoßkräfte, desto höher die punktuelle Belastung im Gelenk. So liegen auf Asphalt die Reaktionskräfte beim Fußaufsatz um ca. 80 % höher als auf Rasen und um 40 % höher als auf Asche. Laufen auf unterschiedlichen Bodenverhältnissen kann infolge der langsameren Umstellung des Stütz- und Bewegungssystems zu kurzfristigen Beschwerden führen. Naturböden (Wald, Wiese) dämpfen zwar besser, sind aber durch die oft vorhandenen Unebenheiten gefährlicher für den Bandapparat (Umknicken). Außerdem bestehen zusätzliche Belastungen bei den unterschiedlichen Laufstrecken wie:
- Vermehrtes Auftreffen mit dem Ballen beim Bergauflauf bei gleichzeitiger Vorneigung des Rumpfes führt zu einer verstärkten Beugung des Sprunggelenkes und damit zu einer erhöhten Zugbelastung der Achillessehne.
- Beim Bergablaufen erfolgt meist ein Fersenaufsatz mit Rückneigung des Oberkörpers, was das Kniegelenk stärker belastet.
- Straßenläufe bewirken durch den Neigungswinkel eine Beinverkürzung auf der Außenseite, die zu einer vermehrten Pronation bzw. Supination führen und Folgen für die Körperstatik haben.
- Eine unsachgemäße Laufvorbereitung kann ebenfalls zu Verletzungen führen. Die mindestens 10- bis 15-minütige Aufwärmung ist eine unabdingbare Voraussetzung für beschwerdefreies Laufen, da sich so die Elastizität und damit Dehnbarkeit der Band-

Beim Zurücklaufen die gleiche Straßenseite beibehalten.

Der Profi-Tipp

und Muskelstrukturen erhöhen. Außerdem werden die Herzkreislauf- und Stoffwechselfunktionen auf ein höheres Niveau gehoben und der zu erwartenden Belastung angepasst. Darüber hinaus wird die neuromuskuläre Funktionsbereitschaft gefördert. Durchblutungsfördernde Salben sind keine Alternative, da sie nur örtlich wirken und die tieferen Gewebestrukturen nicht erreichen. Sie sind nur als unterstützende Maßnahme geeignet. (Siehe dazu auch Kapitel 6.1.)

- Auch tageszeitliche Aspekte sind von Bedeutung. Morgenläufe führen zu mehr Verletzungen, da die Flexibilität des Körpers und die Elastizität des Bewegungsapparates noch verringert sind. Der Verletzungsanteil bei Läufen am Nachmittag und Abend ist kleiner, weil der Körper im Laufe des Tages seine volle Belastbarkeit erreicht hat.
- Ungenügende Regeneration nach einer Laufbelastung wirkt negativ, da ein ermüdeter Körper nicht nur in seiner allgemeinen körperlichen Leistungsfähigkeit eingeschränkt ist, sondern auch das Binde- und Muskelgewebe anfälliger und teilweise verspannt ist. Zudem ist die Reaktionsfähigkeit des Körpers herabgesetzt, die Verletzungsanfälligkeit steigt. Ein ermüdeter Fuß ist wegen der verstärktenNeigung zur Überpronation im Sprunggelenk statisch erheblich überfordert. Ausreichende Erholung ist notwendig: wirkungsvolle Ausgleichsgymnastik mit funktionsbezogenen Dehnübungen, physikalischen Maßnahmen (Überwärmungsbad, Sauna), optimale Ernährung und ein geordneter Tagesrhythmus.

Ausdauer	**Kraft**	**Koordination**	**Beweglichkeit**
⇩	⇩	⇩	⇩
GA_1/GA_2-Training Willenskraft, Beharrlichkeit, Regelmäßigkeit	**Kraftausdauer** zur Entwicklung allgemeiner athletischer Voraussetzungen	**Rhythmisierung** Variabilität, Schrittstruktur, Lauf-Abc, Fahrtspiel	**Dehnung** spezielle Laufmuskulatur, allgemeine Dehnung (Arbeitsplatz)
⇩	⇩	⇩	⇩
70 bis 80 % der Gesamtlaufkilometer/Woche/ Belastung verschiedene Sportarten	2 x Belastungs-Woche ca. 60 Minuten, Programmwechsel alle 3 bis 4 Monate etwa 3 x 30 Wh.	als Erwärmung reine Koordination oder Koordinierung vor, während bzw. nach dem Training, andere Sportarten	nach jedem Training; wenige Übungen, regelmäßig, dafür aber alle 3 bis 4 Monate das Programm ändern

Abb. 5 Komplexes Gesundheitstraining

- Grundpfeiler für die beschwerdefreie Ausübung des Laufsports ist ein Trainingsaufbau mit einer ausreichenden laufspezifischen Anpassung: 50 bis 60 % der Überlastungsschäden sind auf unsachgemäßes Training zurückzuführen. Folgende Aspekte spielen dabei eine Rolle:
- ungenügende laufspezifische Kondition und Anpassung,
- unphysiologische Belastungssprünge,
- zu schnelle Steigerung der Laufintensität,
- falsche Pausengestaltung,
- zu schneller Wechsel des Laufterrains oder der Schuhe,
- ungenügender Belastungsaufbau nach einer Verletzung (Abb. 5).

Allgemeine Ursachen

Hierzu werden die allgemeinen externen Bedingungen gerechnet, die ebenfalls auf die Laufbelastung bzw. auf den belasteten Körper auswirken. Dazu zählen unter anderem:

- Ständige Kontrolle und Wechsel der Laufschuhe. Ein normaler Laufschuh ist nach 800 bis 1 200 km verschlissen. Er sollte stets noch Profil an der Außensohle zeigen, keine Risse im Obermaterial aufweisen und einen geraden Sitz haben. Außerdem sollten die Laufschuhe dem individuellen Laufstil angepasst sein. Schlecht sitzende Schuhe begünstigen zahlreiche Beschwerden (Blasen, Zerrungen, Schwielen; siehe auch Kapitel 15.2).
- Klimatische Einflüsse sollten nicht unterschätzt werden, denn Unterkühlungen führen unter anderem zu einer örtlichen Durchblutungsminderung, zur Abnahme der Elastizität der Gewebestrukturen und zu einer Koordinationsstörung in der Muskulatur. Die Leistungsfähigkeit des gesamten Körpers ist sowohl bei Kälte- als auch bei zu hohen Wärmebedingungen negativ betroffen (siehe auch Kapitel 12).

3 Anpassungsvorgänge beim Lauf

Jede regelmäßig durchgeführte sportliche Aktivität führt zu Anpassungserscheinungen des menschlichen Organismus, wobei das Ausmaß weitgehend von der Belastungsform, der Sportart und von einwirkenden Risikofaktoren (Abb. 6) abhängt. Aus gesundheitlicher Sicht kommt es vor allen Dingen auf die Beeinflussung des Herz-Kreislauf- und Lungensystems, auf den Stoffwechsel und auf das Stütz- und Bewegungssystem an. Dagegen spielt beim Wettkampfsport die Anpassung des gesamten Organismus an die jeweilige Sportart eine ausschlaggebende Rolle, da sie meistens die Leistungskapazität des Organismus komplex in Anspruch nimmt. Der Laufsport zählt zu den günstigsten Sportarten mit einer vorwiegend dynamischen, ausdauerorientierten (aeroben) Belastung, die besonders die erwähnten Anpassungsvorgänge fördert. Am Herz-Kreislaufsystem ist bei einem leistungssportlich trainierenden Ausdauersportler die Herzvergrößerung (Sportherz) die auffallendste Veränderung. Sie stellt einen physiologischen Anpassungsvorgang an ein gesundes Herz dar, der nach Einstellung der regelmäßigen Ausdauerbelastung wieder rückläufig ist. Das Ausmaß der Herzvergrößerung wird maßgeblich von Intensität, Laufumfang und Trainingsfrequenz bestimmt. Langstreckenläufer erreichen dabei die größten Herzen.

Endogene	**Exogene**
Alter	**Primär**
Geschlecht	Bluthochdruck
familiäre Disposition	Rauchen
Grundkonstruktion	erhöhte Blutfettwerte
Risikopersönlichkeit	Bewegungsmangel
	Adipositas
	Sekundär
	Diabetes Mellitus
	Gicht
	Stress

Abb. 6 Risikofaktoren

Geschlechtsspezifische Unterschiede bestehen dahingehend, dass Frauen konstitutionell bedingt auch im untrainierten Zustand ein um etwa 10 % kleineres Herz als Männer aufweisen. Die Herzvergrößerung geht mit einer Erhöhung des Schlagvolumens des Herzens unter Ruhe- und Belastungsbedingungen einher, was die Förderleistung des Herzens und damit die Leistungskapazität insgesamt bis auf das Doppelte steigern kann. Betrachtet man das Herzminutenvolumen, das sich aus dem Schlagvolumen und der Herzfrequenz zusammensetzt, kann bei einer definierten Laufleistung infolge des höheren Schlagvolumens das Herz mit einer niedrigere-Herzfrequenz, also ökonomischer, schlagen (Abb. 7).

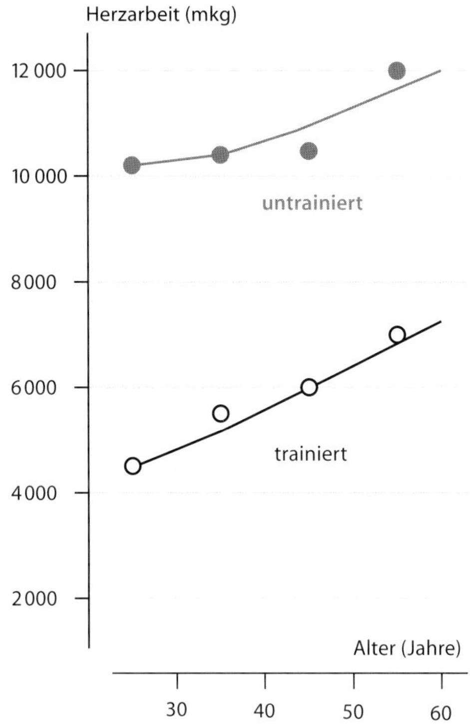

Abb. 7 Entwicklung der Herzarbeit mit zunehmendem Alter

Die Reduktion der Herzfrequenz in Ruhe und bei Belastung führt gleichzeitig zu einer Senkung des Sauerstoffbedarfes des Herzmuskels, was zusätzlich die Leistungskapazität des Herzens erhöht. Die Senkung der Ruhe- und Belastungsherzfrequenz wird auch noch durch eine Veränderung des vegetativen Tonus im Sinne einer Vagotonie und durch die verbesserte muskuläre Koordination, d. h. einen effektiven Einsatz der belasteten Muskeln, erreicht. Neben der Senkung der Ruhe- und Belastungsherzfrequenz verbessert sich die Blutverteilung in der Muskulatur, was zu einer Erniedrigung des Ruhe- und Belastungsblutdruckes führt und die Herzarbeit verringert, da das Herz gegen einen kleineren Gefäßwiderstand anarbeiten muss (Abb. 8).

Auch am Atmungssystem lassen sich Anpassungsvorgänge durch ein Ausdauertraining nachweisen. So kommt es zu einer verbesserten Atemmechanik des Brustkorbes, zu einer Vergrößerung der Atemvolumina

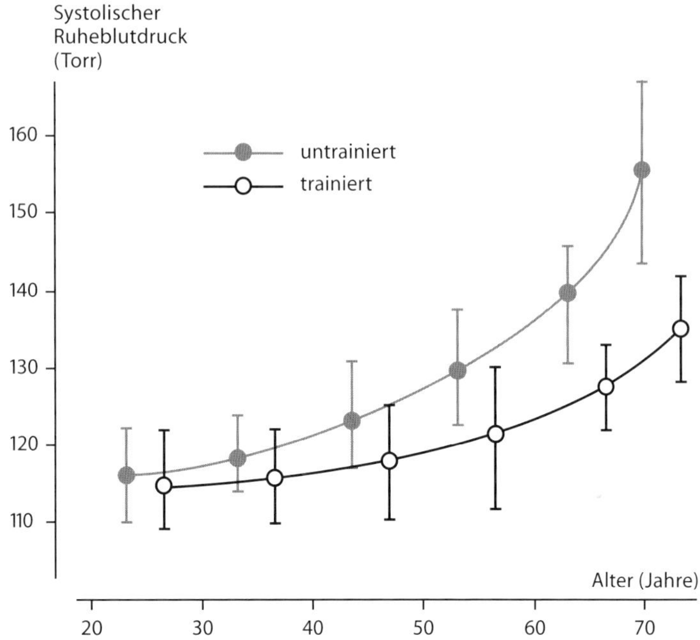

Abb. 8 Systolischer Blutdruck und Training mit zunehmendem Alter

(Vitalkapazität, Atemsekundenwert), die mit der vermehrten Lungendurchblutung infolge des erhöhten Schlagvolumens zu einer größeren Sauerstoffsättigung des Blutes führen. Die maximale Sauerstoffaufnahme des Blutes stellt eine zentrale Größe für die aerobe Leistungsfähigkeit bei allen Ausdauersportarten dar, die wesentlich die erreichbare Laufleistung mitbestimmt (Abb. 9).

Am Stütz- und Bewegungssystem entscheiden die übertragenen Kontraktionsreize des Nervensystems maßgeblich über die Anpassung des Skelettmuskels. Die wesentlichen Anpassungen am Muskel durch das Lauftraining sind die Beschleunigung der Kontraktionsgeschwindigkeit, die Zunahme der Kraftfähigkeiten und die Erhöhung der Ermüdungsresistenz. Die Kontraktionsgeschwindigkeit wird durch die trainingsbedingte optimierte zentrale Muskelreizsetzung erreicht. Die Kraft verbessert sich durch die Vergrößerung der Muskelfaserflächen, die Bildung von neuen Muskelfasern im belasteten Muskel und durch den optimierten Muskelstoffwechsel (Abb. 10).

Die erhöhte Ermüdungsresistenz gegenüber körperlichen Belastungen stellt ein komplexes Geschehen dar. Die vergrößerte Muskelmasse lässt eine größere muskuläre Stoffwechselkapazität zu. Trainingsbedingt vermehren sich die Kapillaren in der Muskelfaser, die einen erhöhten Sauerstoff- und Energiesubstratumsatz ermöglichen. Die muskulären Substratspeicher für das Muskelglykogen werden erweitert. Darüber hinaus kommt es zu einer Stoffwechselveränderung in der Muskelzelle, indem sich insbesondere die Enzymaktivität des aeroben Stoffwechsels erhöht (Abb. 11).

Das Ausdauertraining beeinflusst auch die Reaktion des Immunsystems, die wesentlich durch die Belastungsintensität und den Trainingsrhythmus bestimmt wird. So stabilisiert das aerobe Ausdauertraining direkt die immunologische Abwehr und verringert gleichzeitig die Infektanfälligkeit. Intensive Belastungen bei gleichzeitiger hoher psychischer Belastung hemmen das Immunsystem. Deshalb sind in solchen Situationen Belastungsreduzierungen und -pausen angezeigt.

Lunge – Lungenbläschen – Gasaustausch – »Hubraum«

Herz – Kreislauf – Myoglobin – Transportkapazität – Höhe

Muskel – »Kraftwerke der Zelle« – Energie

Das langsame, lockere und damit sauerstoffreiche Laufen ist das Fundament des »Laufhauses«. Alle grundlegenden gesundheitlichen Prozesse beim Menschen werden in diesem Trainingsbereich (GA_1/GA_2) maßgeblich geformt.

Abb. 9 Anpassungen beim O_2-Training

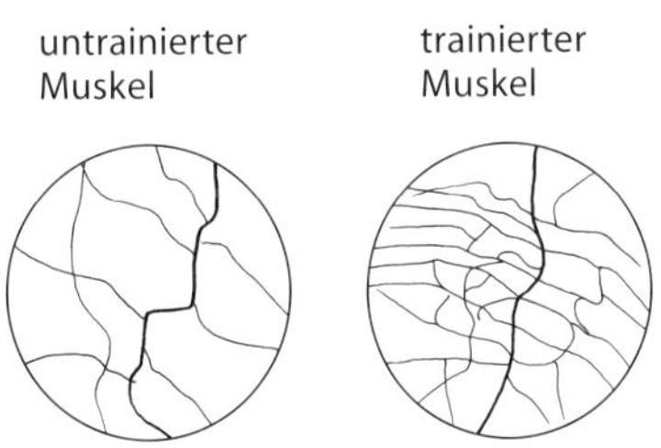

Abb. 10 Verbesserte Kapillarisierung

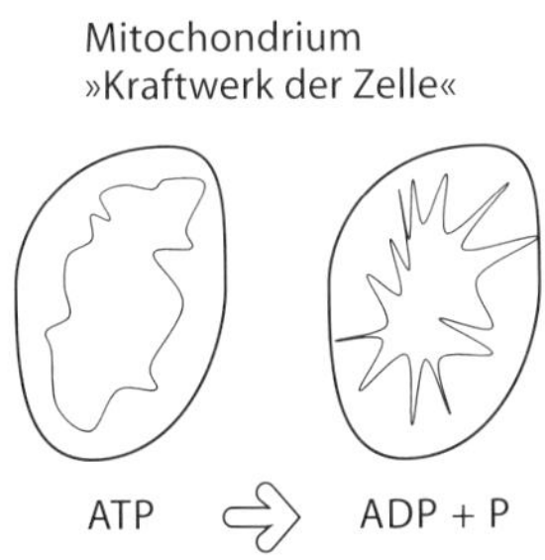

Abb. 11 Faltung der Zellmembran

4 Laufen, Alter und Leistung

4

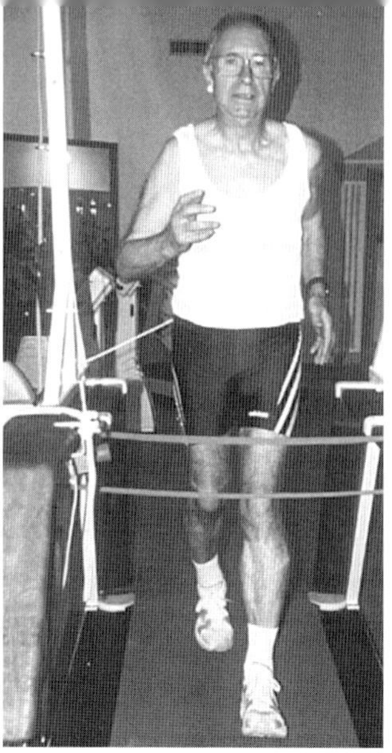

Testperson, 75 Jahre , Laufbandtest

Das Lebensalter hat einen deutlichen Einfluss auf die sportliche Leistungsfähigkeit. Allerdings hat sich gezeigt, dass ältere Sportler (über 50 Jahre) genauso trainierbar wie jüngere sind. Dies wurde bis in die 70er Jahre bezweifelt. Das Anpassungsniveau ist jedoch von folgenden Faktoren abhängig:

- bisheriger Grad der sportlichen Anpassung,
- individuelle Belastbarkeit,
- Sportart,
- Regenerationszeit,
- individuelles Umfeld,
- persönliche Zielstellung.

In den Ausdauersportarten benötigt ein Sportler etwa 8 bis 12 Jahre, um das Hochleistungsalter zu erreichen. Zwischen dem 24. und 35. Lebensjahr ist in der Regel der Hochleistungszustand konsolidiert. Dann beginnt der Prozess des natürlichen Leistungsabfalls. Dieser setzt insbesondere jenseits von 45 Jahren deutlich ein.

In diesem Zusammenhang zeigen sich folgende Trends:

- Auf Grund der verbesserten gesellschaftllichen Rahmenbedingungen treiben immer mehr ältere Personen Sport.
- Diese Entwicklung geht in zwei Richtungen: Sport als Quelle von Gesundheit und Wohlbefinden und die leistungsbestimmte Form – der Wettkampfsport im Seniorenbereich. Dies ist kein Widerspruch, nur besteht beim Erreichen zu hoch gesteckter Leistungsziele die Gefahr von körperlichen Schädigungen.
- Der Ausdauersport, insbesondere das Laufen, erfreut sich immer größerer Beliebtheit. Dies zeigt sich an der permanent anwachsenden Zahl von Laufveranstaltungen und deren Teilnehmerzahlen.
- Immer mehr Leute sind in der Lage, eine aerobe Ausdauerleistung über immer länger werdende Strecken zu erbringen.
- Auch die Entwicklung in der Verbesserung der Altersklassenrekorde setzt sich kontinuierlich fort.
- Der Einsatz von professionellen Trainingsmethoden aus dem Spitzensport ist allgegenwärtig, aber nicht ganz unbedenklich.

Prinzipiell ist die Entwicklung zur Aktivität im Seniorensport als sehr positiv einzuschätzen.

Der gegenwärtige Lebensstil (Bewegung, Ernährung, Lebensplan) birgt jedoch große gesundheitliche Gefahren. Bewegungsmangel provoziert im Alter unter anderem die typischen Herz-Kreislauferkrankungen. Zudem führt die Abschwächung oder einseitige Entwicklung der Muskulatur zu skelettalen Fehlbelastungen. Dies kann durch ein ausgewogenes vielseitiges Training kompensiert werden. Eine sinnvolle Mischung aus Ausdauer, Kraft, Beweglichkeit und Koordination ist für den Gesundheitssportler angezeigt. Mit zwei bis drei Trainingseinheiten pro Woche und einem Zeitaufwand von je 90 Minuten wird einer großer Gesundheitschritt nach vorn gemacht.

4

Die Abnahme der Leistungsfähigkeit im Alter hat folgende Ursachen:

- Abnahme der VO_2max (maximale Sauerstoffaufnahme; Gradmesser für die aerobe Leistungsfähigkeit) um 8 bis 10 % bei Untrainierten und 4 bis 5 % bei Trainierten als Maß des aeroben Energieumsatzes
- Abnahme der Konzentration des freien Testosterons nach dem 25. Lebensjahr jährlich um circa 1,2 %
- Erhöhung der Körperfettmasse zu Lasten der Muskulatur um 13 bis 15 %
- Die Freisetzung des Wachstumshormons (STH) lässt mit zunehmenden Lebensalter nach; dies bedeutet weniger Muskelwachstum (ohne Training 2 kg pro Dekade).

Weiterhin:

- Verzögerte Rückbildung der Knochenmasse durch Ausdauertraining
- Einlagerung von Stoffwechselendprodukten
- Abnutzung der Muskelfasern
- Zellabbau am Herzmuskel und der Arbeitsmuskulatur
- Abnahme der Elastizität der Gefäßmuskulatur
- Verhärtung der Knochenstruktur, Nachlassen der Elastizität, Erscheinungen der Osteoporose
- Reduktion der Atemreserve
- Altersbedingte Gelenkknorpeldegeneration

1. Alter
ab dem 30. Lebensjahr circa
10 % Leistungsverlust pro 10 Jahre

2. Training
»20 Jahre lang 40 bleiben«

3. Erkrankung
Leistungsverlust in Abhängigkeit von Art und Dauer der Erkrankung,
Beispiel:
10 Tage = 40 % Leistungsverlust
40 Tage = 80 % Leistungsverlust
4 Wochen = 50 % Verlust VO_2max
20 % Zunahme Herzfrequenz

Abb. 12 Leistungsfähigkeit – Faktoren

4

Geschlechtsspezifische Unterschiede zwischen Frauen und Männern:

- Die Muskelmasse der Frauen beträgt 20 bis 25 % weniger als die der Männer.
- Frauen besitzen mehr aktive Fettmasse, die schneller verstoffwechselt werden kann.
- Männer haben mehr Wasser innerhalb der Zellen.
- Frauen verfügen über mehr organische Substanz und Plasma.
- Die Eiweißbindekapazität ist bei den Frauen höher.
- Die Leber der Frau ist im Vergleich zum Körpergewicht größer als die des Mannes (Glykogenspeicher).
- Die Eisenkapazität ist bei Frauen größer (besserer Sauerstofftransport).
- Männer sind eher »Kraftpakete«, Frauen eher »Stoffwechselathletinnen«.

Die Laufleistungen der Frauen reichen nicht an die Rekorde der Männer heran. Dies ist unter anderem darin begründet, dass mit zunehmender Laufgeschwindigkeit die aerobe Kraftausdauer eine wichtige Rolle spielt. Hier hat die Frau auf Grund der absoluten Muskelmasse einen entscheidenden Nachteil gegenüber dem Mann. Auch ist die maximale Sauerstoffaufnahme (aerobe Leistungsfähigkeit) etwa 10 % niedriger als bei den Männern.

Der Grad der sportlichen Anpassung und Wiederanpassung beim älteren Sportler ist individuell unterschiedlich stark ausgeprägt.

Männer				
5 000 m	12:39,36	Haile Gebreselassie (Äthiopien)	13.6.98	Helsinki
10 000 m	26:22,75	Haile Gebreselassie (Äthiopien)	1.6.98	Hengelo
20 000 m	56:55,60	Arturo Barrios (Mexiko)	30.3.91	La Fleche
Halbmarathon	59:17	Paul Tergat (Kenia)	4.4.98	Mailand
Marathon	2:04:55	Paul Tergat (Kenia)	28.09.03	Berlin
Frauen				
5 000 m	14:28,09	Jiang Bo (China)	23.10.97	Shanghai
10 000 m	29:31,78	Junxia Wang (China)	8.9.93	Peking
20 000 m	1:05:26,60	Tegla Loroupe (Kenia)	3.9.00	Borgholzhausen
Halbmarathon	1:05:40	Paula Redcliffe (Großbrit.)	21.09.03	Tyneside
Marathon	2:15:25	Paula Redcliffe (Großbrit.)	13.04.03	London

Abb. 13 Stand der Weltrekorde (Juni 2004)

Trainingsmethodisch gibt es auf Grund der genannten biologischen Entwicklungen im Alter folgende Hauptprobleme zu beachten:

1. Verzögerung der Regenerationszeit,
2. Abflachung/Rückgang der maximalen Leistungsfähigkeit,
3. Rückgang der Testosteronproduktion.

Der »Leistungsknick« ist also tatsächlich biologisch begründbar und verlangt nach trainingsmethodischen Konsequenzen. Nachfolgend sind sieben typische Fehler für Wiedereinsteiger und ältere Sportler kurz beschrieben:

Fehler Nr. 1:

Wer lange im regelmäßigen Training steht, neigt oft dazu, auf altbewährte Wettkampfvorbereitungen zurückzugreifen. Hierbei entsteht jedoch eine gewisse Monotonie im Training. Diese führt dazu, dass der Körper das absolvierte Training nicht mehr als wirksamen Reiz empfindet. Die Schwelle einer Belastung, die den über längere Zeit trainierten Organismus wirklich fordert, wird nur selten überschritten. Eine progressive Anpassung an die gesetzten Trainingsreize erfolgt nicht. Demnach kann es auch keine effektive Leistungsverbesserung geben.

Fehler Nr. 2:

Ausschließlich zu laufen birgt mit Zunahme des Trainingsalters die Gefahr, dass die für das Laufen notwendige Muskulatur stärker entwickelt wird als oftmals die entsprechenden »Gegenspieler«. Es kommt zur Ausprägung eines muskulären Ungleichgewichtes. So ist beispielsweise bei den meisten Läufern die Bauchmuskulatur abgeschwächt und die Rückenmuskulatur stärker definiert. Das Becken kippt nach vorn, und neue »Zugkräfte« treten vor allem im Beckenbereich auf. Nicht selten entstehen daraus Reizungen von Nerven und Sehnengewebe, die zu einer Trainingseinschränkung führen.

Fehler Nr. 3:

Oftmals wird versucht, den Leistungsrückgang durch besonders »hartes« Training zu kompensieren. Dies ist genau der falsche Weg! Die Relationen zwischen grundlegenden (»Sauerstoffdusche«/aeroben), entwickelnden (aerob-anaeroben) und maximierenden (aneroben) Trainingseinheiten werden oft auf den Kopf gestellt und zu intensiv trainiert. Im Sport jenseits der 40 liegen die Reserven eindeutig in der Verbesserung der aeroben Möglichkeiten. Damit wird der Schwerpunkt auf eine stabile Basisentwicklung (Grundlagenausdauer) gelegt. Wenn man sein »Laufhaus« auf das sichere »Sauerstoff-Fundament« baut, dann ergeben sich zwei entscheidende Vorteile: Einerseits lässt sich bei einer erhöhten aeroben Ausdauerfähigkeit auch im Wettkampf eine höhere Leistung erbringen (dies gilt für die Mittelstrecke und für den Ultrabereich). Andererseits ist man in der Lage, diese »harten« Belastungen im Training und nach dem Wettkampf besser zu kompensieren. Die Regenerationsfähigkeit wird also deutlich verbessert.

Fehler Nr. 4:

Der Kopf ist oft der größte sportliche Gegner. Verbissenheit, der Vergleich mit den so genannten »guten Zeiten« und das Setzen unrealistischer Leistungsziele verhindern oft eine gute Wettkampf- und Trainingsleistung. Gerade langjährig trainierende Athleten sollten sich auf ihre Stärken besinnen. In der Ruhe liegt die Kraft! Hier bietet sich ein sinnvoller Ansatzpunkt, mit viel Routine gegen so manchen »jungen Hirschen« zu bestehen.

Fehler Nr. 5:

Der Wiedereinstieg in das leistungsorientierte Training nach mehrjähriger Trainings- und Wettkampfpause birgt eine große Gefahr: Überforderung! Bereits nach wenigen Wochen ist das »alte« Laufgefühl wieder zu spüren. Aber das ist nur Fassade! Die Anpassung seitens des Herz-Kreislauf-Systems, des Stoffwechsels, der Atmung und vor allem des Binde- und Stützgewebes ist nicht ausreichend, um die Belastung schnell zu steigern. In der Regel stellen sich typische Läuferverletzungen ein – die Achillessehne schmerzt, das Knie tut weh oder Ermüdungsbrüche entstehen. Der Wiedereinstieg muss mit viel Fingerspitzengefühl und vor allem Geduld geplant werden. Dies gilt auch nach längeren Krankheits- und Verletzungspausen!

Fehler Nr. 6:

Die Reizdichte muss beim älteren Sportler »gestreckt« werden. Auch wenn durch ein gutes Grundlagentraining die Wiederherstellungsfähigkeit verbessert wird, so braucht der Körper im Vergleich zu jüngeren Sportlern mit zunehmendem Alter mehr Pausen zwischen den Trainingseinheiten. Damit ist gemeint, dass zwischen zwei intensiven Trainingseinheiten zwei bis drei »Sauerstofftage« liegen sollten. Damit verbessert man einerseits die Grundlagenausdauer und ist andererseits erholter für die gezielt »harten« Belastungen.

Fehler Nr. 7:

Nicht vergessen: Sport, insbesondere das Laufen, ist die schönste Nebensache der Welt. Ein faires und freudbetontes Kräftemessen sollte im Vordergrund stehen. Wer sinnvoll Wettkampf betreibt, der wird nicht unbedingt älter, die Lebensqualität steigt jedoch beträchtlich.

Ich bin müde, ausgelaugt, lustlos – das Training kostet mich seit Wochen viel Überwindung. Was ist los?

Mögliche Ursachen:

1. Das Training der letzten Wochen war zu hart. Der Wechsel **zwischen Be- und Entlastung** ist verschwommen.
2. Die Trainingsinhalte haben sich zugunsten der anaeroben Belastungen verändert – **Übertraining.**
3. Das Training war in Ordnung, aber die Zeit für die **passive Regeneration** war nicht gegeben (Arbeitsbelastung, Familie, Studium, Umzug, Sorgen usw.). Stress – Entspannung.
4. Das **Training** insgesamt läuft seit Jahren zu **monoton** ab – Anpassungsrückgang.
5. Motivationsprobleme
   Spezielle
   zu viel alleiniges Training, keine Gruppe, kein Saunatreff o. Ä., Zusammenhang mit 1. bis 4., Wettkampfmangel
   Allgemeine
   psychosoziale Probleme, Misserfolg im Beruf/Studium, Ärger mit Nachbarn
6. **Häufige medizinische Ursachen**
   Entzündungen im Körper (Zahnstatus, Magen-Darm, Nieren-Becken) verschleppte Erkältung (Nachfieberphase) – Ruhepuls
   Eisenmangel (Blut-/Depotwert)
   Zeckenbiss
   Pfeiffersches Drüsenfieber (»Kusskrankheit«)
   sonstige Verletzungen – wochenlanges schmerzhaftes Laufen!
   (z. B. Fußverletzungen, Arthrose, Muskelfaserverletzung)
   Dehydrierung (Muskelkrämpfe)
   Virusbefall (über Atmung/Magen-Darm-Trakt-Schwachstellen)

Abb. 14 »Der Ofen ist aus«

5 Leistungsdiagnostik und Trainingssteuerung

Ziele der Leistungsdiagnostik sind: eine korrekte Einschätzung der Belastbarkeit (»grünes Licht« für Belastung), Beurteilung der aktuellen Leistungsfähigkeit, der Vergleich Ausgangs- und Endtest (Entwicklungsnachweis), die Ableitung von Empfehlungen für den systematischen Trainingsaufbau bzw. Tipps zur Gesundheitsprophylaxe zu geben (Abb. 15).

Diese Tests beinhalten motorische Prüfkriterien, die zur Einschätzung des aktuellen Entwicklungsstandes der konditionellen Fähigkeiten dienen. Das sind Kraft, Ausdauer, Schnelligkeit, Beweglichkeit und Koordination. Diese werden als Einzelfähigkeit (beispielsweise aerobe Ausdauer) und im Komplex (etwa als Gesamterscheinungsbild des Laufes) eingeschätzt. Je nach ausgeübter Sportart werden dabei unterschiedliche Untersuchungen durchgeführt, die in Form von sportmotorischen Eigenschaftsprofilen zusammengefasst werden können.

- »Grünes Licht« für Belastung
- Einteilung der Trainingsbereiche mit individuellen Empfehlungen
- Effizientes Training = effektive Nutzung der Zeit

Abb. 15 Schwellentest

Der Standard zur Überprüfung von Belastbarkeit und Leistungsfähigkeit besteht normalerweise in einer ergometrischen Untersuchung auf dem Fahrrad oder auf dem Laufband. Es werden die erbrachte Laufleistung (Teil- und komplexe Leistungen) sowie zusätzliche biologische Parameter wie Blutdruck, EKG, Puls, Laktat, Sauerstoffaufnahme im Rahmen einer stufenförmig gesteigerten Testbelastung ermittelt und bewertet.

Für die Testperson ergeben sich aus der Fülle von Informationen Empfehlungen für die drei grundlegenden Trainingsbereiche (Abb. 16).

Für die Läufer stellt die Laufbandergometrie dabei eine Standardmöglichkeit dar. Der Ablauf ist folgender: Nachdem die Testbereitschaft hergestellt wurde (Ausgangsuntersuchung, Verkabelung, Ruhewerte), wird das Laufband gestartet.

Die Initialbelastung liegt in der Regel bei trainierten Personen bei 6 bis 8 km/h. Im Zweifelsfall kann natürlich auch mit einer Walkinggeschwindigkeit von 3 bis 5 km/h begonnen werden. Die Stufendauer beläuft sich auf 3 bis 5 Minuten.

Anaerober Bereich
sehr intensives Training unter »Sauerstoffschuld«;
wird bevorzugt beim Intervalltraining angewendet, Training von Mobilisationsfähigkeit und Tempohärte

Aerob-anaerober Übergangsbereich
GA_2-Training, Mischstoffwechsel;
Kohlenhydrate/Fette werden zur Energiegewinnung genutzt, Verbesserung der Grundlagenausdauer, oftmals identisch mit Marathon- und Halbmarathontempo

Aerober Bereich
GA_1-Training, Fundament der Leistungsentwicklung, Stabilisierung der Grundlagenausdauer;
Fettstoffwechseltraining, wichtiger Bereich des Gesundheitssports, mindestens zwei Drittel des gesamten Trainingsumfangs

Abb. 16 Grundbereiche des Ausdauertrainings

Das Prinzip aller Stufentests ist gleich. Nach der Startstufe wird von Stufe zu Stufe die Laufgeschwindigkeit um 1 bis 2 km/h erhöht. Zwischen den Stufen ist eine kurze Pause (circa 30 Sekunden) zur Entnahme des Laktates (Milchsäure) aus dem Ohrläppchen. In manchen Fällen wird das Blut auch aus der Fingerspitze entnommen.

Die Geschwindigkeitssteigerung erfolgt beim Test mindestens bis zur anaeroben Schwelle (submaximaler Test) oder bis zur subjektiven Erschöpfung (Maximal- bzw. Ausbelastungstest).

Auf Grund der Stufenbelastung kann ein relativ breites Belastungsspektrum analysiert werden. Die auf diese Weise gewonnenen Parameter lassen eine Einschätzung der individuellen Belastbarkeit und Leistungsfähigkeit zu. Als wichtigstes Untersuchungsergebnis gewinnt man die so genannte Laktat-Leistungs-Kurve (Abb. 17).

Folgender Sachverhalt wird dargestellt: Mit zunehmender Belastungsintensität (von Stufe zu Stufe erhöhte Laufgeschwindigkeit) steigt die Herzschlagfrequenz konti-

Laufband mit Testperson und Sportmediziner

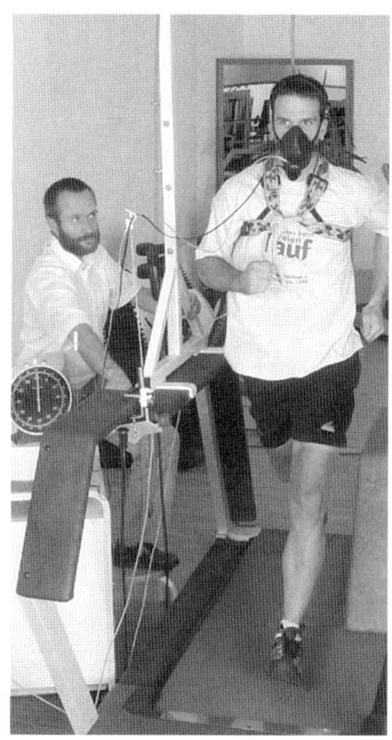

nuierlich an. Dabei sind die Herzfrequenz und das Anstiegsverhalten unter Belastung sehr individuell (Abb. 18). Im Beispiel sind zwei Läuferinnen dargestellt, die beide 41 Jahre alt sind und ein ähnliches Leistungsniveau besitzen. Der Test wird im vergleichbaren Trainingszyklus durchgeführt. Bei einem ähnlichen Verlauf der Laktatkurve unterscheiden sich die Verläufe der Herzfrequenzen auf vergleichbaren Stufen maßgeblich. Etwa 15 % der getesteten Personen sind »hochpulsige« Typen. Das betrifft insbesondere Frauen und Jugendliche. Dieses Ergebnis hat natürlich einen großen Einfluss auf die Testauswertung.

In Abhängigkeit vom Trainingszustand und Belastung kommt es zum Anstieg des Laktates. In der Regel sind in den unteren Stufen geringe Lak-

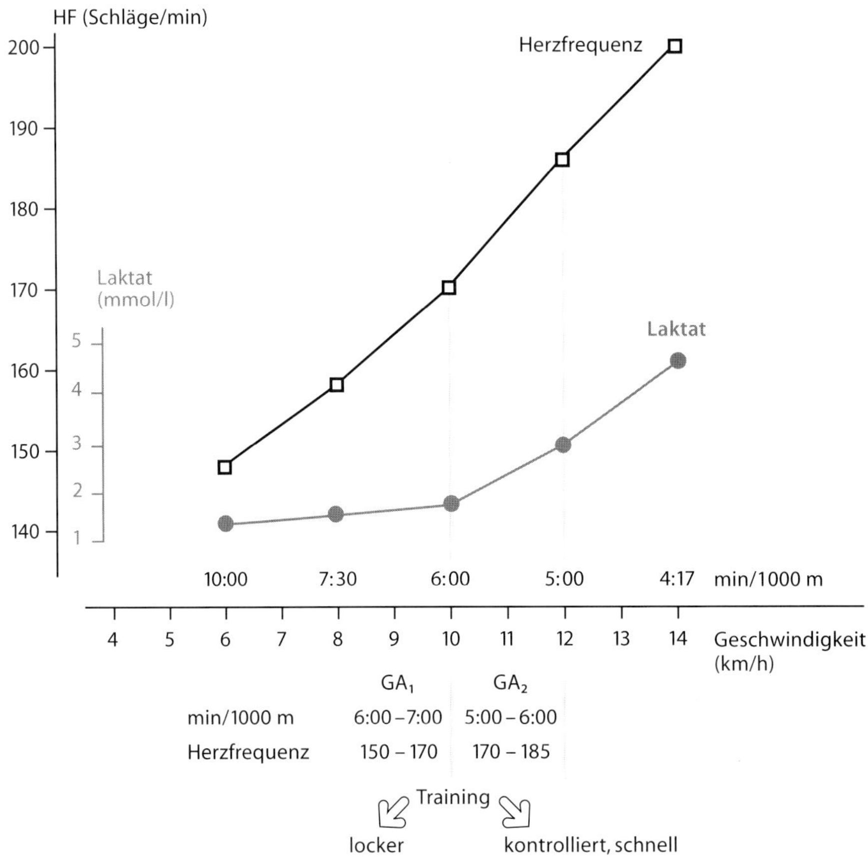

Abb. 17 Laktat-Leistungs-Kurve

tatkonzentrationen, später deutlich ansteigende Werte zu beobachten. Zeitpunkt und Grad des Anstieges der Laktatkonzentrationen in Bezug zur Laufgeschwindigkeit sind, wie beim Herzfrequenzverhalten, auch hier wieder sehr individuell.

Ähnliches lässt sich auch von der dritten getesteten Regulationsebene des menschlichen Körpers, dem Atemgasstoffwechsel, berichten.

Entscheidend für die Bewertung der Untersuchungsergebnisse ist die Betrachtung der Testwerte im Verlauf der Stufenentwicklung. Für den Sportler ist es wichtig, die daraus resultierenden drei Grundbereiche des Ausdauertrainings zu erfahren. (Siehe dazu auch Abb. 16 auf Seite 33.)

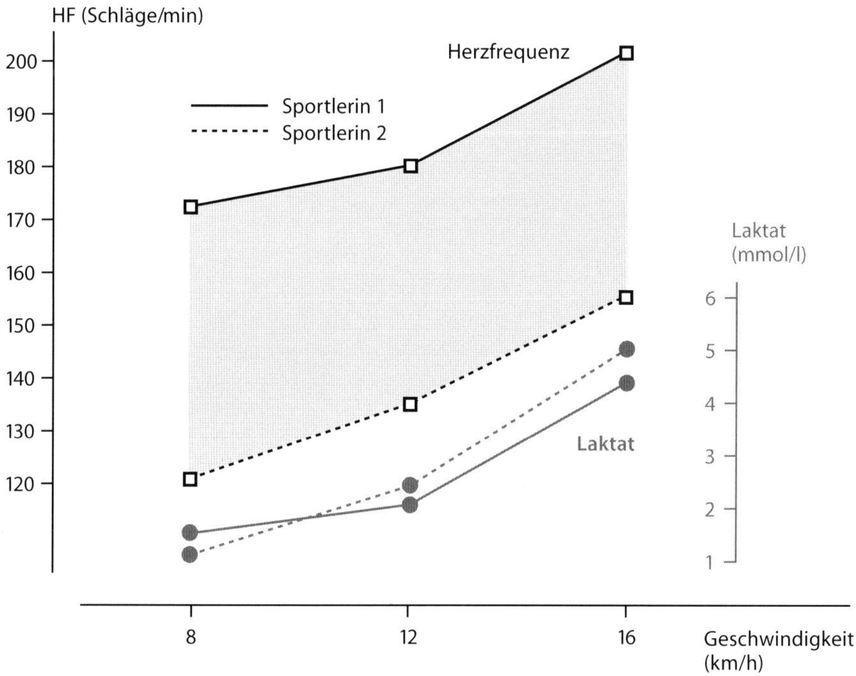

Vergleich: Zwei Sportlerinnen, ähnlicher Trainingszustand, beide 41 Jahre alt
Fazit: Hohe Pulswerte sind nicht mit schlechtem Trainingszustand gleichzusetzen. Etwa 15 % aller Sportler sind »höherpulsig«. D. h. große Differenz der Herzfrequenz bei vergleichbaren Belastungsstufen trotz ähnlichem Laktatkurven-Verlauf!

Abb. 18 Pulstyp

Die aerobe Schwelle ist dabei die Belastungsintensität, bis zu der alle Funktionssysteme stabil arbeiten. Die Leistung setzt sich wie ein Puzzle harmonisch zu einem Gesamtbild zusammen. Bis zu diesem Punkt wird auch kein zusätzliches Laktat im Körper gebildet. Seitens des Stoffwechsels ist der Fettstoffwechsel maßgeblich an der Energiebereitstellung beteiligt. Die aerobe Schwelle könnte man auch als Dauerleistungsgrenze bezeichnen, da unterhalb dieser Schwelle auch mehrstündige Belastungen möglich sind. Dieser Belastungsbereich ist insbesondere für das Grundlagentraining 1 (GA_1) wichtig. Es erfolgt eine Anpassung der verschiedenen Funktionssysteme des Körpers an die Belastung. Ziel des Ausdauertrainings sollte es sein, die Laufgeschwindigkeit in diesem Bereich zu erhöhen bzw. die Belastungszeit zu verlängern (Abb. 19).

Der nächsthöhere Trainingsbereich ist der Grundlagenausdauer-2-Bereich, seitens des Stoffwechsels auch aerob-anaerober Übergangsbereich genannt. Es kommt zu einer partiellen Instabilität verschiedener Funktionssysteme. In Abhängigkeit vom Grad der Anpassung an die Belastung können dies ein oder auch mehrere Systeme sein. Es liegt ein Mischstoffwechsel aus Kohlenhydrat- und Fettstoffwechsel vor. Dieser Bereich ist

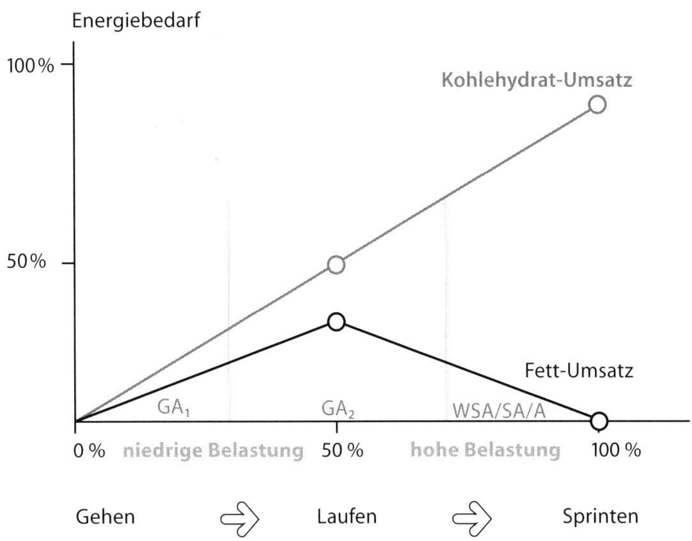

Abb. 19 Fettstoffwechsel

besonders zur Entwicklung der aeroben Leistungsfähigkeit notwendig. Beim Marathonläufer entspricht das Lauftempo in diesem Bereich der möglichen Marathonzielgeschwindigkeit.

Die anaerobe Schwelle bezeichnet eine Belastungsintensität, ab der es zu einer zunehmenden Laktatanhäufung unter Belastung kommt. Dieser Bereich dient vor allem der motorischen Schulung höherer Laufgeschwindigkeiten (zum Beispiel für Mittelstreckenlauf). In der Trainingsmethodik wird von wettkampfspezifischer Ausdauer (WSA) und Schnelligkeitsausdauer (SA) gesprochen. Die Muskulatur übersäuert und die Belastung muss schließlich deshalb abgebrochen werden (Abb. 20).

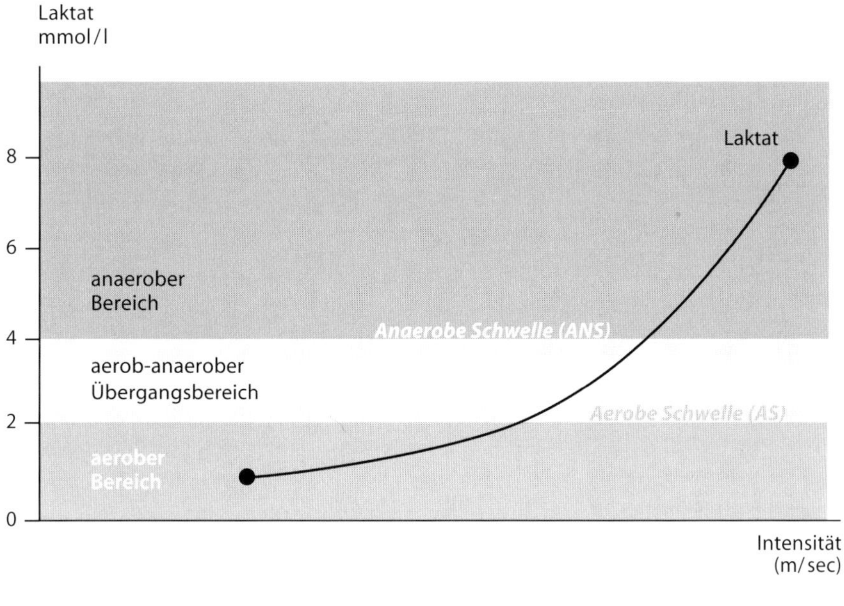

Abb. 20 Aerobe und anaerobe Schwelle

Trainingssteuerung

Die Laktat-Leistungs-Kurve ist für die Steuerung des Grundlagenausdauertrainings von entscheidender Bedeutung. In vielen Untersuchungen wurde nachgewiesen, dass ein direkter Zusammenhang zwischen der Höhe des Grundlagenausdauerniveaus und der Wettkampfleistung in den Mittel-, Langstrecken- und Marathondisziplinen besteht. Je länger die Strecke, desto mehr geht die Fähigkeit, den Fettstoffwechsel bei höheren Laufgeschwindigkeiten zu nutzen, in das Wettkampfergebnis ein. Je kürzer die Strecke, um so mehr bildet das Grundlagenausdauerniveau die Zubringerleistung (etwa Bewältigung der Gesamttrainingsbelastung, schnellere Regeneration).

Bei den Geschwindigkeiten oberhalb der anaeroben Schwelle spielt vorwiegend die Toleranz der Funktionsebenen eine wichtige Rolle. So ist es interessanter zu erfahren, wie der Körper eine hohe Laktatanhäufung verarbeitet, als die Frage nach dem absoluten Laktatwert. Schnelles Laufen ist hier angesagt. Die Laufmotorik bei hohem Tempo muss permanent geschult werden. Die Zielgeschwindigkeiten stehen im Mittelpunkt der Planung.

So wird in Ableitung des Stufentests der gesamte Bereich der Stabilisierung (GA_1) und Entwicklung (GA_2) des Grundlagentrainings kontrolliert aufgebaut. Dieser fließt direkt in die Wettkampfleistung ein. Für die Mittel- und Langstreckenläufer spielt zudem die motorische Laufentwicklung im anaeroben Bereich eine wichtige Rolle.

Wenn also aus der Laktat-Leistungs-Kurve die drei Grundbereiche des Trainings abgeleitet worden sind, kann anschließend der Trainingsplan aufgestellt werden (Abb. 21).

Ziel

Struktur der Wettkampfleistung

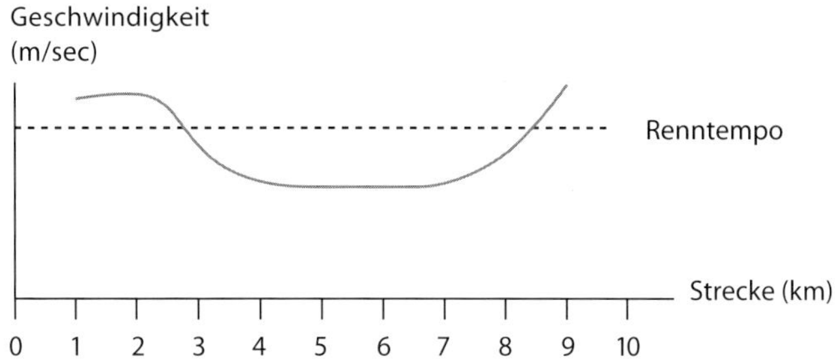

Umsetzung

Definition der Haupttrainingsbereiche

1. Schnelligkeitsausdauer (Mobilisation)
2. Wettkampfspezifische Ausdauer (Renntempo)
3. Grundlagenausdauer 2 (Entwicklung)
4. Grundlagenausdauer 1 (Stabilisierung)
5. Kompensation
6. Allgemeine Ausbildung

Proportionsverhältnisse der Haupttrainingsbereiche je Trainingsphase

	Grundlage	Vorbereitung	Kompensation
GA_1	65 %	70 %	100 %
GA_2	25 – 30%	10 – 20 %	–
WSA / SA	5 – 8 %	10 – 20 %	–

Trainingssteuerung/Belastungsgestaltung

- Jahresverlauf / Mehrjahresverlauf
- Trainingszyklen
- Wochenzyklus (MIZ)
- Trainingseinheit
- Einplanung ins Leben

Abb. 21 Struktur der Wettkampfleistung/Trainingsstruktur

Die Haupttrainingsbereiche müssen im Hinblick auf die Zielleistung (Hauptwettkampfstrecke) klar definiert werden. Anschließend müssen diese Bereiche in bestimmte Relationen zueinander gesetzt werden. Diese wiederum sind im Wochen- und Mehrwochenverlauf mit Be- und Entlastungszyklen zu gestalten.

Die Stufentests sind also ein direktes Instrument zur Steuerung des Grundlagentrainings in Abhängigkeit der Wettkampfstrecke. Dabei stellt die Regulierung der Trainingsbereiche über die Herzfrequenz eine sehr praktische Methode dar. Sie erfolgt mithilfe des Pulsmessers.

Nur wenn die individuellen Herzfrequenzbereiche bekannt sind, kann man in diesen belastungswirksam trainieren. Die Bestimmung der Pulsbereiche mit Grafiken, Tabellen und Formeln kann nur eine grobe Orientierung sein. Den perfekten oder idealen Puls gibt es nicht. Dieser hängt immer von vielen Faktoren wie Veranlagung, Alter und Sportart ab. Des Weiteren muss der Test auch immer sportartspezifisch durchgeführt werden. Das heißt: Läufer auf dem Laufband, Radfahrer auf den Radergometer usw. Empirisch lassen sich dann Beziehungen herstellen, wie viele Pulsschläge beim Radergometertest zugegeben werden müssen, falls der Radfahrer Laufsport betreiben möchte (Abb. 22).

Beispiel: Laufbandtest		GA_1	GA_2	WSA/SA
Laufen*		120 – 150	150 – 160	>160 – max.
Radfahren	**– 10 bis 15 S/Min.**	110 – 140	140 – 150	>150 – max.
Schwimmen	**+ 5 bis 10 S/Min.**	125 – 160	160 – 170	>170

* Skilanglauf, Skiroller, Inlineskating, Rennrollstuhlsport, Walking, GA für andere Sportarten wie Badminton, Fußball, Tennis …

Abb. 22 Übertragung der Herzfrequenzbereiche auf andere Sportarten

Der Nachbelastungspuls ist ein indirektes Indiz für das Niveau der Grundlagenausdauer.

Pulsfrequenz
5 Minuten nach Belastungsende:
(keine maximale Belastung)

über 130/Min.	schlecht
130 – 120/Min.	ausreichend
120 – 115/Min.	befriedigend
115 – 105/Min.	gut
105 – 100/Min.	sehr gut
unter 100/Min.	Hochleistungstrainingszustand; ist für jeden Ausdauersportler möglich!

Abb. 23 Nachbelastungspuls

Diese Methoden können nur eine grobe Orientierung geben, sind aber aus zeitlichen und finanziellen Gründen trainingsmethodisch etabliert. Für das Training in den Pulsbereichen müssen aber auch das tägliche Befinden, die Außentemperatur und der Gesundheitszustand beachtet werden.

Praxistipp:
Nicht ständig mit Pulsmesser laufen, sondern öfter mal auf sein eigenes Gefühl vertrauen!

6 Lauf-Vor- und -nachbereitungen

6.1 Aufwärmen

Unter dem Begriff »Aufwärmen« versteht man aktive und passive, allgemeine und spezifische Maßnahmen zur Herstellung einer optimalen psycho-physischen Verfassung vor Training oder Wettkampf, sowie zur koordinativen Vorbereitung und Verletzungsprophylaxe.

Unter allgemeinem Aufwärmen werden Übungen verstanden, welche nicht sportartspezifische Beanspruchungen enthalten. Es dient dazu, die Körperkern- bzw. Muskeltemperatur zu erhöhen, sowie das kardiopulmonale (Herz-Lungen-) System auf die folgende Leistung vorzubereiten. Dies geschieht zum Beispiel durch Einlaufen.

Spezielles Aufwärmen betrifft hingegen die Absolvierung der sportartspezifischen Bewegungen. Beim speziellen Aufwärmen werden bestimmte Muskelgruppen erwärmt bzw. auf die folgende Leistung vorbereitet. Es ist ein sportartspezifisches Erwärmen der Muskulatur und wird erst nach dem allgemeinen Erwärmen durchgeführt.

Dem aktiven Aufwärmen steht das passive in Form von Sportmassage, heißer Dusche, Einreibungen usw. gegenüber. Allerdings sollten beide Arten der Erwärmung nicht isoliert, sondern in Kombination durchgeführt werden, wie folgende Erklärung zeigt.

Beim aktiven Aufwärmen führt der Sportler die Übungen bzw. Bewegungen aktiv durch, indem er sich einläuft bzw. sportartspezifische Übungen absolviert. Dies führt zur Erhöhung der Körperkerntemperatur, Mehrdurchblutung und somit zur besseren Versorgung der Muskulatur mit Sauerstoff, sowie zu einer Anpassung des Herz-Kreislaufsystems.

Passives Aufwärmen dagegen wird in Form von Einreibungen mit erwärmenden Cremes, Massagen, heißen Duschen etc. durchgeführt. Hier kommt es nur zur oberflächlichen Erwärmung, vor allem der Hautgefäße, durch eine Gefäßerweiterung. Das passive Aufwärmen ist nur ergänzend zum aktiven Aufwärmen sinnvoll, niemals isoliert, da die Arbeitsmuskulatur weder ausreichend erwärmt, durchblutet noch koordinativ vorbereitet ist. Somit ist eine Verletzungsprophylaxe nicht gegeben.

Zusätzlich zum aktiven und passiven Aufwärmen zeigt das mentale Aufwärmen große Wirksamkeit. Vor allem im Bereich der Leichtathletik und des Turnens ist dies sinnvoll.

Wird eine intensive dynamische Beanspruchung großer Muskelgruppen ohne ein vorhergehendes Aufwärmen begonnen, so empfindet man die Belastung in den ersten Minuten als sehr hart. Oftmals tritt Atemnot auf. Nur unter Aufbietung der gesamten Willensenergie lässt sich die bisherige Intensität beibehalten. Meist ändert sich dies wenig später wieder. Die Atembeschwerden verschwinden, vorher verkrampfte Bewegungen werden lockerer und man gewinnt das Empfinden, dieses Leistungsniveau noch über längere Zeit hinweg halten zu können. In der Sportsprache nennt man diese Erscheinungen »Toten Punkt« und »Second Wind«.

Der Zeitpunkt des Auftretens nach Beginn einer körperlichen Arbeit variiert. Meistens wird der Zustand um so schneller erreicht, je höher die geforderte Leistung ist. Ein guter Trainingszustand und ein ausreichendes vorheriges Aufwärmen lassen diese Phänomene durchweg vermeiden.

Die Ursache ist nicht völlig geklärt. In Untersuchungen an untrainierten Personen fand man im Bereich des »Toten Punktes« die höchste Laktatkonzentration während der gesamten Belastungsdauer. Auch der mittlere Blutdruckwert war hier am höchsten.

Man erklärt sich diese Befunde folgendermaßen: Sofort mit Beginn der Belastung kommt es zu einer Vergrößerung des Energieumsatzes mit einer entsprechenden Steigerung des Sauerstoffbedarfs. Vor allem die Atmung, aber auch der Kreislauf stellen sich erst nach einigen Minuten auf die neue Situation ein. Infolgedessen ergibt sich am Belastungsbeginn ein Sauerstoffdefizit, weshalb nicht nur die Arbeits-, sondern auch die Atemmuskulatur ungenügend mit Sauerstoff versorgt werden. Hierdurch wird das Gefühl der Atemnot ausgelöst. Mit der Anpassung von Atmung und Kreislauf an die Belastung sinkt der Laktatspiegel. Gleichzeitig kommt es zu einer verbesserten Durchblutung der Arbeitsmuskulatur. Der Erfolg dieser Anpassungserscheinungen ist spürbar als Gefühl der erneuten verbesserten Leistungsbereitschaft (»Second Wind«).

Ein sinnvolles Aufwärmen schafft für das Training oder den Wettkampf bessere Ausgangsbedingungen hinsichtlich Koordination, Flexibilität, Kraft, Schnelligkeit und Ausdauer. Es werden die neuromuskuläre, die organische und die geistige Leistungsbereitschaft gleichermaßen gefördert. Nebenbei wird hierdurch die Verletzungsgefahr verringert und bei Ausdauerbeanspruchungen der »Tote Punkt« unter Umständen bereits während des Aufwärmens überwunden.

Das Aufwärmprogramm sollte vielseitig sein und sowohl allgemeine wie auch spezifische Übungen enthalten. Die Einzelheiten des Aufwärmens richten sich nach dem jeweiligen Trainings- und Leistungszustand, sowie nach der Sportart und den klimatischen Bedingungen. Der ältere Mensch bedarf einer längeren Aufwärmphase als der jüngere. Dementsprechend kann die Dauer 10, aber auch bis zu 60 Minuten betragen. Durchschnittlich werden 20 bis 45 Minuten für das Aufwärmen verwendet. Als optimaler zeitlicher Abstand zwischen Abschluss des Aufwärmens und dem Wettkampfstart werden 5 bis 10 Minuten angegeben. Der Aufwärmeffekt bleibt etwa 20 bis 30 Minuten lang nachweisbar.

Übertriebene Aufwärmmaßnahmen, vor allem in der Kombination hoher Intensität und langer Dauer, nehmen Leistungsreserven vorzeitig in Anspruch. Das ist in erster Linie vor Ausdauerleistungen zu bedenken.

6.2 Lauf-Abc

Vor dem Lauf-Abc sollte also eine leichte Erwärmung stattfinden. Das Einlaufen ist, wie oben in Kapitel 6.1 beschrieben, individuell zeitlich unterschiedlich lang, darf aber aus Gründen der Verletzungsanfälligkeit keinesfalls vernachlässigt werden. Eine anschließende Lockerungs- und Dehnungsgymnastik (circa 10 Minuten) des gesamten Körpers mit Schwerpunktsetzung im Bein- und Fußbereich bereitet das Lauf-Abc gut vor.

Ausgangsposition
Zehenhochstand

1. Fußgelenkarbeit
Flüssiger Wechsel (rechts/links) zwischen Zehenstand und Ganzfußaufsatz

2. Anfersen
Lockeres, wechselseitiges Führen des Unterschenkels zum Gesäß, Knie bleiben geschlossen, Oberschenkel des angefersten Beines befindet sich senkrecht zum Untergrund

3. Kniehebelauf
Wechselseitiges Heben des Oberschenkels bis etwa zur Parallellage zum Untergrund, Oberkörper bleibt aufrecht

4. Seitspreizlauf
Leicht sprunghafter Nachstellschritt 90° zur Laufrichtung, je Durchgang mit links bzw. rechts beginnend, Oberkörper nicht verdrehen

5. Überkreuzlauf

Ähnlich wie Seitspreizlauf, nur wird das Nachziehbein einmal vor und einmal nach dem Standbein aufgesetzt, Oberkörper bleibt 90° zur Laufrichtung, Hauptverdrehung erfolgt über das Becken

6. Hopserlauf

Lockere, wechselseitige Sprünge nach vorn oben, Beineinsatz ähnlich wie bei Kniehebelauf, Sprungbeinabdruck bis zum großen Zeh, diagonale Armbewegung über den Kopf nach oben

6.3 Kräftigung

Das hier vorgeschlagene Kräftigungsprogramm sollte als Ausgleich zum Laufen 3- bis 5-mal pro Woche durchgeführt werden. Es trainiert vor allem die Muskelgruppen, die beim Lauf wenig beansprucht werden. Voraussetzung dafür ist Beschwerdefreiheit. Sollte das nicht der Fall sein, ist vor Aufnahme des Programms Rücksprache mit dem Arzt zu nehmen.

6

Bauchmuskulatur gerade mit gestreckten Beinen (mit Hilfe des Hüftbeugers ausschalten)

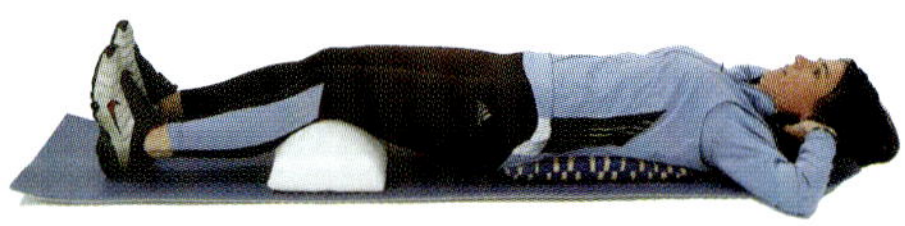

1 **Ausgangsposition**
Rückenlage, Beine gestreckt, Knie mit einer Rolle oder einem Kissen unterlagern,
flaches Kissen oder Handtuch unter die Lendenwirbelsäule,
Hände locker seitlich am Kopf anlegen,
Kinn an den Hals ziehen (leichtes Doppelkinn)

2 **Ausführung**
Zuerst leichten Druck mit der Lendenwirbelsäule auf das Kissen und mit den Beinen auf die Rolle ausüben und beides halten.
Kopf und Oberkörper leicht vom Boden abheben und Richtung Decke bringen (kleine Bewegung) und langsam wieder absinken lassen. Bei der Aufwärtsbewegung ausatmen, Abwärtsbewegung einatmen. Den Druck der Lendenwirbelsäule und der Beine nach unten während der gesamten Übung halten. Doppelkinn halten, nicht am Kopf ziehen und fließend atmen!

Wiederholungen
Je nach Trainingszustand. Es empfiehlt sich drei bis fünf Serien durchzuführen.
3 – 5 Serien à 15 Wiederholungen, dazwischen 1,5 Minuten Pause bzw.
3 – 5 Serien à 20 Wiederholungen, dazwischen 1 Minute Pause

Bauchmuskulatur gerade mit gebeugten Beinen

3 **Ausgangsposition**
Rückenlage, Füße aufgestellt, flaches Kissen oder Handtuch unter die Lendenwirbelsäule, Hände locker seitlich am Kopf anlegen, Kinn an den Hals ziehen (leichtes Doppelkinn)

4 **Ausführung**
Zuerst leichten Druck mit der Lendenwirbelsäule auf das Kissen ausüben. Kopf und Oberkörper leicht vom Boden abheben und Richtung Decke bringen (kleine Bewegung), und langsam wieder absinken lassen. Bei der Aufwärtsbewegung ausatmen, Abwärtsbewegung einatmen. Den Druck der Lendenwirbelsäule nach unten während der gesamten Übung halten. Doppelkinn halten, nicht am Kopf ziehen und fließend atmen!

Wiederholungen
Je nach Trainingszustand. Es empfiehlt sich drei bis fünf Serien durchzuführen.
3 – 5 Serien à 15 Wiederholungen, dazwischen 1,5 Minuten Pause bzw.
3 – 5 Serien à 20 Wiederholungen, dazwischen 1 Minute Pause

Rückenmuskulatur in der Diagonalen

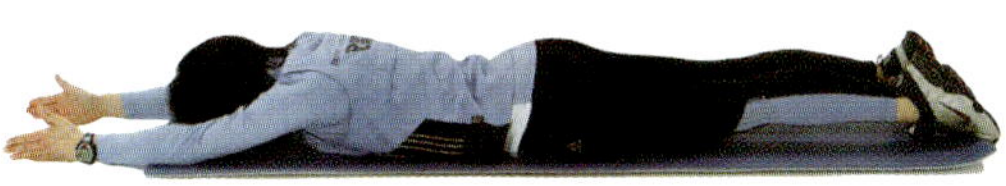

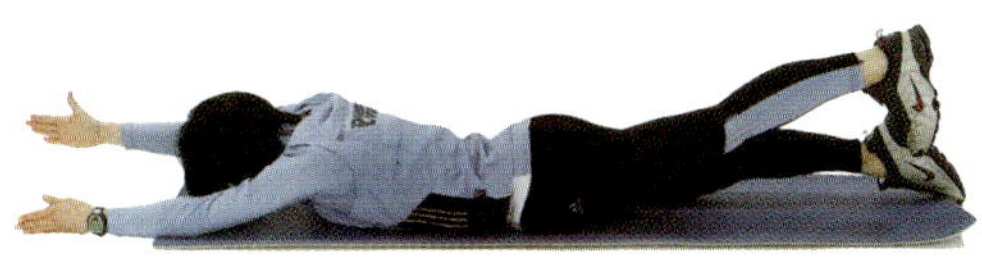

5 **Ausgangsposition**
Bauchlage, Beine und Arme vom Körper weggestreckt, Daumen zeigen zur Decke, Blick auf die Unterlage, Doppelkinn halten, Nasenspitze liegt nicht am Boden auf

6 **Ausführung**
Einen Arm und das gegenüberliegende Bein etwas vom Boden abheben und Spannung 10 Sekunden halten, dann Wechsel zur anderen Seite

Wiederholungen
3 Serien à 10 x 10 Sekunden halten
(im Wechsel, 5 x pro Seite), dazwischen
1 Minute Pause

Abduktoren-Training
(seitliche Gesäß- und Beinmuskulatur)
mit gestreckten Beinen

7 **Ausgangsposition**

Seitenlage, Beine und Hüfte gestreckt, Vorfuß Richtung Nase ziehen.
Becken gerade, so dass der Hüftknochen zur Decke schaut.
Eventuell Taille mit einem Kissen unterlagern.
Unten liegenden Arm unter den Kopf legen (nicht abstützen), oben liegender Arm stützt vor dem Körper ab

8 **Ausführung**

Oben liegendes Bein langsam heben und senken, ohne in der Hüfte eine Drehung zuzulassen, d. h. die Fußspitze schaut während der gesamten Bewegung nach vorne

Wiederholungen

Je nach Trainingszustand. Es empfiehlt sich drei bis fünf Serien durchzuführen.
3 – 5 Serien à 15 Wiederholungen, dazwischen 1,5 Minuten Pause bzw.
3 – 5 Serien à 20 – 30 Wiederholungen, dazwischen 1 Minute Pause.
Diese Übung kann durch Benutzung einer Gewichtsmanschette oberhalb des Fußgelenks verstärkt werden

Abduktoren-Training
(seitliche Gesäß- und Beinmuskulatur)
mit gebeugten Beinen

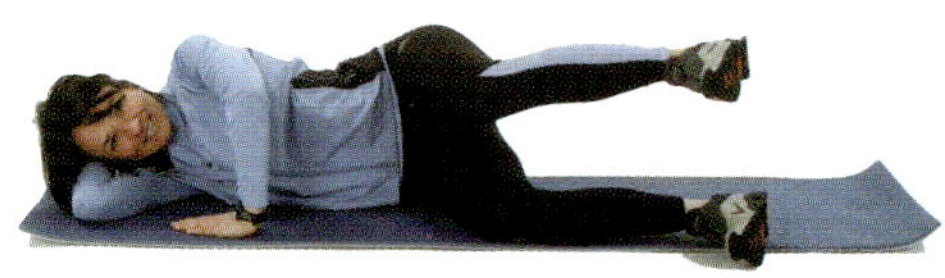

9 **Ausgangsposition**

Seitenlage, Knie und Hüfte 90° gebeugt, Vorfuß Richtung Nase ziehen.
Becken gerade, so dass der Hüftknochen zur Decke schaut.
Eventuell Taille mit einem Kissen unterlagern.
Unten liegenden Arm unter den Kopf legen (nicht abstützen), oben liegender Arm stützt vor dem Körper ab

10 **Ausführung**

Oben liegendes Bein langsam heben und senken, ohne in der Hüfte eine Drehung zuzulassen, d. h. Fußspitze und Knie schauen während der gesamten Bewegung nach vorne

Wiederholungen

Je nach Trainingszustand. Es empfiehlt sich drei bis fünf Serien durchzuführen.
3 – 5 Serien à 15 Wiederholungen, dazwischen 1,5 Minuten Pause bzw.
3 – 5 Serien à 20 – 30 Wiederholungen, dazwischen 1 Minute Pause.
Diese Übung kann durch Benutzung einer Gewichtsmanschette oberhalb des Fußgelenks verstärkt werden

Adduktoren-Training (Oberschenkelinnenseite)

11 **Ausgangsposition**

Seitenlage, unten liegendes Bein gestreckt, Vorfuß Richtung Nase ziehen, oben liegendes Bein dahinter oder davor aufgestellt. Becken gerade, nicht nach hinten kippen, eventuell Taille mit einem Kissen unterlagern. Unten liegenden Arm unter den Kopf legen (nicht abstützen), oben liegender Arm stützt vor dem Körper ab

12 **Ausführung**

Unten liegendes Bein langsam heben und senken, ohne in der Hüfte eine Drehung zuzulassen, d. h. die Fußspitze schaut während der gesamten Bewegung nach vorne

Wiederholungen

Je nach Trainingszustand. Es empfiehlt sich drei bis fünf Serien durchzuführen.
3 – 5 Serien à 15 Wiederholungen, dazwischen 1,5 Minuten Pause bzw.
3 – 5 Serien à 20 – 30 Wiederholungen, dazwischen 1 Minute Pause
Diese Übung kann durch Benutzung einer Gewichtsmanschette oberhalb des Fußgelenks verstärkt werden

6

Fußheber mit Theraband

13 **Ausgangsposition**

Rückenlage, Oberkörper bequem abstützen oder ablegen. Das zu bearbeitende Bein ist gestreckt, das andere aufgestellt. Theraband über den Fußrücken legen und in Verlängerung des Beines an einem Gegenstand befestigen, so dass eine leichte Spannung vorhanden ist. Die Fußspitze wird lang gemacht

14 **Ausführung**

Gegen den Widerstand des Therabandes den Vorfuß Richtung Nase ziehen

Wiederholungen

Je nach Trainingszustand. Es empfiehlt sich drei bis fünf Serien durchzuführen.
3 – 5 Serien à 15 Wiederholungen, dazwischen 1,5 Minuten Pause bzw.
3 – 5 Serien à 20 Wiederholungen, dazwischen 1 Minute Pause

Kniebeuger (Oberschenkelrückseite) mit Theraband

15 **Ausgangsposition**
Bauchlage, Oberkörper bequem ablegen, Kopf auf den Unterarmen abgestützt.
Beide Beine sind gestreckt. Theraband um den Rückfuß des zu bearbeitenden Beines legen und in Verlängerung des Beines an einem Gegenstand befestigen, so dass eine leichte Spannung vorhanden ist

16 **Ausführung**
Gegen den Widerstand des Therabandes den Unterschenkel Richtung Gesäß ziehen, bis ein Kniewinkel von ca. 70° erreicht ist (nicht weiter, da es sonst zu Krämpfen im Oberschenkel kommen kann) und wieder senken

Wiederholungen
Je nach Trainingszustand. Es empfiehlt sich drei bis fünf Serien durchzuführen.
3 – 5 Serien à 15 Wiederholungen, dazwischen 1,5 Minuten Pause bzw.
3 – 5 Serien à 20 Wiederholungen, dazwischen 1 Minute Pause

6.4 Dehnen – Aktueller Forschungsstand und Konsequenzen für die Praxis (von Roy Obermüller)

Das Thema »Dehnen« führt seit langem zu kontroversen Diskussionen. Immer wieder hat sich die vorherrschende Meinung gewandelt und unterlag gewissen Modetrends. So wurde jahrzehntelang beim Dehnen kräftig gewippt, bis in den 70er Jahren die Stretching-Welle aufkam. Dynamisches Dehnen war plötzlich verpönt und wahre Horrorszenarien schwerer Muskelverletzungen, die durch dynamisches Dehnen entstehen sollten, wurden entwickelt. In den 90er Jahren gab es auch hier wieder einen Sinneswandel; dynamisches Dehnen wurde wieder zunehmend hoffähig. Und um die Sportler vollends zu verwirren, gibt es in den letzten Jahren sogar Stimmen, die behaupten, Dehnen sei überhaupt nicht sinnvoll.

Eine Ursache für dieses scheinbare Durcheinander ist die Tatsache, dass nicht selten Theorien und Erklärungsmodelle aufgestellt wurden, ohne sie wissenschaftlich zu untermauern. Dieses Kapitel beleuchtet deshalb wichtige Aspekte des Dehnens auf der Basis von Forschungsergebnissen der letzten Jahre und diskutiert praktische Konsequenzen, die sich daraus ergeben.

6.4.1 Dehnen und Beweglichkeit – Was passiert beim Dehnen?

Kurzfristige Wirkung des Dehnens

Wird ein Muskel in einer gedehnten Position gehalten, kommt es zu einer Längenzunahme des entsprechenden Muskel-Sehnen-Komplexes. Diese kurzfristige Verlängerung wird *Viskoelastische Stress-Relaxation (VSR)* genannt und bedeutet, dass eine oder mehrere Strukturen im Sehnen-Muskel-Komplex während der Dehnung nachgeben. Dieses Verhalten der Muskulatur findet sich bei neurologisch Gesunden genauso wie bei Querschnittgelähmten. Es hat also nichts mit der willkürlichen Aktivierung der Muskulatur zu tun, sondern ist eine reine Materialantwort. Die größte Abnahme der Dehnungsspannung findet innerhalb der ersten 20 bis 30 Sekunden einer einzelnen Dehnung statt. Weitere Dehnungen führen zwar zu einer nochmaligen Abnahme der Dehnungsspannung. Das Ausmaß der Abnahme sinkt aber mit jedem Dehnzyklus. Die größten Reduktionen werden bei den ersten drei Dehnungen erzielt, danach wird das Verhältnis zwischen »Aufwand« und »Effekt« immer ungünstiger.

ABER: Die Verlängerung bildet sich innerhalb einer Stunde wieder vollständig zurück.

Selbst wenn über Wochen hinweg jeden Tag gedehnt wird, kommt es zwar kurzfristig immer wieder zu dieser Verlängerung, aber am nächsten Tag liegt erneut die Ausgangslänge vor.

Mittel- und langfristige Wirkung des Dehnens

Wie passt nun die Aussage, dass regelmäßiges Dehnen einen Muskel nicht dauerhaft verlängert, zu unserer Alltagserfahrung und den Ergebnissen zahlreicher wissenschaftlicher Studien, die belegen, dass wir durch Dehnen beweglicher werden? Wie kommt es zur Beweglichkeitsverbesserung durch Dehnen, wenn nicht durch Verlängerung der Muskulatur? Die Studien der letzten Jahre sprechen dafür, dass wir durch Dehnen beweglicher werden, weil unsere Schmerztoleranz zunimmt. Wird ein Muskel zunehmend gedehnt, fängt er an zu ziehen bzw. weh zu tun, bis wir einfach nicht mehr weiter in die Dehnung hineingehen. Dieser maximale Dehnungsgrad zeigt aber nicht das Ende der Dehnfähigkeit des Muskels an, sondern nur das Ende der Beweglichkeit, also das Erreichen unserer Schmerztoleranz. Der Muskel selbst würde in gewissen Grenzen eine weitere Dehnung schadlos überstehen. Nur, wir tolerieren sie nicht, weil ab diesem Punkt die Schmerzen zu groß werden. Es gibt also einen Unterschied zwischen Dehnfähigkeit und Beweglichkeit.

Wenn ein Muskel über mehrere Wochen regelmäßig gedehnt wird, verbessert sich die Beweglichkeit, die dieser Muskel limitiert, eindeutig. Aber nicht etwa, weil der Muskel innerhalb einiger Wochen länger geworden wäre, sondern weil sich der Trainierende an den Dehnschmerz gewöhnt und deshalb mit der Zeit immer mehr Dehnung zulässt. Seine Schmerztoleranz nimmt zu. Diese Aussage wird durch zahlreiche Untersuchungen gestützt, die darauf hinweisen, dass sich die Materialeigenschaften des Muskels durch Dehnen in den ersten Monaten eines regelmäßigen Dehntrainings nicht ändern. Ob es nach monate- oder jahrelangem Dehntraining zu einer tatsächlichen Verlängerung der Muskulatur kommt, kann nicht konkret beantwortet werden, weil es schlichtweg keine wissenschaftlichen Langzeituntersuchungen dazu gibt.

Der kurzfristige Verlängerungseffekt der Dehnung (VSR) kann jedoch sehr gut genutzt werden, um nach einer Belastung Muskulatur und Sehnen zu entspannen und über die dadurch verbesserte Durchblutung die Sofortregeneration einzuleiten.

6.4.2 Die verschiedenen Dehnmethoden

Bevor wir uns damit beschäftigen, welche Dehnmethode für welche Zielstellung am besten geeignet ist, sollen die gebräuchlichsten Methoden kurz erläutert werden.

6.4.2.1 Statische Dehnmethode

Die eingenommene Dehnposition wird über einen bestimmten Zeitraum unverändert beibehalten. Wenn die Position durch Hilfe von außen oder durch nicht an der Dehnung beteiligte Extremitäten gehalten wird, spricht man von *passiv-statischer Dehnung*. Kommt die Dehnung durch Aktivierung des muskulären Gegenspielers zustande, entspricht dies einer *aktiv-statischen Dehnung* (Beispiel: Dehnung der hinteren Oberschenkelmuskulatur durch Annähern des Beines an den Rumpf mittels Anspannung der vorderen Oberschenkelmuskulatur).

6.4.2.2 Dynamische Dehnmethode

6

Im Endbereich der Dehnposition werden federnde Bewegungen vorgenommen, zunächst langsam und mit kleinem, dann schneller und mit zunehmendem Bewegungsausmaß. Wenn diese Bewegungen bewusst durchgeführt werden, kommt es erst bei schnellen Bewegungen überhaupt zu Muskelreflexen, mit denen lange Zeit die angebliche Verletzungsgefahr dieser Dehnmethode begründet wurde. Tatsächlich ist die Steigerung dieser Reflexe in der Vorbereitung auf sportliche Belastung oftmals geradezu erwünscht, weil sie leistungssteigernd wirkt und, bei adäquater Steigerung, eben nicht verletzungsträchtig ist.

6.4.2.3 Anspannen-Entspannen-Dehnen (AED-Methode)

Nachdem der zu dehnende Muskel in eine gedehnte Position gebracht wurde, spannt man ihn für ca. 5 bis 10 Sekunden stark an. Nach dem Lösen der Kontraktion wird die Gelenkwinkelposition so verändert, dass der Muskel in eine weiter reichende Dehnposition gelangt. Diese neue Dehnposition wird dann für 10 bis 20 Sekunden beibehalten, bevor der Zyklus aus Anspannen, Entspannen und Dehnung wiederholt wird. Die *AED-Methode* ist auch als *PIR- (postisometrische Relaxation)* oder als *CHRS-Methode (contract-hold-relax-stretch)* bekannt.

6.4.2.4 Antagonisten-Kontraktion (AK-Methode)

Während der Dehnung eines Muskels (beispielsweise hintere Oberschenkelmuskulatur) wird sein direkter Gegenspieler (vordere Oberschenkelmuskulatur) aktiv angespannt. Damit ist nicht gemeint, dass der zu dehnende Muskel alleine durch seinen direkten Gegenspieler in die Dehnposition gebracht wird. Es gibt kaum einen Muskel, dessen Kraft ausreichen würde, seinen Antagonisten einer ausreichenden Dehnungsspannung auszusetzen. Vielmehr wird für den effizienten Einsatz dieser Methode die entsprechende Gelenkwinkelposition primär durch Hilfe von außen (oder andere Extremitäten) gewährleistet, und durch die zusätzliche Aktivierung der antagonistischen Muskulatur unterstützt. Die Einstufung dieser Dehnmethode als »aktiv« bedeutet also keineswegs, dass sie nicht auch passive Elemente beinhalten kann.

6.4.2.5 Anspannen-Entspannen-Dehnen-Antagonistenkontraktion (AEDA-Methode)

Die AEDA-Methode stellt eine Kombination der AED- und AK-Methode dar, wobei die Dehnphase der AED-Methode um das Element der Antagonistenkontraktion ergänzt wird. Konkret: Soll zum Beispiel die hintere Oberschenkelmuskulatur mit der AEDA-Methode gedehnt werden, wird sie, in gedehnter Position, für ca. 5 bis 10 Sekunden stark angespannt. Nach dem Lösen der Spannung wird sie in eine weiter reichende Dehnposition gebracht. Im Unterschied zur AED-Methode wird diese Position aber nicht rein passiv beibehalten, sondern durch eine Kontraktion der antagonistischen vorderen Oberschenkelmuskulatur unterstützt.

6.4.3 Dehnen vor Training und Wettkampf

Auch wenn die dem Dehnen zugeschriebene verletzungsprophylaktische Wirkung bislang in keiner methodisch einwandfreien wissenschaftlichen Untersuchung bestätigt werden konnte, ist das Dehnen doch ein wichtiger Bestandteil des Aufwärmprogramms, das individuell und sportartspezifisch gestaltet sein sollte, um den Körper auf die folgenden Anforderungen und Belastungen optimal vorzubereiten. Wie umfangreich das Dehnprogramm vor Training und Wettkampf sein muss, hängt nicht zuletzt davon ab, welches Maß an Beweglichkeit bei der jeweiligen Sportart nötig ist. Eine allgemeine Ankurbelung des Herz-Kreislaufsystems, zum Beispiel durch lockeres Traben (oder Radfahren) kann das Dehnen allerdings nicht ersetzen.

Wir wissen inzwischen, dass die Leistungsfähigkeit in Sprint- und Sprungsportarten durch ausgiebiges Dehnen direkt vor der Belastung stark beeinträchtigt wird, weil vor allem lang anhaltendes statisches Dehnen vorübergehend zu einer verringerten Erregbarkeit der Muskulatur und damit verminderter Maximalkraft und Schnelligkeit der Kraftentwicklung führt. Im (Hoch-)Leistungssportbereich wird deshalb in diesen Disziplinen immer mehr vom Dehnen direkt vor maximalen Belastungen Abstand genommen. Das sollte aber nicht zu der Ansicht verführen: »Dann lass' ich die Dehnungen auch weg! Damit werde ich besser«. (Hoch-)Leistungssportler füllen ihr Aufwärmprogramm nämlich durch andere Inhalte, so dass ihr warm-up bis zu einer Stunde dauern kann.

Ganz allgemein sollten Dehnungen vor sportlicher Belastung nicht passiv-statischer, sondern eher dynamischer Natur sein und bei mittlerer Intensität nur kurz gehalten werden. 10 bis maximal 15 Sekunden pro Dehnung reichen aus. Die Anzahl der erforderlichen Dehnungen kann individuell und sportartspezifisch stark variieren. Für einen Läufer, der keine maximal schnellen Belastungen folgen lässt, reichen meiner Ansicht nach 1 bis 2 Dehnungen pro Muskelgruppe völlig aus. Wichtiger ist allerdings das regenerative Dehnen nach der sportlichen Belastung!

Die Wirkung des Dehnens beschränkt sich nicht nur auf die Physiologie des Menschen. Auch die Psyche wird deutlich beeinflusst. So kann ein bestimmter, dem Sportler vertrauter Ablauf, ein wichtiges Ritual in der psychischen Vorbereitung auf sportliche Belastung sein. Deshalb ist das subjektive Empfinden von großer Bedeutung. Wenn sich der Sportler mit einer Dehnung, die 5 oder 10 Sekunden über den oben angeführten Empfehlungen liegt, wohler fühlt, würde ich ihm nicht davon abraten. Sicher würde ich versuchen einen Sprinter, der es gewohnt ist, vor Wettkämpfen einzelne Muskeln minutenlang zu dehnen, davon zu überzeugen, dass er damit den Erkenntnissen der modernen Sportwissenschaft zuwider handelt und seine Leistungsfähigkeit beeinträchtigt. Aber ich halte die moderate Abweichung von den hier empfohlenen Eckpunkten sogar für ratsam, wenn sich ein Sportler dadurch subjektiv besser fühlt.

In bestimmten Fällen können Dehnungen vor einem Wettkampf sogar ganz gezielt eingesetzt werden, um die psychische Situation zu regulieren. Die optimale Leistungsfähigkeit wird bei einem mittleren psychischen Erregungsniveau erreicht. Sowohl reduzierte als auch übersteigerte psychische Aktivierung vermindert die Leistungsfähigkeit. Sportler, die vor Wettkämpfen übernervös sind, können durch statische Dehnungen, und den dadurch begleitend erzielten Effekt der psychischen Entspannung, positiven Einfluss auf ihr Erregungsniveau nehmen. Dabei ist im Einzelfall zu prüfen, welcher Effekt stärker ins Gewicht fällt: der positive auf die psychische Regulation oder der negative auf die Schnellkraft. Wobei auch zu berücksichtigen ist, dass sich eine vorübergehende Verminderung der Schnellkraft für einen Langstreckenläufer nur sehr begrenzt auswirkt.

6.4.4 Dehnen nach Training und Wettkampf

Dehnen nach dem Sport ist äußerst Gewinn bringend. Wie bereits oben dargestellt, entspannt sich der Muskel-Sehnen-Komplex, und Entspannung bedeutet bessere Durchblutung. Zudem besitzen Dehnübungen auch eine psychische Wirkkomponente. Nach Training oder Wettkampf geht es darum, neben den gesamten Körperfunktionen auch die Psyche möglichst schnell auf Erholung umzuschalten. Da vor allem passiv-statische Dehnungen neben der Verminderung der neuromuskulären Erregbarkeit auch einen entspannenden, beruhigenden Einfluss auf das vegetative Nervensystem besitzen, können sie somit die Einleitung der körperlichen Regeneration unterstützen. Dies wird um so wichtiger, je höher das wöchentliche Trainingspensum ist bzw. je kürzer die Abstände zwischen den einzelnen Trainingseinheiten werden.

Es stellt sich allerdings die Frage, wann nach der Belastung bzw. wann nach welcher Belastung gedehnt werden soll.

Nach intensivem Krafttraining oder Ausdauereinheiten, bei denen es zu hohen Laktatansammlungen kommt (beispielsweise intensive Intervalle und lange Sprints), benötigt die Muskulatur zunächst einen möglichst ungehinderten Stoffwechsel, um die angefallenen Metaboliten abzutransportieren sowie Sauerstoff und Nährstoffe heranzuschaffen. Vor allem statisches Dehnen führt aber, durch die Zugspannung im Muskel, zu einer Kompression der feinen Blutgefäße, die den Stoffwechsel behindert. Deshalb ist es direkt nach einer derartigen Belastung wichtiger, eine regenerative Herz-Kreislauf-Ankurbelung durchzuführen und für sofortige Flüssigkeits- und Mineralstoffsubstitution zu sorgen. Das Dehnen sollte erst mit einer Verzögerung von mindestens 60 Minuten nach der laktatbildenden Belastung mit passiven und lange gehaltenen Dehnungen (30 bis 60 Sekunden) durchgeführt werden.

Wenn am Ende der sportlichen Belastung keine nennenswerten Laktatbelastungen vorliegen, kann nach dem Auslaufen natürlich sofort mit dem Dehnen – bevorzugt passiv-statisch – begonnen werden. Die Anzahl der Dehnungen pro Muskelgruppe sollte zumindest bei 2 bis 3 liegen. Mehr Dehnungen würden nicht schaden, allerdings lohnt es sich dann, die oben angesprochene »Kosten-Nutzen-Gegenüberstellung« vorzunehmen.

6.4.5 Dehnen zur Beweglichkeitsverbesserung

Dehnen mit dem Ziel der Beweglichkeitsverbesserung hebt sich vom Dehnen zur Vor- und Nachbereitung sportlicher Belastungen insofern ab, als die Beweglichkeitsverbesserung ein eigenständiges Trainingsziel darstellt. Welcher Sportler in seiner Trainingsplanung das Ziel der Beweglichkeitsverbesserung überhaupt berücksichtigen muss, hängt von den individuellen und sportartspezifischen Gegebenheiten ab. Ein Mittel- oder Langstreckenläufer benötigt für seine Sportart keine über das »normale« Maß hinausgehende Beweglichkeit. Wenn es allerdings zu einer Einschränkung der Beweglichkeit gekommen ist – zum Beispiel durch einseitige Alltagsbelastungen, Verletzungen oder Trainingsfehler – kann es auch für den Läufer erforderlich werden, seine Beweglichkeit zu steigern.

Wenn mit dieser Zielstellung gedehnt wird, sollten die Dehnübungen in unermüdetem Zustand durchgeführt werden. Ein vorbereitendes, lockeres 5- bis 10-minütiges Aufwärmen ist sinnvoll, wenn auch nicht zwingend. Extensive und intensive Belastungen, wie längere Ausdauerläufe oder Tempoläufe, sollten aber erst nach dem Beweglichkeitsdehnen absolviert werden.

Die besten Effekte zur unmittelbaren Steigerung der Beweglichkeit werden mit dynamischem Dehnen bzw. mit den AK-, AED- und AEDA-Methoden erzielt.

Zur Steigerung der mittel- und langfristigen Verbesserung der Beweglichkeit scheint keine Dehnmethode der anderen klar überlegen zu sein. Wichtig scheint für diese Zielstellung einfach zu sein, dass gedehnt wird, dass an die Toleranzgrenze herangegangen wird. Die Wahl der Dehnmethode spielt dabei eine untergeordnete Rolle, was in der Praxis den Vorteil hat, individuell berücksichtigen zu können, mit welcher Methode der Einzelne besser zurecht kommt. Zudem kann durch gelegentlichen Wechsel der Methoden das Training abwechslungsreicher gestaltet werden.

Die Dehnung sollte als deutliches Ziehen zu spüren sein, was nicht heißt, dass sie weh tun muss. Das Auftreten von Schmerzen beim Bewegungsdehnen ist aber nicht kontraproduktiv (im Gegensatz zum regenerativen Dehnen). Wer zumindest 3- bis 4-mal pro Woche dehnt – mit relativ kurzer Dehndauer von 10 bis 20 Sekunden und 3 bis 5 Dehnungen pro Muskelgruppe – wird in der Regel schon nach wenigen Wochen eine Zunahme der (muskulär limitierten) Beweglichkeit feststellen. Als absolutes Minimum für langfristige Beweglichkeitsverbesserung gilt 1- bis 2-maliges Dehnen pro Woche.

Die AED- und die AK-Methode bringen langfristig zwar nicht unbedingt eine größere Beweglichkeitszunahme, haben aber den Vorteil, gleichzeitig die während der Dehnübung aktivierten Muskeln zu kräftigen.

6.4.6 Übungskatalog

Auch wenn im Bereich des Dehnens nach wie vor viele Fragen zu klären sind, kann als Fazit doch festgehalten werden, dass der regelmäßige und gezielte Einsatz von Dehnübungen nach wie vor ein fester Bestandteil eines jeden Sportprogrammes sein sollte.

Im Folgenden werden Dehnübungen für die wichtigsten Muskelgruppen dargestellt.

6.4.6.1 Wade

Die Wadenmuskulatur streckt das obere Sprunggelenk und besteht aus zwei Teilen. Der obere Anteil zieht über das Knie- und das Sprunggelenk und muss deshalb mit gestrecktem Knie gedehnt werden. Der untere Anteil zieht nur über das Sprunggelenk.

Variante 1, oberer Anteil: Zwillingswadenmuskel (*M. gastrocnemius*)

17a **Ausgangsposition für Variante 1**

17b **Ausgangsposition für Variante 1**
Schrittstellung, vorne an einer Wand oder auf Oberschenkel abstützen, Fuß des hinteren Beines zeigt gerade nach vorne, mit gestrecktem Knie nach vorne verlagern, Ferse bleibt fest am Boden

Wo soll es ziehen?
Vor allem im oberen Wadenbereich

6

Variante 2, unterer Anteil: Schollenmuskel (*M. soleus*)

18 **Schrittstellung (Ausgangsposition für Variante 2)**

19 **Endposition zu Variante 2**
Fuß des hinteren Beines zeigt gerade nach vorne, Knie beugen und Unterschenkel nach vorne bringen, Ferse bleibt fest am Boden, Körpergewicht ist auf das vordere Bein verlagert

Wo soll es ziehen?
Vor allem im unteren Wadenbereich, nahe der Achillessehne

6.4.6.2 Hintere Oberschenkelmuskulatur

Die hintere Oberschenkelmuskulatur *(ischiocrurale Muskulatur)* besteht aus dem *M. biceps femoris*, *M. semitendinosus* und *M. semimembranosus*. Sie ist sowohl an der Beugung des Knie- als auch an der Streckung des Hüftgelenkes beteiligt.

Noch immer werden die meisten Dehnübungen für diese Muskulaturgruppe mit gestrecktem Knie und angezogener Fußspitze ausgeführt. Dadurch wird aber in erster Linie der Ischiasnerv gedehnt und nicht die Muskulatur. Auch das »runde« Vorneigen des Oberkörpers bringt keine verbesserte Beinmuskeldehnung, sondern verstärkt nur den Zug am Nerv.

Deshalb gilt für alle Varianten zur Dehnung der ischiocruralen Muskulatur:

- KEINE volle Kniestreckung
- KEINE angezogene Fußspitze

6

Variante 1, liegend

20 **Ausgangsposition**
mit leicht angewinkeltem Knie

21 **Endposition**
Knie leicht angewinkelt, Oberschenkel mit »eingefrorenem« Kniewinkel zum Körper ziehen, d. h. Knie beim Heranziehen nicht weiter beugen, Fußspitze nicht runter ziehen

Variante 2, stehend

22 **Ausgangsposition**

23 **Endposition**
Becken zeigt gerade nach vorne, Knie leicht angewinkelt, Fußspitze nicht anziehen, Oberkörper aufrecht nach vorne kippen (nicht rund werden), bei der Oberkörperbewegung den Kniewinkel nicht verändern, Gewicht auf dem Standbein

Wo soll es ziehen?
Mittig in der hinteren Oberschenkelmuskulatur

Wo soll es nicht ziehen?
Kniekehle, Wade, Fuß

6.4.6.3 Vordere Oberschenkelmuskulatur

Die vordere Oberschenkelmuskulatur (*M. quadriceps femoris*) hat vier Anteile: *M. rectus femoris, M. vastus medialis, M. vastus lateralis, M. intermedius*. Die drei Letztgenannten ziehen nur über das Kniegelenk und sind für seine Streckung verantwortlich. Der *M. rectus femoris* zieht auch über das Hüftgelenk und beugt es. Deshalb ist die Beckenstellung mit entscheidend dafür, welche Anteile des vorderen Oberschenkels primär gedehnt werden.

Variante 1, stehend

24 **Ausgangsposition**

25 **Endposition**
Unterschenkel locker am Sprunggelenk greifen, Becken aufrichten, kein Hohlkreuz, Po anspannen,
Oberschenkel nach hinten bewegen

Variante 2, Seitlage

26 **Ausgangsposition**

27 **Endposition**
Seitlage, unteres Bein zur Brust gezogen, oberes Bein am Sprunggelenk greifen. Oberschenkel nach hinten bewegen, oberes Bein bleibt parallel zum Boden

Wo soll es ziehen?
Vorderer Oberschenkel

6.4.6.4 Hüftbeuger

Der primäre Hüftbeugemuskel ist der *M. iliopsoas*. Bei fixiertem Becken zieht er den vorderen Oberschenkel nach oben und beugt damit die Hüfte. Eine Einschränkung seiner Beweglichkeit hat beim Stehen und Gehen negative Auswirkungen auf die Stellung der Lendenwirbelsäule.

Variante 1, Einbein-Kniestand

6

28 **Ausgangsposition**

29 **Ausgangsposition**

30 **Endposition (zu 28)**
Becken aufrichten, Po anspannen.
Kein Hohlkreuz, Becken nach vorne schieben, Gewicht auf vorderem Bein

31 **Endposition (zu 29)**
Becken aufrichten, Po anspannen.
Kein Hohlkreuz, Becken nach vorne schieben, Gewicht auf vorderem Bein

Variante 2, Schrittstellung

32 **Ausgangsposition**

33 **Endposition**
Großer Schritt, hinteres Bein mit leicht gebeugtem Knie im Zehenstand. Becken aufrichten (kein Hohlkreuz!), Becken nach vorne schieben, hinteres Bein strecken

Wo soll es ziehen?
Leistenbereich, eventuell oberer Bereich des vorderen Oberschenkels

6.4.6.5 Adduktoren

Die Muskelgruppe der Adduktoren setzt sich aus verschiedenen Muskeln zusammen, die alle einen etwas anderen Faserverlauf aufweisen. Deshalb gibt es für die verschiedenen Varianten der Adduktorendehnung nicht nur eine einzige richtige Dehnposition, sondern eine Grundposition, von der aus, durch kleine Variation der Beinstellung, jeweils der eine oder der andere Adduktor akzentuiert wird. Der einzige Adduktor, der nicht nur das Hüft-, sondern auch das Kniegelenk bewegt, ist der *M. gracilis*.

Variante 1, Rückenlage

34 **Position**
Rückenlage, gebeugte Knie mit Händen auseinandergezogen

Variante 2, Grätschsitz (*M. gracilis*)

35 **Ausgangsposition**
Spreizsitz, gestreckte Knie, gerader Oberkörper, Hände seitlich hinter Po gestützt

36 **Endposition**
gespreizte Beine, gestreckte Knie, gerader Oberkörper, Lendenwirbelsäule nach vorne durchgebogen, gestreckten Oberkörper nach vorne kippen (nicht rund werden)

Variante 3, Stand

37 **zu dehnendes Bein auf gleicher Höhe mit dem anderen**

38 **zu dehnendes Bein etwas weiter vorne**

39 **zu dehnendes Bein etwas weiter hinten**
Grätschstand, ein Knie gebeugt, Oberkörper und Becken aufrecht, variable Fußposition. Durch weiteres Beugen des Knies das Becken zur Seite verlagern

6.4.6.6 Abduktoren/Außenrotatoren

Eine Vielzahl von Muskeln im Bereich der Hüftaußenseite heben das Bein nicht nur zur Seite und drehen es, sondern stabilisieren zudem das Becken bei jedem Schritt. Die wichtigsten Muskeln aus dieser Gruppe können mit den beiden folgenden Übungen gedehnt werden.

Variante 1, liegend

40 **Ausgangsposition**
Rückenlage, Außenknöchel liegt auf anderem Oberschenkel, Oberschenkel ranziehen

Ausführung
Beine übereinander schlagen, Oberschenkel Richtung Brust ziehen

Variante 2, sitzend

41 **Ausgangsposition**
Sitz, ein Bein überschlagen, aufrechter Oberkörper

42 **Endposition**
Knie festhalten und aufrechten Oberkörper nach vorne neigen.
Lendenwirbelsäule nach vorne durchbiegen, Knie festhalten und gestreckten Oberkörper nach vorne kippen (nicht rund werden)

Variante 3, stehend

43 **Vorderansicht**

44 **Seitliche Ansicht**
Stand auf einem Bein, Beine übereinander schlagen, Hüfte beugen.
Oberkörper nach vorne kippen und Knie festhalten

Wo soll es ziehen?
Hüftaußenseite

6.4.6.7 Brustmuskulatur

Die Dehnung der Brustmuskulatur *(M. pectoralis major)* fördert die aufrechte Haltung des Oberkörpers. Analog zur Dehnung des hinteren Oberschenkels ist es auch hier wichtig, die Ausgangsposition so zu wählen, dass der Muskel und nicht ein Nerv gedehnt wird. Deshalb nicht mit gestrecktem Ellenbogen dehnen.

45 **Ausgangsposition**

Praxis-Tipp:
Die Übung lässt sich am besten im Türrahmen durchführen.

46 **Endposition**

Schrittstellung, gleichseitiges Bein vorne,
Ellenbogen 90° an der Wand,
Ellenbogen etwas über Schulterhöhe;
durch Variation der Ellenbogenhöhe können verschiedene Fasern des Muskels akzentuiert gedehnt werden,
Oberkörper nach vorne drehen,
nicht ins Hohlkreuz fallen

Wo soll es ziehen?
Vorderer Schulter- und Brustbereich

6.4.6.8 Bauchmuskulatur

Dehnung der Bauchmuskulatur in Rückenlage:

47 **Ausgangsposition**
Gesamter Körper gestreckt, d. h. Arme nach oben wegstrecken, Fußspitzen lang machen

Ausführung
Bauch Richtung Decke heben, so dass die Lendenwirbelsäule vom Boden abhebt, und halten

Dehnung der Bauchmuskulatur im Sitz:

49 **Ausgangsposition**
Sitz auf einem Pezziball oder Hocker. Arme gekreuzt vor der Brust, Oberkörper aufrecht, Beine stabil aufgestellt

Ausführung
Brust soweit als möglich Richtung Decke heben und dabei den Bauch in Streckung bringen

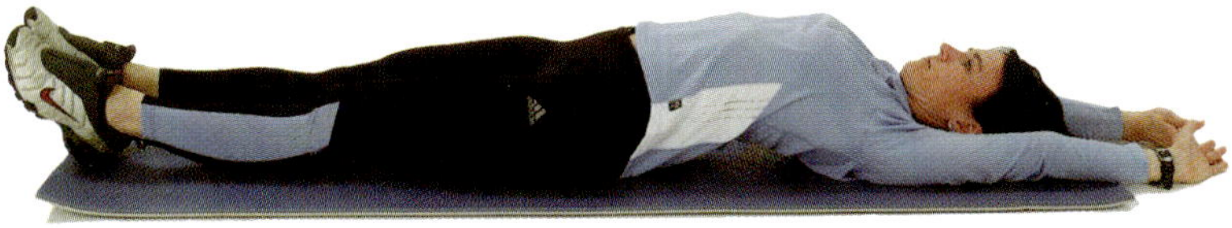

48 **Endposition (zu 47)**

Wo soll es ziehen?
Oberer Bauchbereich

6

50 **Endposition (zu 49)**

Wo soll es ziehen?
Oberer Bauchbereich

6.4.6.9 Trapezius

51 **Ausgangsposition**
Sitz auf dem Boden (Schneidersitz) oder Hocker

Ausführung
Die Hand der zu dehnenden Seite befindet sich unter derselben Gesäßhälfte (Schultergürtel wird dadurch nach unten gezogen).
Oberkörper aufrecht, Kinn weit an die Brust ranziehen, Kopf von der zu dehnenden Seite wegneigen und auch wegdrehen und mit der anderen Hand halten

Wo soll es ziehen?
Nacken-/Halsbereich

6.4.6.10 Unterer Rücken

52 **Ausgangsposition**
Rückenlage

Ausführung
Knie soweit als möglich an die Brust ziehen, mit den Armen umgreifen und den Kopf einrollen

7 Beschwerden am Bewegungsapparat

7.1 Wirbelsäule

Wirbelsäulenstörungen, die das Lauftraining beeinflussen können, sind an allen Abschnitten der Wirbelsäule zu beobachten, wobei sie meistens nicht durch das Lauftraining hervorgerufen werden, sondern eventuell eine Aktivierung bzw. Verstärkung erfahren. Sie werden durch Fehlentwicklungen (z. B. Haltungs- oder Stellungsfehler), traumatische Verletzungen (z. B. Zustand nach Wirbelbruch), Entzündungen (z. B. Bechterew-Krankheit), Bandscheibenschäden, muskuläre Dysbalancen, Nervenaustrittsreizungen (z. B. Ischialgie), Blockierungen der Wirbelgelenke und durch Abnutzungsprozesse (z. B. Arthrose der kleinen Wirbelgelenke) verursacht. Störungen an der Wirbelsäule sind prinzipiell kein Hinderungsgrund für die Ausübung des Lauf- oder Ausgleichssports, zumal hierdurch günstige Voraussetzungen zur Vorbeugung und Behandlung von Wirbelsäulenbeschwerden geschaffen werden können.

7

7.1.1 Aufbau und Funktion

7.1.1.1 Aufbau

Das Achsenskelett des Rumpfes ist die Wirbelsäule. Sie setzt sich aus 7 Hals-*(Zervikal-)*, 12 Brust- *(Thorakal-)* und 5 Lendenwirbeln *(Lumbal-)* sowie den anschließenden 5 Kreuzbein *(Sakral-)* und 4 bis 5 Steißbein*wirbeln*, die miteinander verschmolzen sind, zusammen (Abb. 24). Die Wirbelsäule umfasst somit 25 Bewegungssegmente.

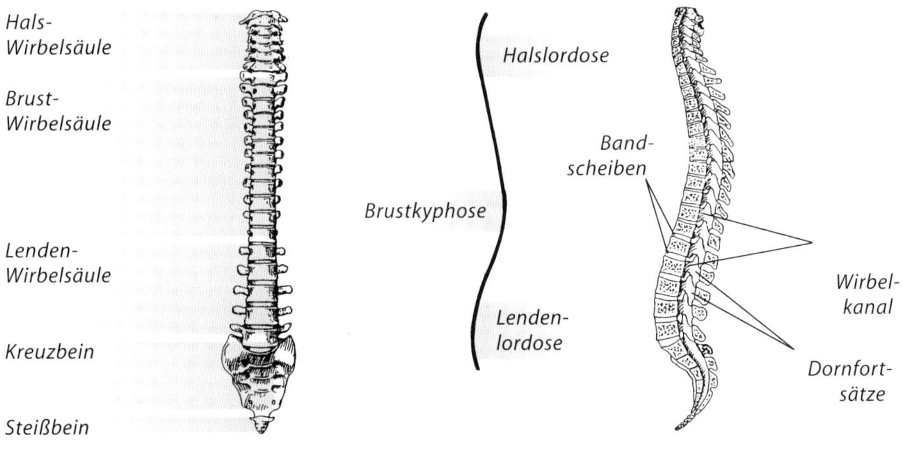

Abb. 24 Vorder- und Seitenansicht der Wirbelsäule

Jeder Wirbel besteht aus einem massiven Wirbelkörper, von dem der Wirbelbogen ausgeht. Die Wirbelbögen bilden insgesamt einen festen Kanal, in dem das empfindliche Rückenmark Schutz findet. Vom Wirbelbogen entspringen gleichzeitig die Gelenkfortsätze, die zwischen den benachbarten Wirbeln ein gewisses Bewegungsausmaß ermöglichen. Zwischen den Wirbeln entsteht seitlich durch eine obere und untere Einkerbung das Zwischenwirbelloch, das zum Austritt der Rückenmarksnerven aus dem Wirbelkanal dient (Abb. 25).

7

Die einzelnen Wirbelkörper sind untereinander durch Bandscheiben *(Disci intervertebrales)* getrennt, die einerseits die Beweglichkeit der Wirbelsäule ermöglichen und andererseits im Sinne eines Wasserkissens als Stoßdämpfer wirken bzw. bei der Bewegung die Wirbelverschiebung ausgleichen. Die 23 Bandscheiben, die ca. ein Drittel der Wirbelkörperhöhe ausmachen, bestehen aus einem Faserring und einem darin liegenden Gallertkern, der wie ein Wasserkissen die Wirbelsäulenbelastungen abfängt (Abb. 25). Die Bandscheiben besitzen keine eigenen Blut- und Lymphgefäße und müssen deshalb von der Umgebung versorgt werden. Deshalb setzt der Alterungsprozess relativ frühzeitig ein. Durch die tägliche körperliche

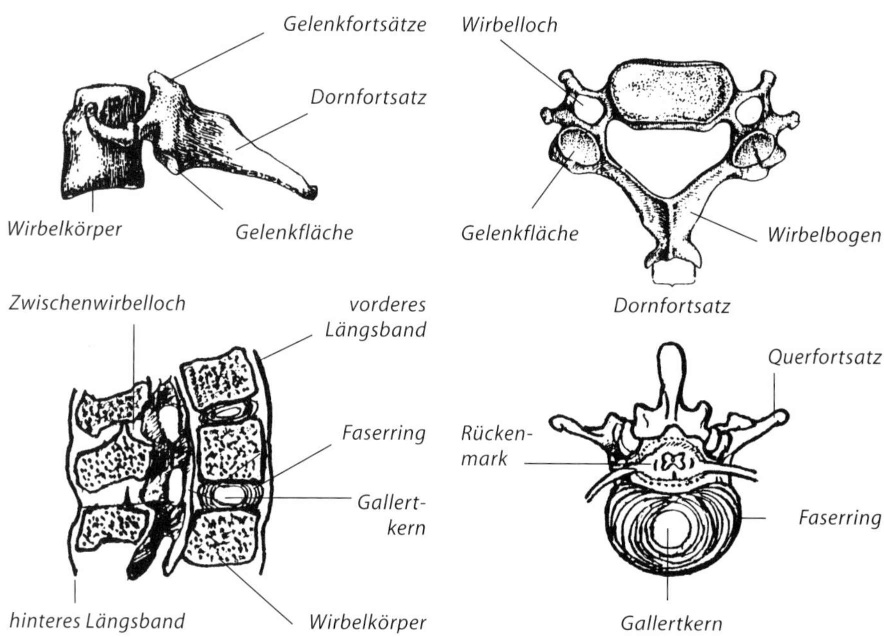

Abb. 25 Aufbau der Wirbel und Bandscheiben

oder sportliche Belastung wird vom Gallertkern Wasser abgegeben, das bei Entlastung (zum Beispiel nachts) wieder aufgenommen wird. Deshalb kann eine Köperhöhendifferenz zwischen morgens und abends von 1 bis 2 cm entstehen.

Die Wirbelsäule ist nicht gerade, sondern sie zeigt von der seitlichen Ebene gesehen charakteristische Krümmungen. So ist die Hals- und Lendenwirbelsäule nach vorne *(Hals- und Lendenlordose)* und die Brustwirbelsäule nach hinten *(Brustkyphose)* durchgebogen (Abb. 24). Diese Wirbelsäulenform des Menschen hängt mit der aufrechten Haltung zusammen und bildet sich erst richtig nach der Aufrichtung des Kindes heraus. Durch die gekrümmte Form wird eine federnde Reaktion im Sinne einer Stoßdämpfungsfunktion erreicht, wobei die Bandscheiben mit eine wesentliche Rolle als segmentaler Puffer spielen. Gefestigt wird die Wirbelkonstruktion durch ein kräftiges hinteres und vorderes Längsband und durch kleine Bänder um die Wirbelgelenke. Zur weiteren Stabilisierung der Wirbelsäule haben die Streckmuskeln des Rückens *(M. erector spinae)*, die aus mehreren Muskeln bestehen, eine wichtige Aufgabe zu erfüllen. Als Gegenspieler *(Antagonisten)* fungieren die Rippenhalter *(Mm. scaleni)*, der Brustkorb *(Thorax)* und die Bauchmuskeln *(M. rectus abdominis u. a.)* (Abb. 26).

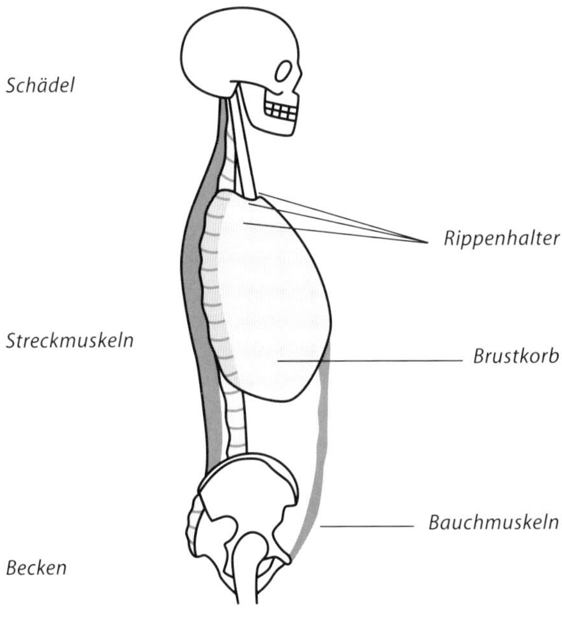

Abb. 26 Stabilisierungsfaktoren der Wirbelsäule

7.1.1.2 Funktion

Die Wirbelsäule hat durch ihre Konstruktion und Körperlage mehrere Aufgaben zu erfüllen. Dazu zählen folgende Aspekte:

- Stützfunktion für den Körperstamm, was für den Aufrechtgang von besonderer Bedeutung ist
- Schutzfunktion für das Rückenmark
- Bewegungsfunktion für den Körperstamm. Die Hals- und Lendenwirbelsäule besitzen eine große Beweglichkeit. So wird durch die Halswirbelsäule die Dreh- und Seitneigung sowie eine Beuge- und Streckbewegung ermöglicht. In der Lendenwirbelsäule kann eine Vor- und Rückneigung sowie in geringem Maße auch eine Drehbewegung erfolgen. Dagegen ist die Brustwirbelsäule relativ unbeweglich, da die Rippen mit diesen Wirbeln unmittelbar gelenkig in Verbindung stehen.
- Abfangen von Beschleunigungs- und Stauchungskräften (Körpergewicht beim Lauf) durch die federnde Stützfunktion infolge der charakteristischen Krümmungen und der elastischen Bandscheiben. Gerade beim Lauf muss während der Landephase das Mehrfache des Körpergewichtes abgefangen werden, was sich bei harten Laufflächen noch um das 3- bis 4-fache steigern kann.
- Kompensation von Beuge- und Drehbewegungen der Wirbelsäule. So kommt es bei einer Vorwärtsbeugung mit zunehmendem Winkel zu einer starken Anspannung der Rückenmuskulatur und zu einem enormen einseitigen Druck auf die Bandscheibe (Abb. 27, 28). Daher sollten übertriebene Beuge- und Drehbewegungen sowie asymmetrische Belastungen weitgehend vermieden werden.

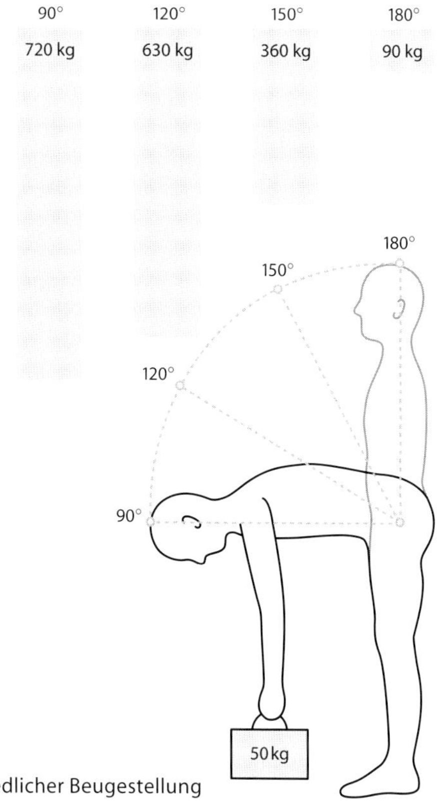

Abb. 27 Bandscheibenbelastung bei unterschiedlicher Beugestellung

7.1.1.3 Laufbeeinflussende Faktoren

Im Allgemeinen kann man davon ausgehen, dass bei einer normalen Wirbelsäule das Laufen im Rahmen einer adäquaten Belastung keine gesundheitlichen Störungen provoziert. In den Fällen, wo eine Wirbelsäulenstörung vorliegt oder eine unangemessene Laufbelastung absolviert wird, kann es zu Überlastungsbeschwerden kommen. Dazu gehören folgende Faktoren:

- keine alters- und leistungsadäquate Belastungen (hohe Laufumfänge oder -intensitäten). Hierbei besteht ein Missverhältnis zwischen Belastung und Belastbarkeit.
- langes Training auf harten Laufflächen (Stoßwellen sind 3- bis 4-fach höher)
- langes Lauftraining auf Straßen mit einem Neigungswinkel (praktische Beinverkürzung auf der Seite der Straßenmitte)
- langes Training auf unebenen Laufstrecken (Waldläufe)
- vorhandene Wirbelsäulenstörungen (Beckenschiefstand, Wirbelsäulenfehlhaltung, Muskelverkürzung, Bandscheibenschaden)

Bandscheibenfreundliche Sportarten	**Bedingt bandscheibenfreundliche Sportarten**	**Bandscheibenbelastende Sportarten**
Wandern	Fußball	Tennis/Squash
Laufen	Handball	Badminton
Radfahren	Volleyball	Golf
Schwimmen	Basketball	Segeln/Rudern
Skilanglauf	Prellball	Kanu/Kanadier
Reiten	Turnen	Windsurfen
Tanzen	Tischtennis	Wasserski
Musikgymnastik	Bergwandern	Turmspringen
Mini-Trampolin	Aerobic	Eishockey/Feldhockey
	Springreiten	Skiabfahrtslauf
	Military	Trampolin
	Bodybuilding	Mountainbiken
		Motocross
		Automobilrennsport
		Kampfsport
⇩ Empfehlenswert	⇩ Weniger empfehlenswert	⇩ Nicht empfehlenswert

Abb. 28 Bandscheibenbelastung bei unterschiedlichen Sportarten

7.1.1.4 Allgemeines Lauftrainingsverhalten bei Wirbelsäulenbeschwerden

Das Lauftraining sollte prinzipiell aus prophylaktischer Sicht so gestaltet werden, dass keine Wirbelsäulenstörungen provoziert werden. Andererseits muss auch bei bestehenden Beschwerden dieser Aspekt eine hohe Wertigkeit haben, um das Beschwerdebild nicht weiter zu vergrößern. Dazu gehören:

- keine lang andauernden, gleichförmigen, statischen Belastungen (Langstreckenlauf)
- keine übermäßigen, einseitigen Druckbelastungen auf die Wirbelsäule (unebene Laufstrecken)
- keine stauchenden Belastungen auf die Wirbelsäule (harte Laufstrecken, Sprünge)
- keine maximalen Rumpfbeugungen, -drehungen bzw. -rückneigungen (Ausgleichssport)

7.1.2 Spezielle Haltungsstörungen der physiologischen Wirbelsäulenkrümmungen

Die Körperhaltung wird im Wesentlichen von der harmonischen S-Form der Wirbelsäule bestimmt. Dabei versteht man unter Haltung das Gesamtbild des frei und aufrecht stehenden Menschen. Die physiologische Spielbreite ist relativ weit, so dass bei einer leichten Abweichung das Lauftraining ohne Einschränkung erlaubt ist. Haltungsstörungen können durch die Verstärkung oder Abschwächung der physiologischen Krümmungen der Wirbelsäule entstehen. Die physiologische Haltung wird einerseits durch passive Strukturen (Wirbelkörper, Bandscheiben, Bänder, Wirbelgelenke) und andererseits durch aktive Elemente (Muskeln) gestaltet.

7.1.2.1 Haltungsfehler der Wirbelsäule

Darunter versteht man eine gewohnheitsmäßige Abweichung von der Normalhaltung, die durch aktive Muskelarbeit korrigiert werden kann. Man unterscheidet dabei den Rund-, Flach- und Hohlrundrücken (Abb. 29).

Biomechanische Ursachen:

- allgemeine Muskel- und Bindegewebsschwäche
- muskuläre Dysbalancen
- fehlendes Haltungsgefühl
- Übergewicht
- psychische Überbelastung
- allgemeine Ermüdung

Krankhafte Ursachen:

- Verminderung der Knochensubstanz *(Osteoporose)*
- Scheuermann-Krankheit
- Bechterew-Krankheit

Methodische Ursachen:

- muskuläre Fehlbelastungen (z. B. durch gehäufte Straßenläufe)
- wiederholt erschöpfendes Lauftraining

Diagnostik:

Die Fehlhaltung kann durch die körperliche und röntgenologische Untersuchung sowie durch die Ganganalyse beurteilt werden.

Spezielle Formen (Abb. 29):

Rundrücken:

- großbogige kyphotische Fehlhaltung der Wirbelsäule (Lendenlordose aufgehoben, Brustkyphose verstärkt)
- aufgerichtetes Becken
- Muskelverkürzung (Brust-, Bauch-, Gesäßmuskeln)

Hohlrundrücken:

- Verstärkung aller physiologischen Krümmungen der Wirbelsäule
- gekipptes Becken nach vorn (Abb. 30)
- Muskelverkürzung (Rücken-, Hüftbeugemuskeln)
- Muskelabschwächung (Bauch-, Gesäßmuskeln)

Flachrücken:

- Abschwächung aller physiologischen Krümmungen der Wirbelsäule
- aufgerichtetes Becken
- abgeschwächte Rumpfmuskulatur

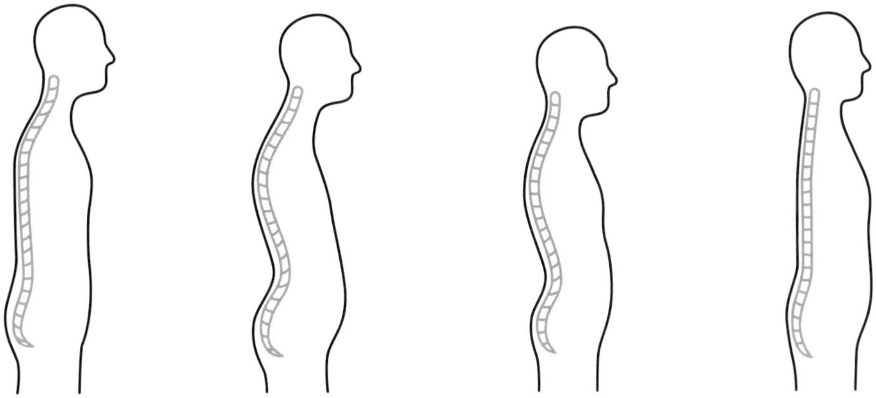

Abb. 29 Haltungsformen des Menschen

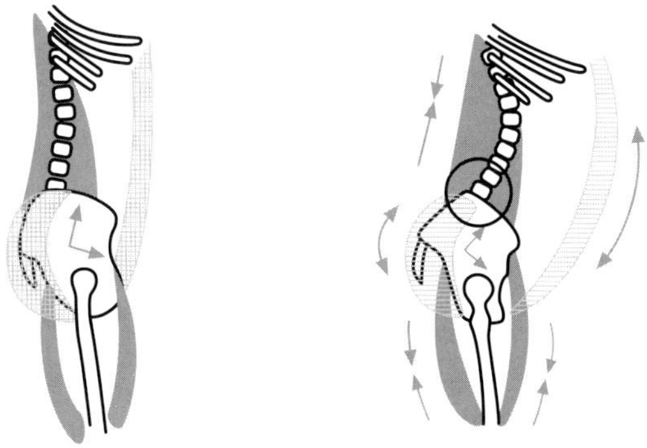

Abb. 30 Muskelfunktionelles Fehlverhalten beim Hohlrundrücken

Beschwerden:

Sie sind vielgestaltig und beziehen insbesondere die ursächlichen Wirbelsäulenregionen ein. Es sind unter anderem:

- lokaler Muskelschmerz infolge muskulärer Verspannungen (Muskelverkürzung)
- eingeschränkte Wirbelsäulenbeweglichkeit
- rasche muskuläre Ermüdbarkeit, Steifheit und Schwäche
- eventuell schlechtes Gangbild

Behandlung:

Sie sollte frühzeitig einsetzen, da sich der anfängliche Haltungsfehler bei einer weiter bestehenden Fehlbelastung zu einem Formfehler entwickeln kann, der nicht mehr durch eine aktive Muskelarbeit bzw. passive Maßnahme korrigiert werden kann.

Selbstmaßnahmen:

- Anpassung des Lauftrainings an die Beschwerden
- täglicher Ausgleichssport zur Muskelkräftigung bzw. -dehnung ohne Maximalbewegungen der Wirbelsäule

Ärztliche Maßnahmen:

- verstärkter Einfluss auf den Lauftrainingsplan
- spezielle Physiotherapie zum Ausgleich der Muskeldysbalancen, eventuell Gangschulung
- Wiederherstellung eines besseren Haltungsgefühls
- Schmerzmittel nur bei dringendem Bedarf

Medizinische Trainingstherapie:

Siehe Kapitel 6 und 16.

Rundrücken

Hauptübungen/Kräftigung — Kapitel 16: Abb. 126 – 128/129 – 131/134, 135;
Nebenübungen — Kapitel 16: Abb. 55, 56 bzw. 57, 58/147, 148
Dehnung — Kapitel 6.4.6.7: Abb. 45, 46

Flachrücken

Hauptübungen — Kapitel 16: Abb. 55, 56 bzw. 57, 58/132, 133
Nebenübungen — Kapitel 16: Abb. 134, 135/129 – 131/126 – 128/59, 60 bzw. 61, 62
Dehnung/Mobilisierung — Kapitel 16: Abb. 53, 54

Hohlrundrücken

Hauptübungen — Kapitel 16: Abb. 55, 56 bzw. 57, 58/59, 60 bzw. 61, 62/63, 64
Nebenübungen — Kapitel 16: Abb. 53, 54
Dehnung — Kapitel 6.4.6.7: Abb. 45, 46 • Kapitel 6.4.6.10: 51

Verhütungsmaßnahmen:

- kontinuierliche Weiterführung des spezifischen Ausgleichssports
- keine körperlichen Überforderungen (unangemessenes Lauftraining)

7.1.2.2 Scheuermann-Krankheit (*Morbus Scheuermann*)

Es handelt sich um eine Störung der Wirbelsäule im Wachstumsalter zwischen dem 12. und 18. Lebensjahr. Danach heilt die Scheuermann-Erkrankung meist mit charakteristischen Wirbelveränderungen aus. Sie wird auch als juvenile Kyphose oder Adoleszentenkyphose bezeichnet, da ein typisches Erscheinungsbild der Rundrücken ist (Abb. 31).

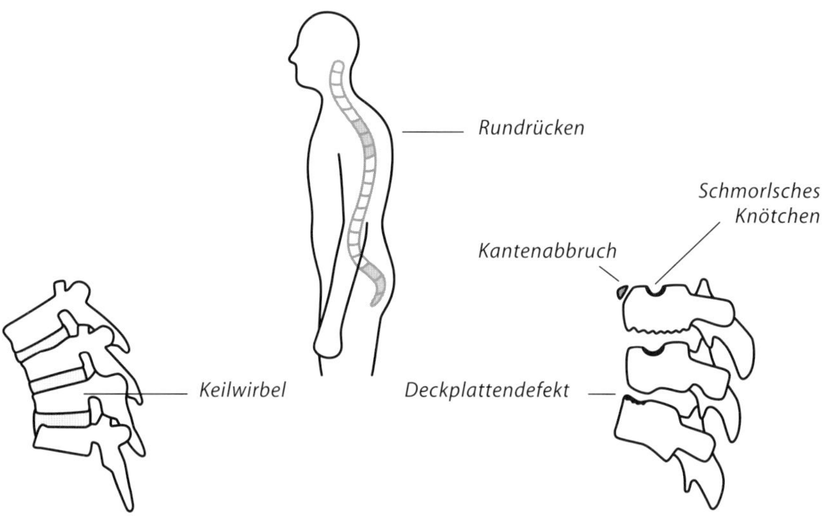

Abb. 31 Wirbelveränderungen beim M. Scheuermann

Ursachen:

Es handelt sich primär um eine individuelle, anlagebedingte Wachstumsstörung an der Wirbelkörper-Bandscheiben-Grenze. Eine körperliche Überlastung wird höchstens als förderlicher Aspekt angesehen.

Diagnostik:

Die Knochenstörung kann laborchemisch sowie durch die körperliche und röntgenologische Untersuchung nachgewiesen werden. Es werden drei Verlaufsstadien unterschieden:

- funktionelles Stadium mit allgemeiner Haltungsschwäche (keine Wirbelveränderungen)
- florides Stadium mit charakteristischen Wirbelveränderungen und zunehmender Haltungsschwäche (Abb. 31)
- Spätstadium mit einer Wirbelsäulenminderbelastbarkeit (ausgeheilt)

7

Beschwerden:

Hierbei müssen Erscheinungen unterschieden werden, die im Wachstums- bzw. Erwachsenenalter auftreten können.

Jugendalter:

- Oft werden keine Beschwerden angegeben (ca. 80 %).
- zunehmende Rundrückenbildung (mittlerer bis unterer Brustwirbelsäulenbereich)
- Spontanschmerzen im erkrankten Wirbelbereich
- Klopf- und Stauchungsschmerzen
- verstärktes Ermüdungsgefühl im Rücken

Erwachsenenalter:

- Schmerzen nach Stauch- und Beugebelastungen bei abgeschwächter Rumpfmuskulatur
- Einschränkung der Wirbelsäulenrückneigungsfähigkeit
- muskulärer Hartspann in der betroffenen Region mit erhöhter Klopf- und Druckempfindlichkeit

Behandlungsmaßnahmen:

Bei dieser Wirbelsäulenstörung muss unbedingt das Verlaufsstadium beachtet werden, um eine effektive Behandlung sichern zu können.

Selbstmaßnahmen:

- Im funktionellen Stadium ist ein Lauftraining bei gleichzeitiger Kräftigung der Rückenmuskeln gestattet.
- Im floriden Stadium ist je nach Ausprägung des Verlaufes eine Laufeinschränkung angezeigt (weiche, ebene Laufstrecken, keine Sprünge).
- Im Spätstadium bestehen nur Einschränkungen, wenn erhebliche Wirbelsäulenveränderungen vorliegen, die die Belastbarkeit reduzieren.

Ärztliche Maßnahmen:

Gezielte Physiotherapie zur allseitigen Muskelkräftigung:

- im funktionellen und floriden Stadium zur Reduzierung des Krankheits-

verlaufes und Hebung der Wirbelsäulenbelastbarkeit
- im Spätstadium zur prophylaktischen Erhaltung der Belastbarkeit und Beschwerdenminderung

Medizinische Trainingstherapie:

Siehe Kapitel 6 und 16.
Hauptübung — Kapitel 16: Abb. 65, 66
Nebenübung — Allgemeine Bewegung
Dehnung — Kapitel 6.4.6.7: Abb. 45, 46

Verhütungsmaßnahmen:

- regelmäßige Wirbelsäulengymnastik
- angepasstes und belastungsabhängiges Lauftraining

7.1.2.3 Bechterew-Krankheit (*Morbus Bechterew*)

Es handelt sich um eine rheumatisch-entzündliche Erkrankung, die anfangs das Kreuzdarmgelenk und danach die kleinen Wirbelgelenke und das vordere Längsband der Wirbelsäule aufwärts einbezieht, was zu einem ausgeprägten Rundrücken führt. Es besteht dabei eine starke Verknöcherungstendenz (Abb. 32). Die Krankheit wird unter anderem auch als *Spondylitis ankylopoetica* bezeichnet. Sie tritt vorwiegend bei Männern im jüngeren und mittleren Lebensalter auf, wobei nach den jüngsten Erhebungen beide Geschlechter ungefähr gleich betroffen sind. In Deutschland sind ca. 0,9% der Gesamt-Bevölkerung daran erkrankt.

Ursachen:

- Teilweise keine endgültig bekannte Entstehungsursache, eine erbliche Anlage ist wahrscheinlich.
- als Systemerkrankung dem rheumatischen Formenkreis zugeordnet

Diagnostik:

Die Krankheit kann laborchemisch (HLA-B27 zu 90 bis 95 % positiv, leicht erhöhte Blutsenkungsgeschwindigkeit, Rheumafaktoren meist negativ) und durch die körperliche sowie röntgenologische Untersuchung nachgewiesen werden.

Beschwerden:

Es werden drei Verlaufsstadien unterschieden, die sich durch spezielle Erscheinungen dokumentieren, wobei die ersten Beschwerden im Lenden-Kreuzbein-Bereich auf-

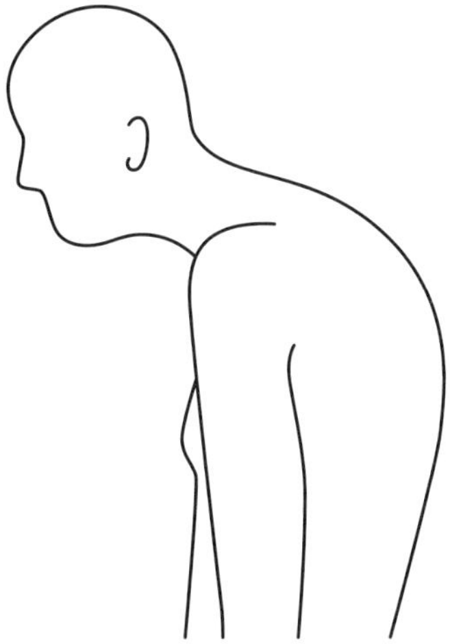

Abb. 32 Bechterew-Rücken

treten. Der Verlauf kann kontinuierlich fortschreiten bzw. auch in den einzelnen Verlaufsphasen dauerhaft stagnieren.

1. Frühstadium

Morgendliche Kreuzschmerzen, Schmerzen beim Husten und Niesen, zunehmende Bewegungseinschränkung im Rumpf, wiederholte Entzündung der Regenbogenhaut des Auges, verspannte und druckempfindliche Rückenmuskulatur

2. Akut-entzündliches (florides) Stadium

Nachtschweiß und Schlafstörungen (Rückenschmerz!), allgemeine Leistungseinschränkung, zunehmende Verkalkungstendenz am Kreuz-Darmbeingelenk und an den kleinen Wirbelgelenken

3. Spätstadium

7

Zunehmender Rundrücken im Bereich der Brustwirbelsäule infolge Schrumpfung des vorderen Längsbandes, zunehmende Einschränkung der Wirbelsäulenbeweglichkeit, vollständige Versteifung des Kreuz-Darmbeingelenkes und der betroffenen kleinen Wirbelgelenke

Behandlungsmaßnahmen:

Je nach dem Verlaufsstadium müssen die Maßnahmen im Umfang variiert werden.

Selbstmaßnahmen:

- schonendes und angepasstes Lauftraining (kurze, weiche, ebene Laufstrecken)
- keine Stauchungen oder übermäßige Drehbewegungen im Ausgleichssport
- keine Unterkühlung
- regelmäßige Wirbelsäulengymnastik zur muskulären Stabilisierung und zur Aufhaltung der zunehmenden Versteifung und Ausbildung des Rundrückens

Ärztliche Maßnahmen:

- spezielle Lauftrainingsgestaltung (Frühstadium und beschwerdefreie Phasen: leistungsentsprechende Belastung, akute Phase: Laufeinschränkung)
- spezielle Physiotherapie zur Schmerzdämpfung und Erhaltung der Beweglichkeit
- Antirheumatika und Schmerzmittel nach Bedarf
- Softlaserbestrahlung (entzündungshemmend, schmerzlindernd)

Medizinische Trainingstherapie:

Siehe Kapitel 6 und 16.

Hauptübung — Kapitel 16: Abb. 65, 66

Nebenübung — Kapitel 16: Abb. 67, 68/134, 135

Dehnung — Kapitel 6.4.6.7: Abb. 45, 46

Verhütungsmaßnahmen:

- lebenslange, tägliche Wirbelsäulen- und Rumpfgymnastik

7.1.2.4 Altersrundrücken (*Alterskyphose*)

Hierbei handelt es sich mit zunehmendem Alter um die Ausbildung eines Rundrückens im Sinne eines Formfehlers, der eine große individuelle Streubreite haben kann.

Ursachen:

- schlechte und nachlässige Gewohnheitshaltung
- unterschiedlich verlaufende normale Alternsvorgänge an den Bandscheiben, Wirbelkörpern, -bändern und Muskeln
- Folge einer fortgeschrittenen Osteoporose

Diagnostik:

Die Haltungsstörung kann durch die körperliche und röntgenologische (Keilwirbel, Bandscheibenverformung) Untersuchung nachgewiesen werden.

Beschwerden:

- belastungsabhängige Rückenschmerzen, die unter Ruhebedingungen nachlassen
- eingeschränkte Wirbelsäulenbeweglichkeit in allen Bereichen
- fast eingeschränkte Möglichkeit der Rückneigung infolge des ausgeprägten Rundrückens
- allgemeine Rückenstarre und muskuläre Verspannungen

Selbstmaßnahmen:

- gesundheits- und leistungsabhängiges sowie schonendes Lauftraining
- regelmäßige Wirbelsäulengymnastik
- Teilnahme am Seniorenturnen

Ärztliche Maßnahmen:

- spezielle Physiotherapie (muskelentspannend, schmerzlindernd)
- selten Schmerzmittel bei Bedarf

Medizinische Trainingstherapie:

Siehe Kapitel 6 und 16.
Hauptübungen — Kapitel 16: Abb. 126 – 128/129 – 131/134, 135
Nebenübung — Kapitel 16: Abb. 57, 58
Dehnung — Kapitel 6.4.6.7: Abb. 45, 46 • Kapitel 6.4.6.8: Abb. 47, 48

Verhütungsmaßnahmen:

- kontinuierliche tägliche Wirbelsäulengymnastik mit und ohne Beschwerden

7.1.3 Seitwärtsverbiegung der Wirbelsäule (*Skoliose*)

Darunter versteht man eine dauernde s-förmige seitliche Verbiegung nach rechts oder links. Neben der seitlichen Verbiegung besteht meist auch eine Längsverdrehung *(Torsion)* der Wirbelsäule, die je nach Ausprägungsgrad im Brustbereich den Rippenbuckel und im Lendenbereich den Lendenwulst bildet (Abb. 33). Dieser Formfehler entwickelt sich vorwiegend im Kindesalter und kann bei rechtzeitiger Behandlung wirkungsvoll korrigiert werden (ca. 90 %). Die Häufigkeit liegt bei ungefähr 12 %. Sie tritt familiär gehäuft auf. Behandlungsbedürftig sind dabei 2 bis 4 % (Abb. 33).

Ursachen:

- unbekannte Faktoren (eventuell anlagebedingt)
- angeborene Wirbelkörperfehlbildung (Block-, Halbwirbel u. a.)
- Fehlhaltungen (muskuläre Dysbalancen, Lähmungen, Schmerzzustände)
- belastungsbedingte Faktoren (Beckenschiefstand, einseitige berufliche oder sportliche Belastungen)

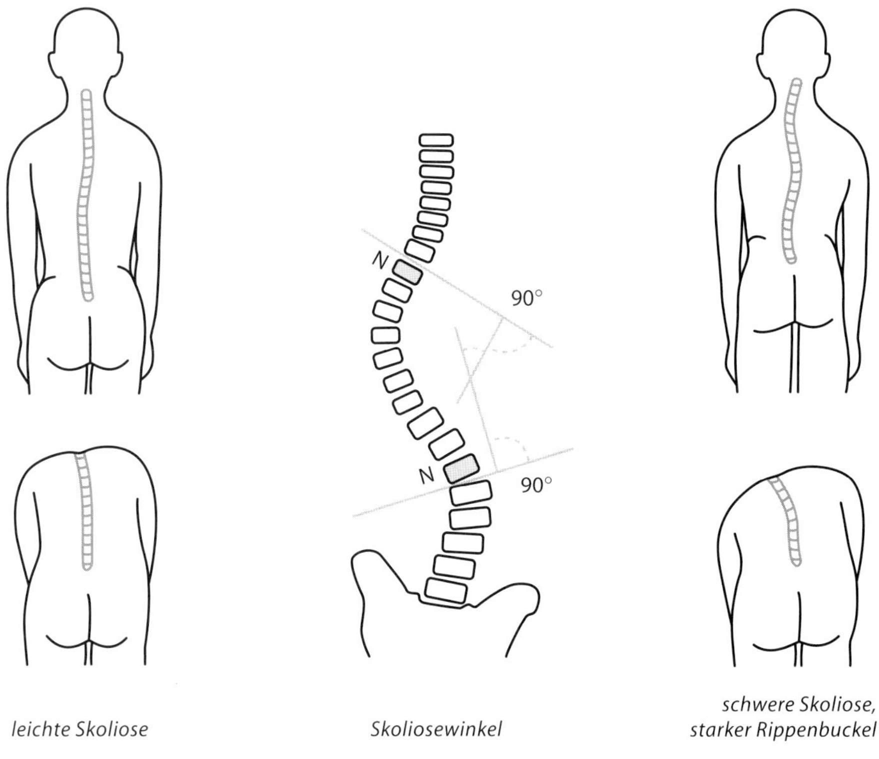

Abb. 33 Formen der Skoliose und die Ermittlung des Skoliosewinkels

Diagnostik:

Die Wirbelsäulenfehlbildung kann durch die körperliche und röntgenologische Untersuchung erkannt werden. Die Verbiegung kann isoliert im Brust- oder Lendenbereich sowie in deren Übergang, aber auch kombiniert auftreten. Die Schwere der Skoliose wird nach dem so genannten Skoliosewinkel und dem Beschwerdebild bestimmt. Neben der seitlichen Verbiegung besteht meist auch eine Längsverdrehung *(Torsion)* der Wirbelsäule, die je nach Ausprägungsgrad im Brustbereich den Rippenbuckel und im Lendenbereich den Lendenwulst bildet (Abb.33).

Beschwerden:

- Rückenbeschwerden, meist bei stärkeren, stauchenden oder drehenden Belastungen der Wirbelsäule
- Beweglichkeitseinschränkung, eventuell Atemstörungen infolge des Rippenbuckels und des Lendenwulstes
- Schmerzen infolge von muskulären Verspannungen durch die spezifische Fehlhaltung

7

Behandlungsmaßnahmen:

Der Umfang und die Art der Behandlung hängt weitgehend vom Lebensalter und vom so genannten Skoliosewinkel ab.

Selbstmaßnahmen:

- infolge der Verschlimmerungstendenz im Wachstumsalter kurzfristige Kontrollen und eine adäquate Belastungsgestaltung (beispielsweise kürzere Läufe, weiche Laufstrecken)
- Bis zu einem Skoliosewinkel von 20° ist ohne Bedenken ein Lauftraining möglich.
- Bei einem darüber liegenden Winkel ist die ärztliche Zustimmung nötig.
- tägliche Wirbelsäulengymnastik

Ärztliche Maßnahmen:

- spezifische Lauftrainingsberatung (Intensitäts-/Umfangs-/Wettkampfgestaltung)
- gezielte Physiotherapie zur Kräftigung der Rumpf-Wirbelsäulenmuskulatur
- bei Bedarf orthopädische Hilfsmittel (Schuhausgleich, zeitweilig Gipsbett oder Korsett)
- schmerzlindernde, muskelentspannende Maßnahmen

Medizinische Trainingstherapie:

Siehe Kapitel 6 und 16.

Hauptübung — Kapitel 16: Abb. 126 – 128/129 – 131

Nebenübung — Kapitel 16: Abb. 59, 60 bzw. 61, 62/71, 72/93, 94/149 – 151

Dehnung — Kapitel 6.4.6.8: Abb. 47, 48 • Kapitel 6.4.6.10: Abb. 52

Verhütungsmaßnahmen:

- lebenslange, tägliche Wirbelsäulengymnastik

7.1.4 Wirbelgleiten *(Spondylolisthese)*

Hierbei kommt es durch eine Auflockerung der Knochenstruktur im Wirbelbogenbereich zum Abgleiten eines Wirbelkörpers nach vorn über den darunter liegenden Wirbel.

Kommt es nur zu einer einseitigen oder beidseitigen Unterbrechung ohne den Gleitvorgang, so wird dies als *Spondylolyse* bezeichnet, was mit einer Häufigkeit von 5 bis 7 % auftritt. Daraus kann sich teilweise das Wirbelgleiten entwickeln. Das Wirbelgleiten ist besonders zwischen dem 5. Lenden- und dem 1. Sakralwirbel (80 %) sowie zwischen dem 4. und 5. Lendenwirbel (16 %) lokalisiert (Abb. 34).

Ursachen:

- angeborene Knochenstoffwechselstörung
- erworbene Faktoren (Wirbelbrüche, körperliche/sportliche Fehl- oder Überbelastung)

Diagnostik:

Die Störung kann durch die körperliche (eventuell tastbare Stufe), neurologische und röntgenologische Untersuchung (Knochenspalt, Wirbelverschiebung) nachgewiesen werden.

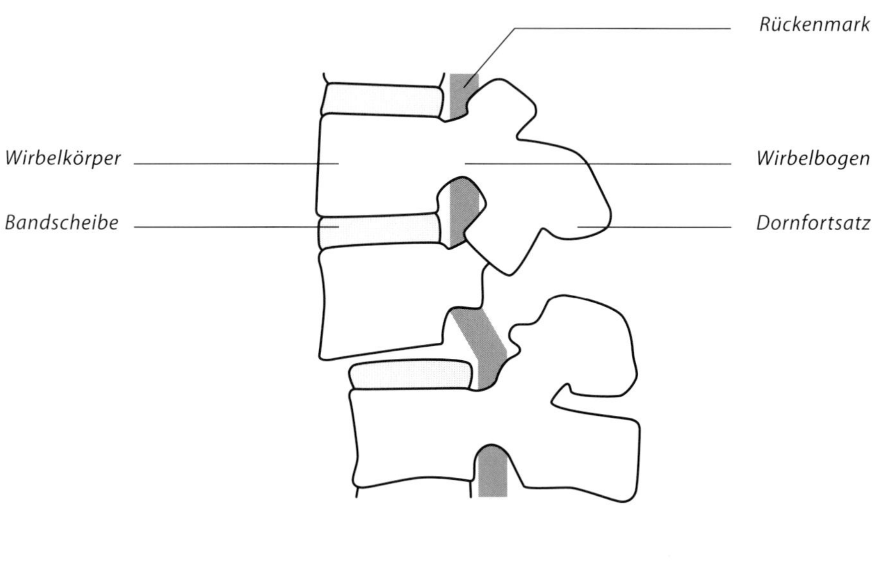

Abb. 34 Prinzip des Wirbelgleitens

Beschwerden:

- tiefer Kreuzschmerz bei Wirbelsäulenbelastung (Stauchung, Druck)
- Druck- und Verschiebeschmerz bei der Untersuchung
- zeitweilige Ischiasbeschwerden (Schmerzen, Taubheitsgefühl), teilweise ausstrahlend bis in das Bein

Selbstmaßnahmen:

- angepasstes Lauftraining (ebene Laufstrecken, adäquate Umfanggestaltung) bei gut ausgebildeter Rumpf- und Wirbelsäulenmuskulatur
- Trainingspausen bei Beschwerden
- kontinuierliche, tägliche Wirbelsäulengymnastik

Ärztliche Maßnahmen:

- kontinuierliche jährliche gesundheitliche Kontrolle (Verschlimmerungstendenz!)
- spezielle Trainingsberatung
  Laufsport: keine Sprünge, ebene Laufstrecken
  Ausgleichsport: keine Maximalbelastungen oder -drehungen, geringe Kraftbelastungen für die Wirbelsäule
- gezielte Physiotherapie (Stabilisierung der Rumpf- und Wirbelsäulenmuskulatur, Schmerzlinderung, Muskelentspannung)
- begrenzte Schmerzbehandlung bei Bedarf
- bei Dauerbeschwerden kein Lauftraining, eventuell eine Operation erwägen

Medizinische Trainingstherapie:

Siehe Kapitel 6 und 16.
Hauptübung — Kapitel 16: Abb. 57, 58/61, 62/140, 141 oder 136, 137
Nebenübung — Kapitel 16: Abb. 69, 70

Verhütungsmaßnahmen:

- tägliche Wirbelsäulen- und Rumpfgymnastik zur Erhaltung einer optimalen Muskelfunktion

7.1.5 Degenerative Wirbelsäulenstörungen

Darunter versteht man Abnutzungs-, Alterungs- und Verschleißerscheinungen der Wirbelsäulenstrukturen, die isolierte und kombinierte Beschwerdebilder verursachen können. Dabei stehen folgende Erscheinungen im Vordergrund:

Veränderungen der Bandscheiben *(Chondrose)*. Es sind Spalten und Risse im Faserring sowie eine Hohlraumbildung im Gallertkern mit Flüssigkeitsverlust zu beobachten. Die Bandscheibenhöhe kann abnehmen und damit das Zwischenwirbelloch verkleinern, was ursächlich eine Nervenreizung bewirken kann.

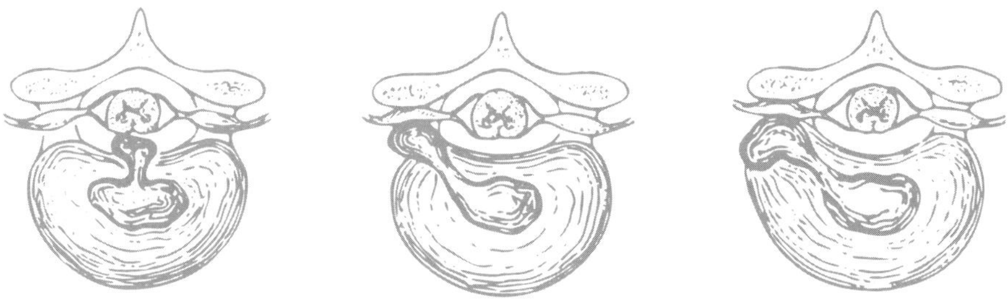

Abb. 35 Formen der Bandscheibenschäden

Man unterscheidet eine Vorwölbung *(Protrusion)* und einen Bandscheibenvorfall *(Prolaps)*, wo der Gallertkern den Faserring gesprengt hat (Abb. 35).

Die angrenzenden Wirbelkörper der veränderten Bandscheiben reagieren mit einem vermehrten Knochenanbau an den Grund- und Deckplatten *(Osteochondrose)*. Durch die Höhenminderung infolge der Bandscheibenveränderung kommt es zur Verkalkung im vorderen Längsband der Wirbelsäule mit Randzackenbildung *(Spondylose)*. Die Lockerung des Bandapparates infolge der Höhenminderung führt zur Mehrbelastung der kleinen Wirbelgelenke, wodurch kleine Randwülste an den Gelenkflächen entstehen, die die Beweglichkeit einschränken *(Spondylarthrose)*.

Die beschriebenen Veränderungen müssen keine Beschwerden verursachen. Beim weiteren Fortschreiten und ungünstigen Bedingungen (Überlastung) können akute oder chronische Schmerzzustände entstehen.

7.1.5.1 Schmerzzustände im Halsbereich (*Zervikalsyndrom*)

Hierzu zählen akute und chronische Schmerzzustände im Nacken-Schulterbereich, die teilweise in den Arm ausstrahlen können. Dieser Störungskomplex wird auch als *Halswirbelsyndrom*, *Zervikobrachialsyndrom* oder *Schulter-Arm-Syndrom* bezeichnet.

Ursachen:

- Bandscheibenvorwölbung oder -vorfall mit Nervenwurzelreizungen (besonders C5 bis C6)
- knöcherne und gelenkige Veränderungen an den Wirbelkörpern
- Zustand nach Wirbelsäulenverletzungen (Brüche, Schleudertrauma)
- kurzfristige Nerveneinklemmungen infolge maximaler Drehbewegungen in der Wirbelsäule

- zusätzliche körperliche oder sportliche Belastungen (Stürze, Sprünge, Fehlhaltungen)

Diagnostik:

Die Störungen können neurologisch (Nervenausfälle, Muskelschwäche) bzw. radiologisch (Röntgenaufnahme, Computertomographie, Kernspintomographie) gesichert werden. Man unterscheidet drei verschiedene Schmerzregionen:

- obere Region: Nackenschmerzen bis in den Hinterkopf ausstrahlend (C1 bis C2)
- mittlere Region: Nacken- und Schulterschmerz bis Oberarm (C3 bis C5)
- untere Region: Schmerzen im Unterarm-Handbereich (C6 bis C7)

Beschwerden:

- lokalisierte stumpfe oder diffuse Schmerzen entsprechend der betroffenen Region, verstärkt durch die Hals- bzw. Kopfbewegung
- Taubheitsgefühl und muskuläre Schwäche in der betroffenen Region
- teilweise muskuläre Verspannungen in der Hals- und Nackenregion

Selbstmaßnahmen:

- bei akuten Schmerzen oder Taubheitsgefühl kein Lauftraining, Stauchungen können die Beschwerden verstärken
- sofortige ärztliche Ursachenklärung
- bei chronischen Beschwerden nur angepasstes Lauftraining gestattet (weiche, ebene Strecke, keine Sprünge), keine Unterkühlung, schonende tägliche Wirbelsäulengymnastik

Ärztliche Maßnahmen:

- sofortige Einleitung einer differenzierten Diagnostik bei unbekannter Ursache
- spezielle Laufberatung (angemessene Belastung, keine Wettkämpfe bei Beschwerden)
- Laufverbot beim akuten oder chronischen Bandscheibenvorfall
- Extensions- und Wärmebehandlung
- muskelentspannende, schmerzsenkende und entzündungshemmende Mittel
- allgemeine Physiotherapie im beschwerdefreien Intervall (schmerzlindernd, muskelkräftigend, entspannend), eventuell Softlaserbestrahlung

Medizinische Trainingstherapie:

Siehe Kapitel 6 und 16.

Hauptübung — Kapitel 16: Abb. 85, 86/87, 88/89, 90

Nebenübung — Kapitel 16: Abb. 129 – 131/134, 135

Dehnung — Kapitel 6.4.6.9: Abb. 51 • Kapitel 6.4.6.7: Abb. 45, 46

Verhütungsmaßnahmen:

- schonendes Lauftraining bei relativer Beschwerdefreiheit
- tägliche Wirbelsäulengymnastik in schmerzfreien Phasen

7.1.5.2 Chronische Schmerzzustände im Lendenbereich (*Lumbalsyndrom*)

Hierzu zählen akute Störungen im Lendenbereich, die nicht nur einen örtlich begrenzten Schmerz auslösen, sondern meist mehrere Wirbelsäulensegmente einbeziehen und in ein oder beide Beine ausstrahlen. Diese Störung wird auch noch als *akutes Lendenwirbelsyndrom, akutes Lumbalsyndrom, akute Lumbalgie* oder als *Lumboischialgie* bezeichnet. Die Lumbalsyndrome sind die häufigsten Wirbelsäulenstörungen (ca. 60 %).

Ursachen:

- Bandscheibenschäden (Vorwölbung, Vorfall) mit Nervenwurzelreizung
- stärkere Wirbelsäulenveränderungen *(Osteochondrose, Spondylose)* mit Einengung der Zwischenwirbellöcher
- muskuläre Überlastungen (Sturz, Fehltritt, Überbeweglichkeit, unebene und harte Laufstrecken, geringe Schuhdämpfung, hohe Laufbelastungen, Überpronation der Fußstellung)
- klimatische Faktoren (Unterkühlung)

Diagnostik:

Die Störung kann durch die körperliche (Schmerzregion, Wirbelsäulenbeweglichkeit) und neurologische Untersuchung (sensible und motorische Ausfälle, Laségue) sowie durch radiologische Befunde (Röntgen, Computertomographie, Kernspintomographie) abgeklärt werden. Die Nervenstörungen *(N. ischiadicus)* werden in drei Regionen eingeteilt (Abb. 36):

- Segment L3 – L4: Lenden-/Bauchbereich und Oberschenkel
- Segment L4 – L5: Ober-/Unterschenkel bis Fußrücken
- Segment L5 – S1: Unterschenkelaußenseite bis Außenfußrand (5. Zeh)

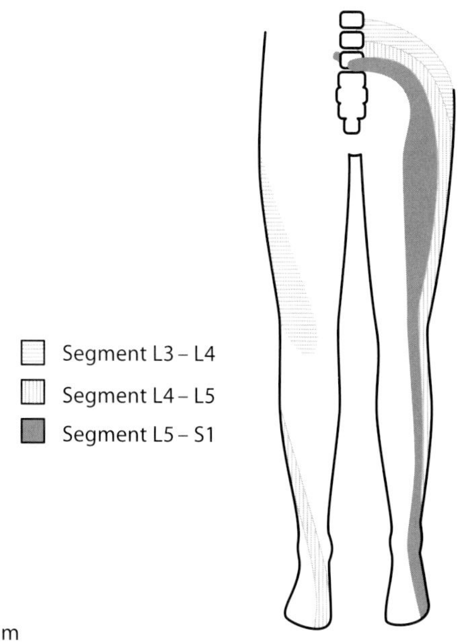

Abb. 36 Schmerzausstrahlung beim LWS-Syndrom

Beschwerden:

- dumpfer Schmerz in der Lendenregion, teilweise ausstrahlend in den Unterbauch oder in die Beine bis in den äußeren Vorfuß *(Ischialgie)*
- lageabhängiger Schmerz, Schmerzverstärkung beim Husten, Niesen oder Pressen
- deutliche Bewegungseinschränkung im Lendenbereich bis hin zu ausgeprägten Gehstörungen (Schonhinken)
- Wirbelsäulenschonhaltung (Schmerzskoliose) mit Aufhebung der Lendenlordose
- eventuell tastbare Muskelverspannungen im Lendenbereich
- Band- und Muskelansatzschmerzen
- neurologische Ausfälle (Taubheitsgefühl, Lähmungen, Blasenstörung)

Selbstmaßnahmen:

- bei akuten Beschwerden Bettruhe mit Stufenlagerung für 1 bis 2 Tage mit örtlicher Wärmeanwendung, dazwischen, wenn möglich, einfache Gehübungen
- danach vorsichtige Bewegungsübungen zur Erhaltung der Muskelkraft
- Lauftrainingsbeginn erst nach ärztlicher Zustimmung (gut gedämpfte Schuhe, ebene Laufstrecke, keine Straßenläufe)

Ärztliche Maßnahmen:

- sorgfältige Diagnostik zur Ursachenfindung
- 8 bis 12 Tage schonende Bewegung
- spezielle Physiotherapie (unter anderem Wärme-, Elektrobehandlung, Softlaserbestrahlung)
- entzündungshemmende, schmerzlindernde, muskelentspannende Medikamente
- eventuell segmentale Quaddelung im Lendenbereich
- bei nur geringer Besserung, chronischem Verlauf oder Lähmung Operation erwägen

Medizinische Trainingstherapie:

Siehe Kapitel 6 und 16.
Hauptübung — Kapitel 16: Abb. 91, 92. Voraussetzung: Der Schmerz wird nicht verstärkt oder strahlt in Gesäß und Bein aus! • Kapitel 16: Abb. 55, 56 bzw. 57, 58/59, 60 bzw. 61, 62/93, 94 bei Seitneigungsfehlhaltung/136, 137 oder 140, 141/147, 148
Nebenübung — Kapitel 16: Abb. 149 – 151/152, 153
Dehnung — Kapitel 6.4.6.2: Abb. 20 – 23 • Kapitel 6.4.6.4: Abb. 28 – 33 • Kapitel 6.4.6.5: Abb. 34 – 39 • Kapitel 6.4.6.6: Abb. 40 – 44

Verhütungsmaßnahmen:

- kontinuierliche Einhaltung eines angemessenen Lauftrainigsprogramms
- tägliche Wirbelsäulengymnastik

7.1.5.3 Hexenschuss (*Lumbago*)

Hierunter versteht man kurzzeitige plötzlich auftretende intensive Schmerzen, die im Bereich der Lendenwirbelsäule eng begrenzt sind und die oft nach einer schnellen Drehbewegung oder Anhebung einer größeren Last auftreten. Sie können wiederholt provoziert werden, wobei jedoch keine chronischen Schmerzzustände bestehen bleiben.

Ursachen:

- knöcherne Wirbelsäulenveränderungen
- Bandscheibenschäden
- Schwächen der Muskeln für die Wirbelsäulenstabilität
- unangemessene oder unkoordinierte Bewegungen in der Wirbelsäule (Sturz, ruckartige Drehbewegungen, Fehltritt beim Lauf)

Diagnostik:

Die körperliche Untersuchung kann die Störung erhärten. Es sollte danach immer eine weiterführende Untersuchung stattfinden, um eine eindeutige Ursache zu finden, die maßgeblich das zukünftige Verhalten und die Behandlung bestimmt.

Beschwerden:

- schmerzbedingte Bewegungseinschränkung
- Schonhaltung infolge reflektorischer Muskelverspannungen
- eventuell Druckschmerzhaftigkeit der Dornfortsätze in der betroffenen Region
- muskulärer Hartspann im betroffenen Gebiet

Selbstmaßnahmen:

- sofortige Arztkonsultation
- falls schmerzfrei, schonendes Lauftraining, ansonsten Laufpause bis zum Abklingen der Beschwerden, keine wirbelsäulenbelastenden Bewegungen (Beugen, Drehen)
- örtliche Wärmeanwendung (heiße Bäder, Umschläge, Wärmeschutz)

Ärztliche Maßnahmen:

- sorgfältige Diagnostik zur Ursachenerkennung
- spezielle Lauftrainingsberatung (ebene Laufstrecken, schonender Ausgleichssport)
- spezielle Physiotherapie (Extension, Wärme, Softlaserbestrahlung u. a.)
- schmerz- und krampflösende Mittel bei Bedarf
- kurzzeitiges Stützkorsett

Medizinische Trainingstherapie:

Siehe Kapitel 7.1.5.2: Lumbalsyndrom

Verhütungsmaßnahmen:

- angemessenes Bewegungsverhalten
- regelmäßige Wirbelsäulengymnastik

7.1.6 Chronischer Lendenschmerz (*chronische Lumbalgie*)

80 % aller Menschen klagen einmal oder mehrmals im Laufe ihres Lebens über Rückenschmerzen im Lendenbereich. Diese treten bei Menschen mit einer überdurchschnittlichen körperlichen Belastung (z. B. schwere körperliche Arbeit, extreme Sportbelastung) öfter auf, zumal wenn Vorschädigungen durch Überforderung vorliegen. Hinzu kommt noch, dass sich ca. 85 % aller Bewegungsausschläge in den Wirbelsäulensegmenten zwischen dem 4. und 5. Lendenwirbel bzw. 5. Lenden- und 1. Sakralwirbel abspielen. Unter »chronischem Lendenschmerz« versteht man diffuse, nicht exakt lokalisierbare Schmerzen, die wiederholt unter Ruhe- und Belastungsbedingungen auftreten und sich durch körperliche Belastungen verstärken können. Die auslösenden Faktoren sind dabei seltener unmittelbar chronischen Schäden der Wirbelsäule zuzuschreiben.

Biomechanische Ursachen:

- Hohlrundrücken
- Schwächen oder Verspannungen der Wirbelsäulen-Haltemuskulatur
- Über- oder Unterpronation der Fußstellung

Krankhafte Ursachen:

- psychische Überforderungen
- Haltungsfehler, Blockierungen
- Wirbelsäulenveränderungen (Instabilität, Knochenveränderungen, Bandscheibenschaden)
- Nervenstörungen (Wurzelirritation)

Methodische Ursachen:

- fehlerhafter Laufstil (hohe Intensität, unphysiologische Fußstellung bei der Landung)
- unangemessene Laufstrecken (hart, uneben)
- zu hohe Laufumfänge (circadiane Höhenminderung der Wirbelsäule etwa 0,75 mm/Tag, nach 40 bis 60 Lauf-km/Woche ca. 1,27 %, was bei Vorschädigung zu Schmerzen führen kann)

Diagnostik:

Anfänglich ist die körperliche Untersuchung ausreichend. Bei wiederholten Beschwerden muss eine differenzierte Untersuchung eingeleitet werden, um die Ursache zu finden.

Beschwerden:

- diffuse, wiederholte Lendenschmerzen unter Ruhe- und/oder Belastungsbedingungen
- eventuell deutliche Verstärkung beim Lauftraining, die auch bis in den Fuß ausstrahlen kann
- Bewegungseinschränkung im Lendenbereich, die eventuell auch das Lauftraining negativ beeinflussen kann

Selbstmaßnahmen:

- Laufpause, falls Lauftraining die Beschwerden verstärkt
- danach vorsichtiger Beginn bei guten Streckenverhältnissen (weich, eben)
- Laufschuhe mit hoher Stoßabsorption
- tägliche Wirbelsäulengymnastik

Ärztliche Maßnahmen:

- spezielle Physiotherapie
- spezielle Lauftrainingsberatung (Umfang, Intensität, Laufstrecke)
- Reduzierung von muskulären Dysbalancen
- orthopädische Hilfsmittel (Einlagen, Fersenkissen, eventuell kurzzeitig Lendengurt)
- bei Bedarf Schmerzmittel
- umfassende Diagnostik zur Ursachenfindung

Medizinische Trainingstherapie:

Siehe Kapitel 6 und 16.

Hauptübung — Kapitel 16: Abb. 55, 56 oder 57, 58/59, 60 oder 61, 62/69, 70/71, 72/73, 74/134, 135/140, 141/

Nebenübung — Kapitel 16: Abb. 176 – 179/154 – 156/157 – 160

Verhütungsmaßnahmen:

- regelmäßige Wirbelsäulengymnastik
- angemessene Laufgestaltung
- schonende Wirbelsäulenbelastung im Alltag

7.1.7 Band- und Muskelschmerzen

Darunter versteht man Sehnenansatzreizungen, Zerrungen und Muskelfaserrisse im Rückenbereich, die bei Läufern nur bei extremen Situationen auftreten.

Ursachen:

- Über- bzw. Fehlbelastungen (unebene, harte, bergige Laufstrecken, schlechte Laufhaltung)
- Stürze mit Abstützen
- allgemeine Unterkühlung
- ungenügende Aufwärmung
- Muskeldysbalancen

Diagnostik:

In der Regel reicht die körperliche Untersuchung. Als Zusatzmaßnahme kann in Einzelfällen eine Weichteilsonographie in Betracht kommen.

Beschwerden:

- belastungsabhängige, lokalisierte Schmerzen
- Druckempfindlichkeit an den Dornfortsätzen (Sehnenansatzreizung) oder lokalisiert im Muskelbereich (Muskelfaserriss)
- Muskeldehn- und Anspannungsschmerz (Muskelzerrung)

- eventuell Blutergussbildung (bei Muskelverletzung)
- erhöhte Muskelspannung

Selbstmaßnahmen:

bei stärkeren Beschwerden Laufpause bis zum Abklingen (ca. 5 bis 7 Tage)
- in den ersten Stunden örtliche Kälteanwendung, danach Wärmeanwendung
- bei anhaltenden Beschwerden Arztvorstellung

Ärztliche Maßnahmen:

- spezielle Physiotherapie (Reizstrom, Ultraschall, schonende Massage, Abbau von Muskeldysbalancen, Softlaserbestrahlung u. a.)
- muskelentspannende und schmerzlindernde Medikamente
- schmerzlindernde, muskelentspannende, geweberegenerative Maßnahmen

Verhütungsmaßnahmen:

- kontinuierliches, sorgfältiges Aufwärmen
- tägliches Dehnungsprogramm

7.2 Beckengürtel und Oberschenkel

Der Beckengürtel stellt einen geschlossenen, aber nicht völlig starren Knochenring dar, der deutliche Geschlechtsunterschiede aufweist, da das weibliche Becken meist niedriger, weiter und breiter ist. Bei Erkrankungen und Verletzungen in diesem Bereich kommen zahlreiche Möglichkeiten in Betracht, die sorgfältig untersucht werden müssen. Die Beschwerden werden hier gemeinsam besprochen, da sie sich gegenseitig beeinflussen können.

7.2.1 Aufbau und Funktion

An die Lendenwirbelsäule schließt sich nach unten das Kreuzbein *(Os sacrum)* an, das die Rückseite des Beckens darstellt. Mit ihm sind die beiden schaufelförmigen Darmbeine *(Os ilium)* verbunden, deren oberer gebogener Rand als Beckenkamm bezeichnet wird und durch die Haut tastbar ist. Die Verbindung zwischen dem Kreuzbein und den beiden Darmbeinen wird durch die senkrecht liegenden Kreuzdarmbeingelenke *(Iliosakralgelenke)* gewährleistet, die durch straffe, teils kreuzende Bandstrukturen fixiert werden. Durch Verzahnung erreichen die Gelenkoberflächen eine besondere Stabilität. Die beiden Darmbeine besitzen im unteren Bereich eine große Gelenkpfanne *(Acetabulum)*, die den kugelförmigen

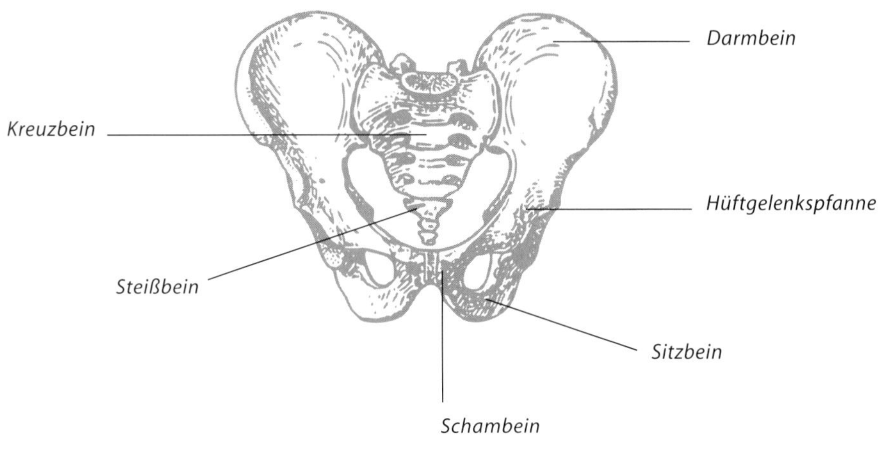

Abb. 37 Der Beckengürtel

Kopf des Oberschenkels *(Femur)* aufnimmt und mit ihm das Hüftgelenk bildet. Nach vorn gehen die Darmbeine in die Schambeine *(Os pubis)* über, die sich beide vorn mittels einer Knorpelhaftung als Schamfuge vereinigen *(Symphyse)*. Von hier bestehen straffe Bandzüge (Leistenband) zu den vorderen Spitzen der Darmbeine, die die Stabilität des Beckengürtels wesentlich erhöhen. Nach unten schließt sich an das Darmbein ein knöcherner Ring, das Sitzbein *(Os ischium)*, an, das die Gesäßbasis darstellt (Abb. 37).

Der Oberschenkel *(Femur)* ist ein kräftiger Knochen, der die Verbindung zwischen dem Hüft- und dem Kniegelenk herstellt. Er beteiligt sich oben mit dem Oberschenkelkopf an der Bildung des Hüftgelenkes und geht dann in den Schenkelhals über. Am unteren Ende des Oberschenkelschaftes bildet er zwei seitliche Fortsätze, die Gelenkknorren *(Condylus medialis und lateralis)*, die die Gelenkflächen für das Kniegelenk bilden (Abb. 38). Der Beckengürtel und die Oberschenkel bilden eine Funktionseinheit, da sie die die Last des Rumpfes aufnehmen und über die Hüftgelenke auf das Bein übertragen. Auch für den Läufer hat diese Funktionseinheit eine große Bedeutung, da die laufbedingte Stoßbelastung retrograd mit abgefangen werden wird. Die Hauptaufgaben des Beckengürtels bestehen in der Bildung einer festen Standsäule für den Rumpf, in der Herstellung einer großflächigen Ansatzmöglichkeit für die dort zahlreich ansetzenden Muskeln und für den Schutz der Beckenorgane.

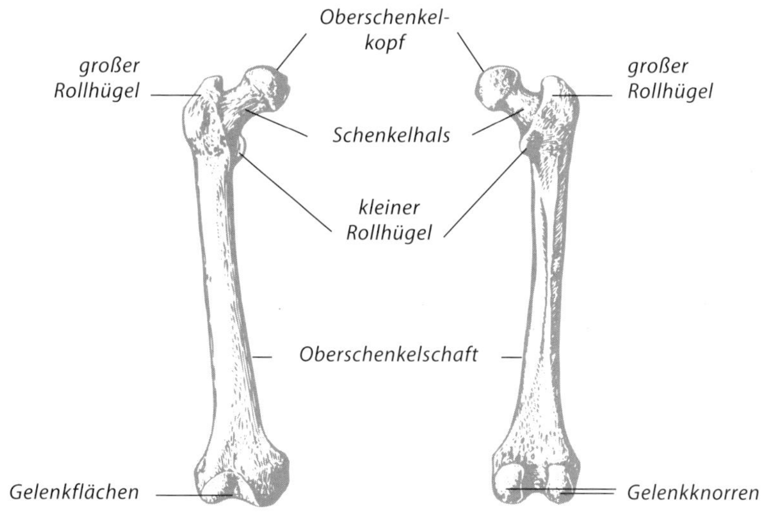

Abb. 38 Der Oberschenkel

7.2.2 Beschwerden im Kreuzdarmbeinbereich (*Iliosakralsyndrom*)

In dieser Region können entzündliche oder degenerative Störungen im Gelenk- und Bandscheibenbereich sowie in den dort lokalisierten Muskeln Beschwerden hervorrufen. Auch Blockierungen sind möglich.

7.2.2.1 Arthrose im Kreuzdarmbeingelenk *(Iliosakralarthrose)*

Darunter versteht man eine degenerative Veränderung im Bereich der Gelenkflächen dieses Gelenkes (Abb. 37).

Krankhafte Ursachen:

- Umbauprozesse an Knochen und Bandscheiben durch Alterung bzw. Überlastung
- Beckenschiefstand, Übergewicht

Methodische Ursachen:

- Fehltritt, vermehrte Sprünge
- vermehrte Bergauf-/-abläufe

Diagnostik:

Hierfür kommen die körperliche und röntgenologische Untersuchung in Betracht.

Beschwerden:

- örtliche Bewegungsschmerzen in der betreffende Gelenkfuge
- Einschränkung der Beweglichkeit im Lendenbereich
- ausstrahlende Schmerzen in das Gesäß

Selbstmaßnahmen:

- eventuell Trainingspause, Ursachenbeseitigung bei Blockierung
- örtliche Wärmeanwendung
- ausgleichendes, stabilisierendes Muskeltraining

Ärztliche Maßnahmen:

- sorgfältige Diagnostik einleiten
- orthopädische Korrektur (Beckenschiefstand)
- Manualtherapie
- Physiotherapie (Wärme, Ultraschall, eventuell Softlaserbestrahlung u. a.)
- schmerzlindernde, muskelentspannende Maßnahmen
- medikamentöse Behandlung (Schmerz-/antirheumatische Mittel)
- eventuell entzündungshemmende Injektion (Kortison u. a.)

Medizinische Trainingstherapie:

Siehe Kapitel 6 und 16. Hauptübung — Kapitel 16: Abb. 149 – 151/152, 153/126 – 128
Nebenübung — Kapitel 16: Abb. 55, 56 bzw. 57, 58/59, 60 bzw. 61, 62/63, 64
Dehnung — Kapitel 6.4.6.4: Abb. 28 – 33 • Kapitel 6.4.6.5: Abb. 43 – 39 • Kapitel 6.4.6.6: Abb. 40 – 44

Verhütungsmaßnahmen:

- sorgfältige Behandlung der Grundkrankheit
- kontinuierliche Trainingsanpassung

7.2.2.2 Arthritis im Kreuzdarmbeingelenk (*Sakroiliitis*)

Hierbei handelt es sich um eine entzündliche Reizung in diesem Gelenk, die meistens chronisch verläuft und in einer degenerativen Gelenkveränderung mit Versteifung endet (Abb. 37).

Ursachen:

- rheumatische Grunderkrankung (Bechterew-Krankheit u. a.)
- Entzündungen im Bereich des Beckens
- Begleiterscheinung anderer Erkrankungen (Schuppenflechte u. a.)
- körperliche Überlastung bzw. Unterkühlung

Diagnostik:

Bei dieser Erkrankung stehen die röntgenologische und Laboruntersuchung im Vordergrund.

Beschwerden:

Wie bei der Arthrose im Kreuzdarmbeingelenk (Kapitel 7.2.2.1).

7

Selbstmaßnahmen:

- sofortiger Trainingsstopp bis zum Abklingen der Beschwerden
- örtliche Wärmeanwendung
- Schutz vor Unterkühlung

Ärztliche Maßnahmen:

- medikamentöse, antirheumatische Behandlung
- Physiotherapie (Wärme, Reizstrom, eventuell Softlaserbestrahlung u. a.)

Medizinische Trainingstherapie:

Nach Abklingen der Entzündung Übungsprogramm von Kapitel 7.2.2.1

Verhütungsmaßnahmen:

regelmäßiger Gesundheitssport

7.2.2.3 Reizung des Hüftlendenmuskels (*Iliopsoassyndrom*)

Der Hüftlendenmuskel *(M. iliopsoas)* ist der kräftigste Hüftbeuger. Er entspringt an der Lendenwirbelsäule (großer Lendenmuskel) und an der Innenseite des Darmbeines (Darmbeinmuskel). Sein Ansatz befindet sich am kleinen Rollhügel, der an der Innenseite des Oberschenkels liegt. Darunter befindet sich ein kleiner Schleimbeutel zur Polsterung gegen Druck bei starker muskulärer Belastung. Dieser Muskel ist der wichtigste Oberschenkelheber (Abb. 39).

Ursachen:

- Verkürzung des Hüftlendenmuskels
- Unebenheiten der Laufstrecke
- übermäßiges Bergauflaufen oder Hürdenlauf
- starkes Gewichttraining mit Kniebeugen

Diagnostik:

Sie bezieht sich ausschließlich auf die körperliche Untersuchung hinsichtlich der Bewegungseinschränkung und des Bewegungsschmerzes.

Beschwerden:

- tief sitzender Rückenschmerz, der in das Gesäß und den Oberschenkel ausstrahlt
- Steifigkeitsgefühl in der Lendenwirbelsäule
- Druckschmerz am kleinen Rollhügel, wenn der Ansatzbereich oder der Schleimbeutel betroffen sind
- schmerzhafte Beugebewegung im Hüftgelenk

Selbstmaßnahmen:

- Laufpause bis zur Schmerzfreiheit (ca. 1 Woche)
- örtliche Wärmeanwendung

Ärztliche Maßnahmen:

- Muskeldehnungsübungen
- Physiotherapie (Wärme, Reizstrom, eventuell Softlaserbestrahlung u. a.)
- entzündungshemmende Medikamente (Antirheumatika, Kortison u. a.)
- eventuell Injektion des Schleimbeutels bei einer Entzündung

Medizinische Trainingstherapie (siehe Kapitel 6 und 16):

Hauptübung — Kapitel 16: Abb. 73, 74/147, 148/149 – 151
Nebenübung — Kapitel 16: Abb. 55, 56/59, 60/75, 76
Dehnung — Kapitel 6.4.6.4: Abb. 28 – 33 • Kapitel 6.4.6.5: Abb. 34 – 39

Verhütungsmaßnahmen:

- regelmäßige Dehnungsübungen mit angepasstem Trainingsprogramm

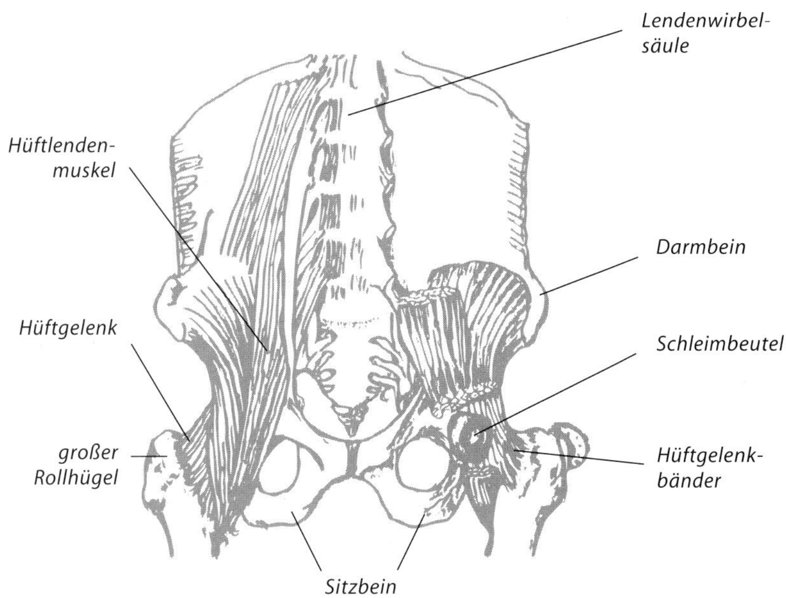

Abb. 39 Der Hüftlendenmuskel

7.2.3 Beschwerden im Hüftbereich

Hierzu zählen Beschwerden verschiedener Ursachen, die sich teils im bzw. unmittelbar am Hüftgelenk abspielen und damit die Belastbarkeit dieses Gelenkes stark beeinflussen.

7.2.3.1 Arthrose im Hüftgelenk *(Coxarthrose)*

Dies ist eine degenerative Veränderung des Hüftgelenkes, bei der sich sowohl die Hüftpfanne als auch der Oberschenkelkopf deformieren, so dass die Gelenkfunktion stark beeinträchtigt wird (Abb. 41).

Krankhafte Ursachen:

- knöcherne Verschleißerscheinungen *(Coxarthrose)*
- rheumatische Prozesse *(rheumatoide Arthritis)*
- Knorpeldefekte *(Osteochondritis)*
- Beckenschiefstand bei Beinverkürzung
- angeborene Gelenkfehlbildung *(Hüftdysplasie)*
- Fußdeformitäten

Methodische Ursachen:

- gehäufte Straßen- oder Rundstreckenläufe
- unebene und harte Laufstrecken
- hohe Sprung- oder Laufbelastungen

Diagnostik:

Hierfür stehen die körperliche und röntgenologische Untersuchung zur Verfügung.

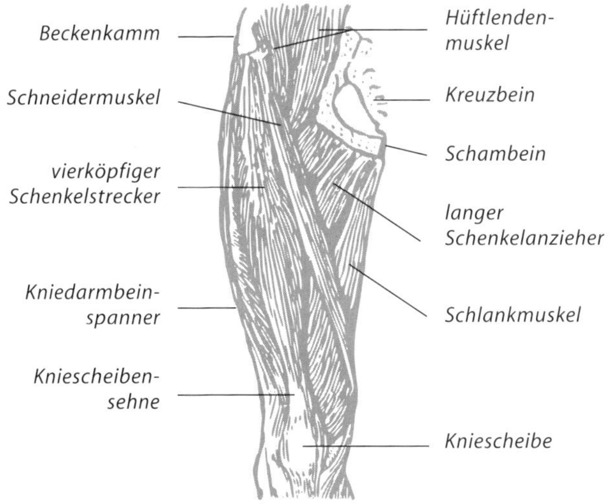

Abb. 40 Die Oberschenkelmuskeln (Vorderansicht)

Beschwerden:

- örtlicher Ruhe- und Bewegungsschmerz (besonders bei Hüftstreckung, Abspreizung und Drehung)
- ausstrahlende Schmerzen in die Schambeinregion und Leiste
- bei einer Beinverkürzung Hüftschmerzen an der verkürzten Seite (hoher Druck) und Sehnen-/Bandschmerzen an der Außenseite des Ober- und Unterschenkels am längeren Bein (hoher Zug)

Selbstmaßnahmen:

- Trainingspause für 1 bis 2 Wochen
- Radfahren
- örtliche Wärme- bzw. Kälteanwendung (je nach Verträglichkeit)

Ärztliche Maßnahmen:

- sorgfältige Diagnostik
- orthopädische Korrektur (Absatzerhöhung, Fußeinlagen, verbesserte Stoßabsorption, Fersenverstärkung u. a.)
- Physiotherapie (Wärme, Ultraschall u. a.)
- medikamentöse Behandlung (Analgetika, Antirheumatika u. a.)
- bei Verschlechterung auch künstliches Gelenk (Endoprothese)

Medizinische Trainingstherapie:

Siehe Kapitel 6 und 16.

Hauptübung — Kapitel 16: Abb. 75 – 78/149 – 151/161/162/163, 164/99, 100

Nebenübung — Kapitel 16: Abb. 154 – 156/157 – 160

Dehnung — Kapitel 6.4.6.4: Abb. 28 – 33 • Kapitel 6.4.6.5: Abb. 34 – 39

Verhütungsmaßnahmen:

- kontinuierlicher Kälteschutz
- angepasste Laufstrecken
- angemessener Belastungsumfang

7.2.3.2 Schnellende Hüfte (*Coxa saltans*)

Darunter versteht man ein schmerzhaftes Überspringen des Kniedarmbeinspanners *(Tractus iliotibialis)* über den großen Rollhügel an der Oberschenkelaußenseite (Abb. 40).

Ursachen:

- X-Stellung der Hüfte *(Coxa valga)*
- komplette X-Bein-Stellung mit funktioneller Verkürzung des so genannten Sprintermuskels *(M. tensor fasciae latae)*
- Schleimbeutelreizung über dem großen Rollhügel *(Bursa trochanterica)*

Diagnostik:

Die körperliche Untersuchung zeigt deutlich bei der Hüftbewegung das Schnappen der Sehnenplatte. Eine Schleimbeutelentzündung kann man durch die Ultraschalluntersuchung nachweisen.

Beschwerden:
- Schnappen der Sehnenplatte an der Außenseite des Hüftgelenkes
- teilweiser Bewegungsschmerz in dem Bereich

Selbstmaßnahmen:
- Dehnübungen des Sprintermuskels
- Reduzierung muskulärer Dysbalancen

Ärztliche Maßnahmen:
- Physiotherapie, ausgleichendes Stabilitätstraining
- medikamentöse Behandlung bei Entzündung (Packungen, Antirheumatika)
- eventuell therapeutische Umspritzung (Lidocain, Kortison u. a.)
- eventuell Operation
- Sportartenwechsel bei weiter bestehenden Beschwerden infolge statischer Fehlbelastung (X-Bein)

7

Medizinische Trainingstherapie:

Siehe Kapitel 6 und 16.
Hauptübung — Kapitel 16: Abb. 154 – 156/157 – 160/165 – 167
Dehnung — Kapitel 6.4.6.2: Abb. 20 – 23 • Kapitel 6.4.6.3: Abb. 24 – 27 • Kapitel 6.4.6.4: Abb. 28 – 33 • Kapitel 6.4.6.5: Abb. 34 – 39 • Kapitel 6.4.6.6: Abb. 40 – 44 • Kapitel 6.4.6.10: Abb. 52

Verhütungsmaßnahmen:

regelmäßige Dehnübungen

7.2.3.3 Ermüdungsbruch am Oberschenkelhals (*Schenkelhalsfraktur*)

Brüche im Hals- und oberen Schaftanteil des Oberschenkels kommen im Sport nur durch starke äußere Gewalteinwirkung zustande. Ohne direkte Gewalteinwirkung können bei Langstreckenläufern mit wiederholten hohen Belastungen Ermüdungsbrüche im Bereich des Oberschenkelhalses, der zwischen Oberschenkelkopf und -schaft liegt, auftreten (Abb. 38). Ähnliche Brüche sind auch mit gleicher Ursache im Bereich der Schambeine möglich (Abb. 41).

Krankhafte Ursachen:
- höheres Lebensalter mit Osteoporose
- andere Knochenerkrankung (Tumor, Zyste)

Methodische Ursachen:
- nicht trainings- und altersgemäße Laufbelastung
- harte und unebene Laufstrecken

Diagnostik:

Hierfür eignen sich die körperliche Untersuchung (Verkürzung und Auswärtsdrehung des Beines) und die Röntgenuntersuchung.

Beschwerden:
- Spontan-, Zug- und Druckschmerz in der betroffenen Hüftregion
- eventuell dauernder Ruheschmerz

- Bewegungsschmerz bei direkter bzw. indirekter Belastung
- Gehstörungen

Selbstmaßnahmen:

- sofortiger Laufabbruch und Ruhigstellung

Ärztliche Maßnahmen:

- sorgfältige Diagnostik (eventuell Röntgenaufnahme nach 3 Wochen wiederholen)
- Ruhigstellung (5 bis 8 Wochen) bzw. operative Versorgung (meist Teilendoprothese)
- danach langsamer Trainingsaufbau und Behandlung der Grundkrankheit (Osteoporose u. a.)

Medizinische Trainingstherapie:

7

Siehe Kapitel 6 und 16.
Nach der Ruhigstellungsphase!
Hauptübung — Kapitel 16: Abb. 75, 76/77, 78/79, 80/83, 84/149 – 151/152, 153
Nebenübung — Kapitel 16: Abb. 154 – 156

Verhütungsmaßnahmen:

alters- und leistungsadäquate Laufbelastung

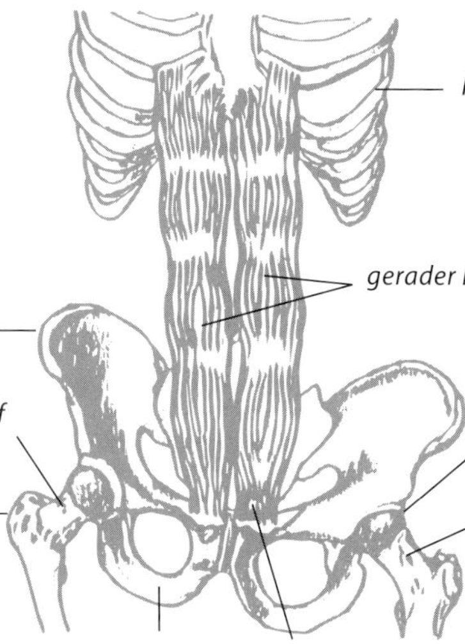

Abb. 41 Der gerade Bauchmuskel

7.2.4 Beschwerden in der Leisten- und Gesäßregion

Leistenbeschwerden kommen im Laufsport häufig vor, da ihnen vielfältige Ursachen zu Grunde liegen können. Meistens sind sie nicht nur streng örtlich zu beobachten, sondern strahlen in die Umgebung aus.

7.2.4.1 Reizung der Schenkelanzieher (*Adduktorensyndrom*)

Es handelt sich um eine Zerrung der Muskelgruppe, die das Bein im Hüftgelenk nach innen zieht. Diese Gruppe besteht aus dem langen, kurzen und großen Schenkelanzieher *(Mm. adductor longus, brevis, magnus)*. Vorzugsweise ist allerdings der lange Schenkelanzieher betroffen, der am Schambein entspringt und an der Rückseite des Mittelschaftes des Oberschenkels ansetzt (Abb. 40). Meistens wird diese Muskelgruppe beim Muskeltraining gegenüber der Streck- und Beugemuskulatur zu wenig beachtet, so dass sie oft verkürzt ist und sich dadurch besonders anfällig gegenüber Überdehnungen zeigt. Die Verletzungen beziehen sich unter anderem auf Ansatzreizungen am Schambein oder auf Muskelfaserrisse in der Nähe des Muskelursprunges.

Ursachen:

- übermäßige Seitwärtsbewegung beim Fehltritt oder Ausgleichstraining
- harte und unebene Laufstrecken
- Muskelverkürzung durch unzureichende Dehnprogramme
- unzureichende Aufwärmung vor dem Lauftraining

Diagnostik:

Hierfür bietet sich besonders die körperliche Untersuchung an. Nur bei einem Verdacht auf einen knöchernen Ausriss ist die Röntgenuntersuchung angezeigt.

Beschwerden:

- Spontan- und Druckschmerz am Schambeinbogen
- Schmerzverstärkung beim Anziehen nach innen gegen Widerstand
- Bei Muskelfaserrissen kann auch ein örtlicher Bluterguss bestehen.

Selbstmaßnahmen:

- sofortige Laufpause bis zur Beschwerdefreiheit
- örtliche Wärmeanwendung (Bäder, Pelose) und Wärmeschutz

Ärztliche Maßnahmen:

- entzündungshemmende Medikamente (Antirheumatika, Kortison u. a.)
- Physiotherapie (Wärme-, Elektrobehandlung, Softlaserbestrahlung u. a.)
- eventuell entzündungshemmende Injektion bei streng lokalisierten Beschwerden (danach 2 Wochen Belastungspause)
- operative Intervention bei chronischen Situationen

Medizinische Trainingstherapie:

Siehe Kapitel 6 und 16.

Hauptübung — Kapitel 16: Abb. 75, 76/77, 78/101, 102/154 – 156/157 – 160/165 – 167

Dehnung — Kapitel 6.4.6.5: Abb. 34 – 39

Verhütungsmaßnahmen:

- regelmäßige Dehnübungen
- sorgfältige Aufwärmung vor dem Lauftraining

7.2.4.2 Bauchmuskelzerrung (*Distorsion Mm. abdominis*)

Bei der Reizung dieser Muskelgruppe ist vorwiegend der gerade Bauchmuskel *(M. rectus abdominis)* betroffen. Selten sind der schräge und der quere Bauchmuskel mit einbezogen. Als Verletzung kommen eine Ansatzreizung am Schambeinbogen oder ein Faserriss über dem Ansatzbereich in Betracht (Abb. 41).

7

Ursachen:

- Fehltritt bei maximal angespannten Bauchmuskeln
- ungenügende Aufwärmung

Diagnostik:

Es kommt ausschließlich die körperliche Untersuchung in Frage.

Beschwerden:

- plötzlich auftretender Schmerz in der Schambeinregion (Muskelfaserriss)
- Druck- und Belastungsschmerz beim Lauf
- Muskeldehnungsschmerz bei Überstreckung in das Hohlkreuz

Selbstmaßnahmen:

- sofortige kühlende Umschläge auf die Schmerzregion bei Verdacht auf Muskelfaserriss
- sofortige Trainingspause
- ab dem 2. Tag Wärmeanwendung

Ärztliche Maßnahmen:

- entzündungshemmende und schmerzdämpfende Medikamente (Trainingspause ca. 2 Wochen)
- Physiotherapie (Ultraschall, eventuell Softlaserbestrahlung u. a.)
- schmerzlindernde, muskelentspannende Maßnahmen
- spezielle Dehnungsprogramme

Medizinische Trainingstherapie:

Siehe Kapitel 6 und 16.

Hauptübung — Kapitel 16: Abb. 55, 56/57, 58//59, 60 bzw. 61, 62/138, 139/136, 137 oder 140, 141

Nebenübung — Kapitel 16: Abb. 157 – 160

Dehnung — Kapitel 6.4.6.8: Abb. 47, 48 • Kapitel 6.4.6.4: Abb. 28 – 33

Verhütungsmaßnahmen:

- regelmäßige Dehnungsübungen
- sorgfältige Aufwärmung

7.2.4.3 Schleimbeutelentzündung im Hüftgelenk (*Bursitis trochanterica*)

Im Bereich der äußeren Hüfte befinden sich zwei Schleimbeutel, die bei einer Reizung Beschwerden verursachen können. Der äußere Schleimbeutel liegt über dem großen Rollhügel unter der Muskelhaut *(Fascia lata)* des großen Gesäßmuskels, der tiefer gelegene Schleimbeutel zwischen der Sehne des mittleren Gesäßmuskels und dem hinteren Anteil des großen Rollhügels (Abb. 39).

Ursachen:

- Laufstürze auf die Hüfte
- Starke Reibung durch hohe Druckbelastung der darüber liegenden Strukturen (Muskel, Muskelhaut, Sehnen). Dies kann beim Lauf auf gekrümmten Oberflächen (Straße) oder bei einer starken Pronationsstellung der Füße eintreten.

Diagnostik:

Hierfür kann die körperliche und sonographische Untersuchung herangezogen werden.

Beschwerden:

- zunehmender Belastungsschmerz beim Laufen über und hinter dem großen Rollhügel
- Schmerzverstärkung bei der Beinanziehung mit Innendrehung
- örtlicher Druckschmerz mit teilweiser Schwellung am äußeren, oberen Anteil des Oberschenkels
- schmerzbedingte Bewegungseinschränkung (Schmerzhinken)
- teilweise nächtliche Schmerzen, die in den Oberschenkel ausstrahlen

Selbstmaßnahmen:

- sofortige Trainingspause
- örtlich kühlende Umschläge

Ärztliche Maßnahmen:

- bei Ergussbildung im Schleimbeutel Punktion mit anschließendem Kompressionsverband
- entzündungshemmende Medikamente (Antirheumatika)
- eventuell Softlaserbestrahlung (nur beim äußeren Schleimbeutel)
- eventuell entzündungshemmende Injektion (Kortison u. a.)
- Korrektur der Pronationsstellung des Fußes (Einlagen)

Verhütungsmaßnahmen:

- nur ebene und gerade Laufflächen benutzen

7.2.4.4 Entzündung am großen Rollhügel (*Tendopathia trochanterica maior*)

Eine größere Zahl von Muskeln im Gesäß- und Hüftbereich haben ihren Ansatz am großen Rollhügel (mittlerer und kleiner Gesäßmuskel, birnförmiger Muskel). Bei stärkerer Zugbelastung kann es zu örtlichen Reizerscheinungen führen.

Ursachen:

- häufige Läufe auf unebenen Laufstrecken
- Querfeldein- oder Orientierungsläufe
- muskuläre Dysbalancen, ungenügende Aufwärmung

Diagnostik:

Die Befunderhebung kann durch die körperliche und röntgenologische Untersuchung (eventuell Kalkschatten) erfolgen.

Beschwerden:

7

- Druck- und Bewegungsschmerz über dem äußeren, oberen Anteil des Oberschenkels
- Schmerzverstärkung bei der Abspreizung des Oberschenkels gegen Widerstand

Selbstmaßnahmen:

- lokale Wärmeanwendung
- sofortige Trainingspause bis zum Abklingen der Beschwerden

Ärztliche Maßnahmen:

- entzündungshemmende Medikamente (Antirheumatika u. a.)
- Physiotherapie (Wärme-/Elektrobehandlung, eventuell Softlaserbestrahlung u. a.)
- schmerzlindernde, muskelentspannende Maßnahmen
- eventuell entzündungshemmende Umspritzung (Kortison u. a.)
- spezielle Krankengymnastik (Dehnung)

Verhütungsmaßnahmen:

- Wärmeschutz beim Lauftraining
- ebene Laufstrecken bevorzugen
- regelmäßige Ausgleichsgymnastik

7.2.4.5 Sehnenansatzreizung am Sitzhöcker (*Tendopathia tuber ischiadici*)

Am Sitzhöcker haben zahlreiche Muskeln, die eine wichtige Bedeutung für die Beweglichkeit des Hüftgelenkes haben, ihren Ursprung (Zwillingsmuskeln, vierseitiger Schenkelmuskel, großer Schenkelanzieher, zweiköpfiger Schenkelmuskel, Halbsehnenmuskel, Plattsehnenmuskel). Bei Über- oder Fehlbelastungen kann es zu Reizerscheinungen kommen.

Ursachen:

- muskuläre Dysbalancen (besonders Verkürzungen der hinteren Oberschenkelmuskulatur)
- häufiges Lauftraining auf unebenen Laufstrecken

- ungenügende Aufwärmung, Sprints, falsche Dehnung (siehe Kapitel 6)
- übermäßiger Ausgleichssport mit einer hohen Belastung der Gesäßmuskulatur

Diagnostik:

Als Maßnahme bietet sich ausschließlich die körperliche Untersuchung an. Eine Kompression des *N. ischiadicus (Kompressionsneuropathie)* ist auszuschließen.

Beschwerden:

- Druck- und Bewegungsschmerz am Sitzbeinhöcker (in der Tiefe im Bereich der Gesäßfalte)
- Schmerzverstärkung bei übermäßiger Streckung des Beines

Selbstmaßnahmen:

- sofortige Trainingsreduktion, Lauf nur auf weichen und ebenen Bodenverhältnissen
- regelmäßige Dehnübungen für die hintere Oberschenkelmuskeln

Ärztliche Maßnahmen:

- entzündungshemmende Medikamente (Antirheumatika u. a.)
- Physiotherapie (Wärmebehandlung u. a.)
- eventuell entzündungshemmende Injektion (Kortison u. a.)
- spezielle Dehnungsprogramme

Medizinische Trainingstherapie:

Siehe Kapitel 6 und 16.
Hauptübung — Kapitel 16: Abb. 183, 184/83, 84/142, 143/149 – 151/152, 153
Nebenübung — Kapitel 16: Abb. 75, 76/77, 78/79, 80
Dehnung — Kapitel 6.4.6.2: Abb. 20 – 23 • Kapitel 6.4.6.6: Abb. 40 – 44

Verhütungsmaßnahmen:

regelmäßige Dehnübungen

7.2.4.6 Muskelfaserrisse am Oberschenkel

Diese Verletzung ist vorzugsweise an der oberflächlichen Muskulatur zu finden. An der Vorderseite sind häufig der gerade Schenkelmuskel *(M. rectus femoris)* als Teil des vierköpfigen Schenkelmuskels und an der Rückseite der zweiköpfige Schenkelmuskel *(M. biceps femoris)*, der Halbsehnenmuskel *(M. semitendinosus)* und der Plattsehnenmuskel *(M. semimembranosus)* betroffen (Abb. 40 und 42).

Ursachen:

- unzureichende Aufwärmung vor dem Lauftraining
- bestehende lokale Muskelverhärtungen
- muskuläre Dysbalancen am Ober- und Unterschenkel
- Fehltritt während des Lauftrainings
- selten ein direktes, mechanisches Trauma

Diagnostik:

Es stehen hierfür die körperliche und die sonographische Untersuchung zur Verfügung.

Beschwerden:

- häufig ein plötzlicher, heftiger, lokaler Schmerz
- örtlicher Druck-, Dehn- und Anspannungsschmerz
- bisweilen eine großflächige Muskelverkrampfung
- teilweise eine Schwellung mit einem Bluterguss
- Bei einer tastbaren Delle (nur bei frischen Traumen) ist ein größerer Muskelriss anzunehmen, der meist operativ behandelt werden muss.

Selbstmaßnahmen:

- sofortige Trainingspause
- kühlende Umschläge, Kompressionsverband
- ärztliche Abklärung

Ärztliche Maßnahmen:

- Entlastung des Beines durch Gehhilfen
- Kryo- und Kompressionstherapie
- Physiotherapie (Softlaserbestrahlung u. a.), Lymphdrainage
- schmerzlindernde, muskelentspannende Medikamente (Antirheumatika, Muskelrelaxantien u. a.)
- später Wärmeanwendung und Dehnübungen

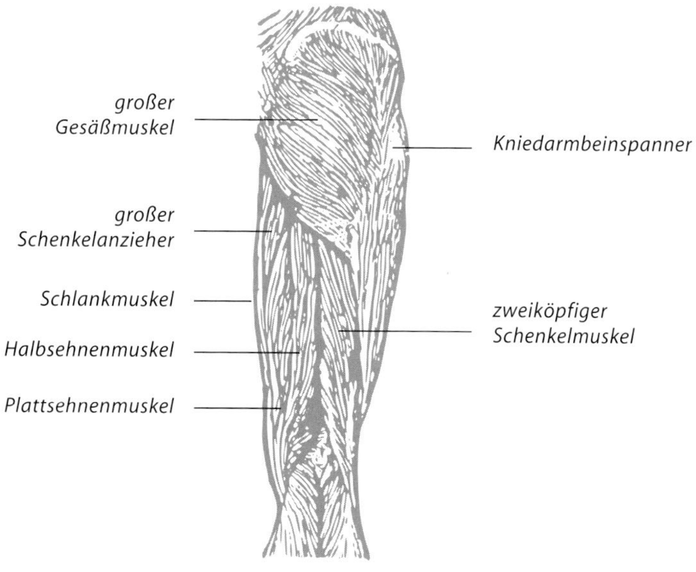

Abb. 42 Die Oberschenkelmuskeln (Rückansicht)

Medizinische Trainingstherapie:

Siehe Kapitel 6 und 16.

Oberschenkelrückseite

Hauptübungen — Kapitel 16: Abb. 183, 184/142, 143/149 – 151/152, 153

Nebenübung — Kapitel 16: Abb. 75, 76/77, 78/79, 80

Dehnung — Kapitel 6.4.6.2: Abb. 20 – 23 • Kapitel 6.4.6.6: Abb. 40 – 44

Oberschenkelvorderseite

Hauptübung — Kapitel 16: Abb. 103, 104/152, 153/168, 169/181, 182

Nebenübung — Kapitel 16: Abb. 176 – 178/179, 180/75, 76/77, 78/79, 80

Dehnung — Kapitel 6.4.6.3: Abb. 24 – 27 • Kapitel 6.4.6.4: Abb. 28 – 33

Verhütungsmaßnahmen:

- regelmäßiges, sorgfältiges Aufwärmen
- kontinuierliche Dehnungsübungen

7.2.5 Nervenschädigungen

Hier werden nur solche Störungen einbezogen, die durch die Laufbelastung hervorgerufen werden können. Dabei wird deutlich, dass Nervenschädigungen durch den Laufsport zu den Seltenheiten zählen.

7.2.5.1 Schädigung des Nervus saphenus (*Neuritis n. sapheni*)

Der *Nervus saphenus* ist ein Hauptast des *Nervus femoralis*, der in die Gegend des inneren Knöchels zieht. Am Oberschenkel tritt er aus dem Adduktorenkanal heraus und verläuft an der inneren Knieseite entlang nach unten.

Ursachen:

- Raumeinengung infolge eines verstärkten Muskeltrainings am Oberschenkel
- Raumeinengung durch ein traumatisches Ereignis (Muskelödem, Bluterguss)
- Einengung des Adduktorenkanals (Austrittsstelle)
- längere Läufe auf unebene Laufflächen
- verstärkte Bergaufläufe (hohe Belastung für die Adduktoren)
- Fußfehlstellung (Überpronation)

Diagnostik:

Die Diagnose kann durch die klinische Untersuchung und die Nervenleitgeschwindigkeit gestellt werden, allerdings nicht bei *Kompressions-Neuropathie*, da die äußere Schicht des Nervs betroffen ist.

Beschwerden:

- Schmerzen am oberen, inneren Kniebereich
- brennende Missempfindungen an der unteren Oberschenkelinnenseite
- schnelle Muskelermüdung der Adduktoren
- Gefühl der allgemeinen Beinschwere

Selbstmaßnahmen:

- sofortige Trainings- und Laufpause
- sofortige Arztvorstellung

Ärztliche Maßnahmen:

- örtliche Wärmeanwendung
- Physiotherapie (Reizstrom, eventuell Softlaserbestrahlung)
- schmerzlindernde, muskelentspannende Maßnahmen (abschwellend, nervregenerativ)
- Trainings- und Laufumstellung

Verhütungsmaßnahmen:

- angepasstes Trainings- und Laufprogramm
- Korrektur der Fußstellung (Pronation)

7.2.5.2 Überdehnung des Nervus cutaneus dorsalis intermedius

Dies ist ein Hauptast des *Nervus peroneus superficialis*, welcher bereits distal am Unterschenkel die Peroneusloge verlässt und an der Vorderseite des Außenknöchels vorbei zur Außenseite des Fußrückens verläuft.

Ursache:

- Überdehnung des Nervs als Komplikation nach einem Umknicktrauma

Beschwerden:

- Schmerzen an der Außenseite des Fußrückens bei Streckung des Fußes
- eventuell Schmerz bei Kompression in diesem Bereich

Diagnostik:

Körperliche Untersuchung

Behandlungs-/Verhütungsmaßnahmen

- Überdehnung des Nervs (Streckung des Fußes) vermeiden
- Physiotherapie
- Kompression vermeiden

7.2.5.3 Irritation des Nervus ischiadicus am Sitzhöcker

Der Nerv verlässt das Becken durch das *Foramen infrapiriforme*, tritt an die Oberfläche und zieht danach am Sitzhöcker vorbei. Er ist zwischen dem seitlichen Rand des *M. biceps femoris* und dem unteren Rand des großen Gesäßmuskels als fingerdicke Struktur tastbar.

Ursachen:

- Kompression des Nervs durch Fibrosierung der Sehne des langen Bicepskopfes, meist nach Teilriss (partieller Ruptur)
  (vor allem bei Sportarten wie Sprint, Hürdenlauf, Weitsprung, Langstreckenlauf)
- Häufig kommt es zu Verklebungen zwischen Nerv und Sehne.

Beschwerden:

- Schmerzen im Bereich der Gesäßregion, in der Tiefe, meist in den hinteren Oberschenkel und eventuell bis zur Kniekehle ausstrahlend
- Schmerz vor allem während des Sitzens
- Schmerz beim Nachvornebringen des betroffenen Beines, da so Zug auf den Nerv kommt
- Schmerz beim Dehnen der Oberschenkelrückseite mit angezogener Fußspitze (Nervendehnung)

Diagnostik:

Für die Diagnosestellung stehen die körperliche Untersuchung und die Kernspintomographie zur Verfügung.

Selbstmaßnahmen:

- Sitzen auf weicher Unterlage
- Vermeidung falscher Dehnübungen (Anziehen der Fußspitze bei Dehnung der Oberschenkelrückseite)

Ärztliche Maßnahmen:

- Mobilisation des Nervs
- Physiotherapie (Reizstrom, evtl. Softlaserbestrahlung u. a.)
- evtl. operative Freilegung

7.3 Kniegelenk und Unterschenkel

Das Kniegelenk stellt wie die Schulter eines der komplexesten Gelenke des Körpers dar. Für kniebelastende Sportarten, wie Laufen, Springen und Kraftdisziplinen ist es oft ein limitierender Faktor, da es durch den komplizierten biomechanischen Aufbau zu den verletzlichsten Gelenken im Sport zählt. Das Kniegelenk besitzt nämlich keine eigentliche Gelenkpfanne, sondern wird zu 90 % durch eine Band- und Muskelführung stabilisiert. Diese Komplexität führt auch dazu, dass das diagnostische Vorgehen sehr umfassend und differenziert sein muss, um eine sichere Beurteilung zu erreichen. An der gesamten Verletzungshäufigkeit bei der sportlichen Betätigung nimmt das Kniegelenk einen Anteil von 22,3 % ein. Die Verletzungsarten im Kniegelenk weisen ein breites Spektrum auf, wie Abbildung 43 zeigt.

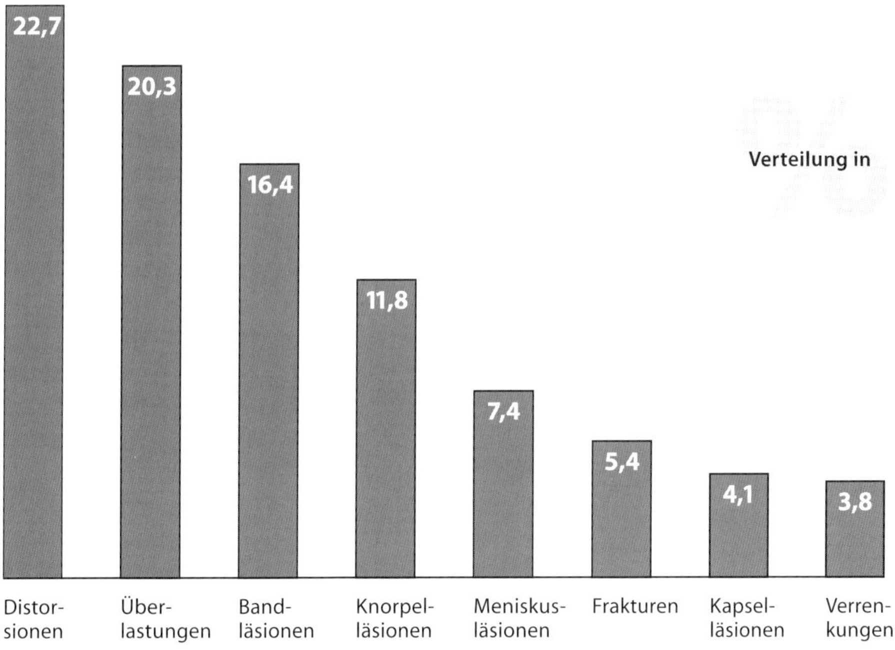

Abb. 43 Verteilung der wichtigsten Knieverletzungen

Der Unterschenkel hat eine tragende Funktion in der statischen Kraftübertragung beim Laufen. Durch Veränderungen der Belastungsstruktur können nicht unwesentliche Störungen entstehen.

Das Sprunggelenk besteht ebenfalls aus einem komplizierten Knochen-Bandsystem, dass im Wesentlichen den Laufstil bestimmt, die Laufbodenunterschiede ausgleicht und die Kräfte, die beim Laufen entstehen (Abdruck, Landephase), aufnimmt.

7.3.1 Aufbau und Funktion

Das Kniegelenk verbindet den Ober- *(Femur)* mit dem Unterschenkel *(Tibia und Fibula)*. Die rollförmig endenden Gelenkknorren des Oberschenkels und das Plateau des Schienbeinkopfes *(Tibia)* bilden die Gelenkflächen des Kniegelenkes. Als Puffer-, Gleit- und Rollhilfe sind innen- und außenseitig je ein halbmond- und scheibenförmiger Meniskus dazwischen gelagert. Sie gleichen nicht nur die nicht kongruent zueinander passenden Gelenkflächen aus, sondern passen sich zusätzlich den verschiedenen Stellungsgegebenheiten des Kniegelenkes an, indem sie die Gelenkflächen vergrößern und stabilisieren (Abb. 44 und 45). Die statische Sicherung des Gelenkes wird durch das vordere und hintere Kreuzband im Kniegelenk,

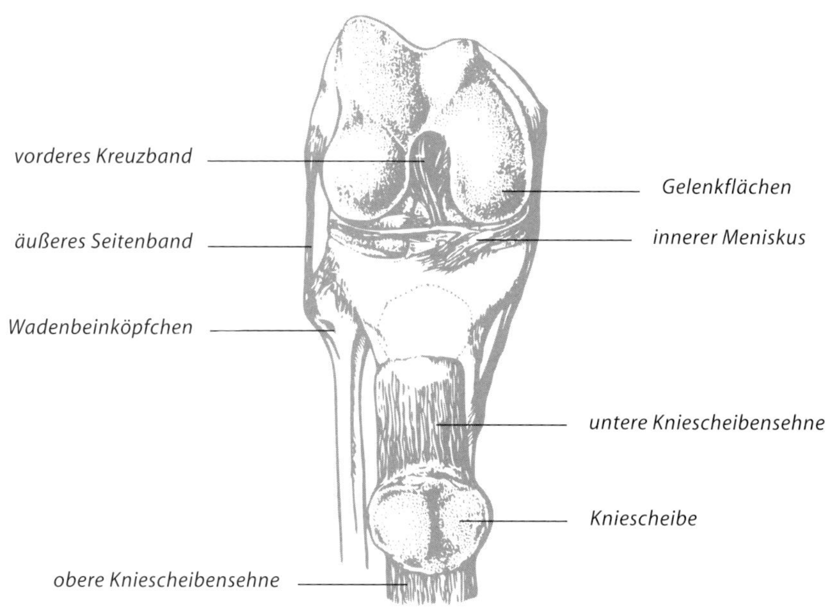

Abb. 44 Das Kniegelenk (Vorderansicht)

das innere und äußere Seitenband zwischen dem unteren Anteil des Oberschenkels und dem Unterschenkelkopf bzw. Wadenbeinköpfchen sowie durch die Gelenkkapsel mit ihrer Faserverstärkung (besonders hinten) gewährleistet (Abb. 44 und 45).

Bei einer Verletzung des inneren Seitenbandes kann auch der Innenmeniskus mit beeinträchtigt werden, da beide miteinander verwachsen sind. Vor dem Kniegelenk befindet sich die Kniescheibe *(Patella)*, die als Gleithilfe für die große Sehne des vierköpfigen Schenkelstreckers dient. Das Wadenbeinköpfchen liegt zwar außen in Gelenknähe, ist jedoch an der Gelenkfunktion nicht beteiligt (Abb. 44, 45 und 46). Die Gelenkkapsel besitzt eine Innenhaut *(Synovia)*, die die Gelenkflüssigkeit bildet und damit die Gleitfähigkeit fördert. Die passive Stabilität des Kniegelenkes wird durch die Kreuz- und Seitenbänder sowie durch die Menisken erreicht. Die aktive Stabilität des Kniegelenkes wird durch folgende Muskeln gesichert:

- vorn: vierköpfiger Schenkelstrecker *(M. quadriceps femoris)*
- hinten: zweiköpfiger Schenkelmuskel *(M. biceps femoris)*
- außen: Kniedarmbeinspanner *(Tractus iliotibialis)*
- innen: Schlankmuskel *(M. gracilis)*, Halbsehnenmuskel (*M. semitendinosus*), Schneidermuskel *(M. sartorius)* (Abb. 42 und 46)

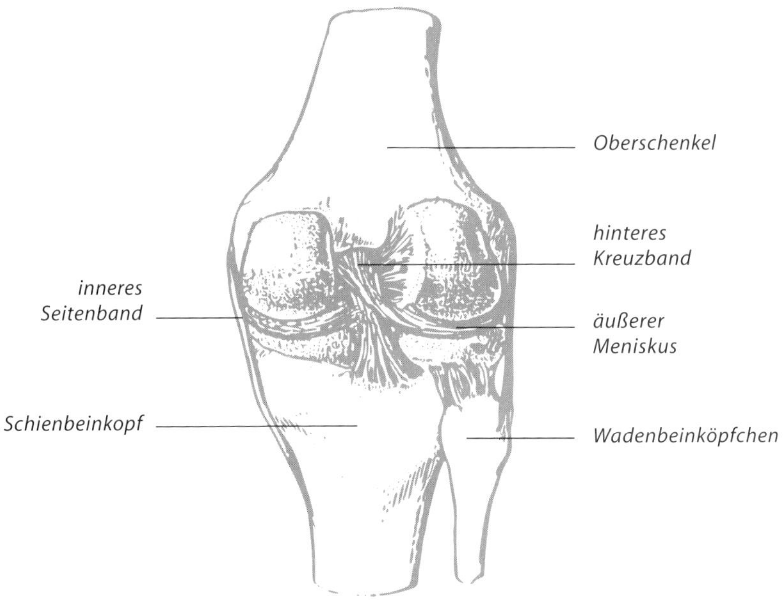

Abb. 45 Das Kniegelenk (Rückansicht)

Der Unterschenkel besteht aus dem Schien- und Wadenbein. Am oberen Ende ist das Schienbein verdickt und bildet damit die beiden gelenkflächentragenden Gelenkknorren. Der Schienbeinschaft ist dreieckig, wobei die vordere Kante leicht gekrümmt und am schärfsten ist. Die Gelenkknorren dienen als Ansatzflächen für Sehnenplatten und Muskeln.

Am unteren Ende des Schienbeins besteht ein kräftiger Fortsatz, der den inneren Knöchel bildet. Das Wadenbein besteht oben aus dem Wadenbeinköpfchen, das durch ein Ringband am Schienbein fixiert ist. Unten bildet es den äußeren Knöchel. Beide Knöchel mit der glatten Gelenkfläche des Schienbeines formen die Knöchelgabel *(Malleolengabel)*, die mit dem Sprungbein das obere Sprunggelenk bildet (Abb. 46).

Am Sprunggelenk unterscheidet man das obere und untere Sprunggelenk. Sie erfüllen unterschiedliche Funktionen. Das obere Sprunggelenk, das aus dem inneren und äußeren Knöchel sowie dem Sprungbein besteht, wird durch kräftige Seitenbänder (vor allem an der Innenseite), die Gelenkkapsel und der Bandhaftung *(Syndesmose)* zwischen dem Schien- und Wadenbein stabilisiert. Das untere Sprunggelenk, das von Sprung-, Fersen- sowie Kahnbein gebildet wird, hat ebenfalls eine straffe Bandfixierung (Abb. 54 auf Seite 161).

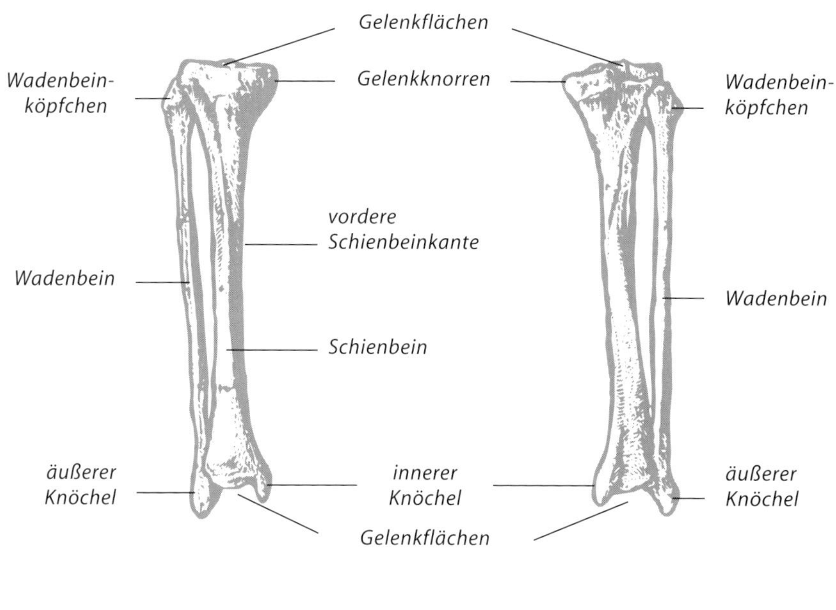

Abb. 46 Der Unterschenkel (Vorder- und Rückansicht)

Das Kniegelenk, das größte Gelenk des menschlichen Körpers, ist hauptsächlich ein Scharniergelenk. Die Beugung *(Flexion)* ist aktiv bis zu 50° und passiv bis zu 20° möglich. Die Streckung *(Extension)* geht bis zu einem Winkel von 170° und bei gleichzeitiger Außendrehung (Außenrotation) bis zu 180°. Die Innendrehung (Innenrotation) erreicht 5° bis 10° und die Außendrehung bis zu ca. 40°. An besonderen Einrichtungen besitzt das Kniegelenk Seitenbänder, Kreuzbänder, Menisken und mehrere Schleimbeutel.

Das obere Sprunggelenk ist ein reines Scharniergelenk, so dass nur Bewegungen in einer Ebene durchgeführt werden können. Sie bestehen aus der Fußhebung *(Dorsalflexion)* und der Fußsenkung *(Plantarflexion)*. Im Bewegungsausmaß bestehen dabei erhebliche individuelle Schwankungen. Im unteren Sprunggelenk erfolgt die Bewegung um die Längsachse. Die Umwendebewegungen *(Pro- und Supination)* können durchgeführt werden.

7.3.2 Allgemeine Verletzungsursachen

Da das Kniegelenk zum größten Teil infolge der fehlenden Gelenkpfanne vordergründig durch den Band- und Muskelapparat fixiert wird, ist es im Sport besonders verletzungsanfällig. Zusätzlich können Fehlstellungen am Kniegelenk die mechanische Belastung wesentlich erhöhen und zu Fehlreaktionen an den verschiedenen Gewebestrukturen führen. Im oberen Sprunggelenk, das durch einen komplizierten Bandapparat geführt wird, besteht ebenfalls eine relativ große Gefahr der Fehlbelastung. Folgende Ursachen haben einen Einfluss auf Verletzungs- und Überlastungsschäden am Knie- und Sprunggelenk:

krankhaft:

- Fehlstellungen am Kniegelenk
- überstrecktes Kniegelenk *(Genu recurvatum)*
- X-Bein *(Genu valgum)*
- O-Bein *(Genu varum)*
- Fehlstellungen der Kniescheibe (seitliche Verlagerung u. a.)
- Achsenfehlstellungen am Bein (Beinverkürzung u. a.)
- Fehlstellungen der Füße
- überdehnter Bandapparat
- muskuläre Dysbalancen
- mangelhafte neuromuskuläre Koordination

methodisch:

- fehlerhafte Laufgestaltung (harte, unebene Laufstrecken, Lauftechnik)
- ungenügende Vorbereitung (Aufwärmung)
- Überlastungen und Erschöpfungen
- mangelhafte Ausrüstung (vor allem Schuhwerk)

7.3.3 Beschwerden im Kniebereich

Die Beschwerden umfassen Knorpel- und Knochenstörungen sowie Verletzungen am Band- und Sehnenapparat.

Medizinische Trainingstherapie:
Siehe Kapitel 6 und 16.
Hauptübung — Kapitel 16: Abb. 111, 112/113, 114/142, 143/144 – 146/152, 153/154 – 156/157 – 160/165 – 167/168, 169 oder 181, 182/170, 171/172, 173 oder 174, 175/176 – 178/179, 180
Nebenübung — Kapitel 16: Abb. 161/95 – 98/149 – 151/ 75, 76/77, 78/79, 80/55, 56 oder 57, 58/59, 60 oder 61, 62
Dehnung — Kapitel 6.4.6.2: Abb. 20 – 23 • Kapitel 6.4.6.3: Abb. 24 – 27 • Kapitel 6.4.6.4: Abb. 28 – 33

7.3.4 Knorpel- und Knochenverletzungen

Diese Strukturen stellen eine funktionelle Einheit dar, die bei Überlastungen oder traumatischen Einflüssen unterschiedlichen Störungen ausgesetzt ist.

7.3.4.1 Knorpelerweichung der Kniescheibe (*Chondropathia patellae*)

Diese Störung ist eine entartete Knorpelveränderung an der Hinterseite der Kniescheibe in Form einer Erweichung *(Chondromalazie)*, die oft mit einer Reizung der Innenhaut der Gelenkkapsel *(Reizsynovitis)* einhergeht. Eine längere Störung führt zu Knorpeldefekten (Aufrauung, Risse), die dann in eine Arthrose übergehen können.

Ursachen:
- fehlerhafte Kniescheibengleitbahn (Innen-/Außenverlagerung)
- angeborene Kniescheibenfehlbildungen
- verstärkte Überpronation des Fußes
- Q-Winkel über 20° (Winkel zwischen Kniescheibensehne und Schienbein) sowie X-Beinstellung
- Sturz auf die Kniescheibe
- Zustand nach Kniescheibenbruch (Knochenstufe)
- kleine freie Gelenkknorpel im Gelenk
- Blutungen und entzündliche Gelenkergüsse
- wiederholte Kniescheibenverrenkung
- unsachgemäße Ruhigstellung nach Verletzungen
- übermäßige Tiefkniebeugen
- unebene, hügelige Laufflächen und übermäßiges Bergauf- vor allem aber Bergablaufen

Diagnostik:

Diese Störung kann insbesondere durch die klinische und radiologische Untersuchung (Röntgenaufnahme, CT, MRT) sowie durch die Arthroskopie und die körperliche Untersuchung erfasst werden.

Es werden vier Schädigungsgrade unterschieden (Abb. 47):

Grad I: Erweichung und Aufsplitterung

Grad II: fortgeschrittene Erweichung und Spaltbildung

Grad III: Spaltbildung reicht in den darunter liegenden Knochen

Grad IV: totale Knorpelzerstörung mit freiliegendem Knochen

Beschwerden:

- Bewegungsschmerz hinter der Kniescheibe
- Druckempfindlichkeit am Kniescheibenrand
- Beschwerden beim Bergauflaufen und Treppensteigen
- Ruheschmerz bei längerem Sitzen
- Reibegeräusche bei Kniebeugung
- Kniescheibenzugschmerz bei Anspannung des vierköpfigen Schenkelstreckers
- gelegentlich leichter Kniegelenkerguss
- Verkürzung spezieller Muskeln (Hüftbeuger, vierköpfiger Schenkelstrecker, Wadenmuskeln)

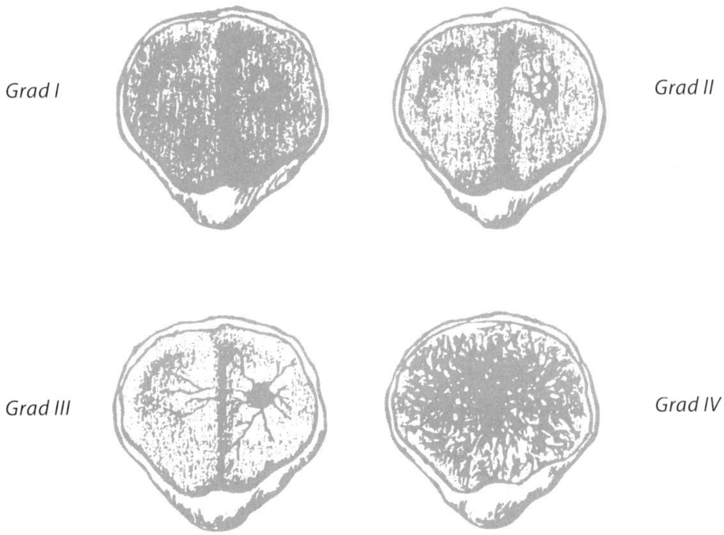

Abb. 47 Verletzungsgrade des Kniescheibenknorpels

Selbstmaßnahmen:

- Schmerz auslösende Belastungen meiden
- lokale Wärme anwenden
- Stützbandage mit Kniescheibenfixierung
- Reduzierung der Laufstreckenlänge, ebene Laufflächen
- Dehnübungen der betreffenden Muskeln

Ärztliche Maßnahmen:

- Trainingspause (starke Beschwerden)
- Physiotherapie
- entzündungshemmende Medikamente (Antirheumatika, Salben u. a.) in der akuten Phase
- Fußkorrektur durch Einlagen
- eventuell arthroskopische Knorpelglättung

Medizinische Trainingstherapie:

Kniestabilisationsprogramm von Kapitel 7.3.3 auf Seite 120

Aquajogging

Verhütungsmaßnahmen:

- tägliche muskuläre Dehnungsübungen
- angepasste Laufflächen und Laufbelastung
- eventuell Schuhwechsel

7.3.4.2 Knorpelverletzungen im Kniegelenk

Solche Verletzungen können an den Gelenkknorpeln aller Knochen, die das Kniegelenk bilden, entstehen. Sie werden häufig übersehen, da sie schwer feststellbar sind. Sie können isoliert oder mit anderen Verletzungen (etwa Meniskusverletzungen) auftreten. Nicht behandelte Verletzungen können eine Gelenkarthrose fördern. Nicht selten kommen Absprengungen vom Knorpel und dem Knochen vor, die dann als freie Gelenkkörper die Kniefunktion beeinträchtigen bzw. chronische Reizungen verursachen können *(Osteochondrosis dissecans)*.

Ursachen:

- Kombinationsverletzungen
- wiederholte starke Druckeinwirkungen
- vorgeschädigter Knorpel
- Genetische Anlage
- Störungen der Biomechanik

Diagnostik:

Die Diagnose kann nur durch eine Röntgenuntersuchung, Arthroskopie oder Kernspintomographie gesichert werden.

Beschwerden:

- rezidivierende Schwellung im Kniegelenk
- Schmerzen unter Belastung
- eventuell Gelenkblockade bei einem freien Gelenkkörper

Selbstmaßnahmen:

- tägliches isometrisches Training der Oberschenkelmuskeln
- Wärmeschutz des Kniegelenkes

Ärztliche Maßnahmen:

- operative Entfernung des geschädigten Knorpels (bevorzugt Arthroskopie)
- anschließend physiotherapeutische Behandlung

Medizinische Trainingstherapie:

Kniestabilisationsprogramm von Kapitel 7.3.3 auf Seite 120
Aquajogging

7

7.3.4.3 Kniescheibenspitzensyndrom (*Patellaspitzensyndrom*)

Darunter versteht man eine Reizung an der unteren Spitze der Kniescheibe. Das Beschwerdebild wird auch als »Jumper's Knee« bezeichnet. Es handelt sich im eigentlichen Sinne um eine Sehnenansatzreizung, wobei sich bei fortbestehenden Beschwerden auch die Sehnenstruktur auflockern kann (Abb. 44). Betroffen sind häufig Läufer mit einer großen Sprungkraft oder mit langen Schritten (Sprinter, Mittelstreckenläufer u. a.).

Ursachen:

- vermehrte Bergaufläufe mit Überlastung des Kniestreckapparates
- Verkürzung der Kniestreckmuskulatur
- muskuläre Dysbalancen zwischen Streck- und Beugemuskulatur
- selten auch Folge gehäufter direkter Traumen

Diagnose:

Hierfür eignen sich die körperliche und sonographische Untersuchung.
Es werden bei der Beurteilung 4 Schweregrade unterschieden.
Stadium 1: kurzer Schmerz bei Belastungsbeginn
Stadium 2: Schmerz am Anfang und Ende der Laufbelastung
Stadium 3: Ruhe und Belastungsschmerz
Stadium 4: Kniescheibensehnenriss unter Belastung

Beschwerden:

- Druck- und Bewegungsschmerz an der unteren Kniescheibenspitze
- teigige Schwellung dieser Region bei längeren Beschwerden/ reiskornähnliche Schwellung
- eventuell Rötung der Region bei einer entzündlichen Mitbeteiligung des Schleimbeutels

Selbstmaßnahmen:

- je nach Stadium, eventuell sofortige Trainingspause
- kühlende Umschläge

Ärztliche Maßnahmen:

- sorgfältige Diagnostik
- Physiotherapie (Kryotherapie, Wärmeanwendung, Softlaserbestrahlung u. a.)
- entzündungshemmende Medikamente (Antirheumatika, Salben)
- krankengymnastische Behandlung

Medizinische Trainingstherapie:

Kniestabilisationsprogramm von Kapitel 7.3.3 auf Seite 120
Kapitel 16: Abb. 103, 104/109, 110

Verhütungsmaßnahmen:

regelmäßige Dehn- bzw. Kräftigungsübungen für die Oberschenkelmuskulatur

7

7.3.4.4 Kniegelenkarthrose (*Gonarthrose*)

Es handelt sich um eine Struktur verändernde (degenerative) Erkrankung am Kniegelenk, die sich besonders mit zunehmendem Alter ausbildet und die Beweglichkeit des Kniegelenkes schrittweise verschlechtert. Sie verläuft schubweise mit dazwischen liegenden schmerzfreien Phasen im Anfangsstadium.

Ursachen:

- angeborene Gelenkfehlbildung
- Achsenfehler des Beines (O-Bein, Beckenschiefstand)
- Altersosteoporose
- Qualitätsstörung des Gelenkknorpels/Genetik
- traumatische Schädigung des Kniegelenkes
- hohe und nicht altersgemäße Laufbelastungen
- ständiges Lauftraining auf harten Strecken, punktuell höhere Belastungen

Diagnostik:

Sie kann mittels klinischer und radiologischer Untersuchung bzw. CT, MRT oder Arthroskopie beurteilt werden.

Man unterscheidet 4 Schweregrade:

Stadium 1: geringe Einrisse und Verschmälerung des Knorpels
Stadium 2: tiefere Einrisse mit unregelmäßigen Knorpelflächen, Schmerzen bei größeren Belastungen
Stadium 3: Knorpel größtenteils verkalkt, Gelenkspalt stark verschmälert, ständiger Belastungsschmerz
Stadium 4: starke Deformierung des Gelenkes, Ruhe- und Belastungsschmerz.

Beschwerden:

- anfänglich nur Belastungsschmerz
- morgendliche Steifigkeit des Gelenkes
- teilweise Gelenkschwellung (Reizerguss)

- zunehmendes Knochenreiben bei der Kniebewegung
- langsam zunehmende Gelenkdeformation
- im höheren Stadium ständiger Ruheschmerz (auch nachts) und eine steigende Bewegungseinschränkung bis zu Bewegungsunfähigkeit

Selbstmaßnahmen:

- Trainingspause bei einem Schmerzschub
- ausschließliche Benutzung von elastischen und glatten Laufstrecken
- gut dämpfende Laufschuhe
- Schutz vor Unterkühlung
- Radfahren
- Aquajogging

Ärztliche Maßnahmen:

- sorgfältige und kontinuierliche Diagnostik
- Physiotherapie (Wärmeanwendung), Elektrobehandlung, Kryotherapie u. a.
- medikamentöse Behandlung (Antirheumatika, Analgetika, Kortison u. a.)
- eventuell intraartikuläre Injektionen
- Krankengymnastik
- krankengymnastische Hilfsmittel (Bandagen, Schuhkorrekturen u. a.)
- eventuell operative Maßnahmen (Gelenkkorrektur, Gelenkprothesen u. a.)

Medizinische Trainingstherapie:

Kniestabilisationsprogramm von Kapitel 7.3.3 auf Seite 120

Verhütungsmaßnahmen:

regelmäßiger spezifischer Gesundheitssport zur Verzögerung dieser Prozesse

7.3.4.5 Kniescheibenbruch (*Patellafraktur*)

Knochenbrüche kommen am Kniegelenk sehr selten durch den in normalem Maß betriebenen Laufsport zustande, weil dazu ein großes mechanisches Trauma notwendig ist. Lediglich ein Bruch der Kniescheibe wird bei einem Laufsturz gelegentlich beobachtet.

Ursachen:

- Sturz auf das Knie
- Einwirkung starker direkter mechanischer Kräfte auf das Kniegelenk (etwa durch einen Schlag)

Diagnostik:

Die Diagnose kann durch die klinische und röntgenologische Untersuchung gestellt werden.

Beschwerden:

- Schwellung über und um die Kniescheibe (eventuell Bluterguss)
- starke Schmerzen (Ruhe, Belastung) und eventuell Knochenreiben
- starke Bewegungseinschränkung

Selbstmaßnahmen:

- sofortige Arztvorstellung
- Ruhigstellung und kühlende Umschläge

Ärztliche Maßnahmen:

- sorgfältige Diagnostik
- Ruhigstellung (mindestens 6 Wochen) durch Orthese oder Gipsverband
- bei einem Trümmerbruch oder starker Verschiebung der Bruchteile operative Intervention

Medizinische Trainingstherapie:

Nach Ruhigstellung Kniestabilisationsprogramm von Kapitel 7.3.3 auf Seite 120

7.3.4.6 Knochenreizung am Ansatz der Kniescheibensehne (*Morbus Osgood-Schlatter*)

7

Hierbei handelt es sich um eine entzündliche Reizung am Ansatz der unteren Kniescheibensehne *(Tuberositas tibiae)* mit einer teilweisen Auflösung der Knochenstruktur. Am häufigsten tritt diese Störung im Jugendalter (10 bis 16 Jahre) auf. Sie wird zu den aseptischen Knochennekrosen gerechnet. Diese Störung heilt in der Regel spontan aus. Sie kann jedoch bei einer Überlastung auch in späteren Jahren wieder auftreten.

Ursachen:

- abnorme Stellung der Kniescheibe
- starke Dauerzugbelastung am Sehnenansatz (Krafttraining, übermäßiges Bergauflaufen)
- erhöhte Zugkraft des vierköpfigen Schenkelstreckers
- biomechanische Störungen

Diagnostik:

Die Diagnose kann durch die klinische und röntgenologische Untersuchung gestellt werden.

Beschwerden:

- Schmerzen am Sehnenansatzbereich, die sich bei Belastung verstärken
- Schwellung und starke Druckempfindlichkeit

Selbstmaßnahmen:

- sofortige Arztvorstellung
- Einschränkung der sportlichen Aktivität

Ärztliche Maßnahmen:

- Orthese mit Fixierung der Kniescheibe oder Gipsverband (Tutor) für ca. 3 Wochen
- danach Physiotherapie (Wärmebehandlung u. a.)
- in leichteren Fällen auch Softlaserbestrahlung
- Krankengymnastik

Medizinische Trainingstherapie:

Kniestabilisationsprogramm von Kapitel 7.3.3 auf Seite 120, ohne Dehnung; Kapitel 6.4.6.3: Abb. 24 – 27

Verhütungsmaßnahmen:

- keine übermäßige Zugbelastung an der Kniescheibensehne
- keine Dehnung des Kniestreckers

7.3.4.7 Kniescheibenverrenkung (*Patellaluxation*)

Diese Verletzung kommt im Laufsport selten vor, da hierfür ein starkes Trauma erforderlich ist. In seltenen Fällen besteht eine angeborene Neigung *(habituelle Luxation)* infolge einer Fehlbildung, die dann auch beim Laufsport zu einer Verrenkung bei einer geringen Fehlbelastung führen kann.

Ursachen:

- extreme Drehbewegungen (schnelle Bewegungsänderung)
- angeborene Fehlbildung der Kniescheibe oder eine lockere Fixierung

Diagnostik:

Die Diagnose kann durch eine klinische und röntgenologische Untersuchung gesichert werden.

Beschwerden:

- sichtbare Fehlstellung der Kniescheibe (meist nach außen)
- Schwellung infolge Blutung in das Kniegelenk (Kapselriss)
- Druckempfindlichkeit und eingeschränkte Beweglichkeit

Selbstmaßnahmen:

- Versuch der Wiedereinrenkung (nur bei der angeborenen Form), danach Ruhigstellung für 4 Wochen
- sofortige Arztvorstellung

Ärztliche Maßnahmen:

- Wiedereinrenkung der Kniescheibe unter Narkose mit anschließender Röntgenkontrolle (Ausschluss einer Verletzung)
- eventuell Arthroskopie bei Verletzungsverdacht
- Ruhigstellung von 4 bis 6 Wochen

Medizinische Trainingstherapie:

Kniestabilisationsprogramm von Kapitel 7.3.3 auf Seite 120

Verhütungsmaßnahmen:

schonendes, knieentlastendes Lauftraining

7.3.5 Kniegelenkentzündungen (*Arthritis genu*)

Darunter versteht man verschiedene entzündliche Prozesse, die im Bereich des Kniegelenkes lokalisiert sind.

7.3.5.1 Schleimbeutelentzündung (*Bursitis praepatellaris*)

Im Bereich des Kniegelenkes befindet sich eine Anzahl von Schleimbeuteln, die mit Synoviaschleimhaut ausgekleidet sind, Flüssigkeit enthalten und eine Schutzfunktion ausüben. Der vor der Kniescheibe gelegene Schleimbeutel ist besonders gegen äußere Einflüsse gefährdet. Er kann akut oder chronisch entzündet sein.

Ursachen:

- chronischer Druck auf die Kniescheibe
- Trauma (Sturz) mit Einblutung und nachfolgender Entzündung

7

Diagnostik:

- Sie kann durch die klinische Untersuchung und die Weichteilsonographie erfasst werden.

Beschwerden:

- Schwellung (schwammartig) und Druckschmerzhaftigkeit mit Schmerzverstärkung bei der Kniebeugung
- teilweise entzündliche Rötung im Bereich des Schleimbeutels

Selbstmaßnahmen:

- kühlende Umschläge
- Stützverband zur Entlastung des Schleimbeutels

Ärztliche Maßnahmen:

- entzündungshemmende Verbände (Salben, Kühlung u. a.)
- Punktion mit Flüssigkeitsentnahme und anschließende eventuell entzündungshemmende Injektion (Kortison u. a.) mit Druckverband
- Softlaserbestrahlung
- 2 bis 4 Wochen Laufpause
- eventuell operative Entfernung bei chronischem Verlauf

Verhütungsmaßnahmen:

- Schutz vor Druckbelastungen
- Verhütung von traumatischen Belastungen

7.3.5.2 Zystische Schwellung in der Kniekehle (*Baker-Zyste*)

Im Kniekehlenbereich kann unter bestimmten Bedingungen eine Ausstülpung der Gelenkkapsel *(Bursa poplitea)* entstehen, die auch als *Synovialhernie* bezeichnet wird (Abb. 48).

Ursachen:

- Reizerscheinungen im Gelenk (Entzündung, akuter Schub einer Arthrose)
- chronischer Gelenkerguss
- Meniskusschaden (innen)

Diagnostik:

Der Befund kann durch die klinische Untersuchung, eine Weichteilsonographie und durch die Kontrastdarstellung des Gelenkes ermittelt werden.

Beschwerden:

- Schwellung und Druckgefühl in der Kniekehle
- Bewegungseinschränkung (Beugung, Streckung)
- Druckschmerz der elastischen Schwellung

Selbstmaßnahmen:

- eventuell Trainingsreduzierung und Wettkampfpause
- Arztvorstellung

Ärztliche Maßnahmen:

- sorgfältige Diagnostik
- abschwellende Behandlung (Wärmebehandlung u. a.)
- Softlaserbestrahlung im Frühstadium
- Behandlung der Grundkrankheit
- bei Rezidiven operative Entfernung (4 bis 6 Wochen Laufpause)

Medizinische Trainingstherapie:

Kniestabilisationsprogramm von Kapitel 7.3.3 auf Seite 120

7

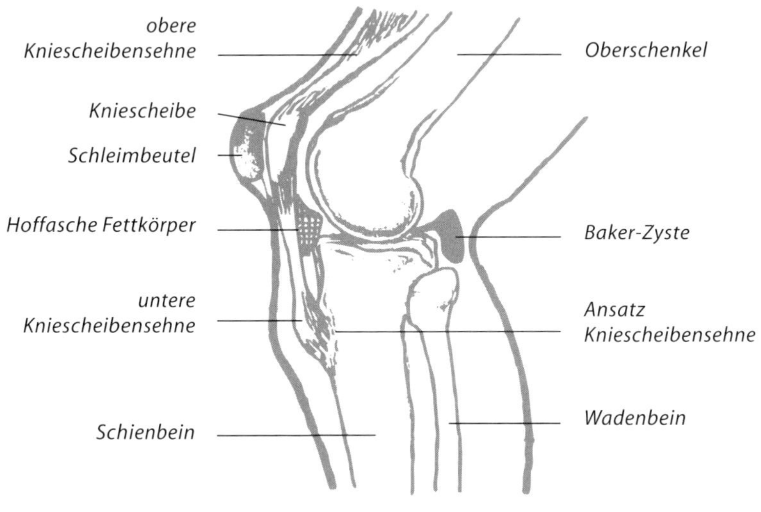

Abb. 48 Das Kniegelenk (Seitenansicht)

7.3.5.3 Hoffascher Fettkörper (*Corpus adiposum genu*)

Unter dem unteren Pol der Kniescheibe hinter der unteren Kniescheibensehne (Abb. 48) liegt zur Auspolsterung dieses Hohlraumes ein Fettkörper, der sich entzündlich verändern kann.

Ursachen:

- chronische Druckschädigung
- gehäufte Bergauf- und Bergabläufe
- abrupte Steigerung von Langstreckenläufen.

Diagnostik:

Der Befund kann durch die klinische Untersuchung und eine Weichteilsonographie gesichert werden.

Beschwerden:

- Schwellung und Druckschmerz am unteren Kniescheibenrand
- lokalisierter Überstreckungsschmerz

Selbstmaßnahmen:

- Verringerung der Laufbelastung
- keine Profilläufe

Ärztliche Maßnahmen:

- abschwellende entzündungshemmende Medikamente (Antirheumatika, Salben u. a.)
- Physiotherapie (Kryo-, Wärmebehandlung u. a.)
- Softlaserbehandlung im Frühstadium
- bei chronischem Verlauf eventuell operative Entfernung
- eventuell lokale Injektionen (Kortison u. a.)

Medizinische Trainingstherapie:

Kniestabilisationsprogramm von Kapitel 7.3.3 auf Seite 120

Verhütungsmaßnahmen:

- vorsichtige Gestaltung der Laufbelastung
- Änderung der Konditionsläufe

7.3.5.4 Entzündliches chronisches Reizknie (*Arthritis chronica*)

Bei chronischen Gelenkerkrankungen kann es unter ungünstigen Bedingungen nach einer Laufbelastung zu einer Gelenkreizung kommen.

Ursachen:

- chronische Gelenkerkrankungen (Gicht, rheumatische und reaktive Gelenkerkrankungen)
- Kniegelenkarthrose (akuter Schub)
- hohe Laufbelastungen und ungünstige klimatische Situationen (Kälte, Nässe)

Diagnostik:

Die Diagnose kann durch die klinische und laborchemische Untersuchung sowie durch die Arthroskopie erhärtet werden.

Beschwerden:

- rezidivierende Gelenkschwellung bis zur Gelenkdeformierung
- Ruhe- und Belastungschmerz
- teilweise Rötung und Hitze im Gelenk
- Einschränkung der Kniebeweglichkeit und Reduzierung der Belastbarkeit

Selbstmaßnahmen:

- sofortige Laufpause bis zum Abklingen der Schwellung
- kühlende Umschläge

Ärztliche Maßnahmen:

- Behandlung der Grundkrankheit
- entzündungshemmende Behandlung (Antirheumatika, Salben)
- Physiotherapie (Kryotherapie, Softlaserbestrahlung u. a.)
- individuelle Trainings- und Laufgestaltung

Medizinische Trainingstherapie:

Nach Abklingen der Entzündung:
Kniestabilisationsprogramm von Kapitel 7.3.3 auf Seite 120
Aquajogging

Verhütungsmaßnahmen:

- Schutz vor Unterkühlung
- angemessene Trainings- und Laufgestaltung

7

7.3.6 Bandverletzungen (*Tendopathia genu*)

Bandverletzungen am Knie führen immer zu einer Gelenkinstabilität und sind deshalb ernst zu nehmen. Sie treten häufiger als Meniskusverletzungen auf. Im Laufsport kommen sie relativ selten vor.

Ursachen:

- starke Drehungen im Kniegelenk (Sturz, Unebenheiten im Gelände)
- Gewalteinwirkung, die das Knie von der Außen- bzw. von der Innenseite trifft (Sturz, Schlag)
- Krafteinwirkung, die das Kniegelenk von der Innen- bzw. den Vorfuß von der Außenseite trifft (mechanisches Trauma)
- extreme Streckung oder Beugung im Kniegelenk

Diagnostik:

Die Diagnosestellung wird durch die klinische Untersuchung (Bewegungsausmaß, Tastbefund, Gelenkstabilität), die Röntgenuntersuchung, die Gelenkpunktion, MRT und die Arthroskopie erhärtet.

Man unterscheidet je nach dem Verletzungsvorgang und der Belastungslokalisation die Seitenband- und Kreuzbandverletzungen.

7.3.6.1. Seitenbandverletzungen

Am Kniegelenk sind das innere *(Ligamentum collaterale tibiale)* und das äußere Seitenband *(Ligamentum collaterale fibulare)* zu unterscheiden, die je nach Belastungsart verletzt werden können (Abb. 44, 45).

Beschwerden:

- Druck- und Bewegungsschmerz über dem betreffenden Band
- Aufklappbarkeit des Gelenkspaltes der verletzten Seite mit zunehmendem Schmerz
- Gelenkinstabilität der betreffenden Seite
- eventuell Schwellung und ein örtlicher Bluterguss am betroffenen Bandbereich
- Selten kann auch ein Kniegelenkerguss auftreten. Behandlungsmaßnahmen werden zusammenfassend mit den Kreuzbandverletzungen beschrieben.

7

7.3.6.2 Kreuzbandverletzungen

Am Kniegelenk werden das vordere *(Ligamentum cruciatum anterius)* und das hintere Kreuzband *(Ligamentum cruciatum posterius)* unterschieden, die entsprechend ihrer Lage das Kniegelenk nach vorn oder hinten stabilisieren (Abb. 44 und 45 auf den Seiten 116 f.).

Beschwerden:

- Gelenkinstabilität des Kniegelenkes nach vorn und hinten
- Unterschenkel nach vorn beweglich (vordere Schublade): Verdacht auf Verletzung des vorderen Kreuzbandes
- Unterschenkel nach hinten beweglich (hintere Schublade): Verdacht auf Verletzung des hinteren Kreuzbandes
- Unsicherheit beim Laufen (Treppensteigen u. a.)
- Bewegungsschmerz
- Häufig besteht ein Gelenkerguss (serös, blutig).

Selbstmaßnahmen:

- sofortige Trainings- und Laufpause
- kühlende Umschläge (schmerzlindernd)
- umgehende Arztvorstellung

Ärztliche Maßnahmen:

- Ruhigstellung bei einem inkompletten Bänderriss (Orthese, Gipsverband u. a.)
- Operation bei einem kompletten Bänderriss meistens mittels der Arthroskopie (Naht, Plastik)
- anschließendes Rehabilitationstraining (muskulärer Kraftaufbau, Beweglichkeitsschulung) für 6 bis 10 Wochen
- langsamer Trainingsaufbau entsprechend der Belastbarkeit (volles Bewegungsausmaß ist vorhanden)

Medizinische Trainingstherapie:

Nach Freigabe durch den Arzt und Physiotherapeuten (erst nach mehreren Wochen möglich): Kniestabilisationsprogramm von Kapitel 7.3.3 auf Seite 120

Verhütungsmaßnahmen:

Schonendes Lauftraining auf ebenen und weichen Laufstrecken

7.3.7 Meniskusverletzungen

Die Menisken im Kniegelenk haben die Aufgabe, den Zwischenraum zwischen den Gelenkflächen des Oberschenkels und des Schienbeines auszugleichen, so dass eine Gelenkstabilisierung erreicht wird. Darüber hinaus besitzen sie aber auch eine Stoßdämpferfunktion (Abb. 49). Man unterscheidet den Innen- und Außenmeniskus. Bei Verletzungen ist am häufigsten der Innenmeniskus betroffen, da er mit dem inneren Seitenband verbunden ist und bei dessen Belastung (Zerrung u. a.) mitbetroffen ist. Es werden Korbhenkelrisse, Einrisse *(Fissuren)* und komplette Abrisse mit Einklemmungserscheinungen unterschieden.

7

Ursachen:

- Verletzung des inneren Seitenbandes (Sturz, Ausrutschen)
- starke Drehbewegungen im Kniegelenk
- starke Überstreckung oder -beugung im Kniegelenk
- altersbedingte Verschleißerscheinungen am Meniskus

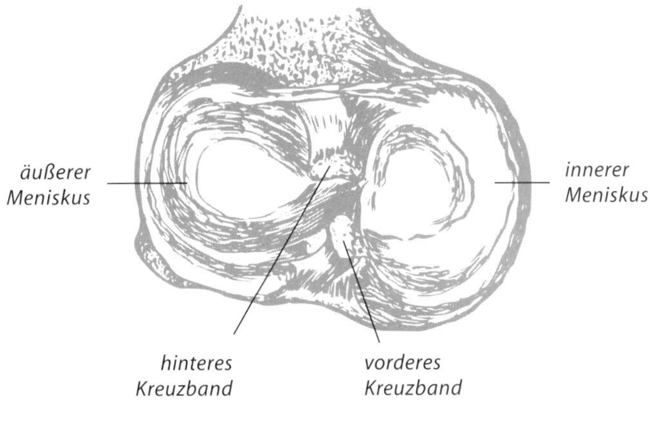

Abb. 49 Aufsicht auf die Menisken

7

Diagnostik:

Die Diagnose kann durch eine klinische Untersuchung, das MRT und die Arthroskopie ermittelt werden.

Beschwerden:

- Druckschmerz am Gelenkspalt der betroffenen Seite
- Schmerzverstärkung bei Belastung des Kniegelenkes
- Schmerzverstärkung bei extremer Beugung, Streckung und Drehung des Kniegelenkes
- rezidivierender Gelenkerguss (Reizknie)
- eventuell Bewegungseinschränkung (Einklemmungserscheinungen) bei Abriss des Meniskus

Selbstmaßnahmen:

- sofortige Laufpause
- tägliches stabilisierendes Muskeltraining der das Kniegelenk umgebenden Muskulatur

Ärztliche Maßnahmen:

- Ruhigstellung (Orthese, Gipsverband) bei einem kleinen Einriss (4 bis 6 Wochen)
- Arthroskopie oder offene Operation bei einem größeren Schaden (Abriss), anschließend Ruhigstellung (4 – 8 Wochen, entsprechend der Operationstechnik)
- danach physiotherapeutische krankengymnastische Behandlung

Medizinische Trainingstherapie:

Nach Ruhigstellung: Kniestabilisationsprogramm von Kapitel 7.3.3 auf Seite 120
Aquajogging

Verhütungsmaßnahmen:

Angepasstes Lauf- und Konditionstraining

7.3.8 Sehnenansatzreizungen

Bei Überlastungsreaktionen oder Muskelverkürzungen kann es an den verschiedensten Regionen zu örtlichen Reizungen im Kniebereich kommen.

7.3.8.1 Reizung am Ansatz der Quadrizepssehne

Hierbei besteht eine entzündliche Reizung der Quadrizepssehne am Ansatz der Kniescheibe.

Ursachen:

- starker mechanischer Zug des Muskels (Sturz u. a.)
- chronische Überlastungen
- starke Muskelverkürzung des vierköpfigen Schenkelstreckers
- muskuläre Dysbalancen

Diagnostik:

Der Befund kann durch die klinische Untersuchung erhärtet werden.

Beschwerden:

- Druck- und Bewegungsschmerz am oberen Pol der Kniescheibe
- eventuelle Schwellung in diesem Bereich
- Schmerzverstärkung bei Anspannung des Quadrizeps

Selbstmaßnahmen:

- Anpassung des Lauftrainings
- muskelentspannende Maßnahmen
- örtlich Wärme und Wärmeschutz

Ärztliche Maßnahmen:

- Physiotherapie (Kryo-/Elektrotherapie u. a.)
- entzündungshemmende Medikamente (Salben, Antirheumatika u. a.)
- eventuell lokale Injektionen (Kortison u. a.)
- bei chronischen Fällen 3 Wochen Ruhigstellung (Orthese)
- eventuell Softlaserbestrahlung

Medizinische Trainingstherapie:

Kniestabilisationsprogramm von Kapitel 7.3.3 auf Seite 120
Kapitel 16: Abb. 109, 110

Verhütungsmaßnahmen:

Regelmäßige Übungen zur Muskelentspannung

7.3.8.2 Reizung am Ansatz des Oberschenkelfaszienspanners (*Iliotibiales Bandsyndrom, iliotibiales Friktionssyndrom*)

Diese Störung wird auch als »Läuferknie« (Runner's knee) bezeichnet. Es kommt besonders bei Langstreckenläufern vor. Es besteht dabei eine entzündliche Reizung des Oberschenkelfaszienspanners *(Tractus iliotibialis)* in Höhe des äußeren Gelenkknorrens des Oberschenkels, da das Faszienband bei etwa 20 bis 30° Beugung im Kniegelenk daran reibt (Abb. 50).

Ursachen:

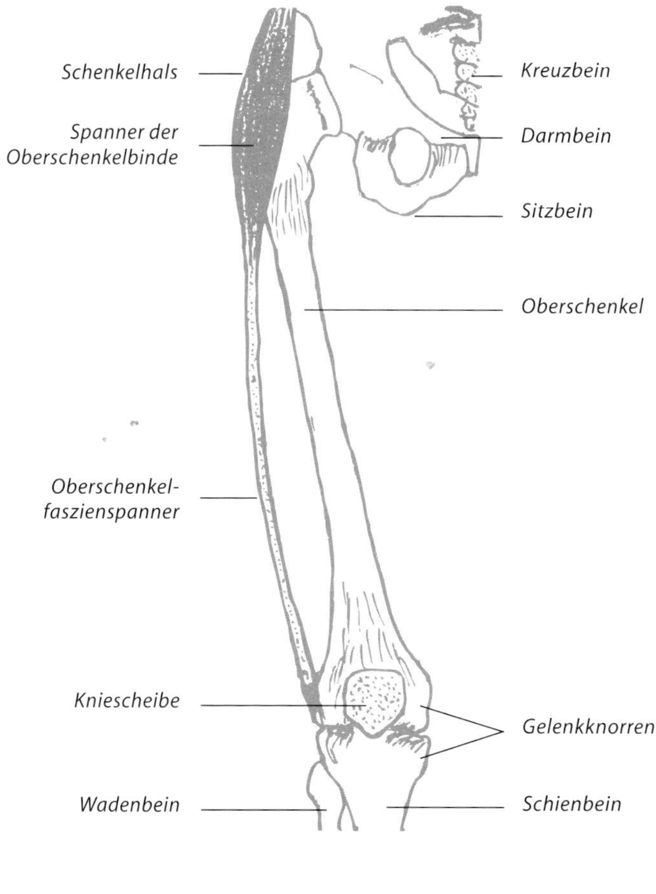

Abb. 50 Der Oberschenkelfaszienspanner

- verstärkte Pronationsstellung des Fußes
- Verkürzung des Oberschenkelfaszienspanners
- chronische Fehlbelastungen der Beinstatik (vermehrte Straßenläufe, ständiger Lauf auf der gleichen Straßenseite)
- vermehrte Berauf- und Bergabläufe
- unebene Laufstrecken
- abrupte Belastungssteigerung

Diagnostik:

Die Diagnose kann durch die klinische Untersuchung und durch eine Lauf- bzw. Ganganalyse ermittelt werden.

Beschwerden:

- Druck- und Belastungsschmerz oberhalb des äußeren Kniegelenkspaltes, vor allem bei 20 bis 30° Kniebeugung
- zunehmender Schmerz während oder nach der Laufbelastung und Abnahme nach einer gewissen Ruhepause
- Schmerzverstärkung beim Bergablauf und beim vermehrten Faszienzug (Kurvenlauf u. a.)

7

Selbstmaßnahmen:

- keine Bergab- und Straßenläufe
- bei akuten Schmerzen kühlende Umschläge
- Änderung der Laufbelastung (Reduzierung der Strecke, jedoch Erhöhung des Tempos und der Schrittlänge)
- Dehnübungen für die Außenseite des Oberschenkels

Ärztliche Maßnahmen:

- entzündungshemmende, schmerzlindernde Medikamente (Salben, Antirheumatika, Analgetika u. a.)
- eventuell lokale Injektionen (Kortison u. a.)
- eventuell Softlaserbestrahlung
- Trainingspause bei starken Beschwerden
- Fußeinlagen bei Überpronation
- eventuell operative Korrektur bei ständigen Rezidiven

Medizinische Trainingstherapie: (siehe Kapitel 6 und 16):

Hauptübung — Kapitel 16: Abb. 75, 76/77, 78/81, 82/95 – 98/115 – 117/149 – 151
Nebenübung — Kapitel 16: Abb. 154 – 156/157 – 160/165 – 167
Dehnung — Kapitel 6.4.6.3: Abb. 24 – 27

Verhütungsmaßnahmen:

- tägliche Dehnübungen für den Oberschenkel
- örtlicher Wärmeschutz

7.3.8.3 Reizung der Sehne des Kniekehlenmuskels

Der Kniekehlenmuskel *(M. popliteus)* wird zu Beginn der Kniebeuge und beim Einwärtsdrehen des Schienbeines belastet, was bei der Bewegungsstruktur des Laufens auch auftreten kann.

Ursachen:

- stark unebene Laufstrecken
- verstärktes Bergauf- und Bergablaufen
- Unterkühlungen und muskuläre Dysbalancen

Diagnostik:

Die Diagnose kann durch die klinische Untersuchung und die Lauf- und Trainingsanalyse gestellt werden.

Beschwerden:

- seitlicher äußerer Schmerz am Knie, der bei einer Beugung (15 bis 30°) und unter Belastung auftritt
- Schmerzverstärkung beim Bergablaufen und Einwärtsdrehung des Unterschenkels
- Druckschmerz am Sehnenansatz (vor dem äußeren Seitenband)

Selbstmaßnahmen:

- eventuell sofortige Lauf- und Trainingspause
- örtliche Wärmeanwendung, Wärmeschutz

Ärztliche Maßnahmen:

- Ausschluss eines lateralen Meniskusschadens
- entzündungshemmende Behandlung (Antirheumatika, Kortisoninjektionen u. a.)
- Physiotherapie (Kryo-, Elektrotherapie, Softlaserbestrahlung u. a.)
- eventuell operative Korrektur bei chronischen Fällen

Medizinische Trainingstherapie:

Kniestabilisationsprogramm von Kapitel 7.3.3 auf Seite 120

Verhütungsmaßnahmen:

- Trainings- und Laufumstellung
- kontinuierlicher Wärmeschutz
- tägliche spezielle Dehnübungen

7.3.9 Muskelverletzungen

Muskelrisse bzw. Muskelfaserrisse kommen am Kniegelenk im Laufsport sehr selten vor. Meistens bestehen Mängel in der Laufvorbereitung bzw. diese Verletzungen entstehen unfallbedingt.

7.3.9.1 Muskelriss/-faserriss des Quadrizeps

Der vierköpfige Schenkelstrecker *(M. quadriceps femoris)* ist am häufigsten betroffen. Risse/Faserrisse befinden sich meist oberhalb des Sehnenbeginns.

Ursachen:

- ungenügendes Aufwärmen oder Unterkühlung
- Fehltritt während des Lauftrainings
- muskuläre Dysbalancen
- hochgradige Ermüdung

Diagnostik:

Die Diagnose kann durch die klinische Untersuchung oder mittels einer Weichteilsonographie gestellt werden.

Beschwerden:

- Druckempfindlichkeit und Schwellung am Übergang zwischen Muskel- und Sehnenteil
- Eventuell ist im akuten Stadium eine kleine Stufe oder Mulde zu tasten.
- Teilweise ist ein Bluterguss nachweisbar.
- Bewegungseinschränkung des Kniegelenkes, eventuell auch der aktiven Bewegungen der Hüfte

Selbstmaßnahmen:

- sofortige Laufpause und Arztvorstellung
- kühlende Umschläge

Ärztliche Maßnahmen:

- heparinhaltige Verbände
- Trainingspause für 7 bis 14 Tage
- Anlegen einer Bandage (Muskelfaserriss) mit ansteigendem Kraft- und Beweglichkeitstraining
- Physiotherapie (Ultraschall, Softlaserbestrahlung u. a.)
- Softlaserbestrahlung (abschwellend, gewebereparativ)
- operative Korrektur bei einem großen Riss

Medizinische Trainingstherapie:

Wie Kapitel 7.2.4.6 auf Seite 111

Verhütungsmaßnahmen:

- Verhinderung von muskulären Dysbalancen
- optimale Aufwärmung vor dem Lauf

7.3.9.2 Muskelriss/-faserriss des zweiköpfigen Schenkelmuskels

Der zweiköpfige Schenkelmuskel *(M. biceps femoris)* gehört zu den Kniebeugern. Die Verletzungen sind im gesamten Muskelverlauf und am Ansatz des Wadenbeinköpfchens lokalisiert. Dabei kann es sogar zu einer knöchernen Aussprengung kommen. Manchmal ist auch ein Einriss des äußeren Seitenbandes mit beteiligt.

Ursachen:

- Überdrehung des Kniegelenkes
- abrupte Drehbewegung des Oberkörpers im Kniegelenk
- ungenügende Aufwärmung vor dem Lauftraining
- Unfalltrauma (Sturz)

Diagnostik:

7 Die Diagnose kann mittels der klinischen Untersuchung und der Weichteilsonographie gestellt werden. Die Röntgenuntersuchung kann eine eventuelle Knochenaussprengung nachweisen.

Beschwerden:

- örtlicher Druckschmerz und Schwellung hinter dem Wadenbeinköpfchen
- Schmerzauslösung beim Kniebeugen gegen Widerstand
- Teilweise ist ein Bluterguss nachweisbar.
- Bewegungseinschränkung bei Teilriss, totaler Ausfall der Muskelfunktion bei einem kompletten Riss

Selbstmaßnahmen:

- sofortige Laufpause und Arztvorstellung
- örtlich kühlende Umschläge, später Wärmebehandlung

Ärztliche Maßnahmen:

- entzündungshemmende Behandlung (heparinhaltige Salben, Antirheumatika u. a.)
- bei einem Teilriss Ruhigstellung für 3 Wochen (Orthese, Gipstutor u. a.)
- Physiotherapie (Ultraschall, Softlaserbestrahlung u. a.)
- operative Korrektur bei einem kompletten Riss

Medizinische Trainingstherapie:

Wie Kapitel 7.2.4.6 auf Seite 111

Verhütungsmaßnahmen:

- ausreichende Aufwärmung vor dem Lauf
- Wärmeschutz bei kühler Witterung
- tägliche Dehnübungen für den Oberschenkel

7.4 Unterschenkel

Die Verletzungen lokalisieren sich um das Schien- und Wadenbein und sind durch das Knie- und Sprunggelenk begrenzt. Sie beziehen alle Gewebestrukturen ein.

7.4.1 Knochenverletzungen

Knochenbrüche können sowohl durch traumatische Geschehen (Sturz, Schlag) als auch durch chronische Überlastungen der Knochenstrukturen entstehen. Dabei können am Unterschenkel das Schien- und Wadenbein betroffen sein. Beim Laufsport stehen insbesondere die chronischen Formen im Vordergrund (Abb. 46 auf Seite 118).

7

7.4.1.1 Ermüdungsbrüche (Ermüdungsfraktur)

Darunter versteht man einen schleichenden Knochenbruch mit unvollständiger Durchtrennung des Knochengewebes infolge einer ungewohnten Überbeanspruchung bei gleichzeitig ablaufenden Reparationsvorgängen. Sie können gleichermaßen am Schien- und Wadenbein auftreten. Am Schienbein sind sie im oberen Drittel und am Wadenbein ca. 5 bis 7 cm oberhalb des äußeren Knöchels lokalisiert.

Ursachen:

- umfangreiche Lang- und Querfeldeinläufe
- unangemessene Sprungübungen
- harte Laufflächen
- biomechanische Störungen
- Knochenstoffwechselstörung (Osteoporose u. a.)

Diagnostik:

Die Diagnose kann durch die röntgenologische Untersuchung gestellt werden. Ist sofort kein Bruchspalt zu erkennen, ist die Aufnahme nach ein bis zwei Wochen zu wiederholen.

Beschwerden:

- Schmerzen im Unterschenkel nach längeren Laufbelastungen, ohne dass ein Trauma stattgefunden hat
- örtlicher Druckschmerz im Bereich des Bruches

Selbstmaßnahmen:

- sofortige Vorstellung beim Arzt

Ärztliche Maßnahmen:

- Ruhigstellung im Gipsverband für ca. 4 Wochen
- danach Krankengymnastik

Medizinische Trainingstherapie:

Siehe Kapitel 16.
Hauptübung — Kapitel 16: Abb. 81, 82/172, 173/174, 175/118, 119/120, 121
Nebenübung — Kapitel 16: Abb. 154 – 156/157 – 160, 161

Verhütungsmaßnahmen:

Anpassung des Trainings- und Laufprogrammes, je nach Ursache

7.4.2 Sehnenverletzungen

Hierzu werden entzündliche und chronische Überlastungsreizungen im Bereich der Sehne und ihres Gleitgewebes gerechnet.

7.4.2.1 Achillessehnenentzündung (*Achillodynie*)

7

Darunter versteht man eine Entzündung im Bereich der Achillessehne und ihres umgebenden Sehnengleitgewebes, ca. 2 bis 4 cm oberhalb des Fersenbeins. Dabei ist bedeutungsvoll, dass die Achillessehne von ihrer arteriellen Grundausstattung (besonders im mittleren Teil) her einer schlechteren Sauerstoffversorgung ausgesetzt ist. In der Muskel-Sehnenkette der Wadenmuskulatur kommt es bei einer Überbeanspruchung auch im Sehnenteil zu einer Verkürzung und Volumenzunahme, die infolge der Druckerhöhung die Blutversorgung zusätzlich stört. Begünstigt wird dieser Vorgang noch durch eine ungünstige Hebelsituation des Fußes beim Abrollvorgang. Durch den langen Vorfuß und den kurzen Rückfuß kommt es zu einer verstärkten Beanspruchung der Muskel-Sehnenkette, weil das obere Sprunggelenk weit in den hinteren Bereich verlagert ist.

Hinzu tritt noch eine unterschiedliche Faserstruktur des dreiköpfigen Wadenmuskels mit einer differenzierten Leistungsumsetzung an der Achillessehne. So ist der oberflächliche Zwillingsmuskel für die Maximal- und Schnellkraftleistung verantwortlich, weil er besonders über schnell zuckende Fasern *(fast twitch)* verfügt. Der darunter liegende, überwiegend für die Ausdauerleistung geeignete Schollenmuskel besitzt vorwiegend langsam zuckende Fasern *(slow twitch)*. Diese unterschiedliche Faserstruktur kann zusätzlich bei einer Überbeanspruchung zu Funktionsstörungen führen, denn die Achillessehne ist die größte Sehne des Körpers und wird beim Läufer bevorzugt belastet (Abb. 51). Die Achillessehne ist außerdem aufgrund ihrer geringen Elastizität nicht in der Lage, auf Dauer Überlastungsspitzen auszugleichen, so dass es zu kleinsten Verletzungen *(Mikrotraumatisierungen)* in der Sehne kommt, die bei einer fehlenden sofortigen Behandlung zu einer Reizung und Aufquellung des Achillessehnengleitgewebes führen (akute Form). Dauert die unbehandelte Fehlbelastung an, kommt es zu narbigen Veränderungen in und um die Sehne, die man teilweise als erbsenförmigen Knoten tasten kann (chronische Form).

Biomechanische Ursachen:

- Fußfehlstellungen (Überpronation, Übersupination, Hohlfuß)
- Vorfußläufer
- verkürzte Wadenmuskulatur (erhöhte Muskelspannung)
- Störungen des Abrollverhaltens der Fußgelenke

Traumatische Ursachen:

- hinterer Fersensporn durch Druck auf die Sehne (Schuh)
- keine straffe Fersenführung (Schuh)
- äußere Verletzungen (Prellung, Zerrung)
- unzureichende Dämpfung des Rückfußes (Schuh, harte Laufstrecken, Asphalt, Beton)
- ungenügender Schutz bei feuchtem, kaltem Wetter

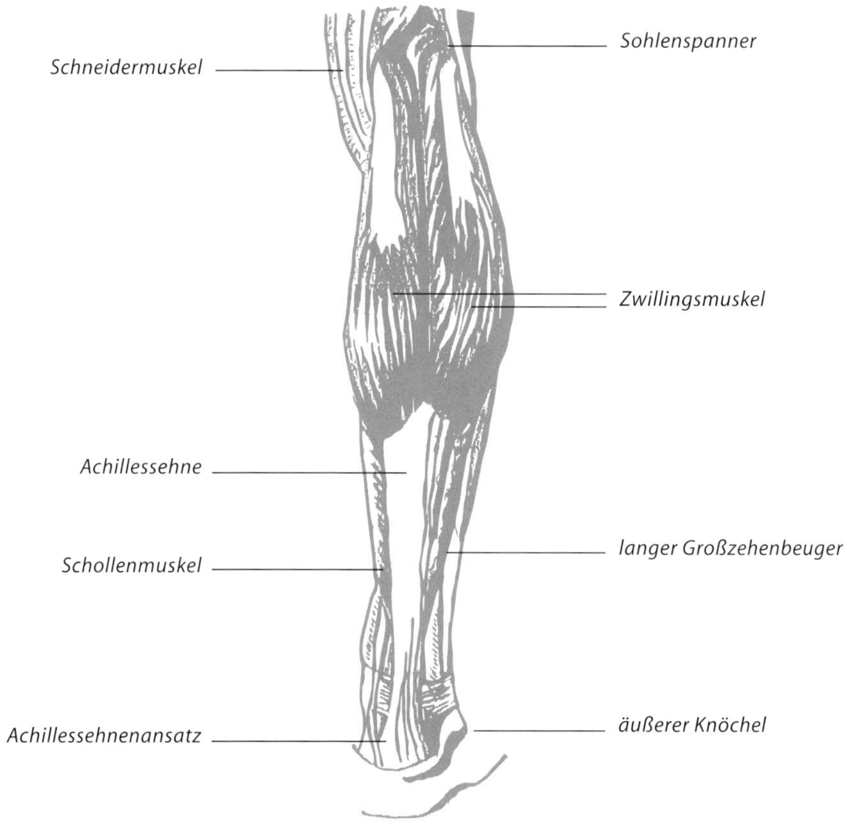

Abb. 51 Hinteransicht des Unterschenkels

Methodische Ursachen:

- geringe Belastungsanpassung (verminderte Durchblutung)
- übermäßige Langläufe
- harte oder sehr weiche bzw. unebene Laufflächen, Kunststofflaufbahn
- falsches Schuhwerk
- ungenügende Erwärmung

Diagnostik:

Die Diagnose kann durch die klinische Untersuchung und die Weichteilsonographie bzw. Laufanalyse ermittelt werden.

Hier werden drei Schweregrade unterschieden:

Grad I: Schmerzen bei Belastungsbeginn, die dann abnehmen
Grad II: Schmerzen sofort und während der Belastung
Grad III: Dauerschmerz mit Schwellung in der Entzündungsregion.

1. Kontrolle permanenter, einseitiger Bewegungen am Arbeitsplatz, zu Hause und im Sport (Gewohnheiten) = **täglich**

2. Bei Läufern Umfangreduzierung = **sofort umsetzen (4 bis 12 Wochen)**
   - deutlich weniger Gesamtkilometer pro Woche (Reduzierung um mindestens 20 %)
   - bei gut trainierten Läufern bis max. 20 km Dauerlauf in einer Trainingseinheit (»Supersauerstoffläufe« bitte meiden, da Ermüdung zu groß)
   - Laufen mit Spikes unterlassen, schnelle Kurvenläufe ebenfalls
   - Geländeprofil: flach bis leicht profiliert (kein Berganlaufen)

3. Spezielle Übungen = **täglich bis zweitäglich**
   - exzentrisches Training an der Beinpresse (beidseitiges Arbeiten, Fußstreckung mit gesundem Bein, Abfangen des Gewichtes mit Beschwerdebein); 5 x 30 Wiederholungen (bis Eigengewicht steigern)

Der Profi-Tipp

Beschwerden:

- differenzierte Ausprägung der Beschwerden entsprechend des Schweregrades
- Steifigkeit und Schmerzen morgens bzw. bei Laufbeginn, später auch während des Laufens
- Schmerzen beim Aufwärtsgehen und Treppensteigen; Hinken beim Gehen und Laufen
- teigige bis knotige Schwellung und Druckempfindlichkeit im entzündeten Bereich (80 % im mittleren Drittel)
- Funktionseinschränkung mit eventuellem Sehnenreiben *(Krepitation)* bei Beugung und Streckung des Fußes
- Hautrötung über der Sehne bei schwerer Entzündung

- Diese Variante kann auch am Treppenabsatz durchgeführt werden, Arme unterstützen die konzentrische Fußbewegung (Fußstreckung)
- Fußhebertraining (Dorsalextension)
- »Maiskastentraining« (10 Minuten) zur Lockerung der Fußstrukturen, Lösung von verletzungsbedingten Verklebungen
- Wadendehnung

4. Selbstmassage der Achillessehne mittels Daumen und Zeigefinger; kreisförmige Bewegungen von Daumen und Zeigefinger (mit leichtem Druck auf Achillessehne) beginnend am Fersenansatz bis hin zum Wadenansatz = **mehrfach täglich**

5. »Feuchte Kammer« = Papiertaschentuch dick mit einer entzündungshemmenden Salbe bestreichen, direkt auf das Problemgebiet legen, mit einer Frischhaltefolie umspannen, mit Verband leicht fixieren, über Nacht einwirken lassen (»Treibhauseffekt mit Tiefenwirkung«) = **mindestens 10 Tage bis 3 Wochen**

Bei Nichtbeachtung der Beschwerden oder ungenügender Behandlung können folgende Komplikationen eintreten:
- Reizung der Fußsohlensehnenplatte *(Fasciitis plantaris)*
- Achillessehnenriss, teilweise oder ganz

Selbstmaßnahmen:
- sofortige Laufpause (ab Grad II) mit 1- bis 2-tägigen kühlenden Umschlägen zur Schmerzminderung und Verhinderung der Schwellung (akute Form)
- 1 cm Fersenerhöhung (Fersenkeil u. a.)
- Dehnübungen der Wadenmuskeln
- exzentrisches Übungsprogramm (siehe Kapitel 16, Seite 325)

Ärztliche Maßnahmen:
- entzündungshemmende Medikamente (Antirheumatika, Salben, eventuell Kortisoninjektionen u. a.)
- Physiotherapie (Reizstrom, Iontophorese, Softlaserbestrahlung u. a.)
- richtiges Schuhwerk
- Fußkorrektur durch Einlagen
- bei starken chronischen Beschwerden eventuell operative Korrektur

Medizinische Trainingstherapie:

Siehe Kapitel 6 und 16.
Hauptübung — Kapitel 16: Abb. 185 – 187/118, 119/120, 121/105, 106/107, 108
Nebenübung — Kapitel 16: Abb. 154 – 156/161/157 – 160/165 – 167/176 – 178/ Aquajogging
Dehnung — Kapitel 6.4.6.1: Abb. 17 – 19/20 – 23

Verhütungsmaßnahmen:
- Wiederaufnahme des Lauftrainings erst nach Schmerzfreiheit
- regelmäßige Dehnübungen der Waden- und Oberschenkelmuskeln (Rückseite)
- Wärmeschutz bei feuchter und kalter Witterung
- Korrektur der Laufschuhe entsprechend dem Lauftyp, gut stützende Schuhe, Fersenkeil
- diszipliniertes Warmlaufen mit anschließender Dehnungsgymnastik
- Veränderung des Laufstils und des Laufprogramms (nur wenig Sprints, keine Aschenbahn, ebene Laufflächen)

7.4.2.2 Achillessehnenriss

Diese Störung gehört zu den häufigsten Sehnenverletzungen im Sport. Sie können komplett und inkomplett (Teilsehnenriss) auftreten. Auch im Laufsport hat diese Verletzung eine große Bedeutung (Abb. 51).

Ursachen:

- chronische Achillessehnenentzündung
- Verkürzung der Wadenmuskeln mit erhöhtem Spannungszustand
- traumatologische Verletzung (Sturz, Fehltritt)
- ungenügendes Aufwärmen

Diagnostik:

Die Verletzung kann durch die klinische Untersuchung und die Weichteilsonographie diagnostiziert werden.

Beschwerden:

- plötzlicher starke Schmerz im Achillessehnenbereich; beim Komplettriss kann ein »Knall« beobachtet werden. Der Teilsehnenriss verursacht teilweise erst nach der sportlichen Belastung einen örtlichen Schmerz.
- Schmerzverstärkung bei einer erneuten Belastung (einschießend, schneidend, bohrend)
- Schwellung, teilweise ein Bluterguss und ein örtlicher Druckschmerz (meist 2 bis 5 cm oberhalb des Fersenbeines)
- Steifheit des Fußes am Morgen, vor oder nach der Laufbelastung (inkomplett)
- Abnahme der Kraft und Größe der Wadenmuskeln *(Atrophie)* bei anhaltenden Beschwerden
- tastbarer Defekt (inkomplett) bzw. Stufe (komplett)
- eingeschränkte Beugung des Fußes nach unten (inkomplett) bzw. fehlender Zehenstand (komplett)

Selbstmaßnahmen:

- sofortige Arztvorstellung
- sofort nach der Verletzung kühlende Umschläge zur Schmerzlinderung

Ärztliche Maßnahmen:

- Ruhigstellung (Gips, Orthese u. a.) für 4 bis 6 Wochen bei einem Teilsehnenriss
- operative Entfernung des Narbengewebes nach einem chronischen Teilsehnenriss
- sofortige operative Versorgung bei einem Komplettriss (End-zu-End-Naht, Plastik u. a.)
- nachfolgende Ruhigstellung (Gips, Orthese u. a.) für 6 bis 8 Wochen
- danach dreimonatiges Rehabilitationstraining

Medizinische Trainingstherapie:

Während der Ruhigstellung: Radfahren, Kapitel 16: Abb. 161
Danach Programm von Kapitel 7.4.2.1 auf den Seiten 144 f., langsam steigern

Verhütungsmaßnahmen:

- Wettkampfpause für 4 bis 6 Monate
- regelmäßige Dehnübungen
- sorgfältige Aufwärmung vor jedem Lauf

7.4.2.3 Sehnenentzündung des vorderen Schienbeinmuskels

Der vordere Schienbeinmuskel *(M. tibialis anterior)* beugt den Fuß im Sprunggelenk nach oben. Bei Überlastungen kann die Sehne teilweise oder komplett bzw. seine Sehnenscheide an der Außenseite des Schienbeines und über dem Sprunggelenk entzündet sein.

Ursachen:

- starker Druck auf die Sehne (enge Schuhe)
- vermehrte Bergauf- und -abläufe
- unebene oder harte Laufstrecken

7

Diagnostik:

Die Diagnose wird durch die klinische Untersuchung gestellt.

Beschwerden:

- Schmerzen bei der Aufwärtsbewegung des Fußes *(Dorsalflexion)* an der Vorderseite des Sprunggelenkes
- örtliche Druckempfindlichkeit, Schwellung und eventuell Rötung
- Bewegungseinschränkung im Sprunggelenk, eventuell mit deutlichem Sehnenreiben

Selbstmaßnahmen:

- Trainings- und Laufreduzierung, eventuell Pause bei starken Beschwerden
- anfangs kühlende Umschläge, später Wärmeanwendung

Ärztliche Maßnahmen:

- eventuell Ruhigstellung für 1 Woche (Orthese, Gipsverband u. a.)
- entzündungshemmende Medikamente (Antirheumatika, Salben u. a.)
- Physiotherapie (Iontophorese, Softlaserbestrahlung u. a.)
- Schuhkorrektur (Einlagen, Schuhform u. a.)

Medizinische Trainingstherapie:

Nach Abklingen der Beschwerden:
Hauptübung — Kapitel 16: Abb. 105, 106/107, 108/118, 119/120, 121/179, 180
Nebenübung — Kapitel 16: Abb. 172, 173/174, 175/154 – 156

Verhütungsmaßnahmen:

- kontinuierliche Schuhkorrektur im Laufschuh
- belastungsreduziertes Lauftraining

7.4.3 Sehnenansatzreizungen

Zu diesen Verletzungsbereich werden Störungen gerechnet, die sowohl entzündliche Reizungen an der Knochenhaut als auch direkt an Knochenstrukturen verursachen.

7.4.3.1 Knochenhautreizung am Schienbein (*Mediales Tibiakantensyndrom*)

Es handelt sich um eine entzündliche Reizung der Knochenhaut an der Schienbeininnenkante, wo der Muskelansatz für den vorderen Schienbeinmuskel *(M. tibialis anterior)* und den langen Großzehenstrecker *(M. extensor hallucis longus)* liegt. Diese Reizung wird auch als *Shin splints* bezeichnet

7

Ursachen:

- intensives Training auf harten Laufflächen
- Fußdeformitäten (Senkfuß, Hohlfuß u. a.)
- Überpronation (oder Übersupination) des Fußes (Sehnenüberdehnung)
- zu weiche Schuhe mit großer Flexibilität in der Fußstatik
- lauftechnische Mängel (Zehenläufer)
- trainingstechnische Überlastung (viele Sprungelemente)

Diagnostik:

Die Diagnose kann durch die klinische Untersuchung und die Laufanalyse gestellt werden.

Beschwerden:

- hohe Druckempfindlichkeit über mehrere Zentimeter in der unteren Hälfte über den äußeren Schienbeininnenrand
- Schwellung und eventuell Rötung über diesen Bereich
- Schmerzabnahme unter Ruhe und Verstärkung beim Lauf
- Schmerzverstärkung bei Beugung des Fußes nach unten
- Aufrauungen an der Schienbeinkante (chronische Form)

Selbstmaßnahmen:

- Laufpause bis zur Schmerzfreiheit
- Ausgleichstraining ist möglich (Schwimmen, Radfahren, Aquajogging).
- anfangs Kältebehandlung, später eventuell Kälte- und Wärmebehandlung im Wechsel

Ärztliche Maßnahmen:

- entzündungshemmende Behandlung (Antirheumatika, Salben u. a.)
- bei hartnäckigen Fällen örtliche Injektionen (Kortison u. a.)
- Physiotherapie (Kryo-, Elektrotherapie, Softlaserbestrahlung u. a.)
- Schuhkorrektur (Einlagen, lokale Sohlenverstärkung u .a.)

Medizinische Trainingstherapie:

Siehe Kapitel 16.

Hauptübung — Kapitel 16: Abb. 105, 106/107, 108/118, 119/120, 121/154 – 156/ 157 – 160 oder 165 – 167/176 – 178/179, 180

Nebenübung — Kapitel 16: Abb. 172, 173 oder 174, 175/75, 76/77, 78

Verhütungsmaßnahmen:

- Laufflächenwechsel, Trainingsumstellung
- sorgfältiges Aufwärmen, Wärmeschutz

7.4.3.2 Achillessehnenansatzreizung (*Apophysitis calcanei*)

Diese Störung kommt oft bei Kindern und Jugendlichen (8 bis 15 Jahre) vor und stellt eine entzündliche Veränderung am Achillessehnenansatz *(Apophyse)* dar. Sie ist gekennzeichnet durch eine Verbreiterung des Apophysenspaltes, Fragmentierung des Apophysenkernes und durch eine Auflockerung der Knochenstruktur.

Ursachen:

- Fußfehlstellungen (Knickfuß u. a.)
- chronischer Druck auf die Ferse (enge Schuhe, harte Schuhkappe u. a.)
- hohe Belastungsumfänge
- örtliche Überlastung (gehäuftes Bergauflaufen)
- örtliche Knochenstoffwechselstörung *(aseptische Knochennekrose)*

Diagnostik:

Die Diagnose kann durch die Röntgenuntersuchung gestellt werden.

Beschwerden:

- Schwellung und eventuell Rötung am hinteren Fersenbereich
- Druck-, Ruhe- und Bewegungsschmerz
- Bewegungseinschränkung in allen Ebenen (eventuell Hinken)

Selbstmaßnahmen:

- sofortige Laufpause und Arztvorstellung
- Druckentlastung (Schuhkappe u. a.)
- 1 cm hoher Fersenkeil (verringerte Sehnenspannung)

Ärztliche Maßnahmen:

- entzündungshemmende Medikamente bei leichten Beschwerden (Antirheumatika, Salben u. a.)
- eventuell Softlaserbestrahlung
- in schweren Fällen 3 Wochen Ruhigstellung (Orthese, Gipsverband u. a.)

Verhütungsmaßnahmen:

- Schuhanpassung und Laufumstellung

7.4.3.3 Schleimbeutelentzündung am Achillessehnenansatz (*Bursitis calcanei*)

Am hinteren Fersenbein befinden sich ein oberflächlicher und ein tiefer Schleimbeutel, die sich entzünden können. Am häufigsten ist der oberflächliche Schleimbeutel (zwischen Haut und Achillessehne) betroffen (Abb. 52).

Ursachen:

- erhöhte Druckbelastung (Schuhkappe, zu enge Schuhe u. a.)
- Reizung nach einem inkompletten Achillessehnenriss
- vorhandener knöcherner Auswuchs am hinteren Fersenbein
- lange Läufe auf einem weichen Unterboden (Sand) oder gehäufte Bergaufläufe (verstärkte Dorsalflexion)

Diagnostik:

Die Diagnose kann durch die klinische Untersuchung und die Weichteilsonographie ermittelt werden.

Beschwerden:

- Schwellung mit einer schwammartigen Resistenz und eventuell Rötung am hinteren Fersenbein
- Druck- und Bewegungsschmerz, der sich beim Bergauflaufen bzw. auf weichen Laufflächen verstärkt

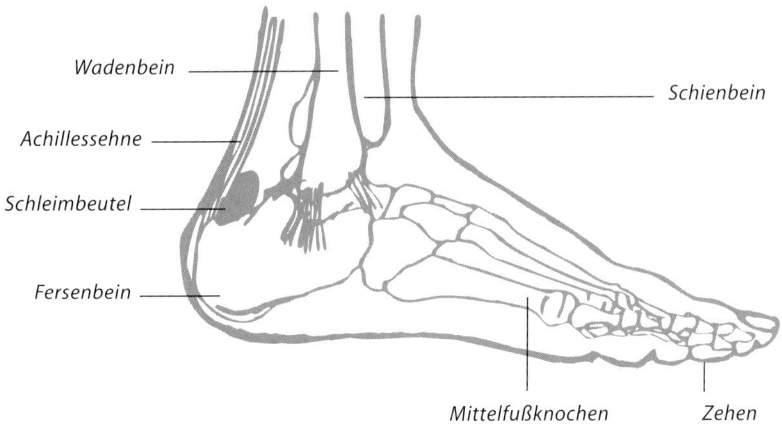

Abb. 52 Der Fuß (Seitenansicht)

Selbstmaßnahmen:

- sofortige Druckentlastung (Sandalen, Schaumgummiring u. a.) und Laufpause im akuten Stadium
- Sehnenzugentlastung (Fersenkissen u. a.)
- anfangs örtlich Kälte-, später Wärmeanwendung

Ärztliche Maßnahmen:

- entzündungshemmende Medikamente (Antirheumatika, Salben)
- eventuell Punktion und entzündungshemmende Injektion (Kortison u. a.)
- Softlaserbestrahlung
- bei chronischen Fällen operative Entfernung des Schleimbeutels oder des Knochenvorsprunges

Verhütungsmaßnahmen:

Schuhanpassung, Änderung des Laufprogrammes

7

7.4.4 Muskelverletzungen

Hierzu werden alle Formen der Verletzungen an den Muskelstrukturen (Muskelrisse und Logenstörungen u. a.) gerechnet.

7.4.4.1 Muskellogenbeschwerden (*Muskellogensyndrom, Kompartmentsyndrom*)

Die Unterschenkelmuskulatur ist in vier Fächern untergebracht, die aus festen, nur gering dehnbaren Bindegewebe bestehen. Sie sind am Schien- und Wadenbein verankert (Abb. 53).

Man unterscheidet dabei:

- vordere Muskelloge: zwischen Schien- und Wadenbein (vorderer Schienbeinmuskel, Zehenstrecker, Blutgefäße, Nerven)
- seitliche Muskelloge: neben dem Wadenbein (kurze und lange Wadenmuskeln)
- tiefe hintere Muskelloge: zwischen Schien- und Wadenbein und der dazwischen liegenden Bindegewebsmembran (lange Zehenbeuger, hinterer Schienbeinmuskel, Blutgefäße, Nerven)
- tiefe oberflächliche Muskelloge: über der tiefen Muskelloge (Schollenmuskel, Zwillingsmuskel)

Die Muskellogenbeschwerden kommen häufig bei Langstreckenläufer vor. Dabei sind meistens die vordere und seitliche Muskelloge betroffen. Bei einer Störung in der Loge durch eine Druckerhöhung kommt es zu einer Verschlechterung der Blutversorgung, die bis zum Untergang des Muskelgewebes *(Nekrose)* führen kann. Muskellogenbeschwerden können akut und chronisch verlaufen.

Akute Ursachen:

- stumpfes Weichteiltrauma (Prellung, Quetschung u. a.) oder Muskelriss mit Blutung in die Muskelloge
- extensives Laufen auf harten Oberflächen ohne eine entsprechende Anpassung
- hohe Laufstrecke oder übermäßige Sprungübungen

Chronische Ursachen:

- lauftechnische Fehler (Fersenlauf u. a.)
- starker trainingsbedingter Muskelzuwachs am Unterschenkel (Verringerung des Logenraumes)

Diagnostik:

Die Diagnose kann durch die klinische Untersuchung und die Druckmessung in der Muskelloge gestellt werden.

7

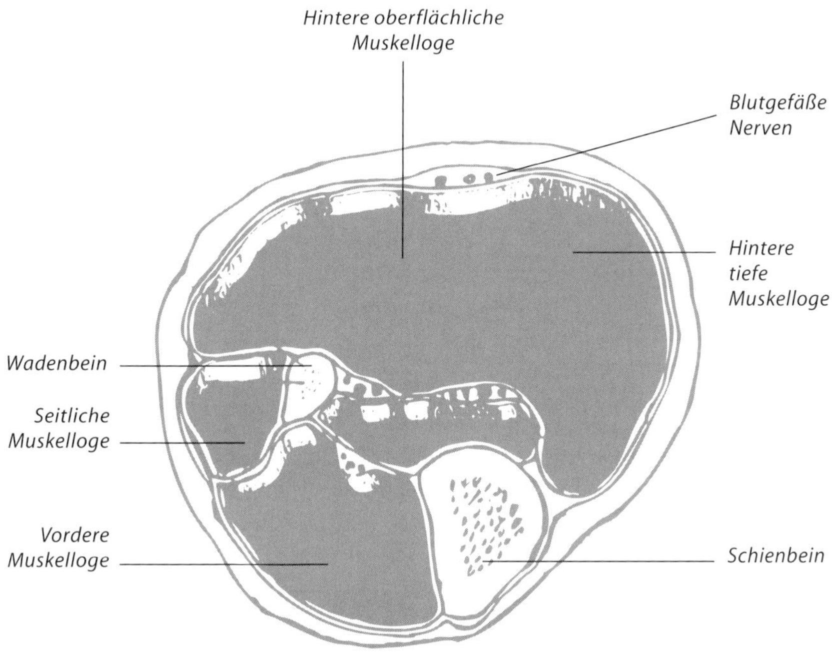

Abb. 53 Querschnitt des Unterschenkels mit den Muskellogen

Beschwerden:

- starker zunehmende Schmerz im verletzten Logengebiet nach einem Trauma, der die Laufeinstellung erzwingt
- starke Schwellung und örtlicher Druckschmerz über der betroffenen Loge
- Schmerzberuhigung in Ruhe und Wiederbeginn beim Lauf (chronische Form)
- eventuell zunehmendes Taubheitsgefühl bis zum Fuß (Nervenschädigung) entsprechend der Logenverletzung
- Muskelschwäche beim Heben des Fußes sowie Schmerzauslösung bei der Fuß- und Zehenbeugung nach unten (vorderes Muskellogensyndrom)
- Schmerzauslösung bei Beugung des Fußes nach unten einwärts oder Beugung der Zehen gegen Widerstand (hinteres Muskellogensyndrom)
- Schmerzen beim Absprung oder Bergauflauf (hinteres Muskellogensyndrom)

Selbstmaßnahmen:

- sofortige Laufpause bei der akuten Form
- Trainings- und Laufumstellung und Abstellung lauftechnischer Fehler bei der chronischen Form
- kühlende Umschläge im betreffenden Logenbereich
- Arztvorstellung bei zunehmenden Beschwerden

Ärztliche Maßnahmen:

- Druckprüfung in der betroffenen Muskelloge
- Hochlagerung des Beines und Gabe von flüssigkeitsausscheidenden Medikamenten (Diuretika)
- entzündungshemmende Medikamente (Antirheumatika u. a.)
- bei starker Drucksteigerung operative Fasziendspaltung
- krankengymnastische Behandlung nach der operativen Versorgung

Medizinische Trainingstherapie:

Siehe Kapitel 6 und 16.

Hauptübung — Kapitel 16: Abb. 105, 106/107, 108/154 – 156/157 – 160 oder 165 – 167/ 176 – 178/179, 180

Nebenübung — Kapitel 16: Abb. 75, 76/77, 78/149 – 151

Dehnung — Kapitel 6.4.6.1: Abb. 17 – 19

Verhütungsmaßnahmen:

- Trainings- und Laufumstellung
- Abstellung lauftechnischer Fehler

7.4.4.2 Muskelriss/Muskelfaserriss des Zwillingsmuskels

Muskelrisse des Zwillingsmuskels *(M. gastrocnemius)* treten bevorzugt im Bereich des Überganges vom Muskelbauch zur Achillessehne auf. Bei einer unvorschriftsmäßigen Behandlung kann es zu einer großen Narbenbildung kommen, so dass die Gefahr für eine erneute Ruptur bei einer Muskelüberdehnung besteht.

Ursachen:

- ungenügende Erwärmung vor dem Lauf
- plötzliches Antreten oder extensive Verstärkung des Lauftempos
- Schlag in die Wadenmuskulatur
- intensive Sprungübungen

Diagnose:

Die Diagnose kann durch die klinische Untersuchung und die Weichteilsonographie ermittelt werden.

7

Beschwerden:

- plötzlicher Schmerz in der Wade mit Schmerzverstärkung beim Anspannen des Muskels oder beim Zehenstand
- örtlicher Druckschmerz im Verletzungsbereich
- Eventuell ist ein örtlicher Bluterguss nachweisbar.
- Im akuten Stadium ist der Muskeldefekt tastbar.

Selbstmaßnahmen:

- sofortiger Laufabbruch
- kühlende Umschläge und Druckverband
- Hochlagerung des Beines

Ärztliche Maßnahmen:

- blutergusslindernde Verbände (Heparin-Salbe u. a.)
- Stützbandage
- Physiotherapie (Ultraschall, Softlaserbestrahlung u. a.)
- Bei großen Muskelrissen kommt eine operative Muskelnaht mit Ausräumung des Blutergusses in Betracht.
- Trainings- und Laufpause 4 bis 8 Wochen

Medizinische Trainingstherapie:

Siehe Kapitel 6 und 16.
Hauptübung — Kapitel 16: Abb. 124, 125 (auch mit gestrecktem Bein)/105, 106/107, 108/154 – 156/179, 180/176 – 178
Dehnung — Kapitel 6.4.6.1: Abb. 17 – 19

Verhütungsmaßnahmen:

- sorgfältiges Aufwärmen
- regelmäßige Dehnübungen
- Wärmeschutz

7.4.4.3 Muskelriss/Muskelfaserriss des Schollenmuskels

Diese Muskelverletzung kommt im Laufsport sehr selten vor. Nur bei einem kräftigen Absprung im Training und bei einem unvorhergesehenen Trauma kann dies eintreten.

Ursachen:

- Fehltritt bei ungenügender Erwärmung
- abrupter Absprung bei ungenügendem Trainingszustand

Diagnostik:

Erstellung der Diagnose durch die klinische Untersuchung und die Weichteilsonographie

Beschwerden:

- plötzlicher tiefer Schmerz in der Wade, der bei erneuter Belastung wieder auftritt
- Schmerzauslösung bei Beugung des Fußes nach unter gegen Widerstand oder beim Zehengang
- Eventuell wird ein Bluterguss nach ca. 24 Stunden an der Innenseite des oberen und mittleren Schienbeinbereiches sichtbar.

Selbstmaßnahmen:

Siehe Kapitel 7.4.4.2.

Ärztliche Maßnahmen:

Siehe Kapitel 7.4.4.2.

Medizinische Trainingstherapie:

Siehe Kapitel 7.4.4.2.

Verhütungsmaßnahmen:

- sorgfältiges Aufwärmen vor dem Lauf oder Training
- regelmäßige Dehnübungen

7.4.5 Nervenschädigungen

Darunter werden alle Störungen an peripheren Nerven gerechnet, die durch eine Überlastung oder Verletzung beim Laufen entstehen können. Allerdings sind solche Störungen im Laufsport selten.

7.4.5.1 Schädigung des Nervus peroneus (*Neuritis n. peronei*)

Der Peroneusnerv *(N. fibularis communis)* ist in seinem Verlauf in der Nähe des Wadenbeinköpfchens durch traumatische Belastungen auch im Laufsport gefährdet.

Ursachen:

- direkte Prellung (Schlag, Tritt, Sturz u. a.) auf das Wadenbeinköpfchen
- Dauerdruck in diesem Bereich (Gips, Bandage u. a.)

Diagnose:

Die Diagnose kann durch die klinische Untersuchung und die Bestimmung der Nervenleitgeschwindigkeit ermittelt werden.

Beschwerden:

- Schwäche beim Beugen nach oben und Einwärtsdrehen des Sprunggelenkes
- Dauer- und Druckschmerz im Bereich des Wadenbeinköpfchens

Selbstmaßnahmen:

sofortige Arztvorstellung

Ärztliche Maßnahmen:

- sofortige Druckentlastung bei einem bestehenden Dauerdruck
- entzündungshemmende nervstimulierende Medikamente (Antirheumatika, Vitamin-B-Präparate u. a.)
- Physiotherapie (Elektrotherapie, Softlaserbestrahlung u. a.)
- Trainings- und Laufpause bis zur Nervenerholung (Tage bis Monate)

7.5 Sprunggelenkbereich

Hierzu zählen sowohl Band-, Sehnen- und Knochenverletzungen, die durch den Laufsport begünstigt bzw. hervorgerufen werden. Dabei entstehen nicht alle Verletzungen örtlich, sondern können auch schon im Bereich des Unterschenkels ihre Ursache haben (z. B. Sehnenentzündung des vorderen Schienbeinmuskels).

7.5.1 Knorpel- und Knochenverletzungen

Diese Verletzungen werden entweder durch ein direktes Trauma beim Laufsport oder durch eine chronische Überlastung provoziert.

7.5.1.1 Knorpelverletzung am Sprungbein (*Osteochondrosis dissecans*)

Hierbei handelt es sich um einen traumatisch bedingten Knorpeldefekt an der Gelenkfläche des Sprungbeines, der auch die oberste Knochenschicht mit einbeziehen kann. Nicht selten kommt es zur Herauslösung dieses Defektes und Bildung eines freien Gelenkkörpers, der eine muldenförmige Vertiefung an der Stelle des Defektes nach sich zieht.

Ursachen:

- pronatorische oder supinatorische Verletzung (Umknicken, Fehltritt u. a.)
- Folge eines komplizierten Knöchelbruches

Diagnostik:

Die Diagnose kann durch die Röntgenuntersuchung oder Arthroskopie erhärtet werden.

Beschwerden:

- Schmerzen und Schwellung während und nach eines Laufes
- Schwellung und Druckschmerz am Knöchel der betroffenen Seite
- Teilweise besteht eine Gelenkblockierung beim Vorhandensein eines freien Gelenkkörpers.
- eingeschränkte Beweglichkeit

Selbstmaßnahmen:

- Einstellung der Laufbelastungen
- sofortige Arztvorstellung
- Radfahren
- Aquajogging

Ärztliche Maßnahmen:

- Besteht bei Fraktur keine Verschiebung des Fragmentes, 4 bis 6 Wochen Ruhigstellung (Orthese, Gipsverband u. a.).
- operative Intervention bei einem freien Gelenkkörper oder bei chronischen Beschwerden

Medizinische Trainingstherapie:

Siehe Kapitel 6 und 16.
Hauptübung — Kapitel 16: Abb. 122, 123/81, 82/118, 119/120, 121
Nebenübung — Kapitel 16: Abb. 154 – 156/157 – 160/161/Aquajogging

7.5.1.2 Knochenbrüche (*Malleolarfrakturen*)

Diese Verletzungen kommen auch im Laufsport häufiger vor. Nicht selten sind dabei auch die Bandstrukturen (Kombinationsverletzungen) mit betroffen. Man unterscheidet komplette *(Fraktur)* und inkomplette Brüche *(Infraktur)*.

Ursachen:

- Einwärtsdrehung der Fußsohle und des Vorfußes *(Supinationstrauma)*.

Dabei können folgende Verletzungen entstehen:

- Riss des Bandes zwischen Sprung- und Wadenbein, oder Fersen- und Wadenbein,
- Wadenbeinbruch in Höhe der Gelenkebene,
- Bruch des inneren Knöchels,
- Verschiebung des Sprungbeines *(Dislokation)*.

- Auswärtsdrehung des Fußes bzw. Vorfußes *(Pronationstrauma)*.

Dabei können folgende Verletzungen entstehen:

- Riss des inneren Sprunggelenkbandes *(Deltaband)* oder Bruch des Innenknöchels,
- Riss der Bandhaftung *(Syndesmose)*,
- Bruch des Wadenbeines oberhalb der Gelenkebene,
- Verschiebung des Sprungbeines *(Dislokation)*.

Diagnose:

Die Diagnose kann durch die klinische und röntgenologische Untersuchung gestellt werden.

Beschwerden:

- Schwellung und ein erheblicher Belastungsschmerz
- eventuell Knochenreiben *(Krepitation)* und Fehlstellung des Gelenkes
- Druckschmerz an der betroffenen Seite
- Teilweise ist ein Bluterguss nachweisbar.

Selbstmaßnahmen:

- sofortige Einstellung der Laufbelastung
- sofortige Arztvorstellung
- Hochlagerung, Ruhigstellung (Verband, Schiene u. a.), kühlende Umschläge

Ärztliche Maßnahmen:

- ohne Verlagerung der Knochen 4 bis 8 Wochen Ruhigstellung (Gipsverband u. a.)
- Operation bei einer Knochenverlagerung oder Gelenkinstabilität
- danach 4 bis 8 Wochen Ruhigstellung
- Aufnahme des Laufsports nach ca. 2 bis 3 Monaten

Medizinische Trainingstherapie:

Nach Ruhigstellung:
Hauptübung — Kapitel 16: Abb. 161/105, 106/107, 108 • Kapitel 6.3: Abb. 13, 14 • Kapitel 16: Abb. 122, 123
Nebenübung — Kapitel 16: Abb. 154 – 156/157 – 160 oder 165 – 167/Aquajogging

7.5.2 Bandverletzungen (*Tendopathia ligg. collateraliae*)

Diese Läsionen gehören neben der Achillodynie zu den häufigsten Sportverletzungen überhaupt. Auch beim Laufsport haben sie eine große Bedeutung. Sie können in unterschiedlicher Form je nach Art des Traumas auftreten. Man unterscheidet folgende Verletzungen:

- Bandzerrung *(Distorsion)*, ca. 70 % der Bandverletzungen
- Bandriss *(Ruptur)*, inkomplett und komplett, ca. 20 % der Bandverletzungen
- Verstauchung *(Kontusion)* mit Bandverletzung
- Verrenkung *(Luxation)* mit Bandverletzung.

7.5.2.1 Innenbandverletzung

In ca. 10 % der Fälle ist das Innenband *(Lig. deltoideum)* betroffen. Es besteht aus einer dreieckigen Platte, die drei Teilzüge aufweist. Diese ziehen von dem inneren Knöchel vorn und hinten zum Sprungbein sowie in der Mitte zum Fersenbein (Abb. 54). Diese Verletzung ist meist inkomplett.

Ursachen:

- übermäßige Dehnung bei einer Pronationsbewegung *(Pronationstrauma)*, mit Außendrehung der Fußsohle (Umknicken, Fehltritt u. a.).

Diagnostik:

Die Diagnose kann durch die klinische und röntgenologische Untersuchung geklärt werden.

Beschwerden:

- Schmerzen beim Auftreten und bei der Bewegung am inneren Knöchelbereich
- Schwellung und Druckschmerz am Innenknöchel
- eventuell Aufklappbarkeit des Gelenkes bei einem kompletten Bandriss

Selbstmaßnahmen:

- sofortige Laufunterbrechung
- Druckverband, kühlende Umschläge, Hochlagerung
- umgehende Arztvorstellung

Ärztliche Maßnahmen:

- bei erhaltener Gelenkstabilität Ruhigstellung für 3 bis 4 Wochen (Orthese, Gipsverband u. a.)
- Physiotherapie bei einer flexiblen Ruhigstellung
- Bei Gelenkinstabilität oder komplettem Ruptus ist eine operative Bandnaht (direkt, Plastik) angezeigt; anschließend 6 Wochen Ruhigstellung

Medizinische Trainingstherapie:

Nach Ruhigstellung:
Hauptübung — Kapitel 16: Abb. 154 – 156/157 – 160/165 – 167/115 – 117/176 – 178/ 179, 180
Nebenübung — Kapitel 16: Abb. 81, 83/172, 173 oder 174, 175/Radfahren

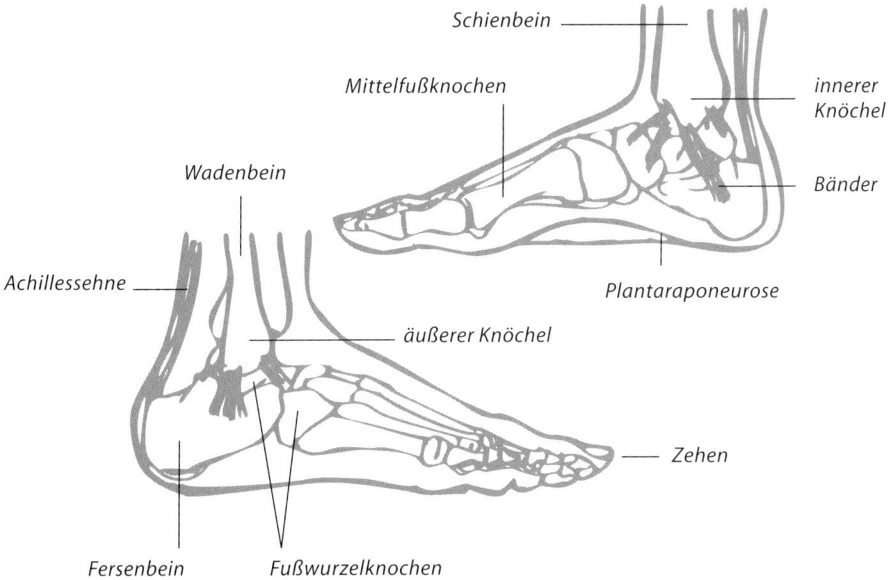

Abb. 54 Der Fuß

7.5.2.2 Außenbandverletzung

Der äußere Knöchel wird von einem Band fixiert, das in drei Bänder aufgespalten ist. Man unterscheidet ein mittleres Band, das vom Wadenbein zum Fersenbein zieht und ein vorderes und hinteres Band, das das Wadenbein mit dem Sprungbein verbindet. Das vordere Band (zwischen Waden- und Sprungbein) ist bei dieser Verletzung am häufigsten betroffen (ca. 70 %). Seine Hauptfunktion besteht darin, das Abrutschen des Fußes gegenüber dem Schienbein nach vorn zu verhindern. In ca. 20 % der Fälle besteht eine kombinierte Verletzung mit den anderen Bändern. Selten tritt nur eine isolierte Verletzung des mittleren Bandes (zwischen Waden- und Fersenbein) auf. Das hintere Band ist fast nie isoliert betroffen (Abb. 54).

Ursachen:

- übermäßige Auswärtsdrehung des Fußes *(Inversions-Supinationstrauma)* mit Dehnung der Außenbänder (Umknicken, Fehltritt u. a.)

Diagnostik:

Die Diagnose kann durch die klinische und röntgenologische Untersuchung (gehaltene Aufnahme) gestellt werden.

Beschwerden:

- Schmerzen beim Auftreten und der Bewegung am Außenknöchel
- Schwellung und Druckschmerz vor dem Knöchel (vorderes Band) und im unteren Bereich des Außenknöchels (mittleres Band)
- eventuell Bluterguss im betroffenen Gebiet
- Aufklappbarkeit des Gelenkes bei einem kompletten Bänderriss
- Instabilität bei einem Teilriss: vorderes Band: verstärktes Vorziehen des Fußes (vordere Schublade), mittleres Band: verstärkte Auswärtsdrehung *(Übersupination)*.

Selbstmaßnahmen:

- sofortige Laufpause, umgehende Arztvorstellung
- Kompressionsverband, kühlende Umschläge, Hochlagerung

Ärztliche Maßnahmen:

- bei erhaltener Gelenkstabilität und geringer Schwellung 1 Woche Ruhigstellung, dann Bewegungstherapie
- bei erhaltener Gelenkstabilität und starker Schwellung 2 bis 3 Wochen Ruhigstellung (Orthese)
- Physiotherapie (Elektrotherapie, Softlaserbestrahlung u. a.)
- bei einer Gelenkinstabilität (kompletter Bänderriss) operative Bandnaht und 5 bis 6 Wochen Ruhigstellung

Medizinische Trainingstherapie:

Siehe Kapitel 7.5.2.1.

Verhütungsmaßnahmen:

- mehrere Wochen danach gezieltes Muskeltraining, Koordinationstraining
- vorübergehende Bandagierung (ca. 4 Wochen)

7.5.2.3 Verletzung der Bandhaftung (*Ruptur der Syndesmose*)

Die Bandhaftung zwischen den beiden Unterschenkelknochen kann insbesondere bei Kombinationsverletzungen mit dem Deltaband zerreißen. Nicht selten kommt es dabei auch noch zum Wadenbeinbruch oberhalb des Gelenkes. Bei einer ungenügenden Behandlung kann es später zu einer dauernden Fehlstellung *(Subluxation)* im Sprunggelenk kommen.

Ursachen:

- sehr starke Auswärtsdrehung (Überpronation) des Fußes
- unzureichende muskuläre Stabilität

Diagnostik:

Die Diagnose kann durch die klinische und röntgenologischen Untersuchung bestätigt werden.

Beschwerden:

- Schwellung und starker Druckschmerz zwischen beiden Unterschenkelknochen oberhalb des Gelenkes
- Schmerz im Sprunggelenk beim Auftreten
- Instabilität zwischen dem Sprung- und Schienbein (Seitwärtsverlagerung)

Selbstmaßnahmen:

- Druckverband, kühlende Umschläge, Hochlagerung
- sofortige Laufpause, umgehende Arztvorstellung

Ärztliche Maßnahmen:

- bei einer kleiner Verletzung mit Gelenkstabilität 3 Wochen Ruhigstellung (Orthese, Gipsverband u. a.)
- bei einer Gelenkinstabilität immer operative Versorgung, danach 6 bis 8 Wochen Ruhigstellung

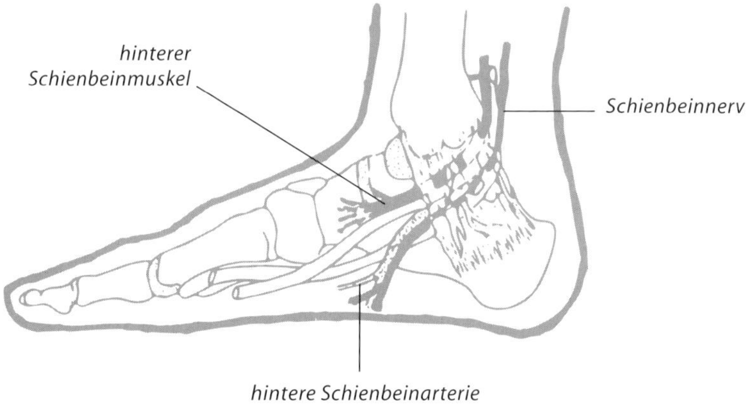

Abb. 55 Der Fuß (Seitenansicht)

Medizinische Trainingstherapie:

Nach Ruhigstellung

Hauptübung — Kapitel 16: Abb. 161/Aquajogging/154 – 156/157 – 160 oder 165 – 167

Nebenübung — Kapitel 16: Abb. 172, 173 oder 174, 175 • Kapitel 6.3: Abb. 13, 14

7.5.3 Sehnenverletzungen (*Tendopathie*)

Da im Sprunggelenk in allen Ebenen relativ große Bewegungsausschläge erforderlich sind, können die Sehnenansätze bzw. -scheiden auch beim Laufsport erheblich belastet werden.

7.5.3.1 Verlagerung der Sehnen des Wadenbeinmuskels (*Dislocatio Mm. peronei*)

7

Der kurze und der lange Wadenbeinmuskel *(Mm. peronei brevis et longus)* kommen von der Hinterseite des Unterschenkels und die Sehnen verlaufen hinter dem Außenknöchel an den äußeren Fußrand zum 1. Keilbein bzw. 5. Mittelfußknochen. Bei einer traumatischen Beugung im Sprunggelenk kann die bindegewebige Platte *(Retinaculum)*, die die beiden Sehnen hinter dem Außenknöchel fixiert, reißen. Dadurch können sich die Sehnen ständig über den Knöchel verlagern, was zu entzündlichen Reizungen führen kann.

Ursachen:

- traumatische Beugung nach oben *(Dorsalflexion)* und Einwärtsdrehung *(Pronation)* im Sprunggelenk
- traumatische Zerrung im Sprunggelenk (Fehltritt, Umknicken u. a.)
- instabiles Sprunggelenk nach einer Verletzung

Diagnostik:

Die Diagnose kann durch die klinische Untersuchung und die Weichteilsonographie erhärtet werden.

Beschwerden:

- Schmerzen bei Drehung der Fußsohle nach oben/außen und bei der extremen Beugung nach oben
- Schmerzen bei Daumendruck auf die Sehne gegen den Außenknöchel
- Druckschmerz hinter dem Außenknöchel
- im akuten Stadium Schwellung und eventuell Bluterguss

Selbstmaßnahmen:

Laufpause und Arztvorstellung

Ärztliche Maßnahmen:

- bei einer akuten Gelenkverletzung 3 bis 4 Wochen Ruhigstellung (Orthese, Gipsverband u. a.)
- bei starken Beschwerden operative Naht der bindegewebigen Platte, danach 4 Wochen Ruhigstellung
- bei chronischen Beschwerden plastische Rekonstruktion der bindegewebigen Platte

7.5.3.2 Sehnenreizung des hinteren Schienbeinmuskels (*Tendinitis m. tibialis posterior*)

Der hintere Schienbeinmuskel *(M. tibialis posterior)* entspringt auf der Rückseite des Schien- und Wadenbeines. Die Sehne verläuft in einer Sehnenscheide hinter dem Schienbein und Innenknöchel am Innenfußrand zum Kahnbein *(Os naviculare)*. Starke Bewegungsausschläge im Sprunggelenk führen zu einer erhöhten mechanischen Belastung, die zu einer entzündlichen Reizung in der Sehnenscheide oder am Sehnenansatz führen kann. Durch die extreme Belastung des Sprunggelenkes beim Laufsport sind Läufer oft betroffen.

Ursachen:

- starke, wiederholte Pronationsbewegungen im Sprunggelenk
- vermehrte Läufe auf unebenen oder harten Strecken

Diagnostik:

Die Diagnose kann ausschließlich durch die klinische Untersuchung gestellt werden.

Beschwerden:

- Schmerzen beim Gleiten der Sehne in der Sehnenscheide unabhängig von einer bestimmten Bewegungsebene
- Schmerzen bei passiver oder aktiver Belastung der Sehne
- Druckschmerz am Kahnbein oder hinter dem Innenknöchel
- im akuten Stadium Schwellung und Sehnenreiben *(Krepitation)*

Selbstmaßnahmen:

- im akuten Stadium kühlende Umschläge, später Wärmeanwendung
- 2 bis 3 Wochen Ruhigstellung (Tape, Orthese u. a.)

Ärztliche Maßnahmen:

- entzündungshemmende Behandlung (Antirheumatika, Salben, eventuell entzündungshemmende Injektion (Kortison u. a.)
- Physiotherapie (Elektro-/Kryotherapie, Softlaserbestrahlung u. a.)
- in schweren Fällen 3 Wochen Ruhigstellung (Orthese, Tape u. a.)
- Schuhkorrektur (Stützung des Längsgewölbes, Minderung der Pronation)
- bei chronischen Beschwerden operative Entfernung des narbigen Gleitgewebes

Medizinische Trainingstherapie:

Siehe Kapitel 6 und 16.
Hauptübung — Kapitel 16: Abb. 105, 106/107, 108/118, 119/120, 121/154 – 156/157 – 160 oder 165 – 167/176 – 178/179, 180
Dehnung — Kapitel 6.4.6.1: Abb. 17 – 19

Verhütungsmaßnahmen:

ständige Schuhkorrektur im Laufschuh

7.6 Fuß

Der Fuß trägt das Körpergewicht bei allen Körperbewegungen (Gehen, Laufen, Springen). Dabei kann das Gewicht, das auf dem Fuß lastet, sich bei der Landephase bis um das 3- bis 4-fache erhöhen, bei Übergewicht sogar noch mehr. Diese Last muss nun durch eine physiologische Abrollbewegung auf die Lauffläche verteilt werden. Die Bein- und Fußmuskulatur muss dabei nicht nur die Kräfte auffangen, sondern zusätzlich den Fuß am Boden stabilisieren. Kein Schritt gleicht dem nächsten, da sich ständig der Fußwinkel, die Untergrundneigung und die Körperhaltung ändern, was zusätzlich mit ausgeglichen werden muss. Kleinste Abweichungen von der normalen Fußanatomie oder physiologisch ungünstige Laufflächen (hart, uneben) sowie eine falsche Lauftechnik haben große Bedeutung für das Entstehen von Überlastungsschäden am Fuß. Da das gesamte Bein als eine funktionelle Einheit anzusehen ist, können diese Störungen auch die darüber liegenden Gelenke (Knie, Hüfte) in ihrer Funktion beeinträchtigen.

7.6.1 Aufbau und Funktion

Der Fuß ist aus 26 Knochen, 30 Gelenken, 30 Sehnen und Muskeln sowie aus zahlreichen Bändern und Gelenkkapseln aufgebaut, die insgesamt einen festen Stand und das Laufen ermöglichen. Man unterscheidet drei funktionelle Teile am Fuß: den Fersenbereich (Sprung-, Fersenbein), den Mittelfuß (Kahnbein, Würfelbein, 3 Keilbeine, Mittelfußknochen) und den Vorfuß (5 Zehen) (Abb. 54). Der Fuß hat für seine Beweglichkeit zwei Gelenke, die zwar unterschiedliche Funktionen haben, aber sich trotzdem ergänzen. Das obere Sprunggelenk, bestehend aus den Unterschenkelknochen und dem Sprungbein *(Talus)*, ist für Fußhebung *(Dorsalflexion)* und die Fußsenkung *(Plantarflexion)* verantwortlich. Das untere Sprunggelenk, das von dem Sprungbein, dem Fersenbein *(Calcaneus)* und dem Kahnbein *(Os naviculare)* gebildet wird, führt die Umwendbewegungen aus, d. h. die Auswärtsdrehung der Fußsohle *(Pronation)* und die Einwärtsdrehung der Fußsohle *(Supination)*.

Um die Last, die der Fuß tragen muss, abfangen zu können, verfügt der Fuß über ein Längs- und Quergewölbe, die durch eine komplizierte Anordnung von Muskeln und Bänder fixiert werden (Abb. 56).

Das Längsgewölbe wird dabei maßgeblich durch die *Plantaraponeurose*, die vom Fersenbein bis zu den Zehen reicht, und durch das Fußsohlenband, das sich vom Fersenbein bis zu den Grundgelenken der Zehen erstreckt, verstärkt (Abb. 56).

Beim normalen Laufstil (Fersenläufer) erfolgt in der Aufsetzphase kurz vor dem Aufsetzen mit der Ferse physiologisch eine leichte Supination, so dass der Fuß mit dem Außenrand aufsetzen kann. In der Abrollphase erfolgt durch die Belastung eine Abflachung des Längsgewölbes und der Fuß stellt sich in eine Pronationsstellung ein. Es folgt nun eine Anspannung der Plantaraponeurose und das Gewicht wird auf den ganzen Fuß verteilt. In der Abdruckphase besteht beim Heben des Hinterfußes eine Pronationsstellung, die den Vorfuß stabilisiert, so dass der Abstoß über das Großzehengrundgelenk erfolgen kann. Dabei stellt sich langsam wieder eine Supination ein (Resupination, 4° bis 6°). Der Fuß muss insgesamt die Stoßdämpferfunktion für alle darüber liegenden Gelenke bis hin zur Wirbelsäule und zum Kopf übernehmen. Dies wird durch die Gewölbekonstruktion, den elastischen Bewegungsablauf der Fußsohle und das Zusammenspiel aller Fußteile (Bänder, Knochen, Muskeln, Fettkissen) erreicht.

7.6.2 Ursachen der Fußbeschwerden

Die Ursachen für die Fußbeschwerden sind vielfältig, da viele Situationen die biomechanische Bewegungsstruktur der Füße beeinflussen.

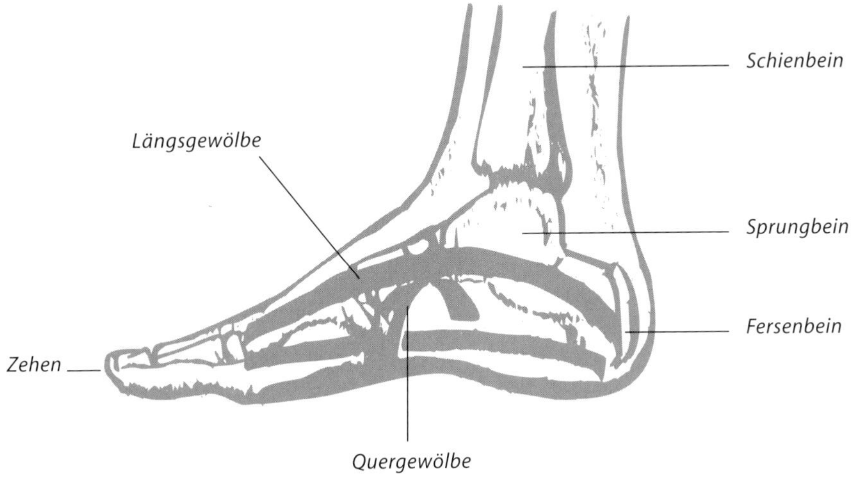

Abb. 56 Die Gewölbekonstruktion des Fußes

Anatomische Faktoren:

- ausgeprägte Veränderungen der Fußform (Fußdeformitäten), wie Platt-, Spreiz-, Hohlfuß, Hammerzehe, Hallux valgus
- Knochenwülste oder Knochenausziehungen (hinterer und unterer Fersensporn, Exostose u. a.)
- übermäßige oder verminderte Pronation und Supination
- veränderte Beinstatik (Beinverkürzung, Beckenschiefstand u. a.)
- Nagelfehlbildungen (Krallennagel, Nagelspaltung, Nagelreißen u. a.)
- allgemeine Muskelschwäche

Klinische Faktoren:

- chronische Gelenkerkrankungen (Arthrose, Gicht, rheumatische Arthritis u. a.)
- Knochenerkrankungen (Fehlstellung nach Knochenbruch, Knochenweiche u. a.)
- Übergewicht
- Sehnenansatzreizungen (Fußbeuger, -strecker u. a.), Nervenreizungen
- Durchblutungsstörungen (arterielle Verschlusskrankheit, venöse Rückflussstörung, Lymphstauung)
- Stoffwechselstörungen (Zuckerkrankheit u. a.)
- Hauterkrankungen (Ekzem, Schuppenflechte, Pilzinfektion u. a.)
- unzureichende Fußpflege

Trainingstechnische Faktoren:

- belastende Laufflächen (hart, weich uneben, hügelig, rutschig)
- physiologisch ungünstige Laufstrecken (Straßen mit einem Neigungswinkel, Bergauf-, -ablaufen)
- inadäquate Belastungsgestaltung (Lauftempo, Streckenlänge, zu geringe Erholungspausen)

Schuhtechnische Faktoren:

- unzureichende Schuhkorrektur bei Fußfehlbildungen (Fersenverstärkung, Absatzerhöhung, Einlagen)
- geringe Stoßwellenaufnahme der Schuhsohle
- ungenügende Fußstabilisierung (verformte oder zu große Schuhe)
- zu enge Schuhe

Lauftechnische Faktoren:

- Rückfußläufer (extrem hartes Aufsetzen mit der Ferse)
- Aufsetzen in Plattfußstellung
- Vorfußläufer (betontes Aufsetzen mit dem Vorfuß)
- Pronations- oder Supinationsläufer (überbetonte Winkelstellung beim Aufsetzen)

Fußstörungen können aber auch eine Fernwirkung auslösen, so dass in anderen Körperbereichen Beschwerden oder Störungen auftreten:

- Knie-, Hüft- und Wirbelsäulenbeschwerden

- Anämie: Infolge des ständigen Druckes auf den Fußsohlengefäßschwamm werden die roten Blutkörperchen zerquetscht.

7.6.3 Beschwerden im Fersenbereich

Der Fersenbereich ist im Laufsport bereits unter normalen Bedingungen extremen Belastungen ausgesetzt. Kommen nun noch zusätzlich anatomische Fehlhaltungen, wiederholte Verletzungen oder lauftechnische Überforderungen hinzu, kann es relativ schnell zu akuten und chronischen Überlastungsschäden kommen.

7.6.3.1 Verschmälerung des Fersenfettpolsters (*Lipoatrophia calcanei*)

Das Fettgewebe unter der Ferse *(plantares Kalkaneuskissen)* wird durch eine spezielle Bindegewebestruktur in der Fußsohlenfaszie in kleine Abschnitte befestigt. Es ist dadurch nicht verschiebbar und kann seine Polsterfunktion wahrnehmen. Durch eine erhöhte Druckbelastung kann diese bindegewebige Struktur zerreißen, was dazu führt, dass das Fettpolster von der Lauffläche nach außen gedrückt wird. Damit geht die Schutzfunktion verloren und es kommt zu einer Knochenhautreizung *(Periostitis)* im Bereich der Lauffläche (Abb. 57).

Ursachen:

- extremer Fersenläufer, übermäßige Sprungübungen
- harte Laufflächen
- fehlerhafte Laufschuhe (geringe Stoßwellenabsorption)

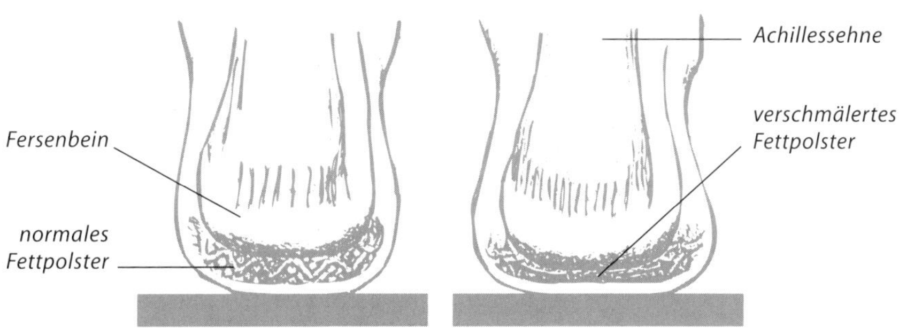

Abb. 57 Normales und verschmälertes Fersenfettpolster

Diagnostik:

Die Diagnose kann durch die klinische Untersuchung und die Weichteil-sonographie gestellt werden.

Beschwerden:

- Druck- und Belastungsschmerz an der Fußsohle
- verringerter tastbarer Fettanteil an der Fußsohle

Selbstmaßnahmen:

- Umstellung der Lauftechnik, Schuhwechsel

Ärztliche Maßnahmen:

- spezielle Einlagen mit Druckminderung der Fußsohle
- Softlaserbestrahlung
- Ganganalyse und Trainingsumstellung

Verhütungsmaßnahmen:

ständiges Tragen der Fußeinlagen, spezielle Laufgestaltung

7.6.3.2 Schleimbeutelentzündung unter dem Fersenbein (*Bursitis calcanei plantaris*)

Zwischen dem Fersenbein und dem Kalkaneuskissen liegt ein kleiner Schleimbeutel, der bei einer stärkeren Belastung sich entzündlich verändern kann. Auch kann der untere Fersensporn allein schmerzhaft sein (Abb. 58).

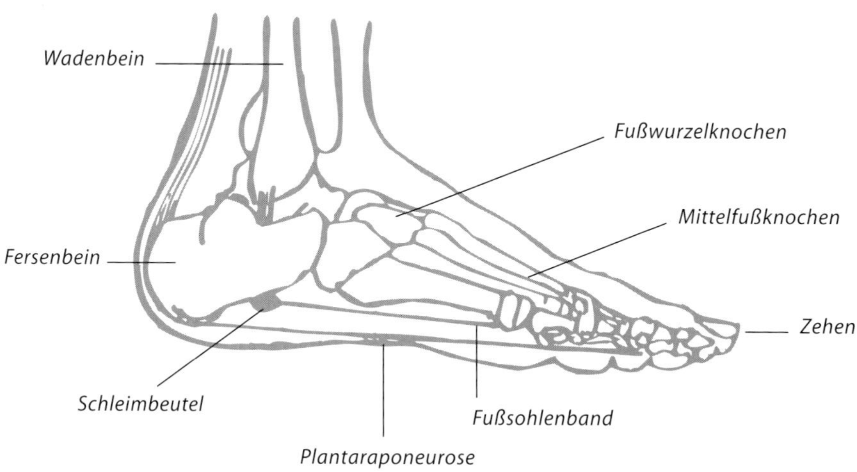

Abb. 58 Lage des Schleimbeutels, des Fußsohlenbandes und der Plantaraponeurose

Ursachen:

- Fersensporn unter dem Fersenbein
- stärkere Druckbelastung (harte Laufstrecke, Schuhdruck)
- übermäßiges Lauftraining

Diagnostik:

Die Diagnose kann durch die klinische Untersuchung und die Weichteilsonographie ermittelt werden.

Beschwerden:

- Druck- und Belastungsschmerz unterhalb der Ferse
- teilweise örtliche teigige Schwellung
- Bewegungseinschränkung (Beugung nach unten)

Selbstmaßnahmen:

- Laufreduzierung für ca. 1 Woche
- kühlende Umschläge

Ärztliche Maßnahmen:

- entzündungshemmende schmerzdämpfende Medikamente (Antirheumatika, Analgetika u. a.)
- eventuell entzündungshemmende Injektion (Kortison u. a.)
- Physiotherapie (Elektrotherapie, Softlaserbestrahlung u. a.)
- spezielle Ferseneinlagen
- bei chronischen Fällen operative Entfernung des Fersensporns oder Schleimbeutels

Verhütungsmaßnahmen:

- ständiges Tragen von speziellen Einlagen

7.6.3.3 Ansatzreizung der Plantaraponeurose (*Fasciitis plantaris*)

Die Plantaraponeurose ist eine straffe, feste Bandplatte, die das gesamte Längsgewölbe der Fußsohle überspannt. Sie entspringt am unteren Bereich des Fersenbeines, geht in der Fußsohlenmitte in Bänder über, die an den Zehen ansetzen. Bei Überlastungen oder Verletzungen kann es zu einer entzündlichen Reizung am Ursprung kommen (Abb. 59).

Ursachen:

- vermehrte Sprungübungen, verstärkter Abdruck, plötzliche Drehbewegungen (Mikroeinrisse), hohe Laufbelastungen auf harter Lauffläche
- vermehrte Pronationsstellung im Sprunggelenk, Spreiz- oder Plattfuß (stärkere Zugspannung)
- ungenügender Halt des Längsgewölbes im Schuh
- Narben im Sehnenbereich nach Teileinrissen (verminderte Dehnbarkeit)
- unterer Fersensporn
- erhöhte Spannung der Fußsohlenmuskeln

Diagnostik:

Die Diagnose kann durch die klinische und röntgenologische Untersuchung gestellt werden.

Beschwerden:

- Druck- und Belastungsschmerz im Ursprungsbereich der Aponeurose, die unter Ruhebedingungen verschwinden
- Schmerzen beim Zehen- oder Fersengang, Abrollstörung
- morgendliche Gewebesteifigkeit und eventuell hinkender Gang, im Tagesverlauf leichte Besserung

Selbstmaßnahmen:

- Laufpause bis zur Schmerzbeseitigung
- kühlende Umschläge
- Schuhüberprüfung, eventuell Schuhwechsel
- Arztvorstellung bei chronischen Beschwerden

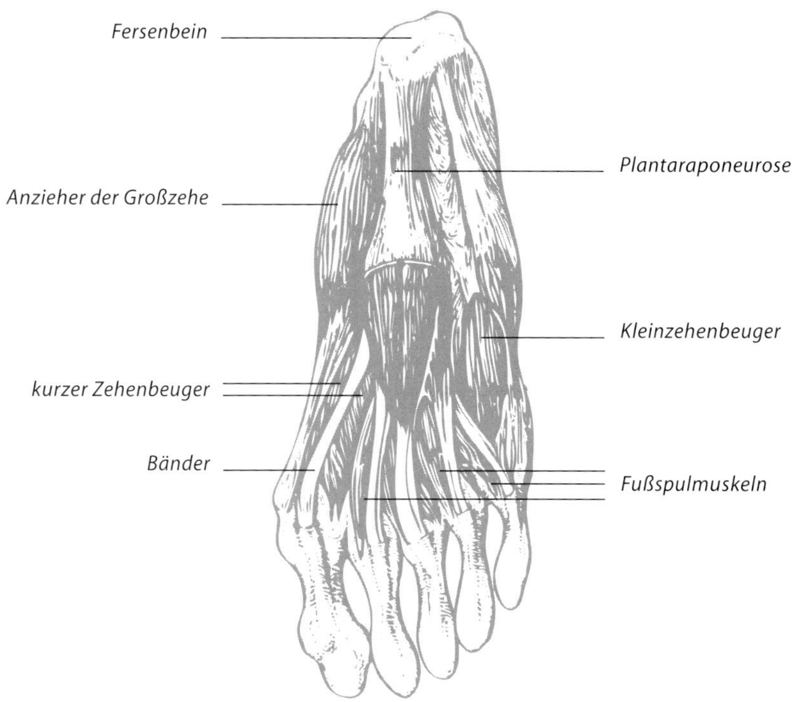

Abb. 59 Fußsohle mit den Muskeln und der Plantaraponeurose

Ärztliche Maßnahmen:

- spezielle Fußeinlagen (Druckentlastung)
- entzündungshemmende Behandlung (Antirheumatika, eventuell Kortisoninjektion u. a.)
- Fußeinlagen bei Überpronation, Fersenkissen (mit Loch) bei Fersensporn
- Physiotherapie bei Narben (Ultraschall, Dehnübungen, Softlaserbestrahlung u. a.)
- bei chronischen Beschwerden operative Revision

Medizinische Trainingstherapie:

Siehe Kapitel 16.

Hauptübung — Kapitel 16: Abb. 105, 106/107, 108/154 – 156/157 – 160/165 – 167/ 176 – 178/179, 180

Verhütungsmaßnahmen:

- regelmäßige Fußdehnübungen
- kontinuierliche Druckentlastung (Fußsohleneinlagen, Pronationsstütze u. a.)

7.6.3.4 Ermüdungsbruch des Fersenbeines (*Fractura calcanei*)

Diese Verletzung kommt sehr häufig bei Langstreckenläufern vor, die entweder sehr intensiv trainieren oder ungenügend vorbereitet sind. Der Läufer erkennt oft diese Störung verspätet, da die Beschwerden schleichend beginnen und verlaufen.

Ursachen:

- schlechte Anpassung an die Laufbelastung
- sehr lange Laufstrecken auf harten Böden
- Knochenstoffwechselstörungen

Diagnostik:

Die Röntgenuntersuchung kann anfangs oft keine Aussage treffen. Bei weiter bestehenden Beschwerden nach 1 bis 2 Wochen wiederholen (Resorptionssaum). Eine sichere Aussage kann das Knochenszintigramm treffen.

Beschwerden:

- Belastungsschmerz im Fersenbein, der bei Sprungübungen stärker wird
- örtlicher Druckschmerz, eventuell Schwellung

Selbstmaßnahmen:

- sofortige Laufpause
- umgehende Arztvorstellung

Ärztliche Maßnahmen:

- umfassende radiologische Untersuchung
- Ruhigstellung für 5 bis 6 Wochen (Gipsverband)
- Trainingsbeginn nach 6 bis 8 Wochen

Medizinische Trainingstherapie:

Nach Ruhigstellung Übungsprogramm von Kapitel 7.6.3.3

7.6.3.5 Einklemmung des hinteren Schienbeinnervs (*Tarsaltunnelsyndrom*)

Der hintere Schienbeinnerv *(N. tibialis)* stammt vom Ischiasnerv. Er kommt vom hinteren Unterschenkelbereich und zieht in einem Kanal hinter und unter dem Innenknöchel zum Fuß. Im Kanal teilt er sich in zwei Plantarnerven. Ein Ast zieht zum inneren Mittelfußrand und der andere in den inneren Fersen- und Fußsohlenbereich (Abb. 55). Durch Druckbelastungen kann es zu einer entzündlichen Schwellung im Bereich des Kanals kommen, die den Nerv beeinträchtigt.

Ursachen:

- Sehnenentzündung des hinteren Schienbeinmuskels
- traumatische Knöchelzerrung
- chronischer Druck auf den Kanal (Schuhkappe, Überpronation, Abrollstörung)
- spornartiger Knochenvorsprung hinter dem Knöchel *(Exostose)*

Diagnostik:

Die Diagnose kann durch die klinische und röntgenologische Untersuchung sowie durch die Messung der Nervenleitgeschwindigkeit ermittelt werden.

Beschwerden:

- Druck- und Bewegungsschmerz hinter und unter dem Knöchel
- ausstrahlende Schmerzen in die Ferse, Fußinnenrand und Fußsohle
- Schwellung im Knöchelbereich
- Bewegungseinschränkung (watschelnder Gang)
- Schmerzverstärkung während der Fersenhebung beim Abrollvorgang
- eventuell Lähmung der inneren Vorfußmuskeln *(Parese)*

Selbstmaßnahmen:

- sofortige Laufpause
- Schuhkorrektur

Ärztliche Maßnahmen:

- entzündungshemmende Behandlung (Antirheumatika, Badezusätze u. a.)
- Physiotherapie (Elektrotherapie, Softlaserbestrahlung u. a.)
- Fußeinlage (Fersenerhöhung, Pronation verringern)
- eventuell operative Korrektur *(Exostose)*

Verhütungsmaßnahmen:

- Korrektur der Fußstellung
- individuelle Schuhanpassung

7.6.4 Beschwerden im Mittelfußbereich

Der Mittelfuß ist beim Läufer stark belastet, da er in die dynamischen Bewegungsabläufe des Fußabrollens aktiv einbezogen wird. Störungen in der Gewölbestruktur des Fußes oder unphysiologische Laufstile können zu erheblichen Beschwerden führen.

7.6.4.1 Störung im Längsgewölbe

Teilweise kann man beobachten, dass trotz Abflachung des Längsgewölbes keine Beschwerden angegeben werden. Bei einer starken Ausprägung entsteht ein Plattfuß *(Pes planus)*, der die Fußstatik erheblich infolge der Überpronation und der starken Abflachung stört. Dabei kann im Extremfall der Fußinnenrand niedriger als der Fußaußenrand stehen, und die Mittelfußknochen sowie die Zehen rotieren nach außen. Häufig ist auch noch das vordere Quergewölbe mit abgeflacht (Abb. 60). Dadurch kommt es zu einer inadäquaten Druckverteilung, einem erhöhten Druck auf alle Fußgelenke und zu einer starken Spannung der Plantaraponeurose (Abb. 59).

Ursachen:

- Überdehnung oder unzureichende Ausbildung des Sehnen-Band-Muskel-Apparates der Fußsohle
- kontinuierliches Übergewicht
- chronische Ermüdung durch überlange Läufe
- Knochenstoffwechselstörung

Diagnostik:

Die Diagnose kann durch die klinische und röntgenologische Untersuchung ermittelt werden.

Beschwerden:

- veränderte Fußform (breit, schlaff)
- Ruhe- und Belastungsschmerz in den Mittel- und Vorfuß-Gelenken
- nach langen Läufen Schmerzen im Sprung-, Knie- und Hüftgelenk (veränderte Beinstatik, beispielsweise Verlagerung der Kniescheibe)
- allgemeine Müdigkeit in den Füßen
- Hornhautschwielen an hoch belasteten Stellen der Fußsohle

Behandlungsmaßnahmen:

Siehe Kapitel 7.6.4.3.

Hohlfuß Normalfuß Plattfuß

Prüfen Sie Ihren Fußtyp!
Steigen Sie vom Wasser auf eine trockene Unterlage oder ein Stück saugfähiges Papier (beispielsweise eine braune Papiertüte).
Vergleichen Sie Ihren Fußabdruck.

Abb. 60 Fußdeformitäten

7.6.4.2 Störung des vorderen Quergewölbes

Die wichtigste Funktion des vorderen Fußgewölbes ist die Aufrechterhaltung der Elastizität des Fußes beim Abrollen und Abdruck. Flacht das vordere Fußgewölbe ab, wird der Fuß breiter, weil die Mittelfußknochen und die Zehen fächerförmig auseinandergedrückt werden. Man bezeichnet diese Fehlform als Spreizfuß *(Pes transversus)*. Der Fuß verliert die Fähigkeit die entstehenden Drücke aufzufangen, was bei hohen Belastungen zu Beschwerden führen kann. Oft besteht auch eine Überpronation, da die physiologische Supination fehlt. Der Abstoß über den Großzehenballen ist verschlechtert (Abb. 60).

Ursachen:

- Bänderlockerung bei statischen Überlastungen (unebene, harte Laufstrecken u. a.)
- schlecht sitzendes Schuhwerk, in dem der Fuß unzureichend fixiert wird
- allgemeine Bindegewebsschwäche (konstitutionell)

Beschwerden:

- Fußverbreiterung im vorderen Bereich, eventuell Ausbildung eines *Hallux valgus*
- Schmerzen im vorderen Quergewölbe bei Belastung
- Ausbildung von Druckstellen bzw. Hühneraugen unterhalb des Ballens
- entzündliche Druckstelle an der Innenseite des Großzehs (Haut, Schleimbeutel u. a.)
- eventuell Ausbildung einer Hammerzehe

Behandlungsmaßnahmen:

Siehe Kapitel 7.6.4.3.

7.6.4.3 Hohlfuß (*Pes cavus*)

Bei dieser Störung besteht ein sehr hohes, unphysiologisches Längsgewölbe. Es ist eine angeborene Fußdeformität. Er ist durch seine relativ geringe Beweglichkeit und Elastizität gekennzeichnet, da das Bewegungsausmaß aller Fußgelenke eingeschränkt ist. Somit wird die Stoßwellenbelastung für den Unterschenkel, das Knie und die Hüfte größer.

Die tragende Sohlenfläche ist deutlich verkleinert, so dass örtliche Druckspitzen bei den verbliebenen Auflageflächen entstehen, die die Belastbarkeit des Fußes erheblich einschränken. Die gleichzeitig stark angespannte Plantaraponeurose unterstützt dies noch (Abb. 60).

Diagnostik:

Die Diagnose kann durch die klinische und röntgenologische Untersuchung ermittelt werden.

Beschwerden:

- Belastungschmerz im gesamten Fuß und am Fußaußenrand bei längeren Läufen
- vermehrte Hornhautschwielen besonders am Fußaußenrand
- Sehnen- und Bandreizungen an der Fußsohle nach stärkeren Laufbelastungen
- Ausbildung von Hammerzehen infolge einer vermehrten Spannung der Zehenbeuger

Selbstmaßnahmen:

- regelmäßige Fußgymnastik, Dehnübungen
- Tragen von Stützverbänden beim Lauf (Tape u. a.)
- individuell angepasste Laufschuhe
- sorgfältige Fußpflege (Bäder, Hornhauthobel, Salben u. a.)
- Laufpause bei Beschwerden

7

Ärztliche Maßnahmen:

- differenzierte Diagnosestellung, individuelle Sportlerberatung
- Physiotherapie bei Beschwerden
- eventuell operative Korrektur (Hammerzehe, Fußgewölbe u. a.)
- Schuhkorrektur:
  Plattfuß: Unterstützung des Längsgewölbes, Absätze innen erhöhen
  Spreizfuß: Unterstützung des vorderen Fußgewölbes, Absätze innen leicht erhöhen bei Überpronation
  Hohlfuß: spezielle Stützung des Längsgewölbes, Schuhsohle mit guter Stoßaufnahme

Verhütungsmaßnahmen:

regelmäßige Fußgymnastik und Dehnübungen

7.6.4.4 Knochenauswüchse am Mittelfuß (*Exostosen*)

Am seitlichen Fuß oder am Fußrücken der Mittelfußknochen vor dem Sprunggelenk können sich knöcherne Auswüchse entwickeln. Bei einer chronischen Druckbelastung kann es zu einer entzündlichen Knochenhautreizung kommen, die den Anstoß für die weitere Vergrößerung dieser Auswüchse gibt. Den Läufer können diese Gebilde erheblich belästigen. Manchmal sind sie sogar eigenständige Neubildungen, die mit dem normalen Knochenskelett nicht verbunden sind.

Ursachen:

- chronischer Druck (enge Schuhe, zu stark geschnürte Schuhe)
- Knochenstoffwechselstörung

Diagnostik:

Diese knöchernen Auswüchse sind auf klinische und röntgenologische Weise zu erfassen.

Beschwerden:
- örtlicher Druckschmerz und Schwellung
- Teilweise kann sich darüber ein entzündlicher Schleimbeutel entwickeln.

Selbstmaßnahmen:
- Druckentlastung durch Polsterung
- Schuhwechsel oder Schuhkorrektur

Ärztliche Maßnahmen:
- entzündungshemmende Medikamente (Antirheumatika, eventuell entzündungshemmende Injektionen (Kortison u. a.))
- Softlaserbestrahlung
- bei chronischen Beschwerden operative Korrektur

7

7.6.4.5 Ermüdungsbrüche am Kahnbein und den Mittelfußknochen (*Fractura naviculare, metatarsalia*)

Im Mittelfußbereich kommen am häufigsten die Brüche an den Mittelfußknochen (2. und 3.) vor. Aber auch das Kahnbein kann betroffen sein (Abb. 61).

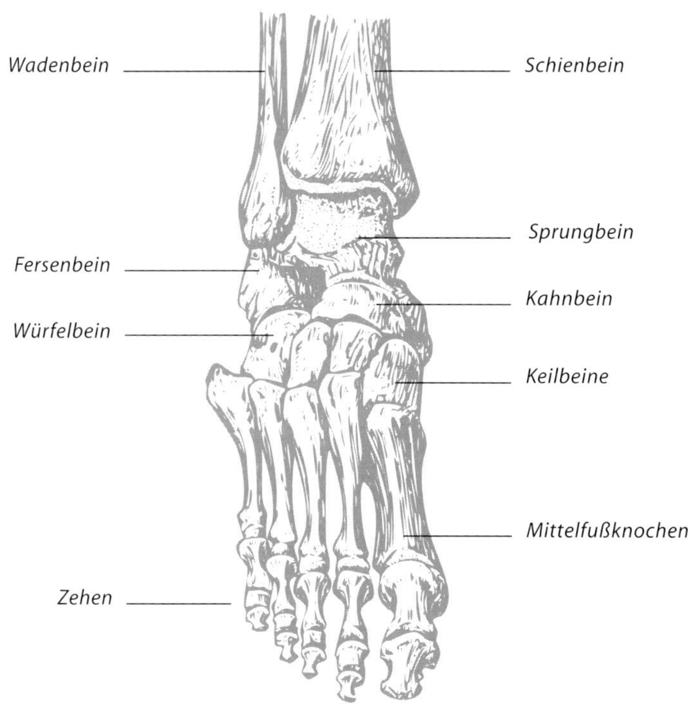

Abb. 61 Das Fußskelett (Ansicht von oben)

Diagnostik:

Die Diagnose kann teilweise zu Beginn nicht durch die Röntgenuntersuchung gestellt werden, da sich kein Bruchspalt zeigt. Bei weiteren Beschwerden sollte nach 1 bis 2 Wochen eine weitere Röntgenkontrolle durchgeführt werden, wo sich dann meistens der Bruchspalt zeigt *(Nekrosesaum)*. Häufig ist auch nur eine Unterbrechung an der Knochenrinde *(Kortikalis)* zu erfassen. Eine sofortige Beurteilung ist durch die Szintigraphie möglich.

Ursachen:

- chronische Überlastung
- örtliche oder allgemeine Knochenstoffwechselstörung (Osteoporose u. a.)

Beschwerden:

- örtlicher Druckschmerz und eventuell Schwellung
- Teilweise besteht eine Stufe in Knochen (Bruchstelle).
- örtlicher Bewegungsschmerz

7

Selbstmaßnahmen:

- sofortige Laufpause und Arztvorstellung

Ärztliche Maßnahmen:

- sorgfältige Diagnostik
- Ruhigstellung für 4 bis 6 Wochen (Gipsverband u. a.)
- eventuell operative Korrektur bei Fehlstellung
- Laufgenehmigung nach 6 bis 8 Wochen

7.6.4.6 Sehnenreizung des Zehenstreckers (*Tendinitis m. extensor digitorum*)

Es handelt sich hierbei um den langen Zehenstrecker *(M. extensor digitorum longus)*, der am Vorderrand des Schienbeines entspringt und über den Fußrücken verläuft. Bei einer stärkeren Laufbelastung kann diese Sehne in ihrem Verlauf sich entzünden.

Ursachen:

- chronischer Druck durch den Schuh (zu eng, unzureichender Sitz)
- übermäßiges Konditionstraining (besonders Bergauflaufen)

Diagnostik:

Die Diagnose kann durch die klinische Untersuchung ermittelt werden.

Beschwerden:

- örtlicher Druck- und Bewegungsschmerz, der sich beim Laufen verstärkt
- Schwellung und eventuell Rötung über dem Gebiet
- in schweren Fällen Sehnenreiben

Selbstmaßnahmen:

- Laufpause
- kühlende Umschläge
- Schuhwechsel, Druckentlastung (Schaumgummi u. a.)

Ärztliche Maßnahmen:

- entzündungshemmende Behandlung (Salben, Rivanolumschläge u. a.)

– eventuell entzündungshemmende Injektionen (Kortison u. a.)
– Softlaserbestrahlung

7.6.4.7 Ansatzreizung des kurzen Wadenbeinmuskels (*Tendinitis m. peroneus brevis*)

Der kurze Wadenbeinmuskel entspringt an der Hinter- und Außenfläche des Wadenbeines und setzt seitwärts an der Basis des 5. Mittelfußknochens an. Am Ansatz kann es bei einer überstarken Belastung zur Reizung bzw. zu einem Teileinriss kommen. Aber auch eine Entzündung der Sehnenscheide bei einer chronischen Überlastung ist möglich.

Ursachen:

- Fehltritt beim Lauf (Umknicken, Inversionstrauma u. a.)
- lange Läufe auf unebenen Laufflächen

7

Diagnostik:

Die Diagnose kann durch die klinische Untersuchung gestellt werden.

Beschwerden:

- örtlicher Druck- und Bewegungsschmerz im Läsionsbereich
- Schwellung und teilweise Rötung möglich
- Sehnenreiben im Bereich der Sehnenscheide

Selbstmaßnahmen:

Laufpause bis zur Schmerzbeseitigung

Ärztliche Maßnahmen:

- entzündungshemmende Behandlung (Antirheumatika, Salben u. a.)
- bei starken Beschwerden Ruhigstellung 2 bis 3 Wochen (Tape, Gipsverband u. a.)
- Physiotherapie (Kryo-, Elektrotherapie, Softlaserbestrahlung u. a.)

Verhütungsmaßnahmen:

- angepasste Laufstrecken
- schonende Laufbelastung für mehrere Wochen

7.6.4.8 Überdehnung des N. cutaneus dorsalis medius

Dies ist der Hauptast des *N. Fibularis superficialis*, der bereits im unteren Bereich des Unterschenkels die Peroneusloge verlässt und an der Vorderseite des Außenknöchels vorbei zur Außenseite des Fußrückens zieht.

Ursachen:

– Überdehnung bei einem Trauma (Umknicken u. a.)
– vermehrte Sprungübungen

Diagnostik:

Die Diagnose kann durch die klinische Untersuchung gestellt werden.

Beschwerden:
- Schmerzen an der Außenseite des Fußrückens bei Streckung des Fußes und beim Lauf
- Druckschmerz in dieser Region

Selbstmaßnahmen:
- Trainings- und Laufreduzierung
- Wahl schonender Laufstrecken (weich, eben u. a.)

Ärztliche Maßnahmen:
- schmerzdämpfende Medikamente (Analgetika u. a.)
- Physiotherapie (Elektrotherapie, Softlaserbestrahlung u. a.)

Verhütungsmaßnahmen:

Vermeidung von Überdehnungen des Fußes

7.6.5 Beschwerden im Vorfußbereich

7

Dieser Bereich wird durch die Zehengrundgelenke und die Zehen selbst gebildet. Er ist beim Lauf durch das kontinuierliche Abrollen des Fußes stark belastet und bereits kleinste Fehlstellungen oder -belastungen können Fußbeschwerden auslösen.

7.6.5.1 Hallux valgus

Weicht die Achse der Großzehe mehr als 10° vom Fußinnenrand zum Außenrand ab, so besteht diese Vorderfußfehlstellung. Durch den hohen Druck am Großzehballen kommt es zur Ausbildung eines Knochenauswuchses *(Exostose)*, der nun zusätzlich den Druck verstärkt. Zum Schutz wird dieser Bereich von einem Schleimbeutel abgedeckt, der sich durch die ständige druckbedingte Gewebereibung entzünden kann (Abb. 62). Die belastenden Momente werden durch den Laufsport maßgeblich verstärkt, da der Abstoß beim Abrollverhalten über die Großzehe und die 2. Zehe erfolgt.

Ursachen:
- Abflachung des vorderen Quergewölbes, die zu einer verstärkten Pronationsstellung führt mit einem übermäßigen Zug der Großzehmuskeln
- Verlagerung des ersten Mittelfußknochens
- Konstituion, Disposition (Frauen)
- schlecht sitzende Schuhe (hohe Absätze, enge/spitze Schuhe u. a.)

Diagnostik:

Die Diagnose kann man durch die klinische Untersuchung stellen.

Beschwerden:
- starke Außenneigung des Großzehs mit erhöhter Druckbelastung auf die nachfolgenden Zehen eventuell mit Ausbildung einer Hammerzehe
- Teilweise besteht ein Hornhautschwiele unter dem Gelenk des zweiten Mittelfußknochens.

- An der Balleninnenseite besteht meist eine Rötung und Druckschmerzhaftigkeit.
- eventuell Entzündung des Schleimbeutels *(Bursitis)* mit einer starken Rötung und Schwellung

Selbstmaßnahmen:

- kühlende Umschläge bei starken Beschwerden
- Schuhkorrektur (weite, gut passende Schuhe u. a.)
- Abpolsterung des Ballens (Schaumgummi u. a.)
- Nachtschiene

Ärztliche Maßnahmen:

- Einlagen mit Abpolsterung des vorderen Quergewölbes
- eventuell orthopädische Schuhe
- entzündungshemmende Medikamente (Salben, Bäder) bei einer Haut-/Schleimbeutelentzündung
- Softlaserbestrahlung
- eventuell operative Korrektur

Verhütungsmaßnahmen:

- Hallux-valgus-Nachtschiene
- Schuhkorrektur

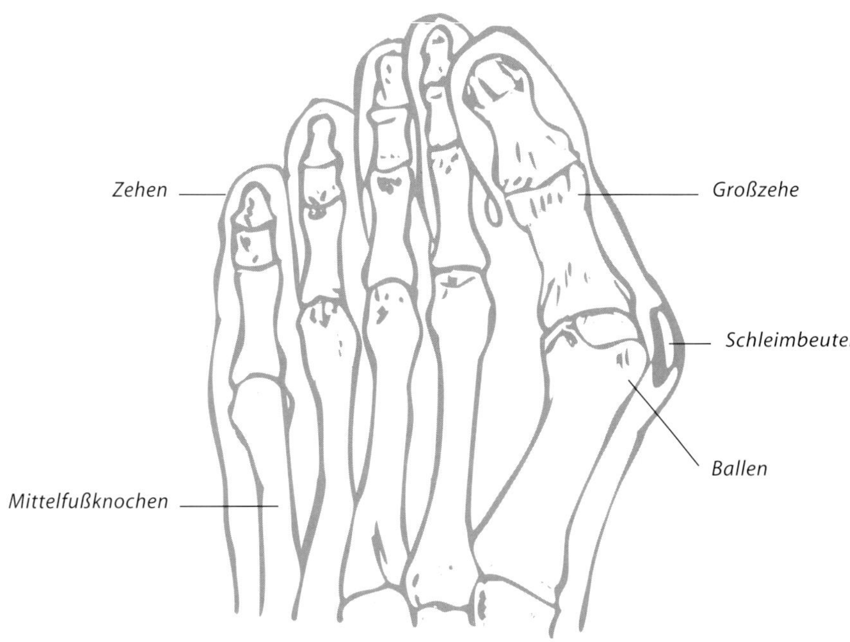

Abb. 62 Vorderfußskelett bei Hallux valgus mit Schleimbeutel

7.6.5.2 Teilversteifung der Großzehe (*Hallux rigidus*)

Durch wiederholte starke Belastungen im Großzehengrundgelenk können kleine Knorpelschädigungen entstehen. Sie führen zu einer frühzeitigen arthrotischen Veränderung im Gelenk, die den Abrollvorgang wesentlich einschränken kann.

Diagnostik:

Die Diagnose kann durch die klinische und röntgenologischen Untersuchung ermittelt werden.

Ursachen:

- vermehrte Mikrotraumen am Gelenkknorpel
- Vorfußläufer oder Spreizfuß

Beschwerden:

- schmerzhafte Bewegungseinschränkung bei der Streckung *(Dorsalflexion)*
- Behinderung bei der Abrollbewegung des Fußes beim Gehen oder Laufen
- Druckschmerz und teilweise Verformung am Grundgelenk

Selbstmaßnahmen:

Laufpause bis zur Schmerzfreiheit

Ärztliche Maßnahmen:

- Stützeinlagen
- entzündungshemmende, schmerzlindernde Medikamente (Antirheumatika, Analgetika u. a.)
- operative Korrektur oder Arthrodese

7.6.5.3 Entzündung des Sesambeines (*Sesamoiditis*)

Das Sesambein unterhalb des Großzehengrundgelenkes steht mit der Sehne des kurzen Großzehenbeugers *(M. flexor hallucis brevis)* in Verbindung. Bei einer stärkeren Belastung kann es zu einer örtlichen Entzündung kommen. Bei einem starken Beugetrauma kann das Sesambein auch teilweise brechen.

Ursachen:

- hohe Laufumfänge auf harten Laufstrecken
- unausgeglichene Druckverteilung am Vorderfuß bei Fußdeformität
- Hohlfuß bzw. starke Spannung der Plantaraponeurose

Diagnostik:

Die Diagnose wird durch die klinische Untersuchung gestellt. Beim fraglichen Bruch ist eine Röntgenuntersuchung notwendig.

Beschwerden:

- Schmerzen beim Abdruck vom Boden und beim Strecken der Großzehe
- schmerzhafter Zehenstand
- Druckschmerz und Schwellung unter dem Großzehengrundgelenk

Selbstmaßnahmen:

- sofortige Laufpause
- umgehende Arztvorstellung

Ärztliche Maßnahmen:

- entzündungshemmende Medikamente (Antirheumatika, Salben, Bäder u. a.)
- eventuell entzündungshemmende Injektionen (Kortison u. a.)
- Softlaserbestrahlung
- Ruhigstellung für ca. 4 Wochen (Gipsverband u. a.)
- bei chronischen Beschwerden operative Entfernung des Sesambeines

7.6.5.4 Fußsohlenschmerz (*Metatarsalgie*)

7

Bei Fußfehlstellungen im Vorfuß kann durch dauernde starke Belastungen der Sehnen- und Muskelapparat überfordert werden und zu Schmerzen führen.

Ursachen:

- Spreizfuß
- hohe Vorfußbelastung (Vorfußläufer, umfangreiche Sprungübungen)
- große Laufumfänge auf harter Laufstrecke
- zu große Laufschuhe

Diagnose:

Sie kann durch die klinische Untersuchung gestellt werden.

Beschwerden:

- Druck- und Belastungsschmerz an den Zehengrundgelenken (sohlenwärts)
- zunehmende Schmerzen bei Erhöhung des Laufumfanges

Selbstmaßnahmen:

- angepasstes Lauftraining
- umgehende Arztvorstellung

Ärztliche Maßnahmen:

- Stützeinlagen für das vordere Quergewölbe
- spezielle Fußgymnastik
- eventuell operative Intervention

Verhütungsmaßnahmen:

regelmäßige Fußgymnastik

7.6.5.5 Nervenreizung der plantaren Zehennerven (*Morton-Syndrom*)

Zwischen den Mittelfußknochen verlaufen die sensiblen Zehennerven, die bei erhöhten Druck in diesem Bereich geschädigt werden können. Das Morton-Syndrom tritt besonders häufig im Bereich des 3. und 4. Mittelfußknochens auf. Durch den ständigen Druck auf den Nerv kann an dieser Stelle eine Nervengeschwulst *(Neurom)* entstehen, die dann den Druck noch erhöht (Abb. 63).

Ursachen:

- Spreizfuß mit hoher Druckbelastung auf den Zehengrundgelenken
- schlecht sitzende Schuhe (enger Schuh u. a.)

Diagnostik:

Die Diagnose kann durch die klinische Untersuchung ermittelt werden.

Beschwerden:

- wiederholte einschießende Schmerzen an der Innenseite einer Zehe und der Außenseite der gegenüberliegenden Zehe (elektrischer Schlag)
- gestörte Sensibilität zweier gegenüberliegender Zehen (Überempfindlichkeit)
- Schmerzauslösung durch die Kompression der Mittelfußknochen
- Schmerzminderung beim Barfußlaufen

Selbstmaßnahmen:

- Laufpause bis zur Schmerzfreiheit
- gut passende Schuhe (weite u. a.)

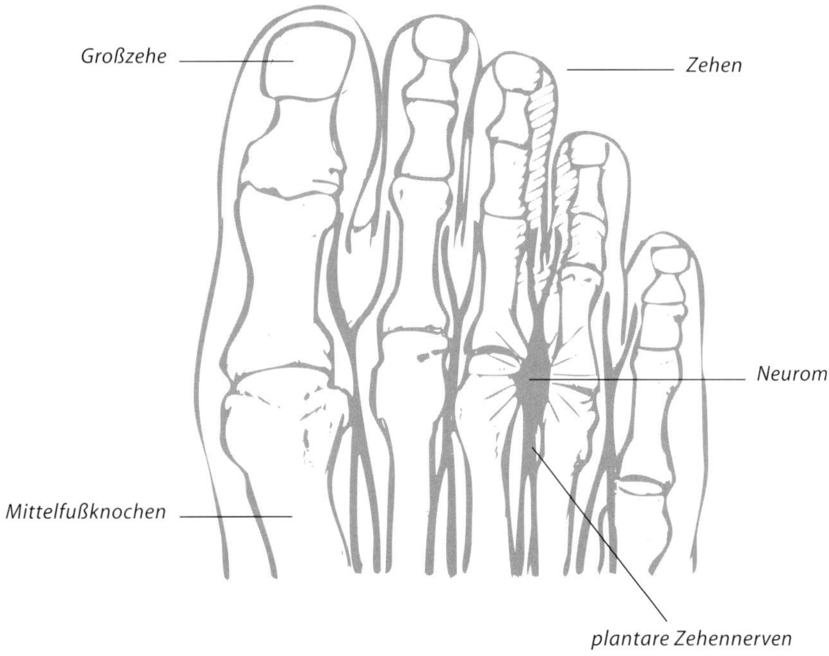

Abb. 63 Vorderfuß mit den plantaren Zehennerven und dem Neurom

Ärztliche Maßnahmen:

- entzündungshemmende Medikamente (Antirheumatika, Analgetika u. a.)
- eventuell entzündungshemmende Injektionen (Kortison u. a.)
- Physiotherapie (Reizstrom, Softlaserbestrahlung u. a.)
- eventuell operative Intervention

Verhütungsmaßnahmen:

regelmäßige spezielle Fußgymnastik

7.6.6 Hautveränderungen am Fuß

Hierunter versteht man oberflächliche Hautveränderungen, die allgemein im Sport, aber auch durch den Laufsport begünstigt bzw. hervorgerufen werden können.

7

7.6.6.1 Pilzinfektion der Füße (*Tinea pedis*)

Die Pilzinfektion kann sowohl die oberflächliche Haut einschließlich der Zwischenzehenräume als auch den Zehennagel befallen. Sie sind relativ häufig und werden hauptsächlich durch Fadenpilze (*Dermatophyten*, ca. 70 %) und Hefepilze (*Candida*, ca. 10 bis 15 %) verursacht. Bisherige Untersuchungen haben ermittelt, dass ca. 70 % der Laufsportler an einem Fußpilz und ca. 25 % an einem Nagelpilz leiden.

Ursachen:

- unzureichende Fußpflege (ungenügendes Abtrocknen u. a.)
- ungenügender Schutz in Gemeinschaftsräumen, wie etwa Schwimmbad, Sauna, Waschraum, Umkleideraum (Sandalen)
- Barfußgehen auf Fußböden
- instabiles Immunsystem

Diagnostik:

Die Diagnose kann durch die mikroskopische Untersuchung (Nativpräparat) und kulturelle Differenzierung gestellt werden.

Beschwerden bei Fußpilz (Tinea pedis):

- abgegrenzte Schuppung und Rötung
- Juckreiz mit Kratzspuren

Beschwerden bei Nagelpilz (Onychomykose):

- Nagelverfärbung und Nagelveränderung (dick, krümelig, gelb u. a.)
- Verhornung unter der Nagelplatte
- eventuell Auflösung des Nagels

Selbstmaßnahmen:

- sorgfältige Fußpflege und Inspektion
- Sanierung der pilzinfizierten Schuhe
- frühzeitige Arztvorstellung

Ärztliche Maßnahmen:

- Auflösung der Verhornung/Schuppen (Harnstoffpräparate u. a.)
- keimhemmende Substanzen (Antimykotika u. a.)
- eventuell Nagelentfernung bei Nagelpilz

Verhütungsmaßnahmen:

- täglicher Sockenwechsel
- Tragen von luftdurchlässigen Schuhen

7.6.6.2 Eingewachsener Zehennagel (*Unguis incarnatus*)

Diese Störung kommt auch bei Läufern häufig vor, da der Schuhdruck beim Abrollvorgang besonders im Bereich der Zehen sehr groß ist. Am häufigsten ist der Großzehennagel betroffen. Teilsweise kann durch die chronische Druckreizung eine bakterielle Infektion entstehen, die zu einem Nagelumlauf *(Paronychie)* führt.

7

Ursachen:

- schlecht sitzende Schuhe (zu eng)
- zu enge Socken
- unzureichende Nagelpflege

Diagnostik:

Die Diagnose wird durch die klinische Untersuchung ermittelt.

Beschwerden:

- Druck- bzw. Dauerschmerz am betroffenen Nagelrand
- örtliche Rötung und Schwellung
- entzündliche Rötung des gesamten Nagelwalles bei der Infektion
- Gewebewucherung am betroffenen Nagelrand bei chronischer Reizung

Selbstmaßnahmen:

- Seifenbäder, kühlende Umschläge
- sofortige Arztvorstellung bei Entzündungen

Ärztliche Maßnahmen:

- entzündungshemmende Medikamente (Salben, Rivanolumschläge u. a.)
- operative Intervention im chronischen Stadium

Verhütungsmaßnahmen:

- bequeme Schuhe tragen
- korrektes, regelmäßiges Nagelbeschneiden (gerade u. a.)

7.6.6.3 Warzen am Fuß *(Verrucae plantares)*

Es handelt sich um eine Virusinfektion, die insbesondere an der Fußsohle diese Warzen bildet. Sie werden auch als Sohlen- oder Dornwarzen bezeichnet. Läufer sind sehr gefährdet, da sie durch das ständige lange Tragen der Laufschuhe ein günstiges Milieu am Fuß schaffen.

Ursachen:

- Barfußgehen auf Fußböden (Umkleide-, Duschraum u. a.)
- unzureichende Fußpflege (keine regelmäßige Säuberung, Sockenwechsel)

Diagnostik:

Sie wird durch die klinische Untersuchung bestätigt.

Beschwerden:

- rundliche bis ovale elastische Erhebungen über der Fußsohle
- Druck- und Belastungsschmerz im Bereich der Gewebewucherung
- Oft besteht auch eine Hornhautschwiele.
- Teilweise können sie auch bakteriell entzündet werden.

Selbstmaßnahmen:

- heißes Fußbad (10 bis 15 Minuten) mit anschließender Abtragung (Feile, Hornhauthobel)
- Auftragen von salizylsäurehaltigen Präparaten u. a. (Pflaster, Salben u. a.)

Ärztliche Maßnahmen:

chirurgische Abtragung, Kauterisierung

7.6.6.4 Hornhautschrunden an der Fußsohle (*Rhagade*)

Hierbei handelt es sich um spaltförmige Einrisse der Oberhaut ohne Gewebeverlust. Man bezeichnet diese Hautstörung auch als *Fissur* oder *hyperkeratotisches Ekzem*. Sie können an der gesamten Fußsohle vorkommen. Häufig treten sie auch an der Ferse nach traumatologischen Ereignissen auf *(Hyperkeratosis traumatica marginis calcis)*.

Ursachen:

- Überdehnung der Haut bei einer verminderten Dehnbarkeit
- erhöhter mechanischer Druck auf die Fußsohle (harte Laufflächen, raue Innensohle u. a.)
- unzureichende Fußpflege (Schweißfuß, trockene Haut u. a.)

Diagnostik:

Die Diagnose kann nur durch die klinische Untersuchung gestellt werden.

Beschwerden:

- vermehrte Neigung zur Hornhautbildung
- bei stärkeren Einrissen örtliche Schmerzen bzw. Juckreiz
- Teilweise können die Einrisse durch Bakterien oder Pilze entzündlich verändert sein.

Selbstmaßnahmen:

- regelmäßige Fußpflege (Waschen, Einfetten u. a.)
- Druckentlastung
- Schuhkorrektur (Innensohle u. a.)

Ärztliche Maßnahmen:

- medikamentöse Behandlung zur Verbesserung der Hautphysiologie (harnstoffhaltige Salben, Fettsalben, eventuell entzündungshemmende Salbe u. a.)
- Softlaserbestrahlung

7.6.6.5 Hornhautschwielen (*Hyperkeratose*)

Darunter versteht man eine reaktive Verdickung der Hornhaut, die sich unter anderem an der Ferse, dem Fußballen, an der Oberseite von Hammerzehen und an der Innenseite der Großzehe bilden können. Häufig treten sie mit einem Hühnerauge *(Clavus)* gemeinsam auf. Dann ist nicht nur die oberflächliche Hautschicht betroffen, sondern durch den dornartigen Zapfen werden tiefere Schichten mit beeinträchtigt.

Ursachen:

- starker örtlicher Druck auf die Haut
- enge Schuhe, zu feste Schnürung, Hammerzehe

Diagnostik:

Die Diagnose wird ausschließlich durch die klinische Untersuchung ermittelt.

Beschwerden:

- schmerzlose, umschriebene Hornhautverdickung mit einer rauen Oberfläche (Hornhautschwiele)
- örtlicher Druck- und Belastungsschmerz (Hühnerauge)

Selbstmaßnahmen:

- Druckentlastung (bequeme Schuhe u. a.)
- heißes Fußbad (10 bis 15 Minuten), danach Abtragung (Hornhauthobel u. a.)

Ärztliche Maßnahmen:

chirurgische Intervention

Verhütungsmaßnahmen:

- regelmäßige podologische Fußpflege
- Schuhkorrektur

7.6.6.6 Fußblase (*Bulla pedis*)

Diese oberflächliche Hautverletzung kommt bei Läufer sehr häufig vor, da durch den Bewegungsablauf am Fuß Scherkräfte entstehen, die solche Hautläsionen fördern.

Ursachen:

- seitliche oder direkte Druckkräfte auf den Fuß
- zu enges oder zu weites Schuhwerk

Diagnostik:

Der Befund wird durch die klinische Untersuchung ermittelt.

Beschwerden:

- prallelastische Hauterhebung mit Flüssigkeitsfüllung
- Teilweise kann die Blase durch einen entzündlichen Hof umrandet sein.

Selbstmaßnahmen:

- heißes Seifenbad (10 bis 15 Minuten)
- danach Abtragung

Ärztliche Maßnahmen:

- chirurgische Abtragung
- evtl. entzündungshemmender Verband

Verhütungsmaßnahmen:

- bequeme Laufschuhe
- Druckentlastung

8 Laufen bei chronischen Erkrankungen

In diesem Kapitel sollten spezielle Aspekte bei chronischen Erkrankungen betrachtet werden, die beim Laufen zu berücksichtigen sind:
- Welche Erkrankung lässt welche Belastung zu?
- Was sollte der chronisch Erkrankte beim Lauftraining beachten?

8.1 Erkrankungen des Bewegungsapparates

Hierunter fallen jene chronischen Erkrankungen des Bewegungsapparates, die insbesondere die Laufgestaltung und den Bewegungsrhythmus beim Laufen beeinflussen können.

8.1.1 Rheumatische Gelenkerkrankung *(Arthritis rheumatica)*

Es handelt sich um eine chronische, entzündliche Gelenkerkrankung wechselnder Gelenke, die sich vordergründig im Bindegewebe und in der Gelenkkapsel lokalisiert und zu einer völligen Zerstörung des Gelenkes führen kann. Sie wird zu den seropositiven Rheumaerkrankungen gezählt, d.h. es werden Rheumafaktoren im Körper nachgewiesen.

In Deutschland erkranken ca. 2 % der Bevölkerung daran. Das Maximum liegt zwischen dem 30. und 55. Lebensjahr. Frauen sind dreimal häufiger betroffen. Die Gelenke des Beines sind dabei relativ stark betroffen, so dass die Erkrankung für den Laufsport eine Bedeutung hat (Abb. 64).

Als Ursachen werden eine genetische Anlage und eine so genannte Autoimmunreaktion angenommen. Dabei wird eine Entzündung an der Innenseite der Gelenkhaut *(Synovia)* hervorgerufen, die durch die freigesetzten Entzündungsstoffe eine Knorpelzerstörung einleitet. Fördernde Faktoren sind eine örtliche Unterkühlung, allgemeine Infekte und starke körperliche Belastungen.

Die Erkrankung verläuft in Schüben, d. h. es bestehen hoch entzündliche und weniger akute Phasen. Dabei kann die Gelenkbeteiligung regelmäßig wechseln.

In den nicht akuten Phasen sind eine Morgensteifigkeit, ein Ruhe- und Bewegungsschmerz, eine zunehmende Gelenkverformung und Bewegungseinschränkung sowie so genannte Rheumaknoten um das Gelenk herum charakteristisch. In der akuten entzündlichen Phase (Schub) besteht ein verstärkter Ruhe- und Bewegungsschmerz, eine Schwellung, eine Gelenkrötung mit Wärmegefühl und meist ein Gelenkerguss.

Bei einer bestehenden rheumatischen Gelenkerkrankung kann unter bestimmten Einschränkungen auch der Laufsport betrieben werden, wenn folgende Aspekte strikte Beachtung finden:

- Vor dem Laufbeginn muss eine gründliche ärztliche Untersuchung die Belastbarkeit der Gelenke beurteilen und ganzkörperliche Komplikationen ausschließen (Organbeteiligung, Muskel- oder Nervenerkrankungen u. a.).
- Die regelmäßige ärztliche Kontrolle und eine kontinuierliche Behandlung muss gesichert sein.
- Alle Gelenke sind gewissenhaft vor einer Unterkühlung zu schützen.

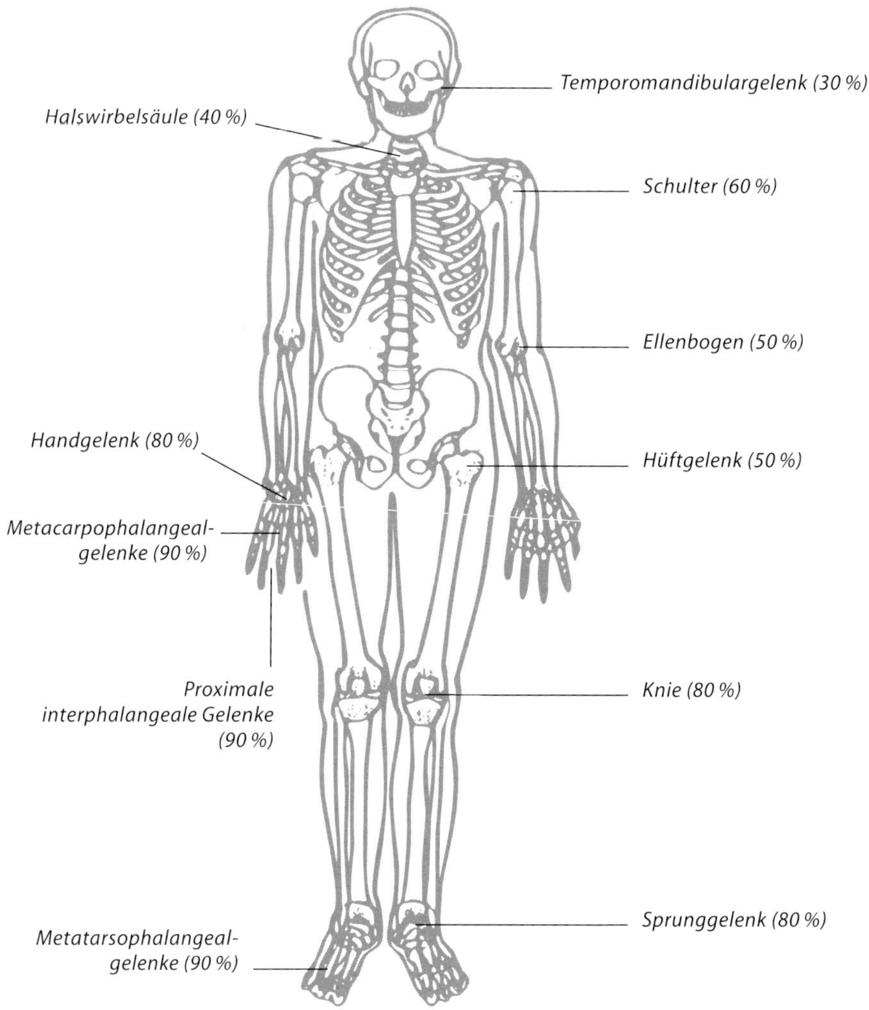

Abb. 64 Körperliche Verteilung der rheumatischen Gelenkerkrankung

- In der akuten entzündlichen Phase ist jede Laufbelastung bis zum völligen Abklingen der Beschwerden zu unterlassen.
- Es sind nur Laufstrecken mit ebenem Profil und weichen, elastische Böden aus zu wählen.
- Der Laufumfang ist generell auf höchsten 10 km pro Woche zu begrenzen und die Intensität ist ständig dem Gesundheitszustand anzupassen.
- Bei leichten Beschwerden ist auf das Radtraining auszuweichen.

8.1.2 Arthrose *(Arthrosis deformans)*

Darunter versteht man eine degenerative Gelenkerkrankung, die vorwiegend durch ein Missverhältnis zwischen Belastung und Belastbarkeit der einzelnen Gelenkanteile und -gewebe entsteht. Sie verläuft chronisch, wechselnd mehr oder weniger schmerzhaft und zunehmend funktionsbehindernd. Im höheren Lebensalter treten bei bis zu 80 % aller Menschen an einem oder mehreren Gelenken solche Abnutzungserscheinung mit unterschiedlichem Ausprägungsgrad auf, wobei vorwiegend schwerer belastete Körperpartien, wie etwa die Beine, befallen werden.

Fördernde Faktoren sind höheres Lebensalter, Gelenkfehlbildungen (Teilverrenkung), Achsenfehlstellungen des Gelenkes (X- oder O-Bein u. a.), Verletzungen des Gelenkknorpels, chronische Gelenkentzündungen (Gicht, Rheuma u. a.), verminderte Leistungsfähigkeit der Gelenkgewebe, hohes Körpergewicht über 20 % zum Normgewicht, traumatische Verletzungen, dauernde arbeitsmäßige oder sportliche Überbelastung.

Die Gelenkarthrose führt letztendlich zum Untergang der Knorpelzellen und der Zwischensubstanz. Damit verliert der Knorpel zunehmend seine Elastizität und die Polsterfunktion, so dass er weniger belastbar wird. Durch die Abnahme der Knorpeldicke werden die Gelenkkapsel relativ weit und die Gelenkbänder länger, was zur Gelenkinstabilität führt, die den Knorpelverschleiß noch zusätzlich fördert. Der ständige Knorpelabrieb stimuliert die Knorpelteilchen im Gelenkraum zu wiederkehrenden Entzündungen, die sich durch akute Schmerzen, eine Schwellung und Bewegungseinschränkung zeigen. Im Endzustand einer Arthrose kann der gesamte Gelenkknorpel zerstört sein.
Im Allgemeinen besteht anfänglich ein Spannungsgefühl und eine zunehmende Morgensteifigkeit im betroffenen Gelenk, dann kommt ein Belastungs- bis Dauerschmerz, Gelenkgeräusche (Reiben), eine Gelenkinstabilität und Muskelverspannungen bzw. -abnahme *(Atrophie)* sowie eine Gelenkdeformierung mit starker Bewegungseinschränkung hinzu.

Größere Untersuchungen haben ergeben, dass Langstreckenläufer, die im Laufe ihres Lebens Strecken zwischen 150 000 bis 200 000 km zurückgelegt haben, weder am Hüft-, Knie- oder Sprunggelenk gehäuft Arthrosen aufwiesen, wenn eine individuell abgestimmte Laufbelastung beachtet worden ist, und wenn keine Fehlbildungen an den Gelenken vor Aufnahme des Laufsportes vorgelegen haben. Bisherige Erkenntnisse belegen, dass eine regelmäßige, angemessene, sportliche Belastung eine Arthrosebildung sogar verzögern kann, weil folgende Aspekte sich positiv auf das Gelenk auswirken:

- Die rhythmische Bewegung eines Gelenkes fördert die Durchblutung und damit den Nährstoffantransport.
- Die verstärkte belastungsbedingte Druck- und Sogwirkung auf den Gelenkknorpel durchsaftet diesen besser mit Gelenkflüssigkeit, so dass der Knorpelstoffwechsel angeregt wird.
- Die gelenkumgebende Muskulatur wird gekräftigt und stabilisiert damit das Gelenk.

Auch bei einer bestehenden Arthrose kann Laufsport betrieben werden, wenn folgende Gesichtspunkte Beachtung finden:

8

- Vor dem Laufbeginn sollte eine gründliche ärztliche Untersuchung stattfinden, bei der das Arthrosestadium, die Bewegungsmöglichkeit, die Belastbarkeit und die Beschwerdecharakteristik beurteilt werden.
- Die Laufbelastung darf nur auf der Grundlage der vorliegenden Befunde festgelegt werden.
- In der akuten Schmerzphase sollte kein Laufsport betrieben werden.
- Gelenkfehlstellungen (X- oder O-Bein u.a.) sollten, wenn möglich, korrigiert werden.
- Gelenkübergreifende Muskeln sind bei Verkürzung oder Rückbildung regelmäßig zu dehnen bzw. zu kräftigen.
- Die Laufstrecke sollte weich, elastisch und eben sein.
- Der Laufschuh muss hohe Dämpfungseigenschaften aufweisen.
- Vor und nach dem Lauf sind durchblutungsfördernde Maßnahmen (Einreibung u.a.) für das betroffene Gelenk angezeigt, die unterstützend wirken, aber nicht das Ein- und Auslaufen ersetzen.
- Ein arthrotisches Gelenk sollte kontinuierlich ärztlich betreut und behandelt werden.

8.1.3 Gicht *(Arthritis urica)*

Darunter versteht man eine in akuten Schüben oder chronisch verlaufende Purinstoffwechselstörung, die durch die Ausscheidung von harnsauren Salzen an verschiedenen Körperstellen, insbesondere in den Gelenken und deren Umgebung, charakterisiert ist.

In den letzten Jahrzehnten hat die Gicht einschließlich der Zunahme der Harnsäurekonzentration im Blut *(Hyperurikämie)* besonders in den industrialisierten Ländern deutlich zugenommen (ca. 31 %). 95 % der Erkrankungen betreffen Männer.

Als Ursachen kommen ein angeborener Stoffwechseldefekt mit einer erhöhten Harnsäurebildung, eine enzymbedingte verminderte Ausscheidung über die Nieren (primäre Form) oder ein vermehrter Blutzellenzerfall bzw. eine medikamentös bedingte Nierenfunktionsstörung (sekundäre Form) in Betracht, die insgesamt zu einer Erhöhung der Harnsäurekonzentration im Blut führen (über 7 mg/dl). Dabei muss allerdings nicht jede Erhöhung der Harnsäurekonzentration im Blut zu einer Gichterkrankung führen (Verhältnis 1:10). Fördernde Faktoren sind Bewegungsarmut, Übergewicht, erhöhter Alkoholgenuss und Fleischverzehr (normal ca. 1 g/kg Körpergewicht).

Man unterscheidet prinzipiell den akuten und chronischen Verlauf. Beim akuten Gichtanfall, der sich meist nachts oder frühmorgens ereignet, bestehen starke Schmerzen, eine hochrote, teigige Schwellung, eine erhebliche Druckschmerzhaftigkeit und eine Bewegungseinschränkung. Am häufigsten ist das Großzehengrundgelenk betroffen (ca. 50 %). Seltener sind die Mittelfußgelenke, das Sprung- und Kniegelenk, die Finger- und Handgelenke sowie das Schulter- und Schultereckgelenk befallen. Die Behandlung umfasst die Ruhigstellung des Gelenkes sowie Kälte- und medikamentöse Maßnahmen.

Bei der chronischen Verlaufsform sind besonders wechselnde Gelenkschwellungen und -schmerzen mit einer zunehmenden Bewegungseinschränkung sowie die Ablagerung von Harnsäurekristallen in Form von Gichttophi am Gelenk und außerhalb (Ohrmuschel, Augenlid, Nasenflügel u. a.) charakteristisch.

Alle Verlaufsformen führen letztendlich zur Zerstörung des betroffenen Gelenkes. Die Gichterkrankung kann die Nierensteinbildung (ca. 33 %), die Nierenausscheidungsstörung *(Niereninsuffizienz)*, die Verkalkung der Gefäße *(Arteriosklerose)* und eine Leberschädigung fördern.

Zur Vorbeugung von akuten Anfällen und zur Minderung des chronischen Verlaufes mit seinen Spätfolgen sind eine spezifische Diät (verminderte Fleisch- und Eiweißaufnahme, ballaststoffreiche Mischkost u. a.), eine drastische Reduzierung des Alkoholkonsums und ein regelmäßiger Ausdauersport angezeigt.

Der Laufsport ist besonders dafür geeignet, da er eine charakteristische Ausdauerdisziplin ist, wo gleichzeitig ein hoher Muskelanteil (ca. 90 %) einbezogen ist, der den Stoffwechsel günstig beeinflusst. Untersuchungen konnten belegen, dass Ausdauersportler einen deutlich niedrigeren Blutharnsäurespiegel aufweisen (Untrainierte 4 bis 6,8 mg/dl, Ausdauersportler 2 bis 3,5 mg/dl). Obwohl bei einer regelmäßigen überdurchschnittlichen Ausdauerbelastung der Eiweißbedarf erhöht ist (2 bis 2,5 g/kg Körpergewicht), kommt es infolge einer vermehrten Eiweißverstoffwechselung *(Katabolismus)* zu keiner gestörten Eiweißbilanz. Ursächlich kommt dafür die belastungsbedingte erhöhte Kortisolbildung in der Nebennierenrinde in Betracht (um das Fünffache), die zu einem vermehrten Eiweißabbau führt. Gleichzeitig ist durch die vermehrte Anregung der Nierenausscheidung ein regulierender Einfluss auf den Bluthamsäurespiegel zu beobachten. Somit kann der Laufsport vorbeugend und therapeutisch für die Harnsäurestoffwechselstörung genutzt werden. Die vielgestaltige Bewegungsbelastung der Gelenke hat zusätzlich bei einem Gichtbefall einen positiven Einfluss, indem der Gelenkabbau verzögert werden kann.

Während des akuten Gichtanfalles muss jedoch jegliche Laufbelastung eingestellt werden, um nicht noch zusätzlich die entzündlichen Prozesse zu aktivieren. Erst nach dem Abklingen aller Erscheinungen kann mit einer vorsichtigen, ansteigenden Laufbelastung begonnen werden.

Beim chronischen Verlauf kann gelaufen werden, wobei die Balstung an das aktuelle Beschwerdebild anzupassen ist. Außerdem ist auf Kälteschutz zu achten. Nach dem Lauf sollten durchblutungsfördernde Maßnahmen (Bäder, Einreibungen u. a.) angewendet werden. Generell ist eine strenge Gichtdiät einzuhalten.

8.1.4 Osteoporose

Unter diesem Begriff versteht man eine altersabhängige Erkrankung, die sich über Jahrzehnte ausbildet und durch eine niedrigere Knochenmasse und eine Verschlechterung der Mikroarchitektur des Knochengewebes charakterisiert werden kann. Dadurch entwickelt sich eine erhöhte Knochenbrüchigkeit, die stetig zu einem gesteigerten Knochenbruchrisiko führt. Dieser Prozess ist gleichzeitig mit einer verringerten Kalziumeinlagerung im Knochen verbunden, so dass es bereits schon bei einer geringen Belastung (Treppenstufe u. a.) zu einem Knochenbruch kommen kann.

Weltweit schätzt man, dass etwa 200 Millionen Menschen unter einer Osteoporose leiden. In der Bunderepublik liegt die Erkrankungshäufigkeit zwischen dem 50. und 70. Lebensjahr bei ca. 12 %. Nach dem 70. Lebensjahr steigt sie auf ca. 46 % an.

Man unterscheidet als wichtige Formen die postmenopausale Osteoporose, die mit dem Beginn der Wechseljahre *(Klimakterium)* eintritt, und die senile Osteoporose, die nach dem 70. Lebensjahr an Bedeutung gewinnt. Die Geschlechtsverteilung bei der postmenopausalen Form liegt zwischen Mann und Frau bei 1 : 6 und für die senile Form bei 1 : 2.

Das Knochengewebe unterliegt einem ständigen Umbau, indem ein abgestimmtes Zusammenspiel zwischen den knochenaufbauenden Zellen *(Osteoblasten)* und den knochenabbauenden Zellen *(Osteoklasten)* besteht. Einen zusätzlichen Einfluss hat die körperliche Aktitivität, die den Knochenaufbau unterstützt. Mit Abschluss der Pubertät ist bei beiden

Geschlechtern die Knochenmasse voll entwickelt (98 %) und sie bleibt zwischen dem 20. und 40. Lebensjahr konstant. Danach beginnt der vermehrte Knochenabbau, indem sich die Knochenmasse um ca. 1 bis 1,5 % pro Jahr verringert.
Fördernde Faktoren sind körperliche Inaktivität, eine kalzium- und vitamin-D-arme Ernährung, ein überdurchschnittlicher Östrogenmangel (menopausale From) und eine unzureichende Sonnenbestrahlung.

Charakteristische Beschwerden sind unter anderem ein bestehender Spontan-, Bewegungs- und Klopfschmerz der Wirbelsäule, ein ständiger Rückenschmerz im Bereich des Überganges von der Brust- zur Lendenwirbelsäule, ein zunehmender Rundrücken und Haltungsverfall sowie ausgeprägte quere Hautfalten in der Flankenregion.

Jegliche sportliche Belastung, so auch der Laufsport, haben für die Anregung des Knochenstoffwechsels einen positiven Einfluss. Da die Muskeltätigkeit (Kontraktion) über ihre Ursprünge und Ansätze unmittelbar einen Reiz auf den Knochen ausübt, werden durch den Zug die knochenaufbauenden Zellen angeregt. Gleichzeitig kommt es aber auch durch die vermehrte Muskelarbeit zu einer örtlichen Mehrdurchblutung, die eine verstärkte Zuführung von Energieträgern (Glukose, Eiweiße u. a.) und Kalzium sichert und so den Knochenstoffwechsel zusätzlich unterstützt. Darüber hinaus hat eine ausgeglichene sportliche Belastung auch eine muskelkräftigende und muskelrelaxierende Wirkung, die sich positiv auf die muskulären Verspannungen und den Rückenschmerz auswirken.

Bei einer bestehenden Osteoporose sollten im Laufsport folgende Aspekte Berücksichtigung finden:
- Mit zunehmendem Alter (ab 50. Lebensjahr) sollte der Läufer ärztlicherseits eine überdurchschnittliche, nicht altersgerechte Osteoporose ausschließen lassen bzw. eine spezielle Behandlung durchführen.
- Bei einer stark ausgeprägten Osteoporose ohne Behandlung ist der Laufsport erst aufzunehmen, wenn eine ausreichende Belastungsstabilität infolge der Behandlung erreicht ist.
- Es ist generell auf eine alters- und sportgerechte, aber auch vollwertige Kost zu achten (siehe oben).
- Bei einer bestehenden Osteoporose ist auf eine schonende Laufstrecke zu achten (eben, weich, ohne Hindernisse u. a.). Sprünge sollten generell vermieden werden.
- Der benutzte Laufschuh muss eine hohe Stoßabsorption und einen festen Sitz aufweisen.

8.1.5 Muskelschmerz *(Myalgie)*, Muskelkater

Durch die sportliche Betätigung kann die belastete Muskulatur durch verschiedene Ursachen überfordert werden, was zu einer Funktionsbeeinflussung und Schmerzen in der Muskulatur führen kann.
Der traumatische Muskelschmerz ist eine entzündliche, strukturbedingte oder degenerative Muskelstörung nach einem direkten (Prellung) oder indirekten (Zerrung) Trauma, nach einer körperlichen oder sportlichen Über- oder Fehlbelastung spezieller Muskelgruppen unter der sportlichen Aktivität bzw. durch muskuläre Dysbalancen.

Der Muskelschmerz kann durch eine Prellung oder Zerrung, einen Muskelfaserriss, durch Muskelkrämpfe oder Muskelverspannungen mit örtlichen Muskelverhärtungen *(Myogelosen)* entstehen. Bei der traumatischen Form kommt es meist zu Blutungen *(Hämatom)*, Schwellungen und zu einer mehr oder weniger starken Bewegungseinschränkung. Hierbei ist eine sofortige Laufpause und Behandlung angezeigt. Die funktionelle Form zeigt sich durch Muskelkrämpfe bzw. erhöhte Muskelspannung mit einem großflächigen Muskelschmerz. Hierfür sind entsprechende Dehnübungen, der Ausgleich von eventuell vorliegenden Muskeldysbalancen und physikalische Maßnahmen nützlich. Manchmal liegt die Ursache auch bei einem Mineralmangel infolge eines höheren Bedarfes durch die Laufbelastung bzw. durch eine Fehlernährung. Meist handelt es sich um Magnesium, das durch Einzelgaben zugeführt werden kann (300 bis 400 mg/Tag).

Der Muskelkater ist eine Muskelfunktionsstörung, die darauf hindeutet, dass die betroffenen Muskelgruppen untrainiert oder auf den geforderten Belastungsumfang nicht angepasst waren. Das kann sowohl Untrainierte wie Trainierte treffen. Der Muskelschmerz tritt besonders bei Muskelbelastungen auf, wo eine bevorzugte Bremsarbeit (Bergablauf) geleistet werden muss. Dagegen ist er seltener nach einer muskulären rhythmischen oder Kraftleistung anzutreffen. Beim Lauf sind besonders der vierköpfige Schenkelmuskel, die seitlichen und hinteren Unterschenkelmuskeln und die Fußsohlenmuskeln betroffen.

Der Muskelkater tritt nicht sofort nach Belastungsende auf, sondern unterschiedlich je nach Umfang und Art der sportlichen Belastung nach einigen Stunden, am folgenden oder zweiten Tag (nach meist ca. 30 Stunden). Er hält durchschnittlich 2 bis 3 Tage an.

Das Beschwerdebild reicht von der einfachen Berührungsempfindlichkeit über eine leichte Schmerzempfindung bis zu starken Bewegungsschmerzen, so dass eine direkte Unfähigkeit besteht, große Laufbelastungen zu tolerieren. Die betroffenen Muskelgruppen sind meist leicht geschwollen und verhärtet.

Über die Ursachen des Muskelkaters gibt es mehrere Auffassungen, die letztendlich bisher alle keine endgültige Erklärung finden. Die älteste

Auffassung nimmt an, dass sich bei einer intensiven Muskelbelastung die Milchsäurekonzentration (Laktat) und andere saure Stoffwechselendprodukte erhöhen und damit den Säuregrad (pH-Wert) im Gewebe senken, der zu einer leichten Gewebeentzündung führt, die nachfolgend die Schmerzrezeptoren im Muskel reizt. Die Erklärung ist bei langen Ausdauerläufen nicht überzeugend, da bei dieser Situation kaum eine saure Stoffwechsellage besteht.

Eine weitere Auffassung meint, dass bei einer ungewohnten Belastung eine Muskeltraumatisierung *(Endo-, Perimysium)* stattfindet, die zu einer Schwellung und Reizung der Schmerzrezeptoren führt. Unterstützt wird diese Auffassung durch die vermehrte Ausscheidung von speziellen Eiweißbausteinen *(Prolin, Oxyprolin)* im Harn, die für einen vermehrten Baustoffwechsel im Sinne von Reparaturvorgängen sprechen könnten.

Neuere elektronenmikroskopische Erkenntnisse fanden feinste Einrisse der Muskelfasern an ihren bindegewebigen Verankerungen (Z-Streifen). An diesen Einrissstellen entsteht eine raumfordernde Quellung infolge Einstroms von seröser Flüssigkeit. Dadurch kommt es zu einer Entzündungsreaktion, was durch die Erhöhung der Konzentration von Entzündungsstoffen *(Prostaglandine, Hydroxyproline u. a.)* erklärt werden kann. Voraussetzung für eine solche Störung in der Muskelfaser sind Quellungszustände in den Mitochondrien (so genanntes Kraftwerk der Zelle), Instabilitäten an der Zellmembran (Austritt von Kreatinkinase) und Störungen im Mineralhaushalt der Zelle. Gegen diese biochemischen Vorgänge schützt sich der betroffene Muskel durch eine reflektorische Spannungserhöhung *(Tonus)*. Das führt zu einer örtlichen Verhärtung, die den Muskelschmerz unterstützt. Diese Auffassung würde auch erklären, dass bei einer vermehrten Bremsarbeit öfters ein Muskelkater auftritt. Zur Verhütung oder Behandlung des Muskelkaters sind folgende Aspekte zu beachten:

- untrainierte Muskelgruppen langsam an die Belastung anpassen
- sorgfältiges Aufwärmen vor dem Lauf
- Wärmeanwendung (Bäder, Packungen, Sauna u. a.)
- Lockerungsübungen in einem anderen Bewegungsmuster (Schwimmen, Radfahren, Gymnastik u. a.)
- leichte Streich- (Lymphdrainage) oder Lockerungsmassage

8.1.6. Laufsport mit künstlichem Gelenkersatz (Endoprothese)

Über die sportliche Belastbarkeit eines künstlichen Gelenkersatzes (Hüfte, Knie) gibt es noch keine einheitliche Auffassung. Forschungen und Entwicklungen haben in den letzten Jahren dazu geführt, dass besonders die Mechanik, die Verankerungstechnik im Knochen und die Verschleißfestigkeit ständig verbessert werden konnten, so dass sich die Belastbarkeit merklich erhöht hat, wobei trotzdem noch eine spezielle sportliche Belastungsgestaltung angezeigt ist. Je nach Endoprothesenart wird immer wieder einmal die frühzeitige Lockerung im Knochen durch die sportliche Betätigung erwähnt. Dies konnte jedoch durch langjährige Beobachtung, insbesondere bei der Verwendung neuer Endoprothesen, nicht bestätigt werden. Es wurde sogar gefunden, dass bei Ausdauersportlern ohne unphysiologische Belastungsspitzen die Lockerungsrate nur bei ca. 4 % lag, gegenüber ca. 15 % bei Untrainierten. Erklärbar ist dieses Phänomen durch die belastungsinduzierte Anregung des Knochenstoffwechsels, der einerseits durch die Knochenneubildung die Endoprothese festigt und anderseits einer Entwicklung der Osteoporose entgegenwirkt. Außerdem wird durch die gleichzeitige gelenkumgebende Muskelschulung und -kräftigung das Gelenk und damit der Prothesensitz stabilisiert.

Bei der Beurteilung der sportlichen Belastbarkeit nach einer Implantation eines künstlichen Gelenkes sind sowohl technische Aspekte, aber auch gesundheitliche Voraussetzungen zu prüfen.

8

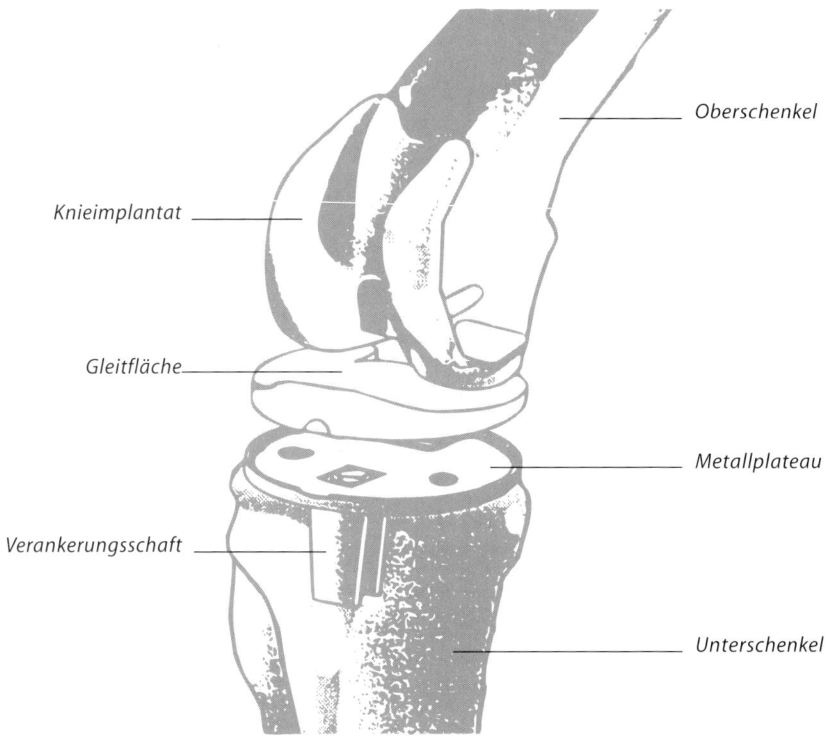

Abb. 65 Totalendoprothese am Knie

Generell kann ein künstlicher Gelenkersatz bei einer technisch guten Implantation und einer erfolgreichen sowie komplikationslosen Einheilung die volle Funktion des Gelenkes im Alltag und bei der sportlichen Betätigung übernehmen. Die Abbildung 65 zeigt schematisch ein eingebautes künstliches Kniegelenk.

Bei der Wahl der Sportart müssen die sportlichen Vorerfahrungen des Betreffenden, die Bewegungsdynamik und die Modifikationsmöglichkeiten der Sportart sowie die individuellen gesundheitlichen und sportlichen Voraussetzungen Beachtung finden. Eine sportliche Belastung erscheint ungeeignet bei einem starken Bewegungsschmerz im Gelenk, bei einer Endoprotheseninstabilität, bei Übergewicht und Muskelschwäche sowie bei einem Wiederholungsimplantat. Hinsichtlich der Sportartenwahl sind u. a. Mannschaft- und Kontaktsportarten (Fußball, Handball, Volleyball u. a.) sowie das alpine Skilaufen ungeeignet. Dagegen werden u. a. Laufen, Rudern, Bergwandern und Tennis als bedingt geeignet und Radfahren, Schwimmen, Gymnastik sowie Wandern als sehr geeignet empfohlen.

8

Die Dauer der sportlichen Belastungspause oder Teilbelastung nach einer Implantation hängt von der Sportart und dem Heilungs- und Rehabilitationsverlaufs ab. Stoßfreie Sportarten (Schwimmen, Gymnastik u. a.) können sofort nach der Operation für die Rehabilitation genutzt werden. Mit einer sportartspezifischen Belastung sollte jedoch bei einem schmerzfreien und guten Endoprothesensitz frühestens nach 6 Monaten begonnen werden.

Für den Laufsport ergeben sich daraus folgende Aspekte, die prinzipiell berücksichtigt werden sollten:

- Anwendung eines gelenkentlastenden Muskeltrainings sofort nach der Abheilung der Operationswunde, um eine muskuläre Rückbildung zu verhindern und den Prothesensitz zu verbessern (Gymnastik, Sportgeräte u. a.)
- Beginn eines leichten Lauftrainings nach 4 bis 6 Monaten (mit 15 Minuten beginnend) auf einer weichen, aber nicht zu stark elastischen und ebenen Laufstrecke
- langsame, kontinuierliche Erweiterung des Laufumfanges bis zu einem Jahr nach der Operation
- Aufnahme des vollen Lauftrainings nach einem Jahr mit stabilem Prothesensitz und absolut schmerzfreier Bewegung
- Im Laufplan und Wettkampf dürfen keine stoßbelastenden Elemente enthalten sein (Sprünge).
- kontinuierliche ärztliche Kontrolle des Prothesensitzes und sofortige Laufpause sowie Arztvorstellung bei Beschwerden
- Zum Stabilitätserhalt ist ein tägliches Muskeltraining der gelenkumgebenden Muskeln notwendig.

8.2 Herz-Kreislauferkrankungen

Die sportliche Ausdauerbelastung kann eigentlich für die Behandlung von Herz-Kreislauferkrankungen genutzt werden, da sie die Leistungsfähigkeit dieses Organsystems positiv beeinflussen kann. Allerdings können bestehende funktionelle oder organische Störungen die sportliche Belastbarkeit merklich senken bzw. gesundheitsgefährdende Risiken herbeiführen (Abb. 66)

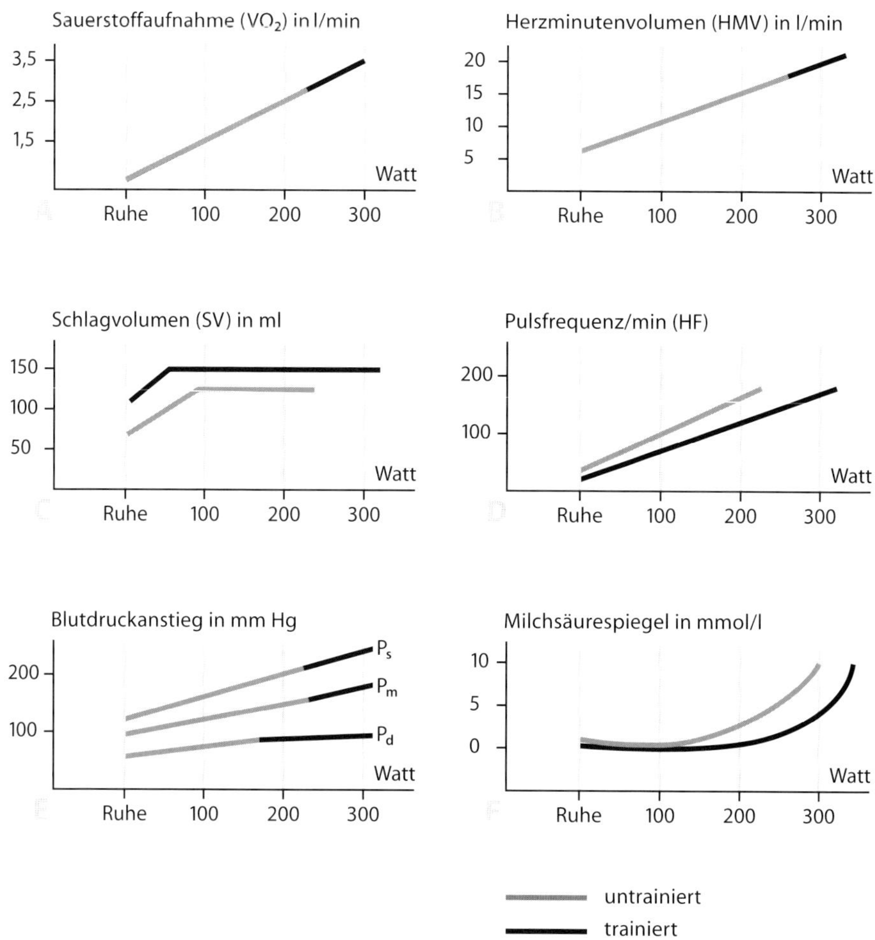

Abb. 66 Kreislauf- und Stoffwechselgrößen bei Untrainierten und Trainierten

8.2.1 Herzrhythmusstörungen

Darunter versteht man Abweichungen der zeitlichen Folge bzw. der Regelmäßigkeit der Herzschläge vom normalen, regelmäßigen Herzrhythmus. Da das Herz ein Leben lang ununterbrochen arbeiten muss, bestehen zahlreiche Situationen, die die Tätigkeit beeinflussen können. Insgesamt muss das Herz in 24 Stunden etwa 60 000 bis 120 000 Schläge vollbringen.

Als Ursachen kommen organische Herzstörungen (Erregungsbildungs-, Leitungsstörungen u. a.), psychische Belastungen, Herzdurchblutungsstörungen, Mineralstörungen im Herzmuskel (Kalium, Magnesium), Infekte, hormonelle Störungen (Über- und Unterfunktion der Schilddrüse u. a.) oder Vergiftungen (Medikamente, Drogen u. a.) in Betracht.

Man unterscheidet je nach der Art und Ursache der Schlagunregelmäßigkeit folgende wichtige Herzrhythmusstörungen:

- Erhöhte Herzschlagfrequenz *(Tachykardie)*, die bei über 100 Schlägen pro Minute liegt. Sie ist normal in Kindes- und Jugendalter, weil das Herz noch nicht die volle Leistung erbringen kann. Auch bei einer körperlichen Leistung (Arbeit, Sport u. a.) ist sie infolge der körperlichen Mehrarbeit normalerweise erhöht. Alle anderen Formen sind dringend untersuchungspflichtig.
- Verlangsamte Herzschlagfrequenz *(Bradykardie)*, die mit einer Herzschlagfolge von unter 60 Schlägen pro Minute festgelegt wird. Bei Ausdauertrainierten kann sie normalerweise zwischen 35 und 60 Schlägen pro Minute liegen. Da die Körperdurchblutung besser ist, kann die Ausnutzung des Sauerstoffs und der Energieträger (Glukose u. a.) im Blut effektiver erfolgen, so dass das Herz ökonomischer arbeiten kann. Abbildung 7 auf Seite 23 demonstriert den Vergleich der ökonomischeren Herzarbeit zwischen der Sport und nicht Sport treibenden Bevölkerung im zunehmenden Alter.
- Vorhof- und Kammerflattern, die eine Herzschlagfrequenz zwischen 220 und 350 Schlägen pro Minute aufweisen. Diese Form bedarf einer dringenden ärztlichen Betreuung. Es besteht Sportuntauglichkeit.
- Vorhof- und Kammerflimmern mit einer Herzschlagfrequenz von ca. 450 Schlägen pro Minute. Hierbei bestehen die gleichen Bedingungen wie beim Herzflattern.
- Zusätzliche Herzschläge *(Extrasystole)* sind Herzschläge, die außerhalb des regulären Grundrhythmus vorzeitig oder verspätet, einzeln oder gehäuft auftreten. Eine *Ruhe-Extrasystolie* bei einem Ausdauersportler mit einer niedrigen Pulsfrequenz, die besonders beim Hinlegen auftritt, ist harmlos, da sie unter körperlicher Aktivität sofort verschwindet. Alle anderen Formen bedürfen der ärztlichen Behandlung und Kontrolle. Es besteht nur eine bedingte Sporttauglichkeit.

- *Schenkelblöcke* sind Erregungsleitungsstörungen im Herzen, die zu einer verzögerten Herztätigkeit einer Herzhälfte führen. Man unterscheidet den Rechts- und Linksschenkelblock, bei denen die betreffenden Herzhälften betroffen sind. Auch diese Störungen bedürfen einer dringenden ärztlichen Behandlung und Kontrolle. Sie ermöglichen nur eine bedingte Sporttauglichkeit.

Die Beurteilung dieser Herzrhythmusstörungen ist durch das EKG leicht möglich. Dafür eigenen sich alle Formen dieser Methode (Ruhe-, Belastungs-, Langzeit-EKG u. a.). Prinzipiell ist zu empfehlen, dass sich regelmäßig Sport Treibende ab dem 25. bis 30. Lebensjahr einmal jährlich oder zweijährlich sportmedizinisch untersuchen lassen, wo auch die EKG-Diagnostik mit einbezogen werden sollte. Ganz allgemein gilt, dass alle Rhythmusstörungen, die unter Belastung auftreten oder sich verstärken, dringend einer ärztlichen Abklärung bedürfen.

8

Die Behandlung der Herzhythmusstörungen kann meistens mittels Medikamenten erfolgen. Bei einem Totalausfall oder sehr schweren Störungen kann ein Herzschrittmacher Anwendung finden, der kaum Probleme schafft und eine sportliche Betätigung erlaubt.

Für den Laufsport sollten bei Herzrhythmusstörungen folgende allgemeine Aspekte Beachtung finden:

- Regelmäßige sportmedizinische Kontrolluntersuchungen unter Einbeziehung einer Herzkontrolle sind ratsam.
- Jede Herzrhythmusstörung muss sofort ärztlicherseits abgeklärt werden. Bis dahin ist eine unbedingte Laufpause einzuhalten.
- Die festgelegte Belastungsform und -grenzen sind strikt einzuhalten.
- Herzfrequenzmesser können Herzrhythmusstörungen nicht erkennen oder unterscheiden. Sie können aber zu Fehlmessungen führen. Deshalb sollte bei einer starken Anzeigeschwankung immer eine Herzdiagnostik angestrebt werden.

8.2.2 Herzdurchblutungsstörung *(Koronarinsuffizienz)*

Darunter versteht man eine anfallsartige oder ständige Minderdurchblutung der Herzkranzgefäße *(Koronararterien)*, die örtlich begrenzt oder großflächig auftritt. Sie wird auch als *koronare Herzkrankheit (KHK)* bezeichnet. Sie ist die häufigste Zivilisationserkrankung. Männer erkranken 3- bis 5-mal häufiger daran.

Ursächlich kommen u. a. Bewegungsmangel, allgemeine Gefäßverkalkung *(Arteriosklerose)*, Bluthochdruck *(Hypertonie)*, Fettstoffwechselstörung *(Hyperlipämie)*, hohe Stressbelastung und übermäßiger Genussmittelabusus in Betracht.

Symptomatisch sind ein anfallsartiger oder ständiger Schmerz hinter dem Brustbein, der in die linke Schulter und Arm bzw. Rücken oder Bauch ausstrahlen kann, eine Brustenge *(Angina pectoris)* mit Atemstörungen und eine starke Unruhe mit Angstzuständen (teils Todesangst) charakteristisch. Geht das Beschwerdebild nach der Einnahme eines gefäßerweiternden Medikamentes (Nitrangin u. a.) nicht innerhalb von 20 Minuten zurück, besteht der Verdacht auf einen Herzinfarkt. In dieser Situation ist eine sofortige Klinikeinweisung erforderlich.

Schonender Ausdauersport kann die Herzleistungsfähigkeit deutlich erhöhen, da durch die belastungsinduzierte Senkung der Ruhe- und Belastungsherzfrequenz der Sauerstoff- und Energiebedarf des Herzmuskels gesenkt wird, was bei einer bereits bestehenden Minderdurchblutung infolge der vorgeschädigten Herzkranzgefäße von großer Bedeutung ist. Darüber hinaus können auch ruhende *(präexistente)* Gefäße für die Herzdurchblutung mit einbezogen werden, die insgesamt die Durchblutungskapazität und somit die gesamte Herzleistungsfähigkeit erhöhen. Außerdem übt der Laufsport einen positven Einfluss auf die speziellen Riskofaktoren (Bewegungsmangel, Fettstoffwechselstörung, Übergewicht) aus.

Für den Laufsport ergeben sich bei einer Herzdurchblutungsstörung folgende Aspekte, die zu beachten sind:

- Prinzipiell ist ein schonender Laufsport geeignet. Die Belastung sollte dabei 60 bis 80 % der individuell erreichbaren Leistungsfähigkeit liegen, die durch einen Belastungstest festgelegt werden muss.
- Die Laufbelastung sollte generell im aeroben Bereich durchgeführt werden. Spitzenbelastungen sind zu vermeiden.
- Im Ausgleichstraining (Muskeltraining u. a.) ist jegliche Pressatmung zu vermeiden, da sie die Herzbelastung deutlich erhöht.
- Der Läufer muss sich vor Unterkühlungen schützen, da dies zu einer Verengung der Herzkranzgefäße führen kann.
- Alle Störungen am Herz-Kreislaufsystem (Schmerzen, Rhythmusstörungen u. a.) erfordern eine sofortige Laufpause und einen umgehende Arztbesuch.

8.2.3 Bluthochdruck *(Hypertonie)*

Die Hypertonie ist eine dauernde Ruheblutdruckerhöhung nach mehrmaliger Messung auf Werte von systolisch > 140 mm Hg und diastolisch > 90 mm Hg gekennzeichnet. Sie wird auch noch als *Hypertonus*, *arterielle Hypertension* oder *Hochdruckkrankheit* bezeichnet. Dabei unterscheidet man noch den grenzwertigen Bluthochdruck (systolisch: 141 bis 160 mm Hg, diastolisch 91 bis 95 mm Hg), der auch als Borderline-Hochdruck bezeichnet wird, vom echten Bluthochdruck mit darüber liegenden Werten.

Nach den Ursachen unterscheidet man beim Bluthochdruck eine primäre Form *(essentielle Hypertonie)*, die in 90 % der Fälle vorkommt und insbesondere durch genetische, stressbedingte sowie Risikofaktoren (Rauchen, Alkohol, Übergewicht, Bewegungsmangel u. a.) begünstigt wird. Die sekundäre Form wird durch andere Grundkrankheiten, wie chronische Nierenstörungen, hormonelle Erkrankungen (Schilddrüsenüberfunktion u. a.), Tumore, Hirnstörungen, Schwangerschaft und Medikamente (Antibabypille, Lakritze u. a.) ausgelöst.

Das sehr variable Beschwerdebild umfasst neben den höheren Blutdruckwerten u. a. Schwindel, Kopfschmerzen, Nasenbluten, Herzklopfen, Sehstörungen sowie Atemnot unter Ruhe- und Belastungsbedingungen. Unter sportlichen oder körperlichen Belastungen steigt ein normaler Blutdruck an (Belastungsblutdruck), der bei einem schon bestehenden, nicht behandelten Bluthochdruck extreme, gesundheitsgefährdende Werte erreichen kann.

Eine kontinuierliche Ausdauerbelastung kann sich nachhaltig auf die Senkung des Blutdruckes auswirken, was Abbildung 67 für den grenzwertigen und echten Bluthochdruck nach einem einjährigen Lauftraining überzeugend demonstriert.

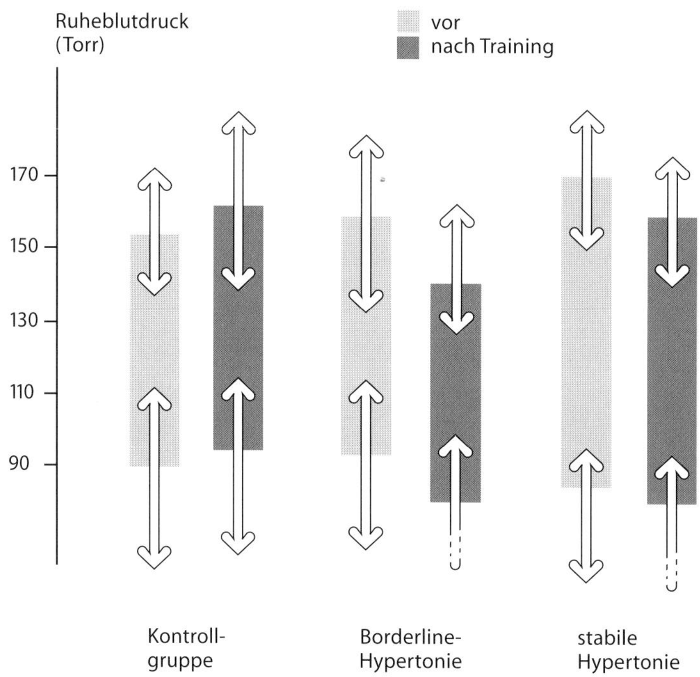

Abb. 67 Blutdruckverhalten nach einjährigem Lauftraining

Dies erfolgt einerseits durch die Herzfrequenzsenkung, die das Blutvolumen in den Gefäßen reduziert. Gleichzeitig kommt es zu einer verbesserten peripheren Durchblutung, indem die Gefäße weit gestellt werden, was den peripheren Gefäßwiderstand mindert und damit auch den Gefäßdruck senkt. Andererseits wird durch den erweiterten Arbeitsstoffwechsel Einfluss genommen auf die Risikofaktoren (Übergewicht, Fettstoffwechselstörung u. a.), was die Ausbildung oder Weiterentwicklung einer bestehenden Gefäßverkalkung *(Arteriosklerose)* verhindert oder bremst.

Für den Laufsport ergeben bei einem bestehenden Bluthochdruck folgende Aspekte, die Beachtung finden sollten:

- Vor der Aufnahme eines Laufsportes ist eine gründliche Untersuchung zu absolvieren, wo auch der Ruhe- und Belastungsblutdruck kontrolliert werden sollte. Das ist besonders wichtig, wenn bei Familienmitgliedern ein Bluthochdruck bekannt ist.
- Jeder bekannte Bluthockdruck muss vor Aufnahme eines Laufsportes medikamentös eingestellt werden, um den normalen Belastungshochdruck in Grenzen zu halten.
- Die Laufintensität ist so zu gestalten, dass der maximale Belastungsblutdruck nicht systolisch 190 mm Hg überschreitet. Dies ist durch einen Belastungstest regelmäßig zu kontrollieren.
- Extreme Belastungsspitzen (Bergläufe, Spurt u. a.) sind grundsätzlich zu vermeiden.
- Im Ausgleichstraining sind alle Sport- und Belastungsarten zu unterlassen, die eine Pressatmung provozieren können (statische Kraftarbeit u. a.).
- Bei der Anwendung von physikalischen Maßnahmen sind starke plötzliche Abkühlungen (Tauchbecken u. a.) zu umgehen, da die Kälteeinwirkung die Gefäße stark verengt und damit den Blutdruck drastisch erhöht.

8.2.4 Periphere Durchblutungsstörungen *(Angiopathien)*

Bei den peripheren Durchblutungsstörungen unterscheidet man venöse und arterielle Formen. Sie sind zu 90 % am Bein lokalisiert.

In der Bundesrepublik leiden ca. 80 % der Bevölkerung an einer Veränderung des peripheren oberflächlichen oder tiefen Venensystems. Venenstörungen können durch berufliche Belastungen (langes Sitzen oder Stehen), eine allgemeine angeborene Bindegewebsschwäche, nach einer Venenentzündung sowie durch wiederholte Schwangerschaften bzw. Übergewicht oder allgemeine Inaktivität entstehen. Die Venen erweitern sich durch einen Spannungsverlust und es entwickeln sich Krampfadern *(Varizen)*, in denen sich die Venenklappen nicht mehr komplett schließen können, so dass es zu einer Rückflussstörung mit Erhöhung des Venendruckes kommt.

Die Betroffenen klagen über eine Schwere oder Spannungsgefühl in den Beinen, über Schwellungen *(Ödem)* und Hautstörungen. Im Extremfall kann es zu einem Unterschenkelgeschwür führen. Nicht selten verursacht diese Venenstauung eine Blutgerinnung *(Thrombose)* in den Beinvenen, so dass es zu einem vorübergehenden oder dauernden Verschluss kommt. Bestehen nun noch entzündliche Voraussetzungen, so kann eine Beinvenenentzündung *(Thrombophlebitis)* entstehen.

Neben zahlreichen medizinischen Behandlungsmethoden (Druckverband, Medikamente, Verödung u. a.) hat das Sporttreiben, und insbesondere der Laufsport, einen wirksamen Einfluss auf die Verbesserung dieser funktionellen Störung. So unterstützt der Bewegungsablauf den Rücktransport des Blutes einerseits durch das Auspressen des Venengeflechtes in der Fußsohle. Andererseits wird der Rückfluss durch die massierende Wirkung der Sprunggelenksbänder und die Wadenmuskelpumpe gefördert. Darüber hinaus bewirkt die forcierte Atmung unter der sportlichen Belastung mit den größeren Druckunterschieden im Brust- und Bauchraum einen verstärkten Sogeffekt für das rückfließende Blut. Dadurch wird insgesamt der venöse Rückfluss verbessert.

Unter der arteriellen Form, der so genannten *peripheren arteriellen Verschlusskrankheit,* versteht man eine plötzliche und langsam verlaufene Einengung oder Verlegung des Gefäßlumens, die zu Durchblutungsmangelzuständen führt. Männer sind viermal häufiger als Frauen betroffen. Das Haupterkrankungsalter liegt im 6. Lebensjahrzehnt.

Als Ursachen kommen u. a. ein vermehrter Genussmittelverbrauch (Alkohol, Nikotin u. a.), der Bluthochdruck, Fettstoffwechselstörungen, die Zuckerkrankheit, eine allgemeine verstärkte Gefäßverkalkung und der Bewegungsmangel sowie Gefäßentzündungen in Betracht.

Die arterielle Durchblutungsstörung führt zu einer Minderversorgung (Sauerstoff, Energieträger u. a.) der nach dem Verschluss liegenden Gewebe, so dass es zu einem Unterschenkelgeschwür bzw. zum Absterben größerer Gewebeareale *(Gangrän)* kommen kann.

Die Betroffenen klagen über ein Kribbeln, Kälte- oder Taubheitsgefühl im Fuß und über Wadenschmerzen, die anfangs nur unter Belastung und später auch in Ruhe auftreten. Außerdem ist der Vorfuß blass oder bläulich verfärbt.

Auch bei dieser Durchblutungsstörung hat der Laufsport bis zum mittleren Ausprägungsgrad einen günstigen Einfluss. So werden gerade beim Laufen auch die Muskeln unterhalb des Verschlusses aktiviert. Durch die Stoffwechselendprodukte kommt es zu einem Gefäßreiz, der die Eröffnung oder Erweiterung der Umgehungsgefäße fördert, so dass insgesamt die Durchblutung erweitert werden kann. Darüber hinaus wird auch die Fließeigenschaft des Blutes (Abnahme der Blutplasmaviskosität, leichtere Verformbarkeit der roten Blutkörperchen u. a.) verbessert, was den Durchfluss in den kleinsten Gefäßen *(Kapillaren)* erleichtert.

Für den Laufsport sollten folgende Aspekte bei den Durchblutungsstörungen Berücksichtigung finden:

Venöse Störungen:

- Beim Lauf sollte immer ein Kompressionsstrumpf getragen werden.
- Die ausgebildeten Krampfadern müssen vor Verletzungen geschützt werden, um Blutungen zu verhindern.
- Überwarme Bäder als physikalische Maßnahme sind zu vermeiden, weil dadurch die Venen zusätzlich erweitert werden und der Rückfluss weiter abnimmt.
- An sehr warmen Tagen mit einer hohen Luftfeuchtigkeit sollten keine langen Läufe absolviert werden, weil hierbei die Venenwände zusätzlich nachgeben.

Arterielle Störungen:

- Die Laufbelastung ist auf das Beschwerdebild einzustellen. Anfänglich sind öfter nach Einsetzen der Wadenschmerzen Laufpausen einzuschalten.
- Der Lauf sollte prinzipiell nur unter Schmerzfreiheit durchgeführt werden.
- Mit Abnahme der Beschwerden kann der Umfang und die Intensität erhöht werden.
- Voraussetzung für den Laufsport sollte die regelmäßige ärztliche Kontrolle und eine angemessene kontinuierliche medizinische Behandlung sein.

8.3 Erkrankungen am Atmungssystem

Das Atmungssystem, eingeschlossen der Nasen-Rachenraum, hat im Ausdauersport mit eine leistungsbeeinflussende Funktion. Störungen in diesen Bereichen kann auch die Durchführung des Laufsportes wesentlich beeinträchtigen.

8.3.1 Heuschnufpen *(Rhinitis allergica)*

Darunter versteht man eine oberflächliche Störung der Nasenschleimhaut, die zu einem mehr oder weniger starken Schnupfen führt. Beim Heuschnupfen, auch Heufieber genannt, handelt es sich um eine spezifische Überempfindlichkeitsreaktion gegenüber Eiweißbestandteilen in den pflanzlichen Pollen. Diese Form tritt immer saisonal während der Baum- (Februar bis Mai), Gräser- (Mai bis August) und Kräuterblüte (Juli bis Oktober) auf.

Außerdem gibt es noch eine Form, die nicht jahreszeitlich gehäuft auftritt, die durch häusliche (Hausstaubmilben, Pilze, Haustierhaare u. a.) und Arbeitsplatzallergene (Mehl-, Holz-, Medikamenten-, Pflanzenstäube u. a.) hervorgerufen bzw. unterhalten wird.

Charakteristisch für diese Störung sind Niesattacken, Muschelschwellungen in der Nase, ein wässriger starker Schnupfen und meist eine begleitende Bindehautreizung mit verstärkter Bildung von Tränenflüssigkeit. In ca. 30% der Fälle besteht ein Asthma, seltener ein Hautausschlag und eine fieberhafte Allgemeinreaktion.

Für den Laufsport sollten folgende Hinweise berücksichtigt werden:

- Bei der saisonalen Form sollte während der Hauptreaktion kein forciertes Lauftraining oder ein Wettkampf durchgeführt werden.
- Als Schutz kann eine Atemmaske oder Schutztuch getragen werden, was ein leichtes Lauftraining zulässt.
- Besondere spezifische Pollengebiete sind bei der Wahl der Laufstrecke zu beachten und zu meiden.
- Eine gleichzeitige medizinische Behandlung (Nasentropfen u. a.) ist möglich.
- Nach einer Hyposensibilisierungsbehandlung sind 2 bis 3 Tage keine Laufbelastungen einzuplanen.

8.3.2 Erkältungsinfekt (grippaler Infekt)

Ein Erkältungsinfekt ist eine Allgemeinerkrankung, die den ganzen Körper mit einziehen kann und meist von Viren ausgelöst wird. Zu Beginn eines Erkältungsinfektes kann der Verlauf nicht eindeutig eingeschätzt werden, so dass Vorsicht geboten ist, denn leistungsfähige (trainierte) Menschen fühlen sich bei den Alltagsbelastungen weniger behindert.

Ursachen für ein Erkältungsinfekt sind eine örtliche Unterkühlung der Haut oder Schleimhaut der oberen Luftwege bzw. eine allgemeine Unterkühlung des Körpers. Bei einem Kältereiz kompensiert der Körper dies meist durch eine Verringerung der Haut- und Schleimhautdurchblutung, so dass ein zu großer Wärmeverlust vermieden werden kann. Geschieht dies nicht bzw. der Läufer erkennt nicht rechtzeitig die örtliche oder allgemeine Abkühlung, kann der Erkältungsinfekt provoziert werden. Auch nach extremen Belastungen (Marathon-, Rennsteiglauf u. a.) ist für 2 bis 3 Tage das Immunsystem geschwächt, so dass es leichter zu einem Infekt kommen kann, obwohl belegt ist, dass ein regelmäßiges Ausdauertraining die körperliche Abwehrfähigkeit durch eine kontinuierliche Abhärtung und die Erhöhung des unspezifischen und spezifischen immunologischen Abwehrpotenzials erhöht. Die kurzfristige verstärkte Infektbereitschaft ist infolge einer hohen Stressreaktion nur vorhanden, wenn die normale Regulationsbreite des Körpers erheblich ausgeschöpft wird, was bei Extremläufen der Fall ist.

Die ersten typischen Anzeichen sind Reizerscheinungen im Rachen, Glieder- und Muskelschmerzen, eine allgemeine Leistungsschwäche, oft ein leichtes Fieber sowie nach 1 bis 2 Tagen ein seröser Schnupfen und Husten.

Wird der Auswurf beim Husten dunkelbraun, muss man eine zusätzliche bakterielle Infektion *(Superinfektion)* annehmen. Oft tritt gleichzeitig infolge der allgemeinen Immunschwäche ein Bläschenausschlag *(Herpes labialis)* am Mund auf.

Die Behandlung bei einem Erkältungsinfekt umfasst physikalische (Sauna, Wechseldusche u. a.) und schleimhautabschwellende sowie sekretlösende Maßnahmen (Medikamente, Inhalation u. a.). Bei dem Verdacht einer zusätzlichen bakteriellen Infektion ist die Gabe von Antibiotika angezeigt, um Komplikationen (Entzündung der Nasen-Nebenhöhlen, Lungenentzündung u. a.) zu verhindern.

Für den Laufsport ergeben sich bei einem Erkältungsinfekt folgende Gesichtspunkte, die beachtet werden sollten:

- regelmäßige Abhärtungsmaßnahmen zur Stabilisierung des Abwehrsystems (Wechseldusche, Bürstmassage, Sauna, UV-Bestrahlung, vitaminreiche Ernährung u. a.)
- der Witterung angepasste Sportkleidung (Regenschutz, Kopfbedeckung bei Minusgraden u. a.)
- aktive Immunisierung durch eine jährliche Grippeschutzimpfung
- schnelle Erwärmungsmaßnahmen nach einer Unterkühlung (schneller Wechsel durchnässter Sportkleidung, Überwärmungsbad u. a.)
- Laufpause für ungefähr 10 Tage bei einem Erkältungsinfekt mit einer entsprechenden Behandlung

Kriterien:

- Infekte häufiger als normal
- Dauer der Infekte länger als normal (mehr als 4 Tage)
- chronische Infekte
- schwerer Infektverlauf
- bakterielle Superinfektion
- keine Erholung zwischen den Infekten

Ursachen:

Belastungen durch Schadstoffe, Krankheiten, energiereiche Strahlen, Fehl- bzw. Mangelernährung, Arzneimittel (Steroide, Antibiotika, Chemotherapeutika), unkontrollierter Sport, psychischer Stress

Abb. 68 Kriterien der erhöhten Infektanfälligkeit

8.3.3 Chronische Bronchitis

Sie stellt eine Entzündung der Bronchialschleimhaut dar, die durch verschiedene äußere Reize (Viren, Bakterien, Allergene, Gifte, Tabakrauch u. a.) oder durch chronische Lungenerkrankungen (Asthma bronchiale, Emphysem, Tumore u. a.) bzw. als Begleiterkrankung (Nasennebenhöhlenentzündung u. a.) entsteht. Sie betrifft überwiegend die größeren Bronchien.

Eine chronische Bronchitis kann nach der Definition der Weltgesundheitsorganisation (WHO) angenommen werden, wenn der Husten und der Auswurf an den meisten Tagen während mindestens je drei Monate in zwei aufeinander folgenden Jahren auftritt.

Wesentliche Ursachen sind Tabakrauch, berufliche und umweltbedingte Gifte sowie chronische Lungenerkrankungen (siehe oben).

Charakteristisch für die chronische Bronchitis sind ein kontinuierlicher Hustenreiz, ein zäher weißlich-schleimiger Auswurf, eine teilweise leistungsbeeinflussende Atemnot und die kontinuierliche Abnahme der Lungenfunktionsbreite. Darüber hinaus sind diese Veränderungen eine stärkere Belastung für die Herztätigkeit, was bei der Planung und Durchführung des Laufsportes beachtet werden muss.

Ein regelmäßiger Ausdauersport hat aber auch einen positiven und funktionssteigernden Einfluss auf die Lungen- und Bronchienfunktion. So kommt es zu einer Verbesserung der Atemmechanik infolge der Kraftzunahme der Atemmuskeln sowie zu einer erweiterten Brustkorb- und Zwerchfellbeweglichkeit und einem verbesserten Atemrhythmus. Dadurch werden das Atemvolumen (Vitalkapazität u. a.) und die maximale Sauer-

Viren gelangen über die Schleimhäute des Atmungssystems oder des Magen- und Darmtraktes in das Blut. Über den Blutkreislauf verteilen sie sich an den Schwachstellen der Organe (Leber, Herz- und Skelettmuskel).

Skelettmuskel:
schnelle muskuläre Ermüdung und zunehmender Belastungsschmerz, 3 bis 4 Tage Ruhe, natürliche Abwehrkräfte wirken gut

Herzmuskel:
allmählich nachlassende Leistungsfähigkeit trotz Trainings,
anfangs unauffälliges Ruhe- und Belastungs-EKG,
steht unter »Dauerleistung«,
kann sich nicht so konsequent ausruhen wie der Skelettmuskel,
Heilung dauert länger (mehr als 2 Wochen)

Abb. 69 Viren

stoffaufnahme erhöht, was die Lungenfunktion und damit die gesamte körperliche Leistungsfähigkeit aktiviert. Außerdem kommt es zu einer stärkeren sekretlösenden Wirkung, die den Sekretauswurf vermehrt und den Reizhusten lindert. Zusätzlich führt die regelmäßige Ausdauerbelastung zu einer vagotonen Umstimmung, die eine Bronchienerweiterung zur Folge hat.

Für den Laufsport ergeben sich folgende zu beachtende Aspekte:

- sofortiges Einstellen der Rauchgewohnheiten
- regelmäßige Durchführung von Lungenfunktionstests zur Einschätzung der Leistungsbreite und Belastungsfähigkeit
- Einhaltung kontinuierlicher Behandlungsmaßnahmen (bronchienerweiternde und sekretlösende Medikamente, Atemgymnastik u. a.)
- angemessene Gestaltung des Laufumfanges entsprechend der aktuellen Belastbarkeit
- Laufpause bei ungünstigen Wetterbedingungen (Kälte, hohe Luftfeuchtigkeit, Nebel u. a.) und bei einem akuten Schub der Bronchitis

8.3.4 Asthma bronchiale

Es handelt sich um eine anfallsweise oder dauernde Verengung der Bronchien mit einer unterschiedlichen Stärke, die zu einer Atemnot führt. Asthma bronchiale ist eine der häufigsten chronischen Erkrankungen und erfasst ca. 4 bis 5% der Bevölkerung in Deutschland.

Als Ursachen kommen innere (endogene) Faktoren, wie u. a. Bronchien- und Lungeninfekte, Stressbelastungen, Medikamentenreaktionen (Schmerzmittel u. a.) sowie klimatische Einflüsse (Feuchte, Kälte u. a.), und äußere (exogene) allergische Faktoren, wie Pollen, Hausstaub, Bettfedern, Tierhaare oder -schuppen, Pilzsporen (Schimmelpilz) und Metalle (Quecksilber, Nickel u. a.) in Betracht. Höhepunkte des allergischen Asthmas sind die durch die Hasel- und Erlenblüte Anfang Februar gehäuft auftretenden bronchitischen Beschwerden, im April der Birkenpollenflug und im Juni bis Juli der Gräserpollenflug. Nicht selten geht ein Heuschnupfen voraus, was man auch als Etagenwechsel bezeichnet.

Insgesamt wird angenommen, dass für die Auslösung einer Asthmaerkrankung eine genetische Anlage vorhanden sein muss.

Das Asthma bronchiale macht sich anfangs durch einen trockenen Husten z. B. beim Joggen oder anderen Tätigkeiten im Freien bemerkbar, über ein Engegefühl in der Brust und das Gefühl, nicht richtig atmen zu können.

Die anfallsartige oder dauernde Atemnot kommt durch die Bronchienverengung, die Schleimhautschwellung und die vermehrte Bildung eines zähen glasigen Schleimes zustande.

Beim Anfall bestehen eine starke Atemnot (besonders bei der Ausatmung) mit einer psychischen Erregung, ein Hustenreiz, teilweise hörbare Rasselgeräusche in der Lunge und der sichtbare Einsatz der Atemhilfsmuskeln am Hals- und Brustkorbbereich. Nicht selten (zu ca. 60 %) kann bei einem ungenügend medikamentös eingestellten Asthma unter einer körperlichen Belastung ein so genanntes Belastungsasthma auftreten. Das ist sogar jahreszeitlich verschieden, denn im Winter ist es infolge der kalten und trockenen Luft häufiger zu beobachten.

Ein auf die individuelle Leistung abgestimmter Ausdauersport kann beim Asthma bronchiale einen bis zu 50 % funktionsverbessernden Einfluss haben. Das wird durch die vagotone Umstellung des Nervensystems, die zu einer Bronchienerweiterung mit Abnahme des Atemwiderstandes und durch die verbesserte Atemmechanik erreicht. Das führt gleichzeitig zu einer Abnahme des Hustenreizes und zu einer psychischen Beruhigung.

Für den Laufsport ergeben sich daraus folgende Aspekte:

- Laufsport kann nur in einem anfallsfreien Intervall durchgeführt werden, um den Prozess nicht noch stärker zu belasten.
- Während des Laufes sollten immer die Notfallmedikamente (sekretlösende und bronchienerweiternde Mittel) mitgeführt werden, um bei einem beginnenden Anfall sofort Gegenmaßnahmen durchführen zu können.
- Vor dem Laufbeginn sollte eine ausreichende Aufwärmphase eingeplant werden (mindestens 20 Minuten).
- Bei nasskalter Witterung sollte kein Laufsport betrieben werden.
- Bei kalter trockener Winterluft ist ein grobmaschiger Schal vor dem Mund nützlich, denn dadurch kann sich die Wärme und Feuchtigkeit stauen und die Einatmungsluft erwärmen und anfeuchten.
- Während ozonreicher Zeiten sollte prinzipiell nicht gelaufen werden.
- Während des Laufes sollte so lange wie möglich durch die Nase geatmet werden, was ebenfalls die Einatmungsluft anfeuchtet und erwärmt (nur bis 35 l/min möglich).
- Bei einem beginnenden Infekt oder einer Bronchitis ist kein Laufsport angezeigt, da diese gesundheitlichen Störungen den Asthmaanfall begünstigen können.
- Der Laufsport sollte vordergründig zur Stabilisierung der Gesundheit genutzt werden. Extreme Läufe und Wettkämpfe sind ungeeignet.
- Eine regelmäßige ärztliche Behandlung und Leistungskontrolle sind unbedingte Voraussetzungen für einen Laufsport.

8.3.5 Ozon und Laufsport

In den letzten Jahren hat Ozon als Bestandteil der oberen und unteren Atmosphäre zunehmendes Interesse erlangt. Es entsteht in der unteren Atmosphäre unter Einfluss ultravioletter Strahlung aus einer Reihe von Vorläufersubstanzen, deren wichtigste Kohlenwasserstoffe und Stickoxide sind. Deshalb sind auch die höchsten Konzentrationen im Sommer, mit einem Tagesmaximum am Nachmittag, zu finden. Dabei gibt es große örtliche Differenzen, die von der mengenmäßigen Bildung (Autoverkehr u. a.) der Vorläufersubstanzen und von den Witterungsbedingungen abhängen.

Ozon kann insbesondere zu Schleimhautreizungen an Atemwegen und Augen führen. Das macht sich durch ein verstärktes Augenbrennen oder -tränen und am Atmungssystem durch Husten, Kratzen im Hals, ein brennendes Gefühl in den Bronchien, Atemnot und Schmerzen bei einer tiefen Einatmung, aber auch durch Kopfschmerzen und Übelkeit bemerkbar. Bereits bestehende Beschwerden können verstärkt werden. Somit kann die Leistungsbreite des Atmungssystems und damit auch die körperliche Leistungsfähigkeit eingeengt werden. Dabei ist bemerkenswert, dass bei einer Ruheatmung kaum Beschwerden auftreten, die sich aber merklich verstärken unter körperlicher Belastung, insbesondere bei einer ausdauernden körperlichen oder sportlichen Belastung. Ungeklärt ist noch, ob eine dauernde Ozoneinatmung Atemwegserkrankungen hervorrufen oder in ihrem Verlauf verschlechtern kann. Ein erhöhtes Krebsrisiko ist bisher nicht erkennbar. Bekannt ist jedoch, dass allergische Störungen (Heuschnupfen, Asthma bronchiale u. a.) verstärkt werden können, weil die Allergenempfindlichkeit erhöht wird.

Andererseits hat man auch beobachtet, dass sich Menschen auch an eine dauernde Ozonaussetzung anpassen können, indem sie ihre Empfindlichkeit senken. Das trifft aber nur für Personen zu, die keine allergischen Reaktionen oder chronische Lungenerkrankungen haben.

Für den Laufsport ergeben sich daraus folgende zu berücksichtigende Aspekte:

- Bei stabilen Schönwetterlagen mit einer Außentemperatur über 25° Celsius sollte der Lauf auf die Morgen- oder Abendstunden gelegt werden.
- Große freie Flächen sind zu meiden und Flächen mit Baumbestand (Alleen, Parkanlagen, Wälder u. a.) zu bevorzugen, weil die Pflanzen teilweise das Ozon aufnehmen.
- Bei einem ungeeigneten Laufgelände sollte eine Sporthalle benutzt werden, weil dort die Ozonkonzentration bis zu 50 % niedriger ist.
- Bei einer Ozonkonzentration über 160 bis 200 mg/m^3 sollte generell kein Lauf durchgeführt werden.
- Läufer mit einer chronischen Lungenerkrankung oder allergischen Störungen sollten generell eine individuelle Belastungsgestaltung in Abstimmung mit einem Sport- oder Hausarzt durchführen.
- Bei Personen, die bereits früher ozonbedingte Reizerscheinungen an Augen und Atemwege beobachtet haben, sollte vor Beginn eines Laufsportes ärztlichen Rat einholen.

8.4 Stoffwechselerkranlungen

Störungen in den verschiedenen Stoffwechselbereichen können durch den Laufsport positiv beeinflusst werden, falls entsprechende individuelle und indikative Aspekte Berücksichtigung finden.

8.4.1 Übergewichtigkeit *(Adipositas)*

Die Übergewichtigkeit hat besonders in den letzten Jahrzehnten größere Bedeutung erlangt, da sie kontinuierlich zunimmt und durch die gesundheitlichen Schäden ein sozialmedizinisches Problem geworden ist. In Deutschland sind ca. 33 % der Frauen und ca. 24 % der Männer übergewichtig. Von einem Übergewicht spricht man, wenn das Sollgewicht nach dem Broca-Index (Körperhöhe in Zentimeter minus 100) über 20 % liegt oder der Body-Mass-Index (Körpergewicht durch Körperhöhe im Quadrat) größer als 25 ist. Erst dann nimmt man an, dass das Übergewicht eine krankheitsfördernde Wertigkeit hat (Abb. 70).

Die Übergewichtigkeit führt zu einer Mehrbelastung für den Stütz- und Bewegungsapparat, so dass es zu frühzeitigen Verschleißerscheinungen an den Gelenken *(Chondropathien, Arthrosen u. a.)* und der Wirbelsäule *(Osteochondrosen, Spondylosen u. a.)* kommt. Außerdem wird das Herz-Kreislaufsystem mehr belastet, wodurch u. a. eine allgemeine Arteriosklerose, die koronare Herzkrankheit und der Bluthochdruck gefördert werden. Der Körperstoffwechsel wird ebenfalls negativ beeinflusst, indem eine aus-

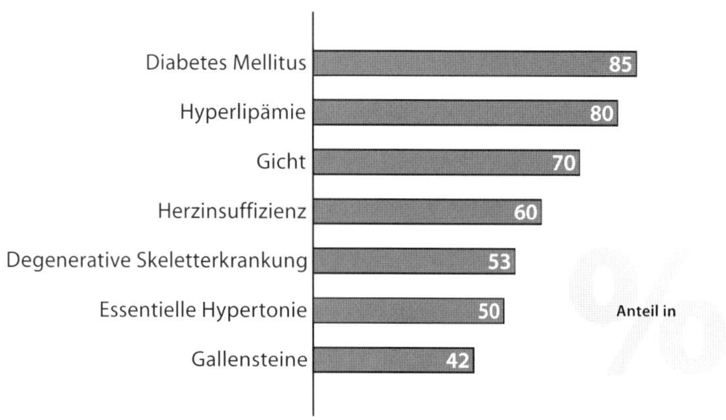

Abb. 70 Anteil der Übergewichtigen an einzelnen Krankheitsgruppen

geprägte Übergewichtigkeit meist mit einer Zuckerkrankheit und einer Fettstoffwechsel- und Harnstoffwechselstörung vergesellschaftet ist. Insgesamt wird damit auch die allgemeine körperliche Leistungsfähigkeit und Belastbarkeit eingeschränkt, was für den Laufsport eine große Bedeutung hat.

Man unterscheidet zwei Formen der Übergewichtigkeit. Die primäre Form (99 %) wird durch erbbiologische (genetische) Faktoren, eine Luxuskonsumption und durch einen extremen Bewegungsmangel verursacht. Die sekundäre Form wird u. a. durch hormonelle Störungen *(Cushing-Syndrom u. a.)*, nervale Erkrankungen *(Psychosen u. a.)* und durch spezielle Medikamente (Kortison) hervorgerufen.

Die Beeinflussung der Übergewichtigkeit umfasst die psychische und diätetische Beratung und Führung, die Behandlung eventuell vorhandener organischer Erkrankungen sowie die Einflussnahme auf eine aktive Lebensgestaltung. Der Ausdauersport hat dabei eine hohe Wertigkeit, weil er einen höheren Energieverbrauch erfordert, so dass bei einer gleichzeitigen Reduktionskost die Energiereserven (Depotfett) des Körpers verringert werden. Dabei hängt der Umfang der prozentualen Fettverstoffwechselung wesentlich vom Trainingszustand ab. Untrainierte müssen den Fettstoffwechsel erst einmal in Gang bringen und verbrauchen daher unter Belas-

8

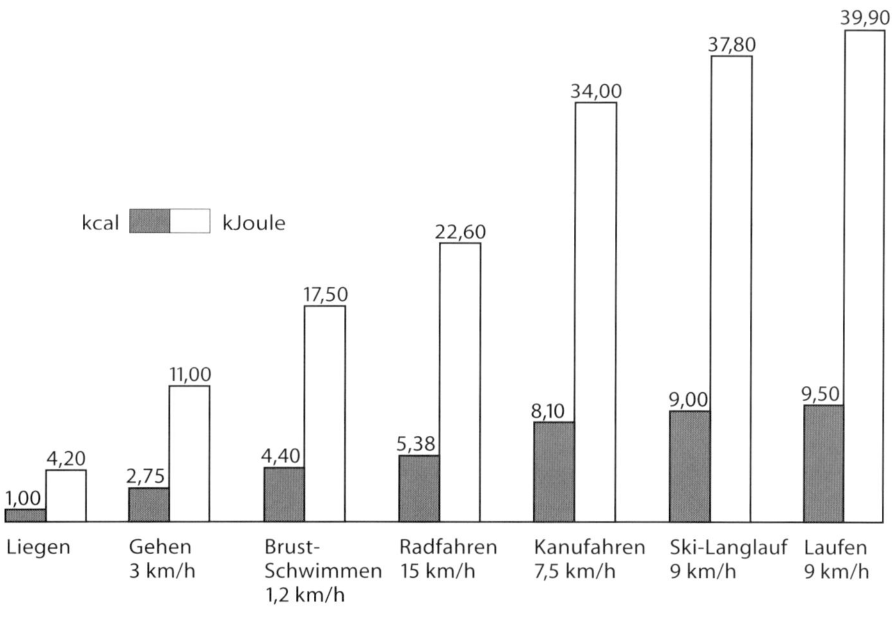

Abb. 71 Energieverbrauch verschiedener Sportarten (pro 1 kg Körpermasse in 1 Stunde)

tung weniger Fett (Abb. 72). Bei Trainierten beträgt die Energiegewinnung aus den Fetten zu Beginn der Belastung ca. 30 % und kann mit zunehmender Belastung (über 45 Minuten) auf über 50 % ansteigen.

Abbildung 71 zeigt, dass der Laufsport von den dargestellten Sportarten den höchsten Energieverbrauch aufweist, was sich günstig auf die Übergewichtigkeit auswirken kann. Außerdem bewirkt der Belastungsstoffwechsel eine verzögerte Fettaufnahme im Darm und damit eine verminderte Fettspeicherung. Die belastungsbedingte Erhöhung der Stresshormone *(Adrenalin u. a.)* senkt zusätzlich den Appetit, was die diätetischen Bemühungen unterstützt (Abb. 72).

Für den Läufer ist die Gewichtsabnahme deutlich messbar, da seine sportliche und körperliche Leistungsfähigkeit sowie Belastbarkeit merklich zunimmt, was einerseits die Frustration und die Risikofaktoren aus präventiver Sicht senkt und andererseits die Lauffreude fördert.

Für den Laufsport ergeben sich folgende Aspekte:

8

- Bei einer bestehenden Übergewichtigkeit ist vor dem Laufbeginn eine gründliche ärztliche Untersuchung zur Bestimmung der sportlichen Belastbarkeit erforderlich.
- Die Laufbelastung ist bei Übergewichtigkeit langsam zu steigern, da die Anpassungsvorgänge an allen betroffenen Organsystemen verzögert sind.

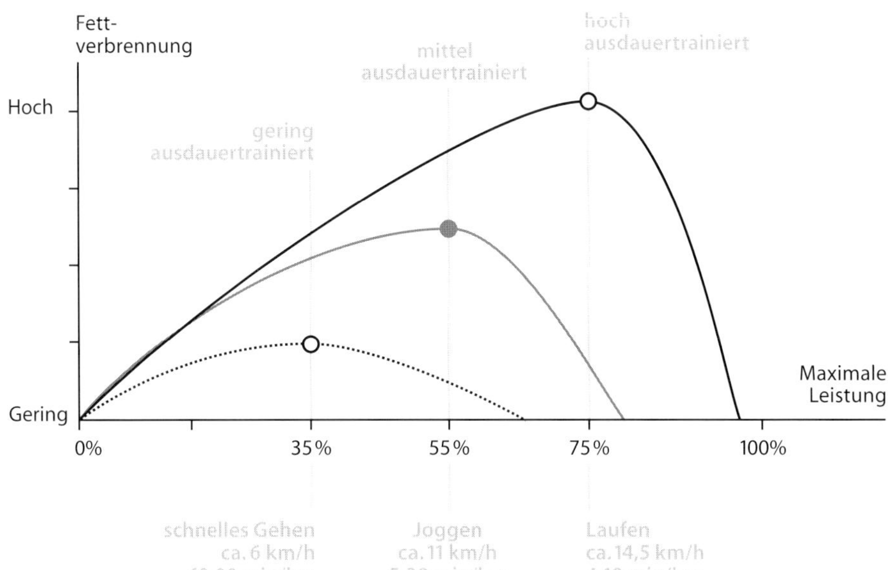

Abb. 72 Fettkalorienverbrauch in Abhängigkeit vom Trainingszustand

- Bei einem hohen Übergewicht sollte der Lauf vordergründig einen gesundheitsfördernden Aspekt haben. Extreme Läufe oder Wettkämpfe sind unangemessen.
- Bei Vorschädigungen durch die Übergewichtigkeit ist die sportliche Belastbarkeit nach der betreffenden organischen Störung auszurichten.
- Während einer diätetischen Abnahmekur sollten keine extremen Laufbelastungen absolviert werden, da dies zu Stoffwechselstörungen führen könnte.
- Wird der Laufsport als Basis für eine gezielte Gewichtreduktion genutzt, muss unbedingt gleichzeitig eine spezielle Diät eingehalten werden. Das Lauftraining sollte dabei generell über 60 Minuten liegen.

8.4.2 Fettstoffwechselstörung *(Dyslipoproteinämie)*

Weltweite Studien zeigen einen engen Zusammenhang zwischen den Fettstoffwechselstörungen und den Herz-Kreislaufkrankheiten, was u. a. auf der Förderung der allgemeinen Arteriosklerose basiert. In Deutschland leiden ca. 15 bis 20% der Bevölkerung an einer Fettstoffwechselstörung.

Als Ursachen werden erbbiologische (genetische) Bildungsstörungen, die überkalorische und fettreiche Ernährung, der Bewegungsmangel, spezielle Erkrankungen (Zuckerkrankheit, hormonelle Störungen u. a.), der

	Alter	Exzellent	Gut	Mittel	Schlecht
Frauen	20–24	18,9	22,1	25,0	29,6
	25–29	18,9	22,0	25,4	29,8
	30–34	19,7	22,7	26,4	30,5
	35–39	21,0	24,0	27,7	31,5
	40–44	22,6	25,6	29,3	32,8
	45–49	24,3	27,3	30,9	34,1
	50–59	26,6	29,7	33,1	36,1
	60+	27,4	30,7	34,0	37,3
Männer	20–24	10,8	14,9	19,0	23,3
	25–29	12,8	16,5	20,3	24,3
	30–34	14,5	18,0	21,5	25,2
	35–39	16,1	19,3	22,6	26,1
	40–44	17,5	20,5	23,6	26,9
	45–49	18,6	21,5	24,5	27,6
	50–59	19,8	22,7	25,6	28,7
	60+	20,2	23,2	26,2	29,3

Abb. 73 Bewertung des Körperfettanteils (Angaben in Prozent)

Alkoholmissbrauch und teilweise auch die Ovulationshemmer diskutiert.

Die Fettstoffwechselstörung ist allgemein durch eine erhöhte Konzentration von Cholesterin und Triglyzeriden im Blut gekennzeichnet. Darüber hinaus sind auch die Unterfraktionen des Cholesterins in ihrer Zusammensetzung gestört. So ist das HDL (gefäßfreundliche Fraktion mit hoher Dichte) erniedrigt und das LDL (gefäßschädigende Fraktion mit niedriger Dichte) erhöht.

Die generelle Erhöhung der Fettparameter begünstigt bei Übergewicht und unproportionaler Verteilung der Unterfraktionen des Cholesterins die Arteriosklerose, die wiederum die erhöhte Erkrankungsrate des Herz-Kreislaufsystems fördert. Darüber hinaus kann es aber auch noch zu einer Verfettung der Leber *(Steatosis hepatis)* und der Bauchspeicheldrüse sowie zu Fettablagerungen an Sehnen und Gelenken bzw. Bindegewebe kommen.

8

Eine Ausdauerbelastung hat einen direkten Einfluss auf den Fettstoffwechsel, da bei einer längeren Belastung die freien Fettsäuren zur Energiegewinnung mit herangezogen werden, weil die Glukosevorräte für die Energiebereitstellung nicht ausreichen. Außerdem werden durch die sportliche Belastung vermehrt Stresshormone *(Adrenalin u. a.)* freigesetzt, die die Wirkstoffe *(Lipasen)* für den Fettabbau zusätzlich aktivieren. Da dies besonders in der aktiven Muskulatur erfolgt, ist der Lauf besonders geeignet, da hierbei ca. 90 % der gesamten Skelettmuskeln eingesetzt werden.

Der Belastungsstoffwechsel senkt allerdings nicht nur insgesamt die Fettparameter im Blut, sondern er hat auch einen Einfluss auf die Normalisierung des Verhältnisses zwischen den Unterfraktionen des Cholesterins. Meistens kommt es sogar zu einer stärkeren Steigerung des HDL, was den präventiven Aspekt noch unterstreicht. Andererseits verhalten sich die LDL -Fraktion und die Triglyzeride gegensätzlich, indem sie deutlich abnehmen.

Für den Laufsport ergeben sich daraus folgende Aspekte:

- Eine Fettstoffwechselstörung im Anfangstadium bedarf keiner Einschränkung in der Belastungsgestaltung, da davon ausgegangen werden kann, dass noch keine organischen Komplikationen bestehen muss.
- Bei jeder Form der Fettstoffwechselstörung muss zusätzlich eine spezielle Diät eingehalten werden, die fett- und kalorienarm sein sollte. Bei der Auswahl der Nahrungsmitteln ist darauf zu achten, dass sie viel mehrfach ungesättigte Fettsäuren enthalten.
- Das Lauftraining zur Beeinflussung des Fettstoffwechsels sollte mindestens 45 Minuten mehrmals in der Woche betragen bzw. eine Mehrbelastung von ca. 1000 kcal 3 bis 4-mal wöchentlich beinhalten.
- Bei schon bestehenden organischen Störungen (Herz-Kreislauf u. a.) ist die Laufbelastung der Leistungsbreite des betroffenen Organs anzupassen.

8.4.3 Zuckerkrankheit *(Diabetes mellitus)*

Aus gesundheitspolitischer Sicht nehmen die Diabetiker eine wichtige Rolle bei den Bemühungen zur Verhütung von gesundheitlichen Spätfolgen ein, denn international sind ca. 135 Millionen (Angaben der WHO) und national ca. 5 Millionen Diabetiker registriert.

Unter der Krankheitsbezeichnung *»Diabetes mellitus«*, die auch als Zuckerkrankheit bezeichnet wird, versteht man allgemein eine hormonelle Stoffwechselstörung im Kohlenhydrathaushalt, die den Blutzuckerspiegel erhöht (normal 110 mg).

Man unterscheidet dabei den Typ I oder Jugenddiabetes (ca. 10 %), der durch einen echten Insulinmangel gekennzeichnet ist und den Typ II oder Altersdiabetes (90 %), der größtenteils auf einer relativen Insulinmangel basiert, indem anfangs eine verringerte Insulinempfindlichkeit (Sensitivität) und später auch ein echter Insulinmangel infolge Minderbildung besteht. Darüber hinaus kennt man noch eine dritte Erkrankungsform (sog. sekundäre Form), die als Begleitstörung anderer Erkrankungen (Bauchspeicheldrüsenentzündung, Nierenerkrankung u. a.) oder durch spezielle Behandlungsprogramme, wie zum Beispiel eine langjährige Kortisonbehandlung bei einer rheumatischen Gelenkerkrankung (Polyarthritis rheumatica) auftreten kann.

Als Ursachen für die Zuckerkrankheit kommen erbbiologische (genetische) Anlagen, toxische oder infektiöse Prozesse, Risikofaktoren wie Übergewicht (40 % der Diabetiker), Fettstoffwechselstörung (18 % der Diabetiker), Bewegungsmangel und vermehrte Stressbelastung, sowie Erkrankungen innerer Organe und spezielle medikamentöse Behandlungsmaßnahmen (Kortison u. a.) in Betracht.

Als Komplikationen bei der Zuckerkrankheit sind eine arterielle Verschlusskrankheit der großen und kleinen Gefäße *(Makro-/Mikroangiopathie)*, die Netzhautschädigung des Auge *(Retinopathie)*, die Nierenstörung *(Nephropathie)*, die Nervenschädigung *(Polyneuropathie)* und das *diabetische Fußsyndrom* zu beobachten.

Die Behandlung der Zuckerkrankheit umfasst die Senkung der Blut-Glukosekonzentration (Diät, Medikament, Bewegung), die Körpergewichtsabnahme, die Beeinflussung der Fettstoffwechselstörung, die aktive Lebensgestaltung und die Minderung bzw. Behandlung der Spätfolgen.

Das Ausdauertraining hat eine hohe Wirksamkeit, da es die Glukoseaufnahme und -verwertung in die Muskelzelle infolge des höheren Energiebedarfes verbessert und die Stresshormonwirkung infolge der vagotonen Umstellung senkt, was zusammen merklich den Blutzuckerspiegel reduziert. Abbildung 74 demonstriert die Blutzucker regulierende Wirkung einer sportlichen Belastung für einen Gesunden und einen Diabetiker. Zusätzlich wird die Insulinempfindlichkeit erhöht bei gleichzeitigem geringeren Bedarf (ca. 40 %), so dass ein bestehendes Bildungsdefizit ausgeglichen werden kann. Die damit verbundene Minderung eines überschießenden Insulinanstieges bei der Glukoseaufnahme verhindert eine Überreaktion *(Hyperinsulinismus)*. Darüber hinaus werden auch die bestehenden Risikofaktoren günstig beeinflusst.

Daraus ergeben sich folgende Aspekte für den Laufsport:

- Aus Behandlungsgründen sollte ein Laufsport mindestens dreimal wöchentlich erfolgen (60 bis 90 Minuten).
- Der Lauf darf niemals nüchtern durchgeführt werden.
- Besteht die Neigung zu einem starken Blutzuckerabfall *(Hypoglykämie)*, so sollte man ca. 30 Minuten vor dem Lauf 20 g Glukose aufnehmen. Zusätzlich ist Würfelzucker während des Laufes mitzuführen, um diesen bei eventuellen Blutzuckersenkungen (Schweißausbruch, Heißhunger u. a.) sofort einnehmen zu können.

8

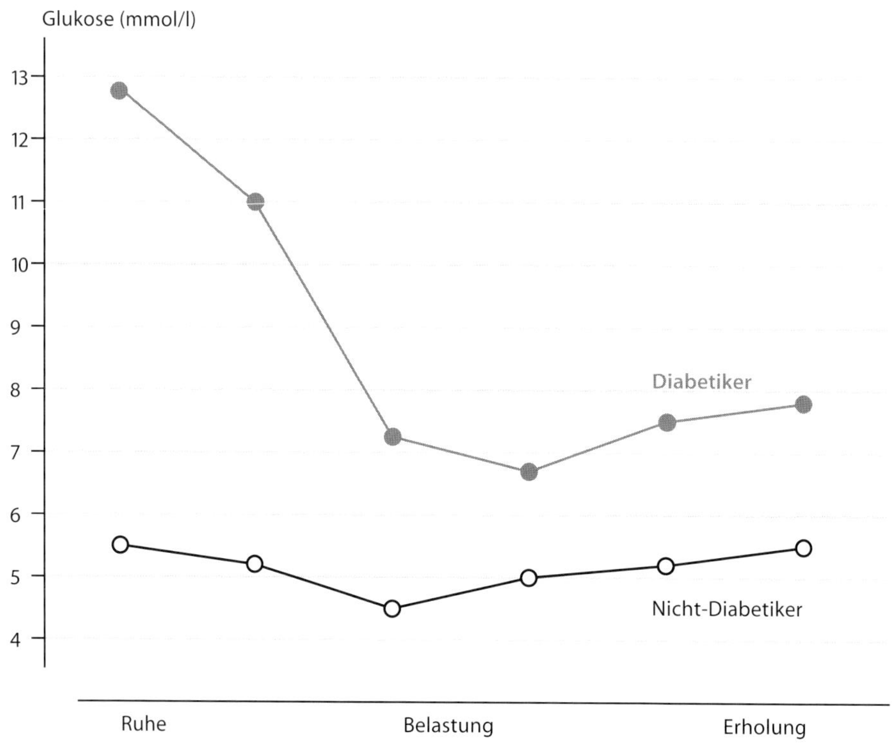

Abb. 74 Blutzuckerverlauf vor, während und nach einer sportlichen Belastung

- Blutzucker senkende Medikamente sollten nach Absprache mit dem Arzt 2 Stunden vor dem Lauf eingenommen werden.
- Die diätetische und medikamentöse Behandlung ist in Abstimmung mit dem behandelnden Arzt konkret auf die Belastungsgestaltung abzustimmen, da unter größeren Belastungen der Bedarf an Blutzucker senkenden Medikamenten geringer werden kann.
- In der Regel sind für einen Diabetiker mit einer unzureichende Blutzuckereinstellung und einer extremen belastungsbedingten Blutzuckersenkung sowie bei ausgeprägten Spätkomplikationen ein leistungsorientiertes Lauftraining und ein Wettkampf nicht geeignet.

8.5 Hautstörungen und -krankheiten

Störungen und Erkrankungen der Haut können unmittelbar an den Füßen die laufsportliche Belastung erheblich stören oder behindern. Aber auch ein Ganzkörperbefall ist teilweise ein zeitlich begrenztes oder dauernd starkes Hindernis für die Durchführung des Laufsportes.

8.5.1 Sonnenbrand *(Dermatitis solaris)*

Dies ist eine lichttraumatische Hautreaktion der Haut auf eine einmalige Sonnenlicht-Überdosis (UV-Licht 280 bis 320 nm) bei einer normalen Lichtempfindlichkeit.

Es besteht eine akute, gerötete und brennende (schmerzende) Hautentzündung *(Verbrennung I. Grades)*, die auch eine Blasenbildung aufweisen kann *(Verbrennung II. Grades)*. Bei einem großflächigen Sonnenbrand können auch Fieber und Kreislaufstörungen beobachtet werden. Später kommt es zu einer Schuppung der betroffenen Hautregion. Bei wiederholten Hautverbrennungen besteht die Gefahr für die Ausbildung eines bösartigen Hauttumors *(Basaliom, Melanom u. a.)*.

Für den Laufsport ergeben sich hieraus folgende zu berücksichtigende Aspekte:
- Bei längeren Läufen und sonnigem Wetter ist besonders im Frühjahr für ausreichenden Sonnenschutz zu sorgen (Schutzkleidung, Lichtschutzsalben u. a.).
- Bei einem Sonnenbrand ist der Lauf sofort abzubrechen und die betroffene Region mit kühlen Kompressen abzudecken. Eventuell können zusätzliche entzündungshemmende Salben aufgetragen werden.
- Später nach Abklingen der akuten Reaktionen sind hautfreundliche Lotions (Panthenol u. a.) aufzutragen.

Siehe hierzu auch Kapitel 14.1 und 16.2.

8.5.2 Zeckeninfektion

Es ist eine Übertragung von zahlreichen krank machenden Erregern durch die Zecke, was besonders beim Warmblüter und Mensch vorkommt. Die Zecke gehört zu den Blut saugenden Spinnentieren. Sie besitzt eine ledrige Chitinmembran und einen Stechrüssel mit einem Widerhaken. Die Übertragung erfolgt meist aktiv durch den Stich und seltener passiv durch den Zeckenkot bzw. das Drüsensekret.

In Mitteleuropa werden eine im Frühjahr auftretende Gehirn- und Gehirnhautentzündung *(Frühsommer-Meningoenzephalitis, FSME)* sowie eine Haut- und Gelenkentzündung *(Lyme-Borreliose)* übertragen.

Bei der Frühsommergehirnentzündung, die durch ein FSME-Virus ausgelöst wird, kommt es 7 bis 10 Tage nach dem Zeckenstich zu einer grippeähnlichen Erkrankung, die sich vorübergehend (4 bis 5 Tage) zurückbildet und danach mit Gehirnbeschwerden (Kopfschmerz, Nackensteife u. a.) wieder auftritt.

Die Haut- und Gelenkerkrankung wurde 1976 erstmals in der Ortschaft Lyme (USA) beobachtet. Der Erreger *Borrelia burgdorferi* ist in Mitteleuropa sehr verbreitet. Die Borreliose tritt besonders im Sommer und Herbst auf. In Deutschland sind ca. 15% der Zecken mit dem Erreger befallen.

Im Frühstadium kommt es an der Bissstelle zu einer zentrifugal fortschreitenden Hautrötung, was für eine Ausbreitung der Erreger spricht. Allgemeine Krankheitszeichen (Kopf- und Muskelschmerz, Fieber, Darmbeschwerden u. a.) und später eine Lymphknotenschwellung sowie eine Hautreizung können hinzukommen.

Als Spätzeichen können Gelenkbeschwerden (besonders Ellenbogen, Knie), Herzrhythmusstörungen, gutartige Tumore, Nervenstörungen *(periphere Neuropathie)* und Gehirnbeschwerden *(Enzephalopathie)* auftreten.

Für den Laufsport ergeben sich folgende Aspekte:

- Prophylaktische Impfung mit dem FSME-Impfstoff in Epidemiegebieten, die alle 4 Jahre wiederholt werden muss.
- Bei Waldläufen ist eine ausreichende Schutzkleidung zu tragen, wie beispielsweise unten verschlossene lange Hosen, Oberkörperbekleidung.
- Nach Waldläufen ist die Haut sorgfältig nach Zecken abzusuchen.
- Bei einem Zeckenbefall ist diese sofort vorsichtig mit einer Pinzette herausdrehen. Niemals stark quetschen. Die Stichstelle danach gründlich desinfizieren (Alkohol).
- Bestehen bereits Anzeichen für eine Entzündung, wie etwa eine sich vergrößernde Hautrötung, ist ein sofortiger Arztbesuch notwendig.

8.5.3 Juckflechte *(Ekzem)*

Es ist eine nicht infektiöse, entzündliche Hautstörung *(Dermatose)*, die auf der Grundlage verschiedener Ursachen entstehen kann. Sie kann akut und chronisch verlaufen. Man unterscheidet prinzipiell eine endogene Form, die eine erbbiologische Anlage oder körperliche Umstellungsphasen (Schwangerschaft u. a.) zur Grundlage hat. Die exogene Form wird von der Umgebung durch eine allergische, mechanische oder infektiöse Hautirritation hervorgerufen. Darüber hinaus können sie auch als nicht allergische Unverträglichkeitsreaktion auf bestimmte Stoffe entstehen. Dazu zählen u. a. Waschmittel, Duftstoffe, Metalle, Farben und Konservierungsmittel. Sie werden zu der Gruppe der Kontakt- oder Berufsekzeme zusammengefasst.

Charakteristisch sind bei der akute Verlaufsform eine flächenhafte, entzündliche Hautveränderung (Rötungen, Blasen, Knötchen, wunde Hautregionen, Krusten u. a.) mit Juckreiz und Kratzspuren sowie bei der chronischen Verlaufsform Schuppungen, starke Verhornungen *(Hyperkeratose)* und Rhagaden. Sie können an allen Körperregionen Auftreten, sind aber an den Gliedmaßen besonders häufig anzutreffen.

Ein ausgedehntes Ekzem kann infolge der Witterungseinflüsse (Sonne, Nässe u. a.), der erhöhten Schweißproduktion und der zahlreichen notwendigen Ganzkörperpflegemaßnahmen den Laufsport erheblich beeinträchtigen bzw. das Ekzem aktivieren.

Für den Laufsport ergeben sich folgende Aspekte:

- Generell ist bei einem Kontaktekzem der auslösende Stoff zu vermeiden, was auch bei der Sportkleidung beachtet werden muss.
- Ein ausreichender Ultraviolettschutz (A- und B-Bereich) ist einzuhalten, um das Ekzem nicht zu aktivieren.
- Möglichst wenig oder nur alkalifreie Seifen sind für die Hautreinigung zu benutzen.
- Eine sorgfältige Nachpflege der Haut mit Juckreiz lindernden Salben (harnsäurehaltigen Präparaten u. a.) und fettreichen Cremes ist zu beachten.
- Bei einer akuten Verlaufsform ist eine ärztliche Behandlung grundsätzliche angezeigt.

8.5.4 Schuppenflechte *(Psoriasis)*

Sie ist eine chronisch in Schüben verlaufende, nicht-infektiöse, oft juckende, entzündliche Hautstörung *(Dermatose)*, die scharf begrenzte Plaques aufweist und mit einer silberfarbenen Schuppung bedeckt ist. Ungefähr 2 % der Bevölkerung leiden in Europa an dieser Hauterkrankung.

Die vermehrte Schuppenbildung wird durch eine gesteigerte Zellbildung in der Oberhaut bewirkt, die um das 20-fache erhöht sein kann.

Es besteht eine erbbiologische Anlage. Als auslösende Faktoren kommen ein mechanisches Hauttrauma, Infektionen *(Streptokokken u. a.)*, Medikamente (Betablocker u. a.), die UV-Strahlung und der psychische Stress in Betracht.

Am häufigsten sind die Gelenke (Ellenbogen, Knie u. a.), der Kopf, die Körperfalten sowie die Handteller und die Fußsohle betroffen. Darüber hinaus kann auch der Nagel befallen sein.

Charakteristisch bei der Schuppenflechte sind die scharf begrenzten Herde auf gerötetem Grund mit einer silberfarbenen Schuppenbildung. Beim Abheben der Schuppen entstehen typische punktförmige Blutungen am Wundboden. Als Komplikation kann auch in ca. 5 % der Fälle eine Gelenkbeteiligung beobachtet werden.

Auch bei dieser Hautkrankheit kann der Laufsport durch Witterungseinflüsse (trockene oder feuchte Luft, Nässe u. a.) und durch die erhöhte belastungsbedingte Schweißbildung sowie durch die notwendige vermehrte Körperpflege, die eine Verschlimmerung bewirken kann, beeinträchtigt werden. Sind die Fußsohlen betroffen, kann dies erhebliche Probleme für den Laufsport bereiten.

Für den Laufsport ergeben sich daraus folgende Aspekte:

- kontinuierliche Hautpflege mit den ärztlich verordneten Medikamenten
- Verhinderung der auslösenden Faktoren
- Auswahl einer entsprechenden Sportkleidung, die die befallenen Körperpartien schützt
- Maßnahmen der Körperpflege wie beim Ekzem (Kapitel 8.5.3)

9 Laufen während der Menstruation

Für viele Frauen ist die Menstruation mit Schmerzen oder körperlichem Unwohlsein verbunden. Nur wenige Frauen verspüren überhaupt keine Änderung des Befindens vor oder während der Menstruation.

Der menstruelle Zyklus liegt im Regelfall bei 28 Tagen, wobei 21 bis 35 Tage als normal anzusehen sind. Dieser ist in zwei Hälften zu teilen, wobei die erste Hälfte meist mit einem besseren allgemeinen Wohlbefinden einhergeht als die zweite. Diese beginnt nach dem Eisprung und bringt für manche Frauen körperliche und psychische Beschwerden mit sich. Vor allem einige Tage vor der Menstruationsblutung klagen die Betroffenen über ein Ziehen im Unterleib, ein Spannen der Brüste, allgemeines Unwohlsein und psychische Verstimmung. Dies nennt man *prämenstruelles Syndrom*.

Das physische und psychische Befinden vor und während dieser Tage ist sehr subjektiv und somit unterschiedlich. Bei manchen Frauen kann sich dies bis zur Arbeitsunfähigkeit steigern.

Deshalb ist es manchen Frauen oder Sportlerinnen nicht möglich, während dieser Zeit ihre gewohnte sportliche Betätigung auszuüben.

Die meisten Frauen empfinden allerdings Sport vor und während der Menstruation und vor allem während der schmerzhaften Tage als Erleichterung ihrer Beschwerden. Diese sind dann während des Laufens und auch über einen längeren Zeitraum danach wesentlich geringer oder oft sogar komplett verschwunden.

Die Leistungsfähigkeit der Frau wird vom Menstruationszyklus mehr oder minder deutlich beeinflusst. Häufig wird ein Leistungsoptimum in der ersten Hälfte bzw. ein Minimum in der prämenstruellen Phase angegeben. Bedeutungsvoll ist die Feststellung, dass bei trainierenden Frauen geringere Beeinflussungen der Leistungsfähigkeit in Abhängigkeit vom Menstruationszyklus beschrieben werden. Die Einnahme hormonaler Kontrazeptiva führt ebenfalls zu einem Ausgleich von Leistungsdifferenzen. Das prämenstruelle Tief kommt weit weniger zur Ausprägung.

Die individuelle Reaktion jeder Frau ist dabei unterschiedlich, weswegen Verallgemeinerungen über die Leistungsfähigkeit von Sportlerinnen im Zyklusverlauf nicht gemacht werden können. Dies trifft vor allem auf die weit verbreitete Aussage zu, wonach zwei Drittel aller Frauen in der postmenstruellen Phase ihr Leistungsoptimum haben. Das Optimum der Leistungsfähigkeit ist individuell unterschiedlich und in allen Zyklusphasen möglich. Besonders in Schnellkraftdisziplinen sind in der Menstruationsphase Spitzenleistungen vollbracht worden.
Die Durchführung von Training und Wettkämpfen während der Menstrua-

tion ist in Abhängigkeit vom gesundheitlichen Befinden möglich.

Die Auswirkungen eines intensiven Trainings von Sportlerinnen auf den Menstruationszyklus sind wenig beeinträchtigend.

Ist es aufgrund der Schmerzen nicht möglich zu laufen, kann man versuchen durch Einnahme von Magnesium und Calcium eine Erleichterung zu erwirken, da diese muskelentspannend und krampflösend wirken. Eventuell ist dann sportliche Belastung möglich und führt zu einem besseren Allgemeinbefinden.

9

Laufen in der Schwangerschaft

Über Sport während der Schwangerschaft gibt es viele unterschiedliche Meinungen, vor allem was das erste Schwangerschaftsdrittel, d. h. die ersten drei Monate der Schwangerschaft betrifft. Zu diesem Thema soll hier über die Erfahrungen von Müttern als auch von werdenden Müttern, die vor und während der Schwangerschaft Sport trieben, berichtet werden. Aus fachlicher Sicht ist die Meinung verschiedener Gynäkologen einzubringen.

Als Erstes ist über die subjektive Meinung der Frauen zu berichten, die schon vor und auch während ihrer Schwangerschaft Sport betrieben haben, vor allem die, die gelaufen sind.

Fast alle Frauen haben durch das Laufen ihren Kreislauf wieder besser in Schwung gebracht. Das Gefühl von Schwindel, Übelkeit, Müdigkeit, Lustlosigkeit etc., was eventuell auf einen niedrigeren Blutdruck während der Schwangerschaft hindeutet, verschwand während und auch eine gewisse Zeit nach dem Sport bzw. verringerte sich. Dies lässt sich durch die Anregung des Kreislaufes und des gesamten Stoffwechsels während der sportlichen Betätigung erklären.

Alle Frauen berichteten, dass sie ihr gewohntes Lauftempo verringern mussten, da sie plötzlich das Gefühl hatten, die Atmung laufe schwieriger ab, das Gewicht des »Bauches« hindere etwas oder der gewohnte Trainingszustand sei nicht mehr vorhanden. Auch haben die meisten ihre gewöhnliche Laufstrecke gekürzt.

Nur ganz wenige der befragten, sonst laufenden Frauen fühlten sich während der Schwangerschaft, besonders während der ersten drei Monate so schlecht, dass sie nicht fähig waren sich sportlich zu betätigen.

Aus fachlicher Sicht kann man über Folgendes berichten:

Generell sollte man bei der Frage »Laufen: ja oder nein?« unterscheiden, ob es sich um eine intakte oder nicht intakte Schwangerschaft handelt. D. h., ob die Frau während der Schwangerschaft bereits Probleme wie Blutungen, Schmerzen oder andere Beschwerden hat, aber auch ob vielleicht schon eine »Problemschwangerschaft« oder sogar ein Abgang vorhanden war. In diesem Fall würde man auf jeden Fall dazu raten, jede körperliche Anstrengung, und auch Sport zu vermeiden. Auch sollten Frauen, die nie gelaufen sind oder sich anderweitig nicht sportlich betätigt haben, nun nicht plötzlich während der Schwangerschaft mit dem Laufen beginnen, da der Körper sich sowohl auf die Schwangerschaft einstellen als auch an die ungewohnte sportliche Belastung anpassen müsste.

Ist die Schwangerschaft allerdings intakt, d. h. die werdende Mutter hat keinerlei Probleme wie Blutungen, Schmerzen etc. und ist auch in der Zeit davor schon gelaufen, dann spricht nichts dagegen, dies im richtigen Maße weiter zu tun. Diese Schwangerschaft hält sportliche Belastung aus. Würde nun eine aktive Läuferin wegen Schwangerschaft den Laufsport abrupt beenden, könnte sich das auch nachteilig auswirken, da ihr Körper sich an diese körperliche Belastung angepasst hatte,

Die Läuferin sollte allerdings immer auf ihren Körper hören und bei Schmerzen oder anderen Beschwerden während des Laufens die Belastung sofort abbrechen. Auch sollte sie bewusst Sport treiben und in der Regel keinen Leistungssport ausüben.

Generell ist Sport auch in der Frühschwangerschaft, also in den ersten drei Monaten möglich. Allerdings findet hier die physiologische Umstellung und Anpassung statt und die Frau ist evtl. nicht so leistungsfähig. Der Höhepunkt der Leistungsfähigkeit liegt im mittleren Drittel der Schwangerschaft. Im letzten Drittel limitiert das zunehmende Körpergewicht die sportliche Leistungsfähigkeit.

Um die Erschütterung des Laufens zu senken, sollte man einen weichen Untergrund und gutes Schuhwerk wählen.

Eine werdende Mutter sollte immer den Arzt fragen, ob aus medizinischer Sicht etwas gegen Sport spricht.

Die Physiologie der Schwangerschaft:

- Eine Schwangerschaft bringt durch die Hormonumstellung umfangreiche Veränderungen und Umstellungen des mütterlichen Organismus mit sich.
- Durch die Erweiterung der Blutgefäße (hormonell) kommt es zu einem Anstieg des Herzminutenvolumens um ca. 25 %.
- Der Blutdruck sinkt.
- Es wird etwa 1 Liter mehr Blut transportiert.
- Die Pulsfrequenz erhöht sich um ca. 10 Schläge pro Minute.
- Die Atemfrequenz ist erhöht.

Da dies alles sehr kräftezehrende Vorgänge sind, hat die Natur für diese Zeit eigentlich mehr Ruhe vorgesehen. Die werdenden Mütter sind des öfteren müde, fühlen sich schlapp, und spüren durch die Anpassung der Gebärmutter ein Ziehen im Unterleib und ein Spannungsgefühl in den Brüsten.

Allerdings sind dies ganz normale Vorgänge, und die Frau kann jederzeit, wenn sie sich gut fühlt, Sport treiben.
Man sollte jedoch nicht vergessen, dass oben genannte Vorgänge dem Körper Energie entziehen. Deshalb ist bei sportlicher Betätigung Rücksicht dar-

auf zu nehmen und dem Körper nicht zu viel abzuverlangen. Nach Befruchtung der Eizelle nistet sich diese in die Gebärmutterschleimhaut ein. Da die Frucht jedoch nicht fest mit der Gebärmutter verwachsen ist, sollte man immer darauf achten, dass es zu keinen Extrembelastungen kommt, die dann zu Verletzungen und Blutungen führen können.

Jedoch sind diese Extrembelastungen nicht messbar. So ist zum Beispiel beim Squash-Spielen nicht das Abbremsen die Gefahr, sondern vielmehr die Eventualität, einen Schläger auf den Bauch zu bekommen, oder beim Reiten nicht die Erschütterung durch die Reitbewegung, sondern die Gefahr des Sturzes.

Für einen Abort (Abgang) gibt es verschiedene Ursachen, beispielsweise:

- Verminderung der Durchblutung und somit eine Unterversorgung des Gewebes, das die befruchtete Eizelle hält und ernährt
- Minderfunktion des Immunsystems
- schlechte Zellteilung
- verminderte Funktion der Eierstöcke (wichtig in der Frühschwangerschaft)

10

Bei Vorhandensein dieser Ursachen (falls bekannt) empfiehlt es sich, nicht zu laufen, bzw. Sport zu treiben. Jedoch ist die Ursache für einen Abort nie nachzuweisen. Ein Zusammenhang zwischen Sport und Abgang der Frucht kann nicht hergestellt werden.

Schwangerschaft und Alter:

Die Natur sieht eine Schwangerschaft in jungen Jahren vor. Somit liegt das Abortrisiko

- bei 20-Jährigen bei 8 bis 12 %,
- bei 30-Jährigen sind es etwa 5 % mehr,
- bei 40-Jährigen erheblich darüber.

Dies liegt daran, dass bei 30-jährigen die Gebärmutter nicht mehr so gesund ist wie bei jüngeren Frauen. Es kommt häufiger zu *Myomen* (gutartige Muskelgeschwulst) oder anderen Erkrankungen.

Nahrungsergänzung:

Während der Schwangerschaft sollte unbedingt auf gesunde Ernährung und Nahrungsergänzung geachtet werden, vor allem dann, wenn dem Körper durch sportliche Belastung ein Vielfaches mehr entzogen wird. Besonderer Wert wird auf eine ausreichende Jodzufuhr und Vitamin- bzw. Multivitaminpräparate gelegt.

Laufen nach der Geburt:

Das Leistungsvermögen von Sportlerinnen nach einer Entbindung ist oft gesteigert. Es wird angenommen, dass die erhöhte Kreislauf- und Stoffwechselbelastung während der *Gravidität* (Schwangerschaft) eine gute Vorbedingung für das wiederzubeginnende Training nach der Entbindung darstellt. Es gibt für eine gesunde Sportlerin nach einer Entbindung keinen medizinischen Grund, sportliche Höchstbeanspruchungen einzuschränken.

Stillende Mütter sollten darauf achten, dass die Laufbelastung gut dosiert wird, um die Milchproduktion nicht zu reduzieren.

Das Höhentraining ist eine besonders intensive Form des aeroben Trainings. Den Anlass zur wissenschaftlichen Auseinandersetzung mit diesem Thema gaben die Olympischen Spiele 1968 im Mexiko City. Trotz intensiver Vorbereitungen auf dieses sportliche Großereignis waren in den Ausdauerdisziplinen Leistungsrückgänge von 2 bis 8 % zu verzeichnen. Von nun an trainierten viele Athleten partiell in der Höhe, um gegebenenfalls weitere wichtige Wettkämpfe unter Höhenbedingungen besser zu bewältigen. Dabei stellte sich eine Trainingshöhe zwischen 1 800 und 3 000 m als sehr wirksam für die Verbesserung der aeroben Kapazität heraus. Im Vergleich zum Meeresniveau führen auch Höhenlagen von größer als 700 m zu anfänglichen physiologischen Umstellungen. Verstärkt werden diese ab ca. 1 500 m spürbar. Höhen von 1 800 bis 2 200 m werden von Leistungsläufern als angenehm empfunden. Am Grad der Belastung sind nur wenige Abstriche zu machen. So richtig anstrengend wird es bei Aufenthalten zwischen 2 200 m und 3 000 m. Hier müssen zwei wesentliche Faktoren im Training beachtet werden:

- Erstens: Die Laufgeschwindigkeiten in den einzelnen Trainingsbereichen müssen um 0,2 bis 0,4 m/s reduziert werden.
- Zweitens: Der Rhythmus zwischen Be- und Entlastung muss gestreckt und deutlich eingehalten werden, d. h. zwischen intensiven Trainingstagen ist mehr aerobes Training zu planen.

Ausgangsposition

Der Einsatz des Höhentrainings ist als zusätzliche Reserve des professionellen Trainings zu sehen. Insofern ist es wichtig, dass im Verlauf der langfristigen Leistungsentwicklung dieses wirksame Trainingsmittel nicht zu früh eingesetzt wird. Zuerst sollten alle trainingsmethodischen Möglichkeiten unter Normalbedingungen ausgenutzt werden. Wenn dann das Höhentraining erstmalig zum Einsatz kommt, ist für den Athleten immer eine besondere Erwartungshaltung und Motivation damit verbunden. Damit der gewünschte Effekt auch umgesetzt werden kann, muss der Athlet vor dem Höheneinsatz ein bereits verbessertes aerobes Niveau besitzen. Wenn im Vorfeld des Höhentrainings eine Verletzung, Erkältung oderandere Trainingsausfälle zu verzeichnen waren, sollte das Höhen-Camp verschoben werden. Dies ist sicherlich sehr ärgerlich und aufwendig, aber für die niveauvolle Entwicklung des Athleten wichtig.

Bereits der erste Höhenaufenthalt sollte mindestens 3 Wochen dauern. Um Erfahrungen zu sammeln, ist dieses Lager nicht in die Wettkampfvorbereitung zu legen. Trotz vielfältiger Untersuchungen und Erfahrungen mit Höhentraining, reagiert jeder Organismus in einer bestimmten Bandbreite höchst individuell. Zuerst sollten persönliche Erfahrungen gesammelt werden über das Belastungsmaß, die subjektive Wirkung des Trainings und die Nachwirkung des Höhenlagers, bevor sofort aus der Höhe zum Wettkampf gefahren wird. Einige Trainer haben auch Testwettkämpfe am 1./2. Tag, 14. und 20. Tag nach dem Erstaufenthalt durchgeführt. Sie wollten damit das individuelle Einsatzprofil der einzelnen Athleten herausfiltern.

Höhentraining muss sehr gefühlvoll gestaltet werden. Die Gefahr der Überforderung, vor allem bei unerfahrenen Sportlern, ist sehr groß. Was macht die Sache so schwierig? Durch die Verminderung des Sauerstoffpartialdruckes (Sauerstoffmangel) nimmt die Reizwirksamkeit um 3 bis 10 % zu, ohne dass die Laufgeschwindigkeit erhöht werden muss. Das ist eine gravierende Belastungserhöhung! Damit es bei intensiven Belastungen nicht zur Übersteuerung kommt, wird der Geschwindigkeitsabschlag von 0,2 bis 0,4 m/s berechnet. Wenn dieser Prozess nicht genau ausgesteuert wird oder/und der Sportler schlechte aerobe Werte aufweist, dann gerät der Sportler in eine ernsthafte katabole Situation. Das Ergebnis ist oft wochenlange Leistungsstagnation und Demotivation.

Wirkung des Höhentrainings

Es gibt international vielfältige Belege für die ausdauerwirksame Entwicklung mittels Höhentraining. Wesentlich dabei ist, dass tatsächlich sportartspezifisch trainiert wird. Ruheaufenthalte und Schlafen unter Höhenbedingungen rufen nur eine minimale Höhenanpassung hervor. Diese hat keinen Einfluss auf die sportartspezifische Leistungsfähigkeit.

Luftdruck und Sauerstoffkonzentration sind unter Höhenbedingungen verändert. Diese Bedingungen führen zu einer Aktivierung der Atmung, des Herz-Kreislauf-Systems und zur Veränderung des Blutbildes (erhöhte Anzahl der roten Blutkörperchen). Damit wird der Organismus, trotz der Veränderung des Luftdruckes und der Sauerstoffkonzentration, ausreichend mit Sauerstoff versorgt (Abb. 75).

Höhe (m)	Luftdruck (Torr)	Sauerstoffkonzentration (%)
0	760	20,9
500	716	19,7
1000	674	18,4
1500	634	17,2
2000	596	16,1
2500	560	15,1
3000	526	14,1
3500	493	13,1
4000	462	12,2
4500	433	11,3
5000	405	10,5
8872 (Mount Everest)	240	5,9

Abb. 75 Veränderung von Luftdruck und Sauerstoffkonzentration mit zunehmender Höhe

Die wichtigsten Höhenanpassungen

- Vermehrung der roten Blutkörperchen
- Verstärkung der Atmung
- Verbesserung des Blutstroms
- Veränderungen im Säure-Basen-Gleichgewicht des Blutes
- Veränderung der Aktivität der Blutenzyme
- Zunahme des Myoglobin der Zelle
- Änderung der Aktivität der Zellenzyme
- Verbesserung der Sauerstoffausnutzung
- Verringerung des Sauerstoffverbrauchs
- Verbesserung der Sauerstoffversorgung der Muskulatur

Achtung!

Unter Höhenbedingungen wird vermehrt der Kohlenhydratstoffwechsel aktiviert, da er weniger Sauerstoff benötigt. Aus diesen Grund steigen auch die Laktatwerte bei vergleichbaren Belastungen an. Da die Glycogenspeicher (Leber, Herzmuskel, Arbeitsmuskulatur) schneller erschöpft sind, kommt es oft zu einer Störung der Sustratspeicherregeneration. Der Organismus wird zur ständigen Glukoseneubildung gezwungen. Dies wiederum bewirkt einen höheren Abbau von Proteinen. Somit ist eine kohlenhydratreiche Ernährung beim Höhentraining wichtig für die Leistungsfähigkeit und Regeneration.

Wenn sich dennoch Anzeichen von Übertraining zeigen, dann sollte die Belastung reduziert und die Pausen (Ruhetage) verlängert werden.

Trainingsplanung
Wie eingangs unter »Ausgangsposition« beschrieben, ist die Höhenerfahrung der Athleten, die aktuelle Leistungssituation und die konkrete Zielstellung des Höhentrainings entscheidend für die Planung des Höhenlehrganges. Im Hochleistungssport werden in der Regel 4 bis 6 Höhentrainingslager geplant. Es wird von »Höhentrainingsketten« gesprochen. Wenn der Hauptwettkampf im Juli liegt, so werden Trainingscamps in der Höhe in folgenden Monaten empfohlen: Februar, April, Juni. Findet beispielsweise ein Marathonwettkampf schon im Februar statt, muss der zeitliche Rahmen angepasst und das Höhentraining in den Rahmenplan eingeordnet werden.

Zuerst wird die jeweilige Fähigkeit, etwa die Entwicklung der Grundlagenausdauer (GA) und Kraftausdauer (KA), unter Normalbedingungen konsequent vorbereitet. Wenn ein stabiles (eventuell auch höheres) GA-Niveau aufgebaut wurde, dann macht der erste Höheneinsatz Sinn. Dieser sollte mindestens 3 Wochen dauern. In den ersten beiden Höhenwochen stehen die Entwicklung des GA- und KA-Niveaus im Mittelpunkt des Trainings. Die letzte Woche kann mit Elementen der wettkampfspezifischen Ausdauer (WSA), des GA_2-Trainings oder/und der Schnelligkeitsausdauer (SA) versehen sein. Hierbei ist besonders auf die ausreichende Regeneration zu achten! Die intensiven Belastungen müssen in größeren Abständen zueinander trainiert werden. Mitunter bieten sich zwei sauerstoffreiche Tage (niedrige Belastung) zwischen den intensiven Tagen an.

Nach dem Höhentraining beginnt die Transformationszeit. Sie dauert ca. 12 bis 17 Tage. In dieser Zeit ist eine vorübergehende Leistungsinstabilität nach einem reizwirksamen Höhentraining völlig normal. In der Ruhe liegt

Sehr oft tritt innerhalb der ersten 3 Tage und zwischen dem 7. und 10. Tag im Höhentrainingslager eine »schwache Phase« auf. Diese kann unterschiedlich stark ausgeprägt sein. Lustlosigkeit und Mattigkeit zeigen sich als Zeichen der Einstellung auf die Höhe. An diesen Tagen eher regenerativ trainieren.

Der Profitipp

die Kraft. Man muss in dieser Phase dem Körper die Chance geben, das Training in Ruhe umzusetzen. Aerobes, zum Teil regeneratives Training gemischt mit kurzen, nicht ermüdenden S/SA-Belastungen bestimmt diese Phase. Die Gesamtumfänge sollten auch reduziert sein (15 bis 20 % der Höhentrainingsphase). Insbesondere in der Phase zwischen dem 4. und 10. Tag unter Normalbedingungen ist die Wahrscheinlichkeit einer schlechten Wettkampfleistung sehr groß.

Ab der 3. Woche unter Normalbedingungen können wichtige Wettkämpfe eingeplant werden. Hier ist die Umsetzung des Höhentrainings erfolgt und die Möglichkeit eines erfolgreichen Wettkampfes gegeben.

Natürlich gibt es für höhenerfahrene Athleten auch die Möglichkeit, direkt aus der Höhe zum Wettkampf anzureisen. Dies sollte innerhalb der ersten 4 Tage erfolgen. Voraussetzung dafür ist aber eine frühzeitige Entlastung im Training unter Höhenbdingungen. Dies ist ein sehr komplexer Prozess und setzt viel Erfahrung des Trainer-Athleten-Gespanns voraus.

Wenn in der Höhe ein besonders umfangreiches Training absolviert wurde, dann dauert die Transformationszeit länger als 3 Wochen.

Falls junge Athleten oder Fitness-Sportler aus individuellen Gründen doch frühzeitig das Höhentraining einsetzen möchten, so ist die Variante – Trainieren in der Höhe und Schlafen unter Normalbedingungen oder in niedriger Höhe – besser angebracht. Die Regeneration wird dabei erleichtert und die Belastungsverträglichkeit erhöht.

Kontrolle des Höhentrainings und Verhaltensweisen

Je präziser das Kontrollsystem ausdifferenziert ist, um so unwahrscheinlicher ist die Gefahr des Übertrainings.

- Eine Leistungsdiagnostik vor dem Höhentrainingslager ergibt eine genaue Einschätzung des aktuellen aeroben Leistungsvermögens. Die Herzfrequenzbereiche können nochmals festgelegt werden. Die Laufgeschwindigkeit kann somit unter Höhenbedingungen besser angepasst werden.
- Nach der Dauerbelastung kann die Regenerationsrate der Herzfrequenz kontrolliert werden. Ist diese deutlich verzögert, dann muss die folgende Belastung ruhiger ausgesteuert werden. Die Herzfrequenz sinkt in einer Minute etwa um 30 Schläge pro Minute ab.
- Bei Intervallbelastungen kann die Aufstockung der Ruheherzfrequenz zwischen den Läufen schon ein Indikator für die Überforderung sein. Gleich reagieren und das Lauftempo etwas drosseln.
- Die morgendliche Ruheherzschlagfrequenz ist ein sehr feinfühliger Indikator für eine mögliche Belastungssummation. Voraussetzung ist aber, dass

diese auch unter Normalbedingungen erfasst wurde. Unter Höhenbedingungen ist diese leicht erhöht. Wenn die morgendlichen Werte permanent steigen, dann muss regenerativ gegengesteuert werden.

- Mit der morgendlichen Messung der Serumharnstoffkonzentration kann ebenfalls eine Belastungsanhäufung nachgewiesen werden. Wenn sich der Wert mehrmals über 10 mmol/l (ansteigend) befindet, hat der Proteinabbau bereits als Zeichen einer Überforderung eingesetzt. Bei der Ruheabnahme liegen die Männer im Normalbereich zwischen 7 bis 9 mmol/l und die Frauen zwischen 6 bis 8 mmol/l.
- Eine Kontrolle des Eisenspeicherwertes *(Ferritin)* verhindert spätere Probleme wie Schlappheit, Müdigkeit und Laufen mit »angezogener Handbremse«.
- Da in Trainingslagern unter Höhenbedingungen immer Grenzwertbelastungen erreicht werden, ist eine gut ausbalancierte und kohlenhydratreiche Nahrung unerlässlich. Eine Gewichtsabnahme von mehr als 2 kg Körpergewicht erfordert die Kontrolle von Nahrungs- und Flüssigkeitsaufnahme.
- Unter Höhenbedingungen ist auch die Atmung verstärkt. Demzufolge wird auch mehr Wasserdampf abgeatmet. Die Flüssigkeitszufuhr muss ausreichen erfolgen. Nicht selten werden 4 bis 6 Liter Flüssigkeit benötigt.

12 Laufen unter besonderen Bedingungen

Die Ausdauer wird von den motorischen Eigenschaften durch veränderte Außentemperaturen am stärksten beeinflusst. So führt eine Abweichung der Körpertemperatur von Normalwert (37° Celsius) zu veränderten enzymatischen Aktivitäten, zur Zellstrukturbeeinflussung und zahlreichen weiteren chemischen Reaktionen.

12.1 Laufen bei Hitze

Besonders die Erhöhung der Außentemperatur führt beim Laufen zur Leistungsminderung. Der Zusammenhang zwischen Schwitzen und Trinken muss genauestens beachtet werden.

Trinken

Ohne Ernährung kann der Mensch mehrere Wochen überleben. Hat er jedoch keine Flüssigkeitszufuhr, sind die Wasserreserven nach wenigen Tagen aufgebraucht. Das Wasserdefizit in den einzelnen Organen führt zu drastischen Funktionsstörungen (Abb. 76).

So werden folgende Symptome bei Wassermangel in Bezug zum Körpergewicht beschrieben:

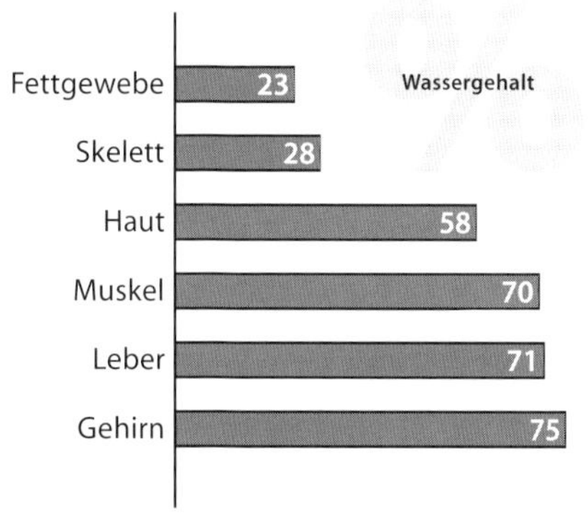

Abb. 76 Wassergehalt wichtiger Organe des menschlichen Körpers

- 1 bis 5 % des Körpergewichtes: Durst, Müdigkeit, Schwäche, Schlappheit, Mattigkeit
- 6 bis 10 % des Körpergewichtes: Schwindelgefühl, Kopfschmerz, Atemprobleme, vermindertes Blutvolumen, Koordinationsstörungen beim Laufen/Gehen, Muskelkrämpfe, Reizbarkeit, Aggressivität
- mehr als 10 % des Körpergewichtes: Krämpfe, Delirium, Verwirrung, Kollaps

Vor dem Wettkampf ist es daher wichtig gut zu hydrieren (Wasser anzureichern). Dieses sollte nicht nach dem Prinzip »Fass ohne Boden« erfolgen. Über den Magen können etwa 0,1 bis 0,3 Liter Flüssigkeit in den Darmtrakt resorbiert werden. Deshalb sollte die Wasserzufuhr intervallmäßig erfolgen.

Im Wettkampf selbst ist eine Wasseraufnahme von der ersten Verpflegungsstelle an entscheidend für das Ergebnis. Insbesondere bei »Hitzerennen« ist das zwingend nötig! Wassermangel wirkt am stärksten leistungsmindernd.

Thermoregulation

Nur etwa 30 % der freigesetzten Energie können in mechanische Energie, d. h. Bewegung und Muskelarbeit umgesetzt werden. Der größte Teil der Energie wird dazu benötigt, den Wärmehaushalt des Körpers zu sichern.

Bei Hitze muss also die Wärmeabgabe des Körpers erhöht werden, damit die Körperkerntemperatur im entsprechenden Arbeitsbereich bleibt. Im anderen Fall droht eine rapide Leistungseinbuße. Folgende Möglichkeiten der Temperaturregulation stehen zur Verfügung:

- Das Blut wird vom Körperkern in die Randgebiete des Körpers (periphere Strukturen/Haut usw.), insbesondere in die Extremitäten, geleitet und dort gekühlt.
- Die Wärmeabgabe erfolgt durch einfache Leitung, d. h. Wärmeabgabe in die unmittelbare Umgebung (Luft, Wasser usw.).
- Die Wärmeabgabe wird auch durch vorbeistreichende Luft verbessert (Konvektion).
- Geringe Möglichkeiten der Wärmeabgabe bestehen auch mittels Strah-

Wenn dem Wasser Mineralstoffe beigemengt werden, ist der Prozess des Wasserflusses vom Magen in den Darmtrakt aktiver und somit zeitlich kürzer.

Der Profitipp

lung. Hierbei gibt der Körper Wärme an jene Flächen (Wände, Böden, Gegenstände) ab, die eine geringere Temperatur aufweisen

- Bei steigenden Temperaturen ist die Verdunstung ein wirkungsvolles Mittel zur Thermoregulation. Dabei wird über die Atmung und die Haut Wasserdampf an die Umgebung abgegeben. Bei Temperaturen von etwa 30° Celsius ist dieser Effekt besonders stark. Die Schweißbildung nimmt stark zu. Allerdings ist dieser Weg der Wärmeabgabe bei hoher Luftfeuchtigkeit erschwert.

Der Ausgleich der Wärmebilanz ist also enorm wichtig. Insbesondere bei Temperaturen über 30° Celsius kann der menschliche Organismus fast nur noch Wärme über die Verdunstung des Schweißes abgeben. Wenn also zu wenig Flüssigkeit zugeführt wird, dann kommt es zwangsläufig zur Überhitzung des Körpers. Diese Gefahr kann nicht nur durch ausreichende Wasserzufuhr gemindert werden, sondern auch durch solche Maßnahmen wie: Akklimatisierungstage einplanen, Trainingsläufe unter ähnlichen Bedingungen durchführen, regelmäßiges Sonnenbaden und natürlich Vitamin-C-Zufuhr und ausreichende Elektrolytversorgung.

Salze – Elektrolyte

Schweiß enthält eine durchschnittliche Salzkonzentration von 0,3 %. Die Abgabe ist unter anderem vom Trainingszustand abhängig. Bei ausdauertrainierten Sportlern sinkt die Schweißabgabe von Salzen und Elektrolyten im Verlaufe der körperlichen Anpassung an das Laufen deutlich. Wenn genügend Salz im Körper ist, dann kann auch genügend Wasser gebunden werden.

Nicht jeder schwitzt gleich viel. Dies ist zum einen individuell festgelegt und zum anderen von Grad der sportlichen Anpassung abhängig. In der Regel schwitzen ausdauertrainierte Sportler mehr als untrainierte Personen. Trainierte besitzen mehr und effizienter arbeitende Schweißdrüsen. Sie haben den Schweiß auch besser verdünnt als Untrainierte. Somit halten Ausdauersportler mehr Elektrolyte (Mineralien, Spurenelemente) im Schweiß zurück.

Bei mittleren Belastungen verliert der Körper etwa 0,5 bis 1 Liter Schweiß pro Stunde. Bei intensiven Belastungen oder beim Sport unter Hitzebedingungen kann sich dies auf mehr als 3 Liter Schweiß pro Stunde steigern. Trinken ist also Pflicht!

Der bei jedem Menschen unterschiedliche Schweißgeruch entsteht nicht primär durch seine Zusammensetzung, sondern infolge der Zersetzung des Schweißes durch Mikroben auf der Hautoberfläche.

Der Profitipp

Weitere Ursachen der Leistungsminderung unter Hitzebedingungen

Schwitzen ist also Pflicht! Neben der ausreichenden Wasserzufuhr und dem Prozess des Schwitzens wirken folgende Punkte unter ansteigenden äußeren Temperaturen leistungsmindernd:

- Der anaerobe Stoffwechsel beginnt früher, d. h. die Blutlaktatkonzentration steigt wesentlich früher an.
- Die maximale Herzschlagfrequenz wird eher erreicht.
- Das Herzschlagvolumen ist reduziert.
- Die Blutviskosität steigt, das Blut wird dickflüssiger.
- Die kardio-pulmonale Leistung sinkt.
- Serumenzyme steigen verstärkt an (etwa GOT, LDH, CPK).

Infolge der klimatischen Auswirkungen können u. a. die Hitzeerschöpfung, der Hitzschlag, der Sonnenstich und Hitzekrämpfe auftreten.

Praxistipp

Trinken vor, während und nach dem Training/Wettkampf:

- Bei allen längeren Läufen (über 60 Minuten) ausreichend Flüssigkeit zuführen (Saftschorlen, verdünnte isotonische Getränke). Etwa 0,1 bis 0,3 Liter Flüssigkeit aller 20 bis 30 Minuten sind ausreichend.
- Im Trainingsprozess sind mindesten 2,5 Liter Flüssigkeit zu sichern. Tee, stilles Mineralwasser, verdünnte Elektrolytgetränke, Saftschorlen und diverse niedrig konzentrierte Obst- und Gemüsesäfte sind dazu gut geeignet.
- Insbesondere in den letzten Tagen vor dem Wettkampf ist auf eine gute Hydrierung (Wasseranreicherung im Körper) zu achten. Somit wird der Wettkampf nicht mit einem Wasserdefizit begonnen. Ein »Aufschwemmen« ist allerdings auch nicht sinnvoll.
- Beim Wettkampf sollte bereits an der ersten Verpflegungsstelle getrunken werden, auch wenn normale Temperaturen herrschen. Wenn das Durstgefühl kommt, hat der Prozess der Austrocknung bereits begonnen. Dies ist schwer auszugleichen.
- Während des Wettkampfes sollten keine »Experimente« mit der Flüssigkeitsaufnahme gemacht werden. Nur was vorher im Training erprobt wurde, verhindert böse Überraschungen. So schlägt beispielsweise zu kaltes Hydrantenwasser schnell auf den erhitzten Magen.
- Nicht zu empfehlende Getränke während des Wettkampfes sind: konzentrierte Säfte (vermehrte Magensäure), kohlensäurehaltige Getränke (Blähungen) und eiskalte Getränke (Magenkrämpfe).
- Nach der Belastung nicht zum »Fass ohne Boden« werden und literweise alles konsumieren. Besser ist es kleinere Portionen (ca. 0,25 Liter) halbstündlich zu trinken. Auf diese Art und Weise sollten etwa 2 bis 4 Liter Flüs-

sigkeit über mehrere Stunden zugeführt werden. Bewährt haben sich stilles Mineralwasser, Honigtee, leicht gesalzene Suppen, Milchprodukte und Saftschorlen.

12.2 Laufen bei Kälte

Die geringere Temperatur stellt im Vergleich zum Hitzelauf das kleinere Problem dar. Wie beim Hitzelaufen erweist sich eine Akklimatisationszeit auch unter Kältebedingungen als sehr nützlich.

So führt bei niedrigen Umgebungstemperaturen eine Vasokonstriktion (mit Herabsetzung der Durchströmungsgeschwindigkeit der Hautgefäße) zu einer Versechsfachung der Isolationskapazität der Haut. Dies tritt insbesondere im Finger- und Zehenbereich auf. Die schnelle Abkühlung des betroffenen peripheren Gewebes ist allerdings auch nachteilig. So sind unter anderem die kalten Finger und Zehen zu erklären.

Zur Verhinderung einer Abkühlung des Organismus steigt die Stoffwechselrate an. Etwa um das 2- bis 3-fache erhöht sich der Grundumsatz. In diesem Zusammenhang ist auch das »Kältezittern« erklärbar. Dieses tritt auf, wenn die Muskelaktivität durch die Aktivierung des Stoffwechsels erhöht wird.

Für Sportler besteht das Hauptproblem eher im plötzlichen Temperaturwechsel, um Erkältungen zu vermeiden. Deshalb sollten im Winter ununterbrochene Bewegung und eine entsprechende Kleidung im Mittelpunkt des Trainings stehen.

Da der Stoffwechsel unter Belastung bis zum 25-fachen des Ruheumsatzes ausmachen kann, ist auch die Wärmeabgabe und Schweißproduktion dementsprechend. Deshalb muss die Kleidung eine optimale Wärme- und Schweißabgabe ermöglichen. Im anderen Fall besteht die Gefahr der Leistungseinbuße und Erkältung!

13 Übertraining und Regeneration

Die Kunst, im sportlichen Training erfolgreich zu sein, besteht nicht nur in einer wirksamen Belastungsreizsetzung, sondern im hohen Maße in der gezielten Entlastung. – Pause ist Training!

13.1 Übertraining

Wer die trainingsmethodischen Prinzipien und deren biowissenschaftliche Hintergründe versteht, der weiß, dass Regenerationsphasen zu einem wirksamen Training gehören. Dem Körper die Chance der optimalen Verarbeitung des Trainierten zu geben, ist die Voraussetzung für den gewünschten Effekt der Superkompensation (Abb. 77).

Dieser Prozess der Superkompensation existiert nach einer Reizsetzung, im Wochen- und Mehrwochenverlauf.

Wenn zu häufig dicht aufeinander zu intensive Belastungen gesetzt werden bzw. über sehr lange Zeit sehr umfangreiche Reize vorhanden sind, ist die Gefahr des Übertrainings gegeben.

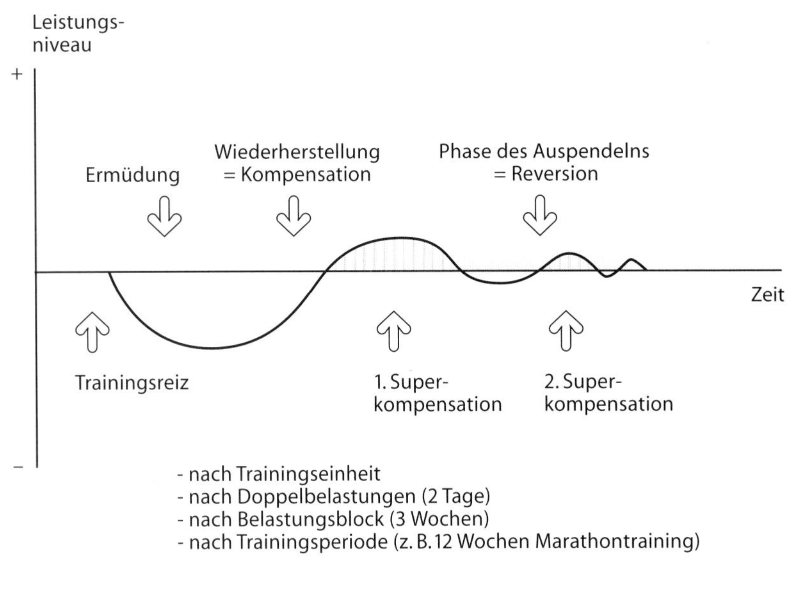

Abb. 77 Superkompensation

Ursachen des Übertrainings

- schlecht ausgeprägtes Grundlagenniveau (aufgebrauchte Energiespeicher)
- Proportionen der Trainingsanteile zu sehr in die intensive Richtung verschoben
- keine klare Be- und Entlastungsdynamik
- zu starke und nicht vorbereitete Belastungserhöhungen
- Gruppentraining, bei dem die schwächeren Sportler ihre Trainingsbereiche stark überschreiten
- spontane Änderungen der Trainingsinhalte
- Unterschätzung der allgemeinen athletischen Ausbildung bzw. des Einsatzes anderer Sportarten
- Gestaltung des Trainings nach Gefühl, und zu wenig Nutzung objektiver Steuergrößen (Herzschlagfrequenz, Laktat, Atmung, Tests)
- Trainingsfortsetzung bei medizinischen Problemen: insbesondere bei Herderkrankungen (z. B. Zahnbettvereiterung), Infektionen (z. B. Pfeiffersches Drüsenfieber), und substanziellen Mangelerscheinungen (Eisen, Mineralien ...)
- gesteigerte Gesamtbelastungssituation (Familie, Beruf, Studium, Prüfungen, Sorgen usw.)

Typische Symptome

- Gereiztheit
- Unzufriedenheit
- Schlafstörungen
- Libidoverlust
- Appetitlosigkeit
- Konzentrationsschwäche
- Gewichtsabnahme
- mehrtägige, deutliche Erhöhung des Ruhe- und/oder des Belastungspulses
- höhere Laktatwerte bei gleicher Belastung
- Anstieg der Konzentration des Serumharnstoffes im Vergleich zum individuellen Wert
- Anstieg der Creatinkinase in Ruhe und nach Belastung über individuellen Wert
- Leistungsabfall
- Häufung banaler Infekte und gesundheitlicher Indisposition

Die Laufpause, das Austrudeln, Ausruhen, Abschalten und Kraftschöpfen gehören ebenfalls zum Training wie die »schweren« Trainingseinheiten selbst. Auch die Pause muss konsequent geplant werden. Es gewinnen nicht diejenigen, die am härtesten trainieren, sondern die, die am cleversten ihr Training gestalten. Dazu gehört auf jeden Fall, im richtigen Moment die »Handbremse zu ziehen«. Wer trotz harter Leistungsanforderungen zwischendurch nicht wieder auftankt, der wird nur zufällig ein optimales Resultat erzielen. Unzufriedenheit über die gelaufene Zeit, den Rennverlauf und vieles mehr sind dann die Folgen. Auch zeigen sich zunehmend die oben genannten Symptome.

Nachfolgend werden einige Überlegungen zur Be- und Entlastungsdynamik beim Training angestellt. Der Körper braucht eine gewisse Zeit, um auf sportliche Reize positiv zu antworten, sich dementsprechend anzupassen. So ist es beispielsweise rein biologisch gesehen kein Problem, sich innerhalb weniger Wochen erstmalig auf einen Marathon vorzubereiten. Das Herz-Kreislauf-System, der Atemgasstoffwechsel, das Energiebereitstellungssystem und selbst die Struktur der Muskeln können in kwenigen Wochen auf eine solche Ausdauerleistung vorbereitet werden. Das eigentliche Problem liegt in der deutlich längeren Anpassungszeit des Binde- und Stützgewebes. Etwa 2 bis 3 Jahre sind nötig, um für ein Marathontraining fit zu sein. Wer zu früh die Dauerbelastung extrem steigert und intensiv läuft, der wird früher oder später Knie-, Hüft- und Fußprobleme haben. Das muss nicht sein. Mitunter gehören Monate, Jahre dazu, ein erarbeitetes Leistungsniveau zu stabilisieren. Die Pause im Sinne der aktiven Entlastung, Wiederherstellung bzw. Umsetzung der Trainingsinhalte in eine stabile und höhere Leistungsfähigkeit ist also als echtes Trainingsmittel anzusehen. Wer den Zusammenhang von Be- und Entlastung in einer Richtung überbewertet, der wird niemals eine optimale Leistung bringen.

13.2 Zur Trainingsmethodik: Be- und Entlastungsdynamik

Der Wochenaufbau

Innerhalb der Trainingswoche wird zu oft monoton trainiert. Es sollte mehr Farbe ins Training gebracht werden. So ist z. B. für die Vorbereitung eines Marathonläufers, der drei Stunden im Wettkampf laufen möchte, wichtig, auf folgende Schwerpunkte innerhalb einer Belastungswoche zu achten:

- Stabilisierung der Grundlagenausdauer (GA_1), die als Zubringerleistung zum großen Anteil in die Marathonleistung eingeht und zudem noch die Belastungsverträglichkeit und die Wiederherstellungsfähigkeit (nach Wettkampf und Training) verbessern hilft. Dies wird über lange, lockere »Sauerstoffläufe« (vorwiegend im Fettstoffwechsel) bzw. über mittlere Dauerläufe (in unserem folgenden Beispiel GA_1 20 bis 25 km/GA_1 8 bis 15 km) erzielt.

- Training im Wettkampftempo (GA_2), das zur Erhöhung des Grundagenausdauerniveaus führt und z. B. die Laufmotorik im geplanten Marathontempo schult. Hier sind schnelle Dauerläufe zwischen 10 bis 12 km, später 15 km mit einer Wiederholung (15 + 5 km im GA_1-Tempo) angezeigt.
- Schulung der höheren Laufmotorik. Dabei wird eine Geschwindigkeitsreserve erarbeitet, die man für den Wettkampf benötigt. Ein gezieltes Fahrtspieltraining (FS) wirkt marathonspezifisch in der genannten Richtung. Harte Intervalle auf der Bahn sind nicht notwendig! Die schnellen Intervalle innerhalb des Fahrtspiels sollten auch als Spiel mit der Geschwindigkeit angesehen werden. Der Sportler muss das Tempo beherrschen und nicht umgekehrt! Wenn die Anordnung der Belastung im Wochenverlauf betrachtet wird, dann fallen folgende Belastungskriterien auf (Abb. 78):

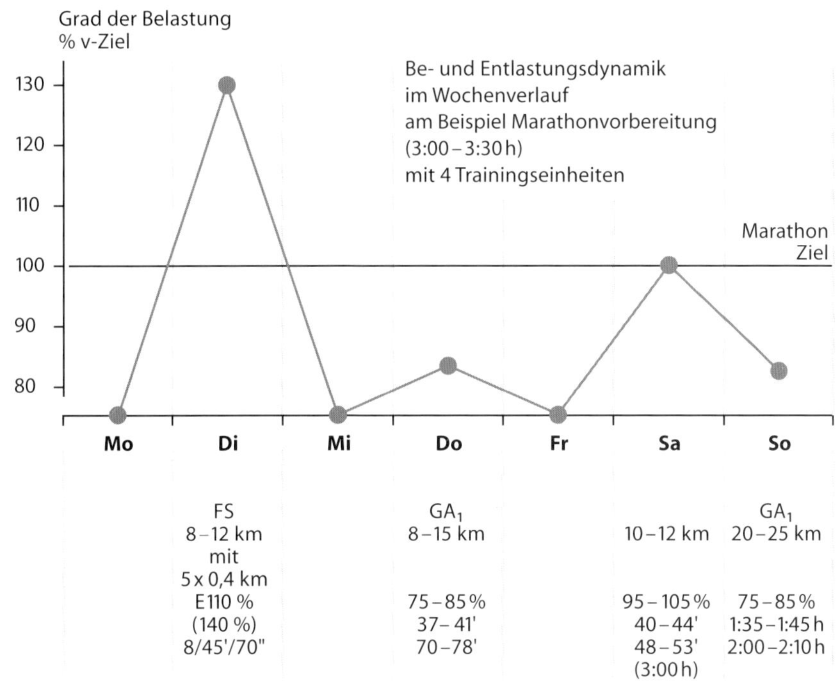

Abb. 78 Mikrozyklus (Woche) – Belastung

1. deutliche Be- und Entlastungsdynamik
2. Belastungen liegen im jeweiligen Zielbereich; so liegt z. B. die Geschwindigkeit der Intervalle des Fahrtspiels über dem Marathontempo.

Dieses Prinzip wird auch im Mehrwochenverlauf angewandt. Nach einem 3-Wochen-Belastungsblock folgt eine Ruhewoche. In dieser hat der Körper die Chance zu regenerieren und die Belastungsbereitschaft für den nächsten Zyklus herzustellen. Meist fühlt man sich in dieser »Ruhewoche« zerschlagen und matt. Das ist nicht bedenklich. Als Sportler fällt man auch mental in das berühmte Loch. Diese körperliche Reaktion ist ein sicheres Zeichen für die Notwendigkeit einer Entlastungswoche. Dabei sollte auf jeden Fall die Intensität und bei Bedarf auch der Trainingsumfang herausgenommen werden. Nur kein schlechtes Gewissen! Am Ende zahlen sich die geplanten Ruhepausen aus. Die Verletzungs- und Krankheitsanfälligkeit sinkt, und die Leistungsfähigkeit steigt (Abb. 79).

Letztendlich soll noch auf die Übergangsperiode nach dem Wettkampfhöhepunkt (Marathonlauf) hingewiesen werden. Auch hier gilt: Pause ist Training!

Besonders im höheren Alter sind die Übergangsphasen bewusst regenerativ zu gestalten. Nur keine Angst, mal andere Sportarten regenerativ zu nutzen und nicht »nur« zu laufen. Nach zwei bis drei Wochen ohne Lauftraining fühlt man sich enorm frisch und ist stark motiviert, wieder loszujoggen. Der Körper wird es in jedem Fall danken – egal, wie alt oder wie schnell man ist.

Was tun bei Überforderung?

In diesem Fall sollte konsequent mindestens eine Ruhewoche eingelegt werden. Die Ruhewoche ist gekennzeichnet durch eine deutliche Umfangsreduzierung der Gesamtkilometer und durch eine »Entschärfung« der intensiven Belastungen. Das Training sollte ausschließlich regenerativen Charakter tragen. Wer in den berühmten »Keller« gefallen ist, der muss mindestens 7 bis 10 Tage entlastend trainieren. Wenn nicht sofort konsequent gegengesteuert wird, kommt es zum »Verschleppen« dieses Zustandes über mehrere Wochen. Im Endeffekt ist mehr Trainingsausfall und damit Leistungsrückgang zu verzeichnen, als wenn die Entlastung aller drei Wochen zusammenfassend auf 4 bis 7 Tage geplant und umgesetzt wird. Dazu gehört auch die »Ordnung der Lebensumstände«.

Parallel dazu sollten die laborchemischen Befunde (Depot-Eisen, Magnesium, Indikatoren der Stoffwechselwege) im Verlauf geprüft werden.

Auch ist die Gabe von Immunstimulanzien, hoch dosierten Vitaminen B_1, B_5, E und C eine gute Unterstützung der Regeneration.

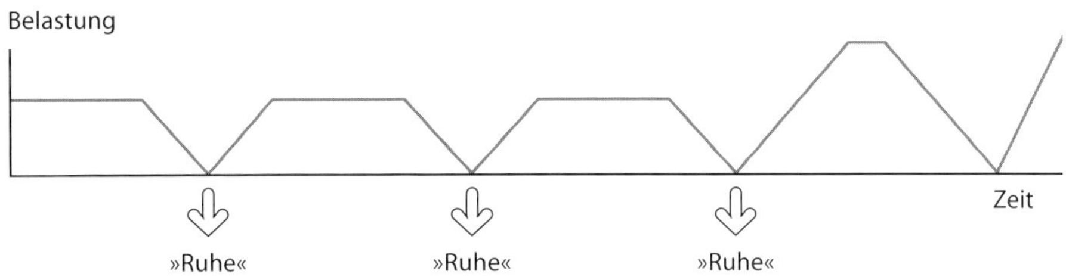

		Ruhewoche		Ruhewoche		Ruhewoche		
Woche	**1.–3.**	**4.**	**5.–7.**	**8.**	**9.–11.**	**12.**	**13./14.**	**15.**
Mo								
Di	8 FS 5x0,3–0,5	GA_1 8–12 km	10 FS 5 x 0,8 km	GA_1 10–15 km	12 FS 5 x 1 km	GA_1 10–15 km	10 FS 7 x 0,4 km	10 km (Wk-v)
Mi								GA_1 15 km
Do	GA_1 8–15 km	GA_1 15 km	GA_1 15 km	GA_1 10–15 km	GA_1 20 km	GA_1 10–15 km	GA_1 20 km	
Fr								komp. 8–10 km
Sa	GA_2 10–12 km	GA_1 8–12 km	GA_2 14–16 km	GA_1 10–15 km	GA_2 15+5 km	GA_1 10–15 km	GA_2 15+10 km	Marathon
So	GA_1 20–25 km	GA_1 20 km	GA_1 25–30 km	GA_1 25 km	GA_1 30 km	GA_1 25 km	GA_1 25–30 km	komp. 8–10 km

Mesozyklen (3:1; 2:1)

Abb. 79 Trainingsmittelentwicklung im Mehrwochenverlauf (Marathon 3:00 – 3:30 h)

13.3 Regeneration

Und was passiert nach dem Marathon?

Unter Regeneration versteht man Wiederherstellung und Erneuerung. Im Sport ist Regeneration auch mit Erholung nach anspruchsvollen Belastungen gleichzusetzen. Dabei sind die psychische und physische Entlastungen gemeint.

Somit wird im Sport dem Be- und Entlastungssystem (Wechsel zwischen Ruhe- und Belastungswochen, Wechsel der Belastungen innerhalb einer Woche, usw.) eine große Bedeutung beigemessen. Wenn dieses System im Training konsequent praktiziert wird, dann kann auch beispielsweise nach einem Marathonlauf »ohne schlechtes Gewissen«das Training über zwei Wochen hinweg lockerer gestaltet werden. Und das muss es auch! Denn nach lang andauernden Belastungen lenken die körperlichen Systeme unterschiedlich lang aus (Abb. 80).

Zur schnelleren Beseitigung der Ermüdungserscheinungen in Folge hoher sportlicher Belastungen und zur Förderung einer beschleunigten Regeneration wird im Sport gezielt die »Pause« eingesetzt. Umfang und Intensität werden stark reduziert. Durchblutungsförderndes Training steht an erster Stelle. Die Wiederherstellung der ermüdeten Muskeln und Organsysteme wird auch durch die Tätigkeit anderer Muskelgruppen (statt Laufen etwa regeneratives Schwimmen) beschleunigt.

Dieses Erholungstraining muss in Einheit mit allen anderen Lebensbereichen erfolgen, damit eine komplexe Regeneration garantiert ist. So spielen Ernährung, Schlaf, positives Denken, Sauna und mentale Aufbereitung des Trainings/Wettkampfes ebenfalls eine wichtige Rolle.

Wenn die Regenerationszeit zu kurz ist, dann kommt es in der Regel schnell zu Belastungssummationen. Diese führen dann zu Leistungsrückgang bzw. in vielen Fällen auch zu Verletzungen. Ein guter Indikator hierfür ist das Verhalten des Ruhepulses. Wenn dieser mehrere Tage deutlich erhöht (mehr als 10 Schläge pro Minute) und eine Erkältung oder Entzündung im Körper ausgeschlossen ist, dann liegt in der Regel ein Zustand des Übertrainings/der Überforderung vor. Hier sollte sofort der Trainingsumfang und die Intensität stark reduziert werden. Sauerstoffreiches Training (aerobes Laufen) ist angezeigt.

Azidose (u. a. Laktatbildung)	– 1 Stunde
Elektrolytverschiebung (K+, Mg++), Wasserdefizit	– 6 Stunden
Verminderte Energiespeicher (Glykogen)	1–2 Tage
Verbrauchte kontraktile Proteine (Aktin/Myosin)	2 Tage
Beschädigte Zellorganelle (Mitochondrien)	8 Tage

Abb. 80 Unterschiedliche Regenerationszeit biologischer Teilsysteme

Ein gutes Trainingssystem ist die beste Regeneration. Belastung und Entlastung sind ausgewogen.

Praxistipps zur Regeneration

- Nach der Belastung nicht zum »Fass ohne Boden« werden. Der Magen kann nur bis ca. 0,3 Liter Flüssigkeit pro halbe Stunde resorbieren. Also lieber mehrere kleine Portionen zuführen. Über mehrere Stunden verteilt sollten Marathonläufer etwa 4 Liter Flüssigkeit aufnehmen.
- Bewährt haben sich verdünnte Sportgetränke, stilles Mineralwasser, gestreckte Fruchtsäfte, Honigtee, leicht gesalzene Suppen und natürlich das Läufergetränk Apfelsaftschorle.
- Die Nahrungsaufnahme ist gefühlsmäßig zu regulieren. Manche haben einen regelrechten Heißhunger, andere können stundenlang nichts Festes zuführen. Erfahrungsgemäß tritt meist nach 1 bis 2 Stunden das Hungergefühl ein. Sportriegel, fettarme Milchprodukte, zubereitete Hülsenfrüchte, mageres Fleisch, Fisch oder die Kombination aus Kartoffeln und Ei sind zu empfehlen.
- Essen und Trinken sollte jeweils in kleineren Portionen erfolgen.
- Angenehm ist die Entlastung der Füße nach einem Wettkampf. An einem schattigen Platz im Sommer oder eingewickelt in eine Decke im Winter ist dies durch Hochlagerung der Beine zu erzielen.
- Schüttelungen und eine leichte Massage (Ausstreichen) leiten die Regeneration gut ein.
- Dehnung nach einem Marathonlauf sollte nur sehr gefühlvoll durchgeführt werden. Die Sehnen und Muskelansätze sind schon sehr strapaziert. Ein zu intensives Dehnungsprogramm kann hier zu Verletzungen führen.

Ernährung
- gesunde, ausgewogene Ernährung
- keine Extreme (Diäten ...)
- Grundprinzipien beachten

Bewegung
- regelmäßiges Training
- aerobe Ausdauer/Kraftausdauer
- optimale Beweglichkeit
- psychische und physische Entspannungsfähigkeit
- Koordination
- allgemeine athletische Ausbildung

Lebensfreude
- Spaß
- Ausgeglichenheit
- Selbstbewusstsein
- Lebensplan

⇨ **Aktives Handeln, Tun**

Abb. 81 Grundlagen der körperlichen und geistigen Fitness

- Ein warmes Wannenbad bewirkt oft Wunder (aber auch Müdigkeit). Mit entsprechenden Zusätzen können verschiedene Ziele verfolgt werden. So kann das Bad entspannend, aktivierend oder entkrampfend wirken. In jedem Fall ist es eine Wohltat für die Sinne.
- Die Sauna sollte nach einem Marathon mehr im Sinne eines Aufwärmens betrachtet werden. Nicht zu lange sitzen bleiben, da sonst der Flüssigkeitsverlust weiter verstärkt wird.
- Nicht zu unterschätzen ist der Erfahrungsaustausch mir gleich Gesinnten. Das Reden über die Erlebnisse vor, während und nach dem Wettkampf ist ein wichtiger Bestandteil des Regenerationsprozesses.
- Keinen Zeitstress nach dem Wettkampf. Auch wenn die Abfahrt nach dem Wettkampf geplant ist und jeder schnell nach Hause möchte, so sollte alles in Ruhe geschehen. Falls der Terminplan es zulässt, besser einen Tag mehr einplanen!

13.4 Mineral- und Vitaminhaushalt

Für eine hohe sportliche Leistungsfähigkeit und für eine schnelle Wiederherstellung nach einer sportlichen Belastung ist eine optimale Wasser-, Energie-, Mineral- und Vitaminversorgung erforderlich. Die Mineralien und Vitamine, die zu den Nahrungsergänzungsmitteln gehören, sind dabei lebensnotwendig, da sie größtenteils im Körper nicht hergestellt werden können. Allerdings müssen sie bedarfsgerecht zuführt werden, da sie teilweise bei einer Überdosierung schädliche Folgen (Leistungsabfall, gesundheitliche Störungen) verursachen können.

Ein erhöhter Bedarf besteht u. a. bei folgenden Situationen:
- hohe Trainings- und Wettkampfbelastung (forciertes Schwitzen)
- hohe Temperaturen (starker Schweißverlust)
- extrem Schweiß treibende Sportkleidung
- Fehl-/Mangelernährung, Diäten
- gesundheitliche Störungen (wiederholte Durchfälle, Erbrechen, Darmaufnahmestörung, Abführmittelmissbrauch)

13.4.1 Mineralhaushalt

Die Mineralien sind anorganische Nahrungsergänzungsmittel, die u. a. für den Körperaufbau (Knochen, Blutfarbstoff u. a.) und den -stoffwechsel benötigt werden, aber nicht im Körper selbst hergestellt werden können. Deshalb ist die kontinuierliche Zuführung notwendig. Der Bedarf ist in der Abbildung 82 zusammengefasst.

	Dosierung		AUSDAUERBELASTUNG gering	mittel	hoch
		normaler Bedarf	1 – 2 Std./ Woche	3 – 6 Std./ Woche	über 7Std./ Woche
Kalcium	g	1,2 – 1,5	1,2 – 1,5	1,5 – 2,0	1,5 – 2,0
Eisen	mg	10	10	20	30
Kalium	g	1	1 – 2	3 – 5	4 – 6
Magnesium	g	0,3 – 0,35	0,3	0,5	0,7
Natrium	g	3 – 5	10	15	18
Zink	mg	12 (F), 15 (M)	10	20	20

Abb. 82 Mineralbedarf für Normalpersonen und Ausdauersportler mit unterschiedlichen Belastungsumfängen

Kalzium

Funktion:

- Baustoff des Knochens
- unterstützt die Blutgerinnung
- unterstützt die Muskel- und Nervenerregbarkeit

Vorkommen:

- Milchprodukte
- Gemüse, Obst, Trinkwasser

Eisen

Funktion:

- Baustein des roten Blutfarbstoffes
- Baustein von verschiedenen Enzymen
- Sauerstofftransport mittels des Blutfarbstoffes

Vorkommen:

- Fleischwaren
- Gemüse (Bohnen, Erbsen, Spinat, Wirsing u. a.)

Kalium

Funktion:

- beteiligt beim Aufbau der Zellmembranspannung
- fördert die Erregbarkeit der Muskelzelle
- unterstützt die Herz- und Atemfunktion
- fördert die Auffüllung der Kohlenhydratspeicher
- fördert die Durchblutung der MuskulaturVorkommen:
- Nüsse, Fleisch
- Obst (Aprikosen, Bananen, Kirschen, Äpfel u. a.)
- Gemüse (Sauerkraut, Kartoffel, Karotten u. a.)
- Vollkornprodukte

Magnesium

Funktion:

- steuert die neuromuskuläre Reizübertragung
- senkt den muskulären Spannungszustand
- steuert den zellulären Energiestoffwechsel
- aktiviert die Enzyme des Eiweißstoffwechsels
- stabilisiert die Zellmembran

13

Vorkommen:
- Vollkornprodukte
- Schweine-/Rindfleisch, Leber, Geflügel
- Fisch
- Gemüse (Sojabohnen, Kartoffel u. a.)
- Obst (Bananen, Beerenobst u. a.)

Natrium

Funktion:
- bindet als Kochsalz (+ Chlor) die Körperflüssigkeit
- dient als Transportmittel in und aus der Zelle (Glukose u. a.)
- steuert mit Kalium die zelluläre Membranerregbarkeit

Vorkommen:
- alle Nahrungsmittel
- Mittel zur Geschmackskorrektur für Nahrungsmittel
- Steinsalz, salinische Wässer u. a.

Zink

Funktion:
- aktiviert über 200 Enzyme
- erhöht die Immunabwehr
- schützt die Zellmembran vor freien Radikalen
- steuert den Vitamin-A-Stoffwechsel
- stört die Blutbildung bei einer Überdosierung

Vorkommen:
- Fleischwaren (Rind, Schweineleber, Geflügel u. a.)
- Milchprodukte (Bergkäse, Tilsiter u. a.)
- Vollkornprodukte (Haferflocken, Hülsenfrüchte u. a.)
- Meeresfrüchte, Eigelb, Mohnsamen u. a.

13.4.2 Vitaminhaushalt

Die Vitamine können mit Ausnahme von Vitamin D, das mittels des UV-Lichtes aus der Vorstufe zum Vitamin umgebildet wird, nicht im menschlichen Körper gebildet werden. Der Bedarf ist in der Abbildung 83 zusammengefasst.

	Dosierung		AUSDAUERBELASTUNG		
			gering	mittel	hoch
		normaler Bedarf	1 – 2 Std./ Woche	3 – 6 Std./ Woche	über 7Std./ Woche
Vitamin A	mg	0,8	1,0	2,0	2,0
Vitamin B1	mg	1,0 – 1,3	2,0	3,0 – 4,0	4,0 – 5,0
Vitamin B2	mg	1,2 – 1,5	2,0	4,0 – 6,0	5,0 – 7,0
Vitamin B6	mg	1,2 – 1,6	2,0	4,0 – 6,0	4,0 – 6,0
Vitamin B12	mg	0,003	0,003	0,005	0,005
Vitamin C	mg	100	100	200	400
Vitamin D	mg	0,005 – 0,01	0,01	0,01	0,01
Nicotinamid	mg	13 – 17	20	30	30

Abb. 83 Vitaminbedarf für Normalpersonen und Ausdauersportler mit unterschiedlichen Belastungsumfängen

Vitamin A

Funktion:

- stabilisiert die Haut, die Schleimhaut und den Knorpel
- bindet freie Radikale
- erhöht die Infektabwehr
- unterstützt den Sehvorgang

Vorkommen:

- Milchprodukte, Fisch, Eigelb, Leber, Gemüse u. a.

Vitamin B1

Funktion:

- aktiviert Enzyme des Kohlenhydratstoffwechsels
- stimuliert den Nervenstoffwechsel

Vorkommen:

- Vollkornprodukte, Reis, Gemüse, Nüsse, Fleisch, Hefe u. a.

Vitamin B2

Funktion:

- aktiviert den gesamten Stoffwechsel
- steuert den Energieaufbau der Zelle (ATP)
- fördert die Haut-/ Schleimhautregeneration
- unterstützt die Blutbildung

Vorkommen:

- Milchprodukte, Fleisch, Fisch, Vollkornprodukte, Gemüse, Nüsse u. a.

Vitamin B6

Funktion:

- aktiviert den Eiweißstoffwechsel
- stärkt die Immunabwehr und die Nervenfunktion
- fördert die Hautregeneration und die Blutfarbstoffbildung

Vorkommen:

- Fleisch, Fisch, Früchten, Gemüse, Vollkornprodukte, Hefe u. a.

Vitamin B12

Funktion:

- Baustein für den roten Blutfarbstoff
- aktiviert die Zellbildung und die Nervenfunktion
- unterstützt alle Stoffwechselvorgänge

Vorkommen:

- Fleisch, Eier, Fisch, Milchprodukte u. a.

Nicotinamid

Funktion:

- unterstützt den Auf- und Abbau der Kohlenhydrate, Fettsäuren und Eiweiße

Vorkommen:

- Vollkornprodukte, Fleisch (Innereien), Hefe, Milch, Früchte, Gemüse u. a.

Vitamin C

Funktion:

- Gefäßinnenhautschutz (erhöhte Gefäßdichte)
- bindet freie Radikale, steigert die Immunabwehr
- unterstützt den Bindegewebsstoffwechsel
- fördert die Enzym- und Hormonbildung
- notwendig für die Eisenaufnahme

Vorkommen:

- frisches Obst, Grüngemüse, Leber u. a.

Vitamin D

Funktion:

- unterstützt die Knochenbildung
- stabilisiert das Zahnbein

Vorkommen:

- Milchprodukte, Leber, tierische Fette, Fischleberöle, Hühnerei u. a.

Vitamin E

Funktion:

- bremst die Entstehung freier Radikale
- schützt die Zellmembranen, rote Blutkörperchen, die ungesättigten Fettsäuren, Enzyme und Hormone
- unterstützt die Magnesiumwirkung

Vorkommen:

- pflanzliche Öle, Vollkornprodukte, Eier, Nüsse, Obst (Kiwi, Avocado), Blattgemüse u. a.

14 Prophylaktische Maßnahmen

14.1 Persönliche Hygiene

Unter Hygiene versteht man die Lehre von der Gesundheit. Sie trägt durch bestimmte Maßnahmen und Normwerte zur Verhütung gesundheitlicher Störungen und zur Bekämpfung von Krankheitsursachen bei. Die wichtigsten Aufgaben der Hygiene des Sportlers sind die Körper-, Kleidungs-, Luft- und Lebensmittelhygiene, sowie Sozial- und Psychohygiene. All diese sollen den Körper des Sportlers für Training und Wettkampf leistungsfähig machen bzw. erhalten.

Die im Folgenden beschriebenen hygienischen Maßnahmen wirken im Sport leistungs- und gesundheitsfördernd:

Kleidung:

Kleidung dient in erster Linie dem Schutz vor Umwelteinflüssen wie Sonnenstrahlung, Regen, Kälte und auch Verletzungen durch mechanische Einflüsse. Wenn die Kleidung die wichtigsten Anforderungen erfüllt, kann sie zum Wohlbefinden des Sportlers sehr viel beitragen. Auf folgende Punkte sollte man beim Kauf von Laufbekleidung achten:

- Sie sollte atmungsaktiv sein, den Schweiß nach außen abtransportieren und nicht halten, wie dies z. B. bei Baumwolle der Fall ist, und sie sollte leicht sauber zu halten sein bzw. leicht zu reinigen sein.
- Regenkleidung sollte wasserabweisend, trotzdem aber atmungsaktiv sein. Zusätzlicher Schutz vor Unterkühlung der Muskulatur und somit auch Schutz vor Verletzungen ist ebenso wichtig wie Schutz vor Abkühlung des Körpers durch verminderten Abtransport des Schweißes. (Siehe auch Kapitel 15.1.)

Das sportliche Training stellt Anforderungen an den Organismus, die das durch berufliche oder außerberufliche körperliche Aktivität gegebene Anforderungsniveau mehr oder minder stark übersteigen können. Neben anderen Voraussetzungen ist es deshalb notwendig, dass durch Gewährleistung günstiger hygienischer Bedingungen negative Einflüsse, die die Leistungsentwicklung und die Trainingskontinuität behindern könnten, ausgeschlossen werden. Dieses Anliegen erhält umso mehr Gewicht, je höher die Leistungsanforderungen im Training sind, da mit dem Umfang und der Intensität des Trainings auch die Wirkungsmöglichkeiten von Störfaktoren anwachsen.

Körperhygiene:
An die erste Stelle der hygienischen Anforderungen ist die individuelle Körperpflege zu setzen. Die Beachtung allgemeiner hygienischer Normen und die Mitwirkung bei ihrer Einhaltung wird leichter zur Selbstverständlichkeit, wenn den körperhygienischen Anforderungen bewusst entsprochen wird und die Maßnahmen der Körperpflege zur Gewohnheit geworden sind.

Ein weiterer Grund für die Einhaltung einer gründlichen Köperhygiene ist die Tatsache, dass sie dazu beiträgt, die Funktionstüchtigkeit des Gesamtorganismus zu erhalten und damit direkt oder indirekt mitbestimmend ist für seine Fähigkeit zur Anpassung an die Trainingsbeanspruchung und störungsfreie Wiederherstellungsvorgänge nach Training oder Wettkampf.

Im Rahmen der Körperhygiene des Sportlers ist der Hautpflege, der Zahnpflege und der Hand- und Fußpflege besondere Beachtung zu schenken.

Hautpflege:
Die Hautpflege gilt der Erhaltung der Schutzfunktion der Haut. Sie muss bei Sportlern besonders gründlich betrieben werden, weil durch die starke Schweißbildung und die durch sie bewirkte Auflockerung des Oberhautgewebes Hautinfektionen begünstigt werden. Auf die Körperreinigung ist deshalb besonders gründlich zu achten. Die geeignetste Form dafür ist das Duschen. Durch das fließende Wasser wird Schmutz, Schweiß und der durch die Seife gelöste Hauttalg am schnellsten entfernt. Insgesamt soll das Reinigungsduschen intensiv, aber kurz durchgeführt werden und nur 3 bis 5 Minuten in Anspruch nehmen. Dadurch wird vermieden, dass die Haut stärker aufquillt. Da Verschmutzung und Schweißbildung im Training nicht selten mehrmaliges Duschen am Tage erfordern, sind nach Möglichkeit nur wenig alkalisierende Seifen zu verwenden, damit der Säureschutzmantel der Haut nicht völlig eliminiert wird.

Warme Bäder sollten bei Sportlern nicht in erster Linie als Reinigungsmaßnahme, sondern speziell zur Entspannung nach anstrengendem Training eingesetzt werden.

Besondere Beachtung muss der Vorbeugung gegen Hautinfektionen geschenkt werden, die bei Vernachlässigung entsprechender Maßnahmen im Sport oft auftreten können. Sie stören nicht nur das Wohlbefinden, sondern beeinträchtigen auch die Trainings- und Leistungsfähigkeit und können zur Übertragung auf andere Sportler führen. Besonders anfällig sind die Füße und die Hände sowie die Achselhöhlen, die Leistengegend und die Analregion. Füße und Hände sind in erster Linie durch Hautpilzinfektionen gefährdet. Kennzeichnend ist ein starker Juckreiz. Die Behandlung muss so früh wie möglich erfolgen. Gleichzeitig sollte man daran denken, dass Pilzsporen im Schuhwerk und in den Strümpfen vernichtet werden müssen. Gegen all diese lästigen leistungsbeeinträchtigenden Pilzinfektionen ist die peinlich genaue Körperpflege die beste Prophylaxe.

Fuß- und Handpflege:

Manche Sportler haben, abgesehen von der Schweißproduktion durch die Trainingsbelastung, eine Neigung zu vermehrter Schweißbildung an den Füßen, unter der Achsel und an den Händen. Außer der störenden Geruchsentwicklung wird dadurch das Angehen von Hautinfektionen zusätzlich begünstigt. Vermehrtes Schwitzen an den Füßen erleichtert das Auftreten von Blasen. Die Beachtung entsprechender Bekleidung, insbesondere der Fußbekleidung ist wichtig.

Im Rahmen der Fußpflege ist das regelmäßige Kürzen der Zehennägel zur Vermeidung von Druckschmerz und Erleichterung der Reinigung notwendig. Entstandene lokale Druckstellen sofort mit ungepolstertem Pflaster schützen. Sind bereits Blasen entstanden, so sind sie mit einem Hautdesinfektionsspray zu reinigen und steril zu punktieren, um sie trocken zu legen.

Sonnenexposition (Aussetzung des Körpers der Sonne):

Zur Körperpflege gehört auch das vernünftige Verhalten gegenüber natürlicher oder künstlicher Sonnenbestrahlung. Die anregende Wirkung künstlichen oder natürlichen Sonnenlichtes auf den Organismus über nervale und hormonelle Stimulation ist bekannt. Auch auf die negativen Auswirkungen eines *Ultravioletterythems* (entzündliche Rötung der Haut) braucht hier nicht näher eingegangen zu werden. Eine unerwünschte Intensität des Erythems und andere nachteilige Folgen werden vermieden, wenn die Exposition dosiert erfolgt. Je nach Hauttyp – blass oder brünett – variiert die Eigenschutzzeit gegenüber natürlicher Sonnenbestrahlung von 10 bis 30 Minuten. Innerhalb dieser Expositionszeit kommt es nur zu einem minimalen Sonnenerythem, das keine unangenehmen Folgen auslöst und eine Bräunung anregt. Die Expositionszeit kann nach und nach verlängert werden. Bei starker Ultravioletteinwirkung ist es erforderlich, die Resistenz der Haut durch Auftragen von Sonnenschutzcreme zu erhöhen. Diese verlängern die Expositionsdauer je nach Schutzfaktor. Bei sehr langer sportlicher Betätigung sollten bestimmte Körperteile etwa durch Kopfbedeckung, Nackenschutz oder dergleichen geschützt werden.

Hygiene der Sportbekleidung:

Die Körperhygiene wäre mehr oder minder wirkungslos, wenn sie nicht durch Beachtung wichtiger hygienischer Anforderungen an die Sportbekleidung ergänzt würde. Es handelt sich dabei in erster Linie um die Sauberkeit der Sportbekleidung und ihren sinnvollen Gebrauch. Darüber hinaus sind jedoch eine Reihe weiterer Aspekte wie Hautfreundlichkeit, Schweißabsorptionsfähigkeit, Belüftung, aber auch Kälte-, Wind- und Regenschutzwirkung sowie Verschleißfähigkeit bedeutungsvoll.

Die Sauberkeit der Sportkleidung wird häufig aus Zeitmangel, nicht selten auch aus Trägheit, vernachlässigt.

Besonders wichtig ist, dass Sportler bei jeder Trainingseinheit gereinige Sportkleidung und Strümpfe anziehen, da Schweiß, Hautfett und Staub einen guten Nährboden für Erreger bilden. Mangelnde Sauberkeit auf diesem Gebiet heben die Vorteile einer guten Körperpflege auf.

Die Wahl der Sportkleidung ist auch hinsichtlich ihrer Funktion bei der Unterstützung der Temperaturregulation bedeutungsvoll. Hierbei steht bei den meisten Sportarten, vor allem auch beim Laufen, die Sicherung der Wärmeabgabe im Vordergrund. Sie wird durch zwei Komponenten ausschlaggebend beeinflusst. Einmal durch die Fähigkeit, Schweiß aufzusaugen und nach außen abzugeben, sowie die Möglichkeit der Konvektion (Wärmeregulation), die durch ausreichende Luftzirkulation innerhalb der Bekleidung gewährleistet ist. Dafür ist Zuschnitt und Größe des Bekleidungsstückes maßgebend.

Für den Kälteschutz sind ein hoher Luftgehalt des Gewebes bzw. zwischen den Bekleidungsstücken und das Verhindern einer Luftzirkulation innerhalb der Bekleidung entscheidend.

14.2 Genussmittel

Rauchen:

Rauchen beeinflusst die körperliche Leistungsfähigkeit über das Nikotin und das entstandene Kohlenmonoxid. Leistungsbeeinflussend wirken beim Zigarettenrauchen die so genannten Lungenzüge, während das Zigarren- und Pfeifenrauchen, da weitaus überwiegend ohne Lungenzüge durchgeführt, in dieser Hinsicht ohne nennenswerte Bedeutung ist.

Eine große Menge des inhalierten Nikotins wird über die Bronchialschleimhaut in die Blutgefäße aufgenommen. Einmal in der Blutbahn zirlulierend, stimuliert es die Freisetzung von Noradrenalin und führt durch verschiedene Vorgänge an Nervenendigungen und Blutgefäßen zu einer Änderung der Herzschlagfrequenz.

Das Rauchen einer einzigen Zigarette kann die Herzschlagzahl um bis zu 20 Schläge pro Minute erhöhen. Der Effekt geht innerhalb von 15 bis 45 Minuten zurück und ist nach 2 bis 3 Stunden nicht mehr nachweisbar. Mit dem Pulsfrequenzanstieg geht eine Blutdruckerhöhung einher. Beides gemeinsam bedeutet eine vergrößerte Beanspruchung des Herzmuskels mit entsprechend erhöhtem Sauerstoffbedarf.

Der Einfluss auf Koordination, Kraft und Schnelligkeit wird individuell unterschiedlich sein. Von den motorischen Haupteigenschaften wird vor allem die allgemeine aerobe Ausdauer durch das Zigarettenrauchen negativ beeinflusst. So konnte in Untersuchungen auf dem Laufband eine Reduzierung der Durchhaltezeit für eine submaximale Laufbelastung derselben Versuchspersonen vor und nach dem Rauchen von 3 Zigaretten innerhalb von 30 Minuten um 14 % beobachtet werden.

Unter Schnellkraftsportlern findet man häufig Raucher, selten aber unter Ausdauersportlern.

Alkohol:

Die Intensität der Alkoholwirkungen hängt im Wesentlichen von der Höhe des Blutalkoholspiegels ab. Dieser wird einerseits von der zugeführten Alkoholmenge, der Trinkgeschwindigkeit, der Art des Getränkes, der gleichzeitigen Nahrungsaufnahme und dem Körpergewicht bestimmt.

Hinsichtlich der Alkoholverträglichkeit bestehen erhebliche individuelle Unterschiede, die unter anderem vom Gewöhnungsfaktor bestimmt sind. Kleine Alkoholmengen regen durch den Wegfall von Hemmungen an, während größere Mengen zu Koordinationsbeeinträchtigungen (unsichere Motorik, verwaschene Sprache) und zu Erregungszuständen führen können.

Normalerweise beträgt der Gehalt des Blutes an Alkohol 0,03 ‰. Ein Alkoholgehalt von 0,5 ‰ spielt bereits eine Rolle für die öffentliche Sicherheit, 1 bis 1,5 ‰ können vernünftige Hemmungen beseitigen.

Eines der ersten Zeichen des Alkoholeinflusses ist eine Verlangsamung der Reaktionszeit. Als nächstes entwickeln sich Beeinträchtigungen der Koordination. Hinsichtlich des Alkoholeinflusses auf die statische Kraft kann mit geringer Alkoholdosierung eine kurzfristige Zunahme beobachtet werden, die vor allem untrainierte Personen betrifft. Man begründet den Effekt mit einem Wegfall von hemmenden zentralen Impulsen.

15 Sportkleidung

15.1 Textilien

Die Kerntemperatur unseres Körpers beträgt circa 37° Celsius und darf maximal um 3 bis 4° Celsius über- oder unterschritten werden. Diese engen Grenzen resultieren aus der hohen Wärmeproduktion bei körperlicher Belastung. Ein Hochleistungssportler erzeugt bis zu 1 000 Watt pro Stunde. Die Muskulatur erhält von dieser Energie aber nur etwa ein Drittel. Die restlichen zwei Drittel teilen sich folgendermaßen auf: 10% der Energie wird über die Atmung, 90% über die Haut abgegeben.

Die körpereigene Wärmeregulierung erfolgt also zum Großteil über die Haut. Die Wärmeabgabe wird durch eine vermehrte Blutzufuhr zur Hautoberfläche erhöht. Gleichzeitig setzt eine stärkere Schweißbildung ein. Der Schweiß verdunstet an der Hautoberfläche und führt dadurch Wärme ab (Verdunstungskälte).

Diese »Klimaanlage« funktioniert aber nur, wenn die Haut tatsächlich Wasserdampf abgeben kann. Bei »falscher« Kleidung klebt das nasse Textil am Körper. Das löst nicht nur ein unangenehmes Gefühl aus, sondern auch die Leistungsfähigkeit des Körpers sinkt bei steigender Überwärmung.

Gefährliche Verdunstungskälte entsteht vor allem bei Pausen zwischen körperlicher Anstrengung. Der Körper produziert keine Wärme mehr. Über die schweißnasse Kleidung auf der Haut wird weiter Wärme entzogen. Kalte Außentemperaturen und Wind verstärken diesen Effekt. Der Körper kühlt aus, Erkältungen und Verletzungen drohen.

Daraus ergeben sich für funktionelle Sportkleidung zwei wesentliche Aufgaben:

15

- Funktionelle Sportkleidung soll den Körper wärmen und gleichzeitig das Abkühlen unterstützen!
- Außerdem zählen Tragekomfort, Hautempfinden und die Strapazierfähigkeit. Nicht zuletzt spielen auch die Pflegeleichtigkeit und der Preis eine Rolle.

Ein guter Feuchtigkeitstransport, zuverlässige Wärmeisolation und ein guter Schutz gegen Kälte und Nässe – das kann nur funktionieren, wenn alle Bekleidungsschichten aufeinander abgestimmt sind. Darüber hinaus muss die Bekleidung dem Wetter und der körperlichen Belastung angepasst sein. Die körpernahe Schicht muss die Feuchtigkeit schnellstmöglich vom Körper ableiten. Daher ist auch ein Baumwoll-Produkt als Sportunterwäsche nicht geeignet. Denn die Baumwollfaser kann bis zu 40 % ihres Eigengewichts an Feuchtigkeit aufnehmen. Sie saugt sich voll. Es kommt zu einem Feuchtigkeitsstau, das Textil klebt am Körper. Daraus resultieren nicht nur ein unangenehmes Gefühl sowie steigende Erkältungs- und Verletzungsgefahr steigt zudem rapide an. Des Weiteren macht die Wasser aufnehmende Eigenschaft Baumwolle zu einem idealen Nistplatz für Bakterien und Keime. Sie sollte deshalb mindestens bei 60° C oder 95° C gewaschen werden, wenn sie starker Schweißbelastung ausgesetzt wurde.

Moderne Funktionsfasern nehmen dagegen keine oder kaum Feuchtigkeit auf. Diese Materialien gewährleisten ein optimales, körpernahes Mikroklima. Überschüssige Körperwärme wird schnellstmöglich abtransportiert und durch die Faser nach außen geleitet.

Die äußerste Schicht der Funktionsfaser sollte sowohl atmungsaktiv sein, damit kein Hitzestau entsteht, aber auch leichte, Wind und Wasser abweisende Mikrofasermaterialien enthalten, die vor Witterungseinflüssen schützen.

Wasserdichte Oberbekleidung hat den Nachteil, weniger atmungsaktiv zu sein. Im Laufsport reicht meist eine einzige Wasser abweisende Schicht aus. Sie schützt auch bei längerem normalen Regen und gibt überschüssige Wärme und Feuchtigkeit nach außen ab.

15.2 Laufschuhe

Ein hochwertiger Laufschuh besteht aus über 30 Einzelteilen, die zu einem Produkt zusammengefügt werden, das verschiedenen Anforderungen gerecht werden muss. Ein guter Laufschuh muss:

- auftretende Belastungen auf ein gesundes Maß reduzieren – dämpfen.
- mit einem ausgewogenen Maß an Stabilität eventuelle Fehlbewegungen der Läufer korrigieren bzw. einschränken – stützen.
- ausreichende Flexibiltät bieten, damit der Fuß abrollen kann – führen.

Beim Läufer unterscheidet man grob drei verschiedene Arten des Fußaufsatzes während des ersten Bodenkontaktes:

- 80 % der Läufer landen auf der Ferse und rollen über den Vorfuß (1. und 2. Zehe) ab
- plattfüßiger Fußaufsatz, vor allem bei Anfängern
- Landen auf dem Ballen (Vorfuß) mit anschließendem Absinken der Ferse vor allem bei Bahn- und Spitzenläufern

Bei Fußfehlstellungen wie Senk-, Spreiz- oder Knickfuß können auch fehlerhafte Abrollbewegungen entstehen. Häufig führt dies beim Laufen zu einem zu starken Nach-Innen-Kippen des Fußes, der so genannten Überpronation.

Etwa 70 bis 75 % aller Läufer neigen zu Überpronation, nur ein geringer Teil zu Supination – Abrollen über die Außenseite des Fußes, meist bei Hohlfüßen oder O-Beinen – oder geradem Fußaufsatz.

Fehlerhafte Abrollbewegungen sollten durch den Laufschuh korrigiert werden, um Überlastungsschäden, die sich auch auf die darüber liegenden Gelenke auswirken können, zu vermeiden.

Entsprechend der großen Zahl der Überpronierer gibt es in diesem Bereich eine große Auswahl an Laufschuhen. Diese haben auf der Innenseite eine so genannte Pronationsstütze. Aufgrund der verschwindend geringen Zahl der echten Supinierer ist die Auswahl dementsprechender Laufschuhe sehr gering. In der Regel ist aber ein leichter, flexibler Schuh ohne Pronationsstütze eine gute Wahl.

15.2.1 Herstellungsaspekte

Grundsätzlich wird der Laufschuh in drei Teile unterteilt: Schaft, Zwischensohle und Außensohle.

Der Schaft, also das Obermaterial des Schuhs, besteht zu einem hohen Anteil aus grobmaschigem Nylonmaterial und Kunstleder. Das Nylonmaterial klimatisiert den Fuß optimal. Dadurch kann Luft in den Zehenbereich eindringen und Körperwärme in Form von Schweiß austreten. Des Weiteren reduziert das sehr leichte Material das Gesamtgewicht des Laufschuhes. Zusätzlich sind Nylonmaterial und Kunstleder deutlich unempfindlicher gegenüber Nässe als Leder.

Der fertige Schaft wird dann über den so genannten Leisten gezogen. Der Leisten ist die Nachbildung des menschlichen Fußes aus Holz oder Plastik und damit entscheiden für die Passform des Schuhs.

Bei der Form des Leistens unterscheidet man zwischen geraden und gebogenen Leisten. Dies kann man feststellen, wenn man an der Unterseite des Schuhs den Mittelpunkt der Ferse mit dem Mittelpunkt des Vorfußes verbindet. Je gerader der Leisten ist, desto stabiler ist der Schuh. Diese Schuhe bieten maximale Unterstützung auf der Fußinnenseite.

Vor allem schwere Läufer, die überpronieren, brauchen eine große Auflagefläche, also einen möglichst geraden Leisten.

Die Zwischensohle bildet das »Herz« des Sportschuhs. Sie besteht meistens aus druckgeschäumtem Material (EVA: Ethylen-Vinyl-Acetat). Dies ist ein idealer Kompromiss zwischen Nachgiebigkeit, Festigkeit und geringem Gewicht.

EVA wird in unterschiedlichen Härtegraden hergestellt. Wird das Material stark verdichtet und damit fester, spricht man von einer Pronationsstütze. Dieses festere Schaummaterial auf der Innenseite der Schuhe (man erkennt es leicht an der dunkleren Farbe) reduziert die Gefahr des zu starken Nach-Innen-Kippen des Fußes, also der Überpronation. Je stärker der Läufer nach innen kippt und je schwerer er ist, desto ausgeprägter sollte die Pronationsstütze sein.

Die Haltbarkeit von EVA ist allerdings begrenzt. Mit der Zeit verliert das Schaummaterial seine positiven Eigenschaften. Auch deshalb sind in die anatomisch geformte Zwischensohle zusätzliche Dämpfungssysteme an den Stellen integriert, die den höchsten Belastungen ausgesetzt sind. Diese sind im Bereich der Ferse und bei manchen Schuhen auch im Vorfußbereich eingearbeitet.

Dämpfungssysteme reduzieren in erster Linie die Dämpfungseigenschaften der Laufschuhe. Sie reduzieren die beim Laufen auftretenden Belastungen auf ein gesundes Muss. Gleichzeitig erhöhen sie die Lebensdauer der Schuhe auf ungefähr 1000 Kilometer. Dieser Wert ist stark abhängig vom Körpergewicht des Läufers, vom Untergrund, seinem Laufstil und der Größe des Dämpfungssystems.

15.2.2 Individuelle Aspekte

Die Außensohle eines Laufschuhs besteht aus einer Karbon-Gummi-Mischung. Diese ist bei Schuhen aus dem »Trail-Bereich« extra grob gearbeitet, was eine größere Trittsicherheit und mehr Halt auf weichem Waldboden bietet. Doch auch die Außensohle der meisten anderen Laufschuhe ist für gelegentliche Abstecher auf weicheren Untergrund geeignet. Lediglich Schuhe aus der Kategorie »light« sollten nur auf festen oder befestigten Untergründen eingesetzt werden.

Sowohl Anfänger als auch Fortgeschrittene benötigen einen guten, ihrem Bedarf entsprechenden Laufschuh, da Kräfte und Fehlbewegungen bei jedem Schritt auftreten.

Für den Wettkampf gibt es spezielle, sehr leichte Wettkampfschuhe. Jedoch sollte ein schwerer oder zu Überpronation neigender Läufer auch im Wettkampf einen Trainingsschuh tragen, da beim Wettkampfschuh wenig Wert auf Stabilität und Dämpfung gelegt wird.

Läufer werden in folgende »Gewichtsklassen« eingeteilt: Läufer mit einem Körpergewicht bis 70 Kilogramm gelten als leicht, zwischen 70 und 85 Kilogramm als mittelschwer und ab etwa 85 Kilogramm als schwer. Je schwerer ein Läufer ist, desto stabiler sollte sein Laufschuh sein.

15.2.3 Laufschuhkorrekturen

Bei starken Fehlstellungen des Fußes finden orthopädische Einlagen zusätzlich zum unterstützten Laufschuh Verwendung. Fast alle Schuhmodelle besitzen eine herausnehmbare Innensohle, die durch eine speziell angefertigte Einlage ersetzt werden kann.
Falls man die Einlagen fest in den Laufschuh eingearbeitet haben möchte, kann man dies mit dem Orthopädiemechaniker vereinbaren.

15.3 Zubehör

Zubehör für Läufer gibt es in großer Vielfalt auf dem Markt. Sinnvoll sind folgende Artikel:

- Spezielle Laufsocken – Sie sind meist an die anatomische Fußform angepasst, haben keine Nähte und bestehen aus Funktionsfasern, die den Schweiß abtransportieren.
- Handschuhe, Stirnband oder Mütze für die kältere Zeit – am besten ebenfalls aus Funktionsfasern
- Pulsmessgerät, zur regelmäßigen Kontrolle der Herzfrequenz, für ein gesundes, sinnvolles und effektives Training
- Trinkflasche und eventuell Bauchgurt für lange Läufe und bei höheren Temperaturen zum Ausgleich des Wasserverlustes
- eventuell reflektierende Zusätze für Laufbekleidung, falls diese an der Kleidung nicht vorhanden sind, um bei schlechter Sicht oder Dunkelheit rechtzeitig von Autofahrern erkannt zu werden
- eventuell Stirnlampe, um bei Dunkelheit den Weg zu sehen

Vorbemerkung für alle Übungen
Voraussetzung für die Übungen ist Beschwerdefreiheit. Andernfalls ist Rücksprache mit dem Arzt zu nehmen. Bei Schmerzen sollte die Übung abgebrochen und die Meinung des Arztes eingeholt werden.

Mobilisation der Lendenwirbelsäule über Beckenkippung und -aufrichtung auf dem Ball

53 **Ausgangsposition**
Sitz auf dem Pezziball (alternativ auch auf einem Hocker mit Kissen möglich). Hüfte sollte einen etwas größeren Winkel als 90° (~ 110°) haben, Füße parallel aufgestellt, Oberkörper aufrecht, gerade Sitzhaltung. Kinn leicht nach innen ziehen, Arme vor der Brust gekreuzt

54 **Ausführung**
Über die beiden Sitzbeine das Becken kippen und aufrichten; d. h. der Oberkörper bleibt stabil und bewegt sich möglichst nicht mit. Bei der Beckenkippung bewegt sich die Lendenwirbelsäule Richtung Hohlkreuz, bei der Beckenaufrichtung bewegt sich das Schambein Richtung Bauchnabel.

Wiederholungen
3 – 5 Serien à 1 Minute, dazwischen
1 Minute Pause

Bauchmuskulatur gerade mit gestreckten Beinen (mithilfe des Hüftbeugers ausschalten)

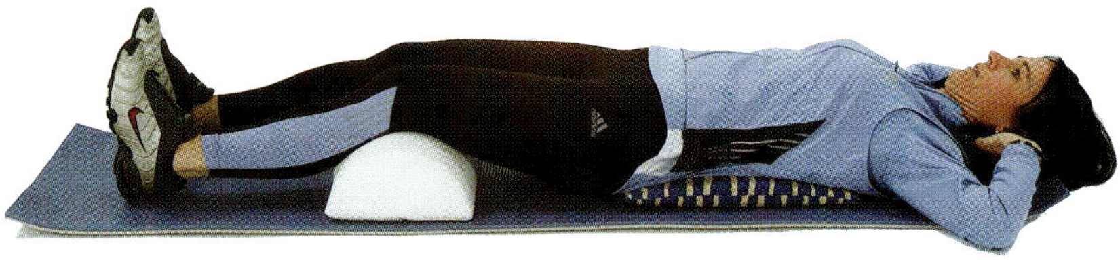

55 **Ausgangsposition**
Rückenlage, Beine gestreckt, Knie mit einer Rolle oder einem Kissen unterlagern, flaches Kissen unter die Lendenwirbelsäule, Hände locker seitlich am Kopf anlegen, Kinn an den Hals ziehen (leichtes Doppelkinn)

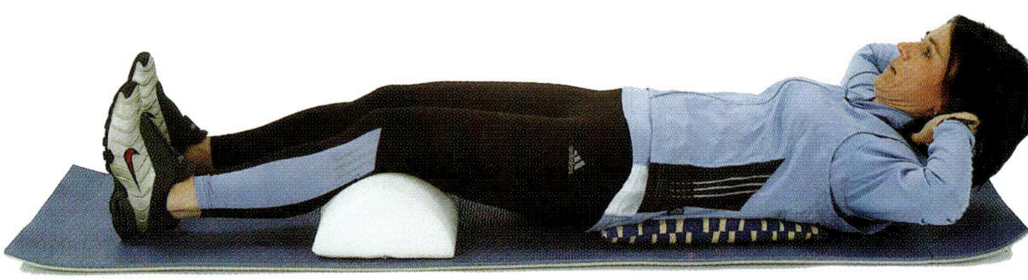

56 **Ausführung**
Zuerst leichten Druck mit der Lendenwirbelsäule auf das Kissen und mit den Beinen auf die Rolle und beides halten.
Kopf und Oberkörper leicht vom Boden abheben und Richtung Decke bringen (kleine Bewegung) und langsam wieder absinken lassen. Bei der Aufwärtsbewegung ausatmen, bei der Abwärtsbewegung einatmen.
Den Druck der Lendenwirbelsäule und der Beine nach unten während der gesamten Übung halten. Doppelkinn halten, nicht am Kopf ziehen und fließend atmen!

16

Wiederholungen
Je nach Trainingszustand. Es empfiehlt sich drei bis fünf Serien durchzuführen.
3 – 5 Serien à 15 Wiederholungen, dazwischen 1,5 Minuten Pause
3 – 5 Serien à 20 Wiederholungen, dazwischen 1 Minute Pause

Bauchmuskulatur gerade mit gebeugten Beinen

57 **Ausgangsposition**
Rückenlage, Füße aufgestellt, flaches Kissen unter die Lendenwirbelsäule, Hände locker seitlich am Kopf anlegen, Kinn an den Hals ziehen (leichtes Doppelkinn)

58 **Ausführung**
Zuerst leichten Druck mit der Lendenwirbelsäule auf das Kissen. Kopf und Oberkörper leicht vom Boden abheben und Richtung Decke bringen (kleine Bewegung) und langsam wieder absinken lassen. Bei der Aufwärtsbewegung ausatmen, bei der Abwärtsbewegung einatmen. Den Druck der Lendenwirbelsäule nach unten während der gesamten Übung halten. Doppelkinn halten, nicht am Kopf ziehen und fließend atmen!

Wiederholungen
Je nach Trainingszustand. Es empfiehlt sich drei bis fünf Serien durchzuführen.
3 – 5 Serien à 15 Wiederholungen, dazwischen 1,5 Minuten Pause
3 – 5 Serien à 20 Wiederholungen, dazwischen 1 Minute Pause

Bauchmuskulatur schräg mit gestreckten Beinen (mithilfe des Hüftbeugers ausschalten)

59 **Ausgangsposition**

Rückenlage, Beine gestreckt, Knie mit einer Rolle oder einem Kissen unterlagern.
flaches Kissen unter die Lendenwirbelsäule
Hände locker seitlich am Kopf anlegen,
Kinn an den Hals ziehen (leichtes Doppelkinn)

60 **Ausführung**

Zuerst leichten Druck mit der Lendenwirbelsäule auf das Kissen und mit den Beinen auf die Rolle und beides halten.
Kopf und Oberkörper leicht vom Boden abheben, Richtung Decke bringen (kleine Bewegung) und dabei eindrehen, so dass der Ellenbogen zur gegenüberliegenden Hüfte zeigt; dann langsam wieder absinken lassen.
Im Wechsel rechte und linke Seite.
Bei der Aufwärtsbewegung ausatmen,
bei der Abwärtsbewegung einatmen.
Den Druck der Lendenwirbelsäule und der Beine nach unten während der gesamten Übung halten. Doppelkinn halten, nicht am Kopf ziehen und fließend atmen!

Wiederholungen

Je nach Trainingszustand. Es empfiehlt sich drei bis fünf Serien durchzuführen.
3 – 5 Serien à 15 Wiederholungen, dazwischen 1,5 Minuten Pause
3 – 5 Serien à 20 Wiederholungen, dazwischen 1 Minute Pause

Bauchmuskulatur gerade mit gebeugten Beinen

61 **Ausgangsposition**
Rückenlage, Füße aufgestellt.
Flaches Kissen unter die Lendenwirbelsäule.
Hände locker seitlich am Kopf anlegen, Kinn an den Hals ziehen (leichtes Doppelkinn)

62 **Ausführung**
Zuerst leichten Druck mit der Lendenwirbelsäule auf das Kissen.
Kopf und Oberkörper leicht vom Boden abheben, Richtung Decke bringen (kleine Bewegung) und dabei eindrehen, so dass der Ellenbogen zur gegenüberliegenden Hüfte zeigt; dann langsam wieder absinken lassen.
Im Wechsel rechte und linke Seite.
Bei der Aufwärtsbewegung ausatmen,
bei der Abwärtsbewegung einatmen.
Den Druck der Lendenwirbelsäule nach unten während der gesamten Übung halten.
Doppelkinn halten, nicht am Kopf ziehen und fließend atmen!

Wiederholungen
Je nach Trainingszustand. Es empfiehlt sich drei bis fünf Serien durchzuführen.
3 – 5 Serien à 15 Wiederholungen, dazwischen 1,5 Minuten Pause
3 – 5 Serien à 20 Wiederholungen, dazwischen 1 Minute Pause

Bauchmuskulatur unterer Anteil

63 **Ausgangsposition**
Rückenlage, Hüfte 90° gebeugt, Knie minimal gebeugt, Füße schauen Richtung Decke, Fußspitzen anziehen, Hände seitlich neben dem Körper ablegen

64 **Ausführung**
Füße Richtung Decke bringen, indem man das Becken minimal vom Boden abhebt (Millimeter); Knie bleiben leicht gebeugt, Beine nicht Richtung Oberkörper bringen (keine Schaukelbewegung)

Wiederholungen
Je nach Trainingszustand. Es empfiehlt sich drei bis fünf Serien durchzuführen.
3 – 5 Serien à 15 Wiederholungen, dazwischen 1,5 Minuten Pause
3 – 5 Serien à 20 Wiederholungen, dazwischen 1 Minute Pause

Mobilisation der Brustwirbelsäule in die Streckung

65 **Ausgangsposition**
Sitz auf dem Pezziball (alternativ auch auf einem Hocker mit Kissen möglich).
Hüfte sollte einen etwas größeren Winkel als 90° (~ 110°) haben, Füße parallel aufgestellt, Becken in der Mittelposition zwischen maximaler Kippung und Aufrichtung.
Oberkörper aufrecht, gerade Sitzhaltung, Kinn leicht nach innen ziehen, Arme vor der Brust gekreuzt

66 **Ausführung**
Brustwirbelsäule in die Streckung bringen, indem man das Brustbein Richtung Decke bringt, und zurück. Nicht in die Rundung der Brustwirbelsäule bewegen.
Die Bewegung sollte nicht zu weit in die Lendenwirbelsäule weiterführen, Halswirbelsäule nicht überstrecken, d. h. starre Kopfhaltung

Wiederholungen
3 – 5 Serien à 1 Minute, dazwischen 1 Minute Pause

16

Mobilisation der Brustwirbelsäule in die Rotation (Drehung)

67 **Ausgangsposition**
Sitz auf dem Pezziball (alternativ auch auf einem Hocker mit Kissen möglich).
Hüfte sollte einen etwas größeren Winkel als 90° (~ 110°) haben, Füße parallel aufgestellt.
Becken in der Mittelposition zwischen maximaler Kippung und Aufrichtung.
Oberkörper aufrecht, gerade Sitzhaltung, Kinn leicht nach innen ziehen, Arme vor der Brust gekreuzt

68 **Ausführung**
Oberkörper mit kleinen Bewegungen abwechselnd nach rechts und links drehen, ohne dabei das Becken mitzubewegen.
Kopf und Halswirbelsäule bewegen sich gleichzeitig mit dem Oberkörper mit, d. h. zwischen Kopf und Oberkörper findet keine Bewegung statt

Wiederholungen
3 – 5 Serien à 1 Minute, dazwischen 1 Minute Pause

Seitliche Rumpfmuskulatur (oben liegende Seite)

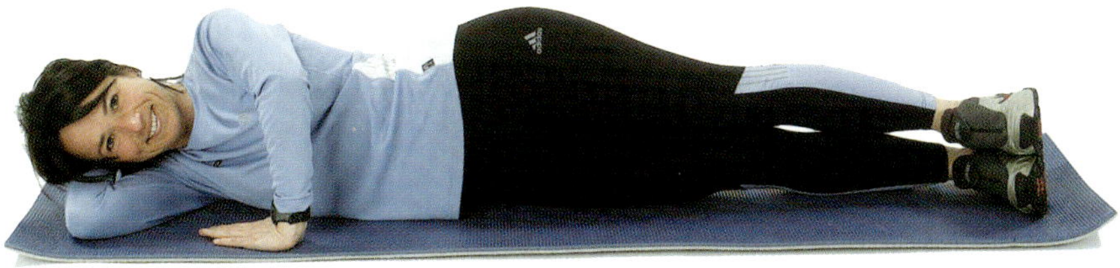

69 **Ausgangsposition**
Seitenlage, Beine und Hüfte gestreckt, Becken gerade (Hüftknochen schaut zur Decke) Fußspitzen angezogen. Kopf liegt auf dem unten liegenden Arm, oben liegender Arm stützt vor dem Körper ab

70 **Ausführung**
Beide Beine gleichzeitig etwas von der Unterlage abheben und 10 Sekunden halten, danach langsam wieder absenken

Wiederholungen
3 Serien à 10 x 10 Sekunden halten, dazwischen 1 Minute Pause

Seitliche Rumpfmuskulatur (unten liegende Seite)

71 **Ausgangsposition**
Seitenlage, Beine und Hüfte gestreckt, Becken gerade (Hüftknochen schaut zur Decke) Fußspitzen angezogen.
Oberkörper stützt auf dem Unterarm des unten liegenden Armes ab, oben liegender Arm stützt vor dem Körper ab

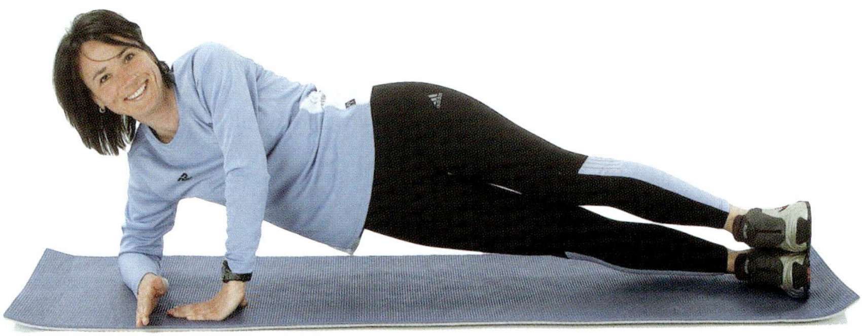

72 **Ausführung**
Becken soweit von der Unterlage abheben, bis die Wirbelsäule einen möglichst geraden Verlauf hat. 10 Sekunden halten und langsam wieder absenken

Wiederholungen
3 Serien à 10 x 10 Sekunden halten, dazwischen 1 Minute Pause

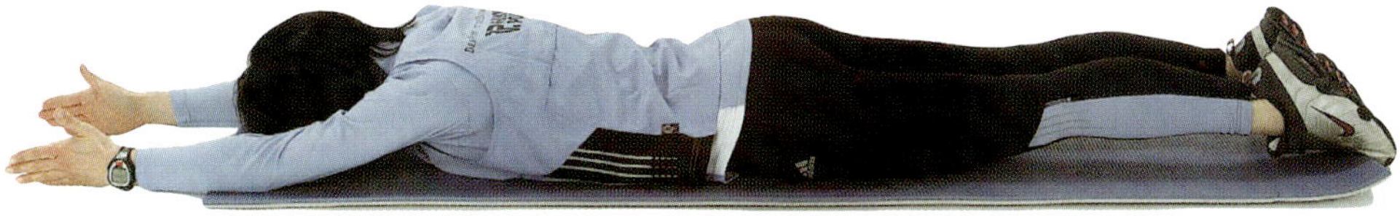

73 **Ausgangsposition**
Bauchlage, Beine und Arme vom Körper weggestreckt, Daumen zeigen zur Decke.
Blick auf die Unterlage, Doppelkinn halten, Nasenspitze liegt nicht am Boden auf

74 **Ausführung**
Einen Arm und das gegenüberliegende Bein etwas vom Boden abheben und Spannung 10 Sekunden halten.
Dann Wechsel zur anderen Seite

Wiederholungen
3 Serien à 10 x 10 Sekunden halten (im Wechsel, 5 x pro Seite), dazwischen 1 Minute Pause

16

Abduktoren-Training (seitliche Gesäß- und Beinmuskulatur) mit gestreckten Beinen

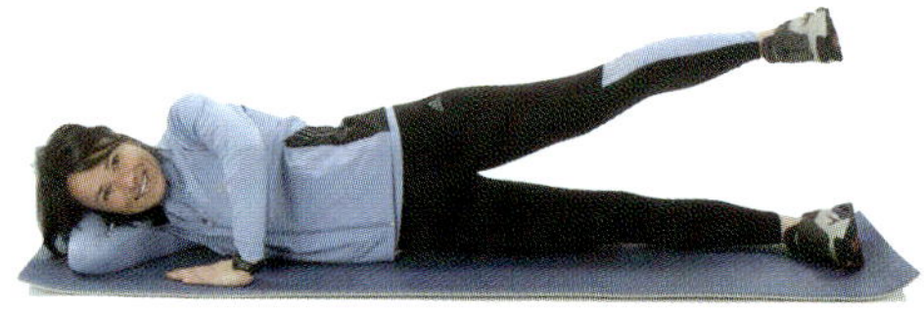

75 **Ausgangsposition**

Seitenlage, Beine und Hüfte gestreckt, Vorfuß Richtung Nase ziehen
Becken gerade, so dass der Hüftknochen zur Decke schaut.
Eventuell Taille mit einem Kissen unterlagern.
Unten liegenden Arm unter den Kopf legen (nicht abstützen), oben liegender Arm stützt vor dem Körper ab

76 **Ausführung**

Oben liegendes Bein langsam heben und senken, ohne in der Hüfte eine Drehung zuzulassen, d. h. die Fußspitze schaut während der gesamten Bewegung nach vorne

Wiederholungen

Je nach Trainingszustand. Es empfiehlt sich drei bis fünf Serien durchzuführen.
3 – 5 Serien à 15 Wiederholungen, dazwischen 1,5 Minuten Pause
3 – 5 Serien à 20 – 30 Wiederholungen, dazwischen 1 Minute Pause.
Diese Übung kann durch Benutzung einer Gewichtsmanschette oberhalb des Fußgelenks verstärkt werden

Abduktoren-Training (seitliche Gesäß- und Beinmuskulatur) mit gebeugten Beinen

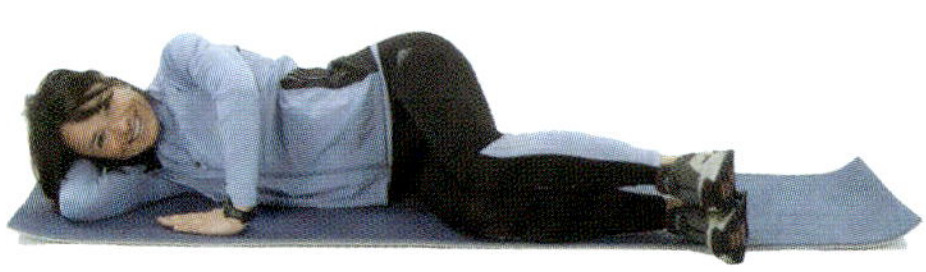

77 **Ausgangsposition**

Seitenlage, Knie und Hüfte 90° gebeugt, Vorfuß Richtung Nase ziehen.
Becken gerade, so dass der Hüftknochen zur Decke schaut.
Eventuell Taille mit einem Kissen unterlagern.
Unten liegenden Arm unter den Kopf legen (nicht abstützen), oben liegender Arm stützt vor dem Körper ab

78 **Ausführung**

Oben liegendes Bein langsam heben und senken, ohne in der Hüfte eine Drehung zuzulassen, d. h. Fußspitze und Knie schauen während der gesamten Bewegung nach vorne

Wiederholungen

Je nach Trainingszustand. Es empfiehlt sich drei bis fünf Serien durchzuführen.
3 – 5 Serien à 15 Wiederholungen, dazwischen 1,5 Minuten Pause
3 – 5 Serien à 20 – 30 Wiederholungen, dazwischen 1 Minute Pause
Diese Übung kann durch Benutzung einer Gewichtsmanschette oberhalb des Fußgelenks verstärkt werden

Adduktoren-Training (Oberschenkelinnenseite)

79 **Ausgangsposition**
Seitenlage, unten liegendes Bein gestreckt, Vorfuß Richtung Nase ziehen, oben liegendes Bein dahinter oder davor aufgestellt.
Becken gerade, nicht nach hinten kippen.
Eventuell Taille mit einem Kissen unterlagern.
Unten liegenden Arm unter den Kopf legen (nicht abstützen), oben liegender Arm stützt vor dem Körper ab

80 **Ausführung**
Unten liegendes Bein langsam heben und senken, ohne in der Hüfte eine Drehung zuzulassen, d. h. die Fußspitze schaut während der gesamten Bewegung nach vorne

Wiederholungen
Je nach Trainingszustand. Es empfiehlt sich drei bis fünf Serien durchzuführen.
3 – 5 Serien à 15 Wiederholungen, dazwischen 1,5 Minuten Pause
3 – 5 Serien à 20 – 30 Wiederholungen, dazwischen 1 Minute Pause.
Diese Übung kann durch Benutzung einer Gewichtsmanschette oberhalb des Fußgelenks verstärkt werden

Fußheber mit Theraband

81 **Ausgangsposition**
Rückenlage, Oberkörper bequem abstützen oder ablegen, das zu bearbeitende Bein ist gestreckt, das andere aufgestellt.
Theraband über den Fußrücken legen und in Verlängerung des Beines an einem Gegenstand befestigen, so dass eine leichte Spannung vorhanden ist. Die Fußspitze wird lang gemacht

82 **Ausführung**
Gegen den Widerstand des Therabandes den Vorfuß Richtung Nase ziehen

Wiederholungen
Je nach Trainingszustand. Es empfiehlt sich drei bis fünf Serien durchzuführen.
3 – 5 Serien à 15 Wiederholungen, dazwischen 1,5 Minuten Pause
3 – 5 Serien à 20 Wiederholungen, dazwischen 1 Minute Pause

16

Kniebeuger (Oberschenkelrückseite) mit Theraband

83 **Ausgangsposition**
Bauchlage, Oberkörper bequem ablegen, Kopf auf den Unterarmen abgestützt.
Beide Beine sind gestreckt, Theraband um den Rückfuß des zu bearbeitenden Beines legen und in Verlängerung des Beines an einem Gegenstand befestigen, so dass eine leichte Spannung vorhanden ist

84 **Ausführung**
Gegen den Widerstand des Therabandes den Unterschenkel Richtung Gesäß ziehen, bis ein Kniewinkel von ca. 70° erreicht ist (nicht weiter, da es sonst zu Krämpfen im Oberschenkel kommen kann) und wieder senken

Wiederholungen
Je nach Trainingszustand. Es empfiehlt sich drei bis fünf Serien durchzuführen.
3 – 5 Serien à 15 Wiederholungen, dazwischen 1,5 Minuten Pause
3 – 5 Serien à 20 Wiederholungen, dazwischen 1 Minute Pause

16

Mobilisation der Halswirbelsäule und Kopfgelenke in die Streckung

85 **Ausgangsposition**
Sitz auf dem Pezziball (alternativ auch auf einem Hocker mit Kissen möglich).
Hüfte sollte einen etwas größeren Winkel als 90° (~ 110°) haben, Füße parallel aufgestellt.
Becken in der Mittelposition zwischen maximaler Kippung und Aufrichtung.
Oberkörper aufrecht, gerade Sitzhaltung, Arme vor der Brust gekreuzt, Kinn nach vorne rausschieben

86 **Ausführung**
Kinn translatorisch weit nach hinten bewegen, ohne den Kopf nach hinten oder vorne zu kippen (Brustbein hebt sich automatisch etwas an), danach wieder etwas nach vorne bewegen, nicht bis zur Ausgangsposition!

Wiederholungen
3 – 5 Serien à 1 Minute, dazwischen
1 Minute Pause

Stabilisation der Halswirbelsäule und Kopfgelenke in die Streckung

87 **Ausgangsposition**
Sitz auf dem Pezziball (alternativ auch auf einem Hocker mit Kissen möglich).
Hüfte sollte einen etwas größeren Winkel als 90° (~ 110°) haben, Füße parallel aufgestellt.
Becken in der Mittelposition zwischen maximaler Kippung und Aufrichtung.
Oberkörper aufrecht, gerade Sitzhaltung, Arme vor der Brust gekreuzt, Kinn nach vorne raus schieben.
Theraband um den Hinterkopf legen und mit Zug von vorne befestigen

88 **Ausführung**
Kinn translatorisch gegen den Widerstand des Therabandes weit nach hinten bewegen, ohne den Kopf nach hinten oder vorne zu kippen (Brustbein hebt sich automatisch etwas an), danach wieder etwas nach vorne bewegen, nicht bis zur Ausgangsposition!

Wiederholungen
3 – 5 Serien à 15 Wiederholungen, dazwischen 1,5 Minuten Pause
3 – 5 Serien à 20 Wiederholungen, dazwischen 1 Minute Pause

**Stablilisation der Halswirbel-
säule und Kopfgelenke in die Rotation
(Drehung)**

89 **Ausgangsposition**
Sitz auf dem Pezziball (alternativ auch auf einem Hocker mit Kissen möglich).
Hüfte sollte einen etwas größeren Winkel als 90° (~ 110°) haben, Füße parallel aufgestellt.
Becken in der Mittelposition zwischen maximaler Kippung und Aufrichtung.
Oberkörper aufrecht, gerade Sitzhaltung, Kinn nach innen ziehen, Blick geradeaus.
Theraband um den Hinterkopf legen, vor dem Kopf kreuzen und mit beiden Händen seitlich halten

90 **Ausführung**
Kopf gegen den Widerstand des Therabandes mit einer kleinen Bewegung in eine Richtung drehen und zur Ausgangsposition zurück.
Erst eine Seite bearbeiten, dann die andere

Wiederholungen
3 – 5 Serien à 15 Wiederholungen pro Seite, dazwischen 1,5 Minuten Pause
3 – 5 Serien à 20 Wiederholungen pro Seite, dazwischen 1 Minute Pause

Mobilisation der Lendenwirbelsäule in die Streckung

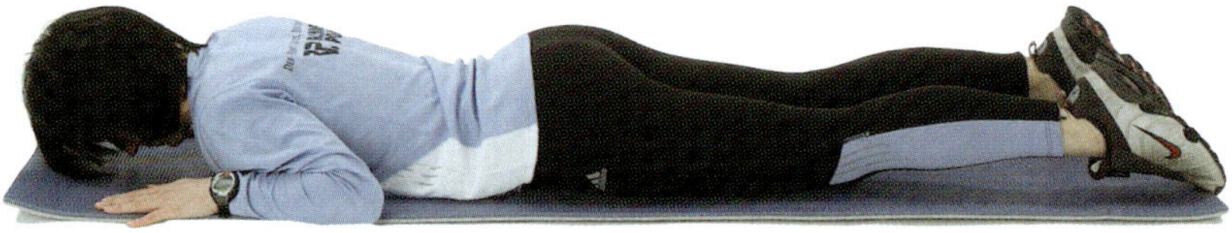

91 **Ausgangsposition**
Bauchlage, Hände neben den Schultergelenken abstützen, Bein- und Gesäßmuskulatur locker lassen

92 **Ausführung**
Oberkörper langsam nach oben drücken, bis die Arme gestreckt sind, am Ende der Bewegung ausatmen und langsam wieder absinken; während der gesamten Übung keine Muskelspannung in Bein- und Gesäßmuskulatur

Wiederholungen
3 – 5 Serien à 10 Wiederholungen.
dazwischen 1 Minute Pause, oder: jede Stunde 10 Wiederholungen

Mobilisation der Lendenwirbelsäule bei Seitneigungsfehlhaltung (Shiftkorrektur)

93 **Ausgangsposition**
Stand vor dem Spiegel; eine Hand befindet sich am Becken, die andere seitlich am Brustkorb

94 **Ausführung**
Fixation des Brustkorbs und Mobilisation über das Becken, bis eine gerade Haltung erreicht ist

Wiederholungen
3 – 5 Serien à 10 Wiederholungen, dazwischen 1 Minute Pause, oder: jede Stunde 10 Wiederholungen

Abduktorentraining
(seitliche Gesäßmuskulatur) im Stand

95 + 97 **Ausgangsposition**
Stand auf einer Erhöhung (Treppe, Brett ...) mit einem Fuß, anderer Fuß frei in der Luft, etwas unterhalb der Erhöhung. Füße parallel, Oberkörper aufrecht

96 + 98 **Ausführung**
Becken des hängenden Beines nach oben ziehen, so dass der frei hängende Fuß etwas über der Erhöhung ist und langsam wieder senken. Dabei den Oberkörper stabil lassen und nicht über eine Seitneigung ausweichen

Wiederholungen
3 – 5 Serien à 15 Wiederholungen pro Seite, dazwischen 1,5 Minuten Pause
3 – 5 Serien à 20 Wiederholungen pro Seite, dazwischen 1 Minute Pause

Mobilisation des Hüftgelenks mit Eigenschwere des Beines

99 **Ausgangsposition**
Stand mit einem Bein auf einer Erhöhung (Treppe, Brett ...), anderes Bein hängt locker in der Luft. Eventuell mit Gewichtsmanschette oder etwas schwererem Schuh verstärken

100 **Ausführung**
Kleine Pendelbewegungen des frei hängenden Beines nach vorne und hinten

Wiederholungen
10 x 1 Minute pro Tag

Adduktorentraining (Oberschenkelinnenseite) im Stand bzw. Collagentraining

101 **Ausgangsposition**
Stand auf einem Bein, Oberkörper möglichst aufrecht und stabil, eventuell mit der Hand der Standseite an der Wand abstützen.
Theraband um die Innenseite des freien Fußes mit Widerstand von der Außenseite

16

102 **Ausführung**
Bein gegen den Widerstand des Therabandes an das andere Bein heran ziehen und langsam wieder nach außen bewegen (kleine Bewegungen)

Wiederholungen
Collagentraining:
Leichter Widerstand, 200 Wiederholungen am Stück pro Tag.
Muskeltraining:
3 – 5 Serien à 15 Wiederholungen pro Seite, dazwischen 1,5 Minuten Pause
3 – 5 Serien à 20 Wiederholungen pro Seite, dazwischen 1 Minute Pause

Collagentraining für Patellasehne und Oberschenkelvorderseite

103 **Ausgangsposition**
Sitz auf einem Hocker oder Bank.
Füße müssen in der Luft sein, Oberkörper aufrecht

104 **Ausführung**
Kleine Bewegungen des Unterschenkels Richtung Kniestreckung (~ 10 cm) und zurück

Wiederholungen
200 – 400 Wiederholungen am Stück pro Tag

105 **Ausgangsposition**
Sitz auf dem Boden, Oberkörper abgestützt, Füße aufgestellt (barfuß)

106 **Ausführung**
Millimeterweise mit den Füßen vorwärts krabbeln, d. h. Zehen greifen in die Unterlage. Fußgewölbe aufstellen, Fersen nachziehen und wieder zurück

Wiederholungen
3 – 5 Serien à 15 Wiederholungen, dazwischen 1,5 Minuten Pause
3 – 5 Serien à 20 Wiederholungen, dazwischen 1 Minute Pause

Kräftigung der Fußmuskulatur 2

107 **Ausgangsposition**
Halbrückenlage oder Rückenlage, Hüfte und Knie 90° gebeugt, barfuß mit den Zehen Zeitung greifen

108 **Ausführung**
Mit den Zehen abwechselnd rechts und links. Die Zeitung möglichst klein zerreißen

Wiederholungen
Täglich eine Zeitung

Exzentrische Kniebeuge

109 **Ausgangsposition**
Stand auf beiden Beinen, Füße parallel, Hände vor dem Körper greifen (Arme nach vorne strecken).
Gesamtes Körpergewicht liegt auf dem Bein der betroffenen Seite

16

110 **Ausführung**
Mit dem Gewicht auf der betroffenen Seite Knie und Hüfte beugen (Gesäß nach hinten schieben, nicht Knie nach vorne), Oberkörper zum Ausgleich nach vorne neigen.
In der gebeugten Stellung gesamtes Körpergewicht auf die nicht betroffene Seite bringen und über diese wieder aufrichten, dann von vorne beginnen
Achtung: niemals mit dem Körpergewicht über die betroffene Seite aufrichten, sondern nur in die Kniebeuge gehen!

Wiederholungen
3 – 5 Serien à 15 Wiederholungen, dazwischen 1,5 Minuten Pause
3 – 5 Serien à 20 Wiederholungen, dazwischen 1 Minute Pause

Kräftigung Vastus medialis (innerer Anteil des Quadriceps/Kniestreckers) in der Landephase

111 **Ausgangsposition**
Stand in Schrittstellung, zu bearbeitendes Bein steht vorne, Hüfte und Knie leicht gebeugt, Oberkörper nach vorne neigen, Arme vor dem Körper zum Ausgleich.
Ferse des vorderen Fußes aufgestellt, Fußspitze hochgezogen

112 **Ausführung**
Mit angezogener Fußspitze kleine schnelle Trippelbewegungen auf der Stelle, d. h. abwechselnd rechten und linken Fuß minimal von der Unterlage abheben

Wiederholungen
3 – 5 Serien à 15 Wiederholungen, dazwischen 1,5 Minuten Pause
3 – 5 Serien à 20 Wiederholungen, dazwischen 1 Minute Pause

Kräftigung Vastus medialis (innerer Anteil des Quadriceps/Kniestreckers) in der Abstoßphase

113 **Ausgangsposition**
Stand in Schrittstellung, zu bearbeitendes Bein steht vorne, Hüfte und Knie leicht gebeugt, Oberkörper nach vorne neigen,
Arme vor dem Körper zum Ausgleich.
Fußspitze des vorderen Fußes aufgestellt,
Ferse hochgezogen

114 **Ausführung**
Mit aufgestellter Fußspitze kleine schnelle Trippelbewegungen auf der Stelle, d.h. abwechselnd rechten und linken Fuß minimal von der Unterlage abheben

Wiederholungen
3 – 5 Serien à 15 Wiederholungen, dazwischen 1,5 Minuten Pause
3 – 5 Serien à 20 Wiederholungen, dazwischen 1 Minute Pause

Koordination und Stabilisation für Fuß- und Kniegelenk

115 **Ausgangsposition**

Einbeinstand auf dem zu bearbeitenden Bein, Fußgelenke stabil, Kniegelenk stabil in der Beinachse (d. h. zwischen Fuß- und Hüftgelenk in einer Linie), Oberkörper aufrecht, Arme locker; auf dem Boden ein viergeteiltes Quadrat aufkleben (Tape etc.)

116 + 117 **Ausführung**

Sprung mit dem Standbein in ein Feld des Quadrates und von diesem aus nach links, rechts, vor und zurück (abwechselnd). Während der Sprünge immer die Beinachse halten und die Gelenke stabilisieren

Wiederholungen

3 – 5 Serien à 15 Wiederholungen, dazwischen 1,5 Minuten Pause
3 – 5 Serien à 20 Wiederholungen, dazwischen 1 Minute Pause

Supination mit Theraband

118 **Ausgangsposition**
Sitz auf Hocker oder Ähnlichem, so dass die Füße frei sind, Theraband um die Innenseite eines Fußes mit Zug von außen.
Vorfuß ist nach außen gedreht und der Fußaußenrand ist angehoben

119 **Ausführung**
Gegen den Widerstand des Therabandes den Fuß nach innen drehen und dabei den Fußinnenrand anheben

Wiederholungen
3 – 5 Serien à 15 Wiederholungen, dazwischen 1,5 Minuten Pause
3 – 5 Serien à 20 Wiederholungen, dazwischen 1 Minute Pause

Pronation mit Theraband

120 **Ausgangsposition**
Sitz auf Hocker oder Ähnlichem, so dass die Füße frei sind,Theraband um die Außenseite eines Fußes mit Zug von innen.
Vorfuß ist nach innen gedreht und der Fußinnenrand ist angehoben

121 **Ausführung**
Gegen den Widerstand des Therabandes den Fuß nach außen drehen und dabei den Fußaußenrand anheben

Wiederholungen
3 – 5 Serien à 15 Wiederholungen, dazwischen 1,5 Minuten Pause
3 – 5 Serien à 20 Wiederholungen, dazwischen 1 Minute Pause

Mobilisation oberes Sprunggelenk in Beugung und Streckung

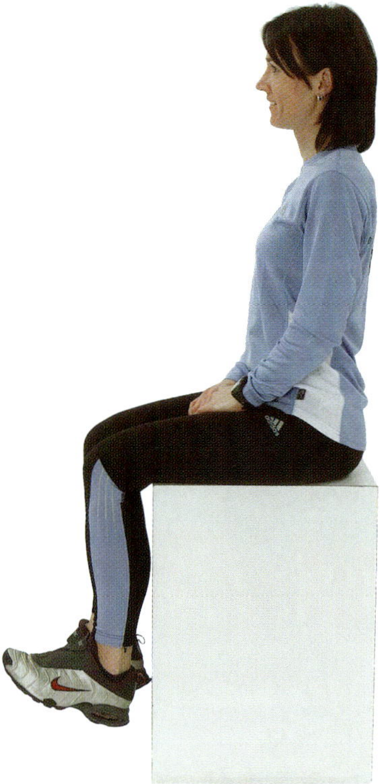

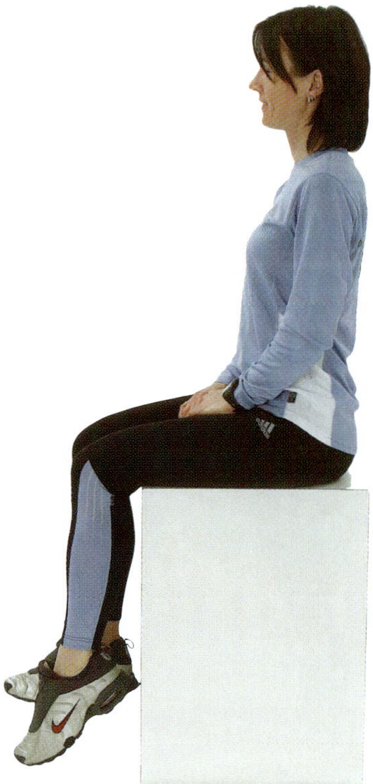

16

122 **Ausgangsposition**
Sitz auf Hocker oder Ähnlichem, so dass die Füße frei sind, Oberkörper aufrecht, Füße in der Neutralposition zwischen Beugung und Streckung

123 **Ausführung**
Bewegung des Fußes abwechselnd in maximale Streckung und maximale Beugung (Fuß lang machen und Fußspitze hochziehen)

Wiederholungen
200 – 400 Wiederholungen am Stück pro Tag

Collagentraining für die Wadenmuskulatur mit Theraband

124 **Ausgangsposition**
Sitz auf Hocker oder Ähnlichem, so dass die Füße frei sind.
Sehr leichtes Theraband um die Fußsohle mit Zug von oben, Oberkörper aufrecht

125 **Ausführung**
Gegen den leichten Widerstand des Therabandes den Fuß in die Streckung bringen (Vorfuß lang machen) und wieder zurück

Wiederholungen
3 – 5 Serien à 20 Wiederholungen pro Bewegungsrichtung, dazwischen 1 Minute Pause

Latissimus (Lat-Zug)

Hinweis
Alle Übungen mit dem Seilzug können alternativ auch mit dem Theraband durchgeführt werden.

126 **Ausgangsposition**
Sitz auf einem Pezziball oder Hocker vor dem Seilzug, Hüfte sollte einen etwas größeren Winkel als 90° (~ 110°) haben, Füße parallel aufgestellt. Oberkörper etwas nach vorne geneigt, gerade Kopfhaltung, Kinn leicht nach innen ziehen. Arme greifen von oben den Bügel des Seilzuges, Arme gestreckt, Schulterblätter hochgezogen

127 + 128 **Ausführung in 2 Schritten:**
1. Gegen den Widerstand des Seilzuges mit gestreckten Armen erst beide Schulterblätter nach unten ziehen
2. Schulterblätter an der Wirbelsäule halten und dann beide Ellenbogen an die Rumpfseite ziehen. Der Bügel des Seilzuges geht dabei hinter dem Kopf nach unten

Wiederholungen
3 – 5 Serien à 15 Wiederholungen, dazwischen 1,5 Minuten Pause
3 – 5 Serien à 20 Wiederholungen, dazwischen 1 Minute Pause

Schultergürtel Retraktion

129 **Ausgangsposition**
Sitz auf einem Pezziball oder Hocker vor dem Seilzug, Hüfte sollte einen etwas größeren Winkel als 90° (~ 110°) haben. Füße parallel aufgestellt, Oberkörper gerade, gerade Kopfhaltung, Kinn leicht nach innen ziehen. Arme greifen von vorne den Seilzug, Arme gestreckt, Schultern locker, nicht hochgezogen

130 + 131 **Ausführung als 2 unterschiedliche Übungen oder in 2 Schritten:**
1. Gegen den Widerstand des Seilzuges mit gestreckten Armen erst beide Schulterblätter nach hinten unten an die Wirbelsäule ziehen (dies ist als Einzelübung möglich)
2. Schulterblätter an der Wirbelsäule halten und dann beide Ellenbogen nach außen öffnen und nach hinten ziehen. Nur soweit nach hinten ziehen, bis die Ellenbogen auf Schulterhöhe sind (etwa 90° gebeugt), nicht weiter, da sonst der obere Rücken rund wird

Wiederholungen
3 – 5 Serien à 15 Wiederholungen, dazwischen 1,5 Minuten Pause
3 – 5 Serien à 20 Wiederholungen, dazwischen 1 Minute Pause

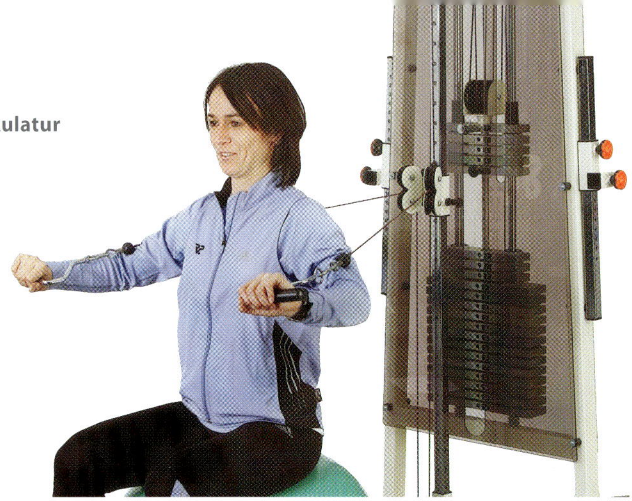

132 **Ausgangsposition**
Sitz auf einem Pezziball oder Hocker mit dem Rücken zum Seilzug, Hüfte sollte einen etwas größeren Winkel als 90° (~ 110°) haben. Füße parallel aufgestellt, Oberkörper gerade, gerade Kopfhaltung, Kinn leicht nach innen ziehen. Arme greifen den von hinten kommenden Seilzug, Arme auf Schulterhöhe etwa 90° gebeugt, Schultern locker, nicht hochgezogen

133 **Ausführung**
Gegen den Widerstand des Seilzuges die Arme nach vorne wegstrecken und wieder zurück

Wiederholungen
3 – 5 Serien à 15 Wiederholungen, dazwischen 1,5 Minuten Pause
3 – 5 Serien à 20 Wiederholungen, dazwischen 1 Minute Pause

Rückenmuskulatur in der Diagonalen im Stand

134 **Ausgangsposition**
Stand vor dem Seilzug,
Füße parallel hüftbreit, Knie leicht gebeugt.
Oberkörper gerade, gerade Kopfhaltung,
Kinn leicht nach innen ziehen.
Arme greifen auf Höhe des Beckens (in der Mitte) den Seilzug, Arme gestreckt, Schultern locker, nicht hochgezogen

135 **Ausführung**
Gegen den Widerstand des Seilzuges mit gestreckten Armen abwechselnd rechten und linken Arm nach oben außen ziehen.
Dabei darauf achten, dass der Oberkörper stabil bleibt und nicht mit nach hinten bewegt

Wiederholungen
3 – 5 Serien à 15 Wiederholungen, dazwischen 1,5 Minuten Pause
3 – 5 Serien à 20 Wiederholungen, dazwischen 1 Minute Pause

Tiefe Rückenmuskulatur mit kleinen Rotationen (Drehungen)

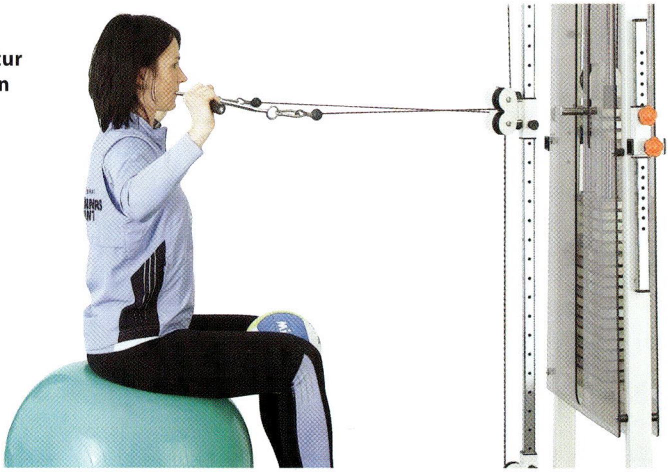

136 **Ausgangsposition**

Sitz auf einem Pezziball oder Hocker vor dem Seilzug, Hüfte sollte einen etwas größeren Winkel als 90° (~ 110°) haben. Füße parallel aufgestellt. Zwischen beide Oberschenkel einen etwa fußballgroßen Ball klemmen (um Mitbewegung des Beckens auszuschließen), Oberkörper gerade, gerade Kopfhaltung, Kinn leicht nach innen ziehen. Arme greifen von vorne den Seilzug, Schultern und Ellenbogen 90° gebeugt. Unterarme zeigen nach oben, Schultern locker, nicht hochgezogen

137 **Ausführung**

Gegen den Widerstand des Seilzuges mit dem Oberkörper sehr kleine Drehungen abwechselnd nach rechts und links durchführen. Dabei bleiben die Arme stabil in der Ausgangsposition. Mit den Oberschenkeln den Ball leicht zusammendrücken, damit das Becken nicht mitbewegt wird

Wiederholungen

3 – 5 Serien à 20 Wiederholungen pro Seite, dazwischen 1 Minute Pause

138 **Ausgangsposition**

Sitz auf einem Pezziball oder Hocker mit dem Rücken zum Seilzug, Hüfte sollte einen etwas größeren Winkel als 90° (~ 110°) haben. Füße parallel aufgestellt, Oberkörper gerade, gerade Kopfhaltung, Kinn leicht nach innen ziehen.

Arme greifen den von hinten kommenden Seilzug, Schultern und Ellenbogen 90° gebeugt, Unterarme zeigen nach oben, Schultern locker, nicht hochgezogen

139 **Ausführung**

Gegen den Widerstand des Seilzuges mit dem Oberkörper kleine Einrollbewegungen durchführen. Dabei bleiben die Arme und oberer Rücken stabil in der Position der Ausgangsposition. Bewegung findet nur im unteren Bereich des Rumpfes statt

Wiederholungen

3 – 5 Serien à 15 Wiederholungen, dazwischen 1,5 Minuten Pause

3 – 5 Serien à 20 Wiederholungen, dazwischen 1 Minute Pause

Tiefe Rückenmuskulatur mit kleinen Rotationen (Drehungen)
Siehe auch Übung 136/137

140 **Ausgangsposition**
Sitz auf einem Pezziball oder Hocker vor dem Seilzug, Hüfte sollte einen etwas größeren Winkel als 90° (~ 110°) haben. Füße parallel, zwischen beide Oberschenkel einen etwa fußballgroßen Ball klemmen. Oberkörper gerade, gerade Kopfhaltung, Kinn leicht nach innen ziehen. Arme greifen von vorne den Seilzug, Oberarme am Körper anlegen, Unterarme 90° gebeugt. Beide Hände greifen den Seilzug zusammen, Schultern locker, nicht hochgezogen

16

141 **Ausführung**
Gegen den Widerstand des Seilzuges mit dem Oberkörper sehr kleine Drehungen abwechselnd nach rechts und links durchführen. Dabei bleiben die Arme stabil in der Ausgangsposition. Mit den Oberschenkeln den Ball leicht zusammendrücken, damit das Becken sich nicht mitbewegt

Wiederholungen
3 – 5 Serien à 20 Wiederholungen pro Seite, dazwischen 1 Minute Pause

Kniebeuger im Sitz vor dem Seilzug

142 **Ausgangsposition**

Sitz auf einem Hocker oder Bank vor dem Seilzug, so dass die Füße frei sind. Oberkörper gerade, eventuell mit Rückenlehne, gerade Kopfhaltung, Kinn leicht nach innen ziehen. Schlaufe des Seilzuges um den Rückfuß befestigen, Zug kommt von vorne (alternativ auch im Gerät »Beincurl« möglich). Unterschenkel ist etwas nach vorne weggestreckt, so dass bereits etwas Widerstand des Seilzuges vorhanden ist

143 **Ausführung**

Gegen den Widerstand des Seilzuges den Unterschenkel nach hinten bewegen (Kniebeugung), bis etwa 90° Kniewinkel. Langsam wieder Richtung Streckung

Wiederholungen

3 – 5 Serien à 15 Wiederholungen, dazwischen 1,5 Minuten Pause

3 – 5 Serien à 20 Wiederholungen, dazwischen 1 Minute Pause

Koordinationsläufe unter Beachtung der Beinachse

Vorwärtslaufen

144 **Ausführung**
Vorwärtslaufen gegen den Widerstand des Seilzuges, zurück mit bremsender Aktivität gegen den Seilzug.
Erst gehen, dann langsam mit großen Schritten, schnell mit kleinen Schritten und Kombination der verschiedenen Möglichkeiten. Oberkörper aufrecht, Arme locker mitnehmen

Wiederholungen
3 – 5 Serien pro Ausführung, dazwischen 1 Minute Pause

16

Rückwärtslaufen

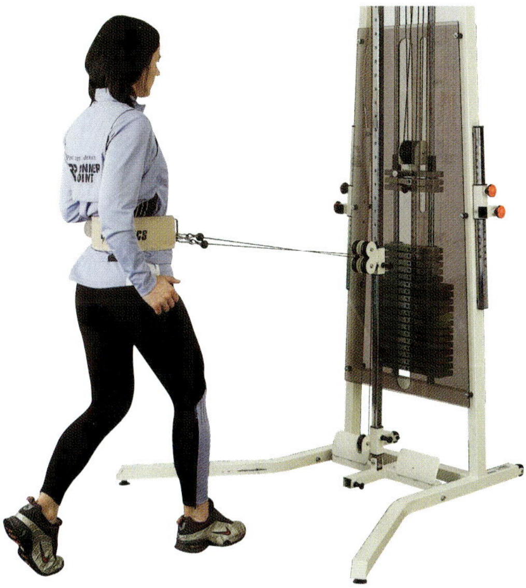

145 **Ausführung**
Rückwärtslaufen gegen den Widerstand des Seilzuges, vorwärts mit bremsender Aktivität gegen den Seilzug.
Erst gehen, dann langsam mit großen Schritten, schnell mit kleinen Schritten und Kombination der verschiedenen Möglichkeiten, Oberkörper aufrecht, Arme locker mitnehmen

Wiederholungen
3 – 5 Serien pro Ausführung, dazwischen 1 Minute Pause

Seitwärtslaufen

146 **Ausführung**
Seitwärtslaufen gegen den Widerstand des Seilzuges, zurück mit bremsender Aktivität gegen den Seilzug, abwechselnd rechte und linke Seite.
Eventuell mit Kreuzschritt kombinierbar, d. h. den zum Seilzug stehenden Fuß einmal vor und einmal hinter dem anderen Fuß kreuzen.
Erst gehen, dann langsam mit großen Schritten, schnell mit kleinen Schritten und Kombination der verschiedenen Möglichkeiten, Oberkörper aufrecht, Arme locker gebeugt seitlich am Körper

Wiederholungen
3 – 5 Serien pro Ausführung und Seite, dazwischen 1 Minute Pause

Rückenstrecker am Gerät
(alternativ am Pezziball möglich)

147 **Ausgangsposition**
Bauchlage über dem Rückenstreckergerät, bzw. über dem Pezziball.
Gesamte Wirbelsäule befindet sich in einer leichten Rundung, Arme sind im Schulter- und Ellenbogengelenk ca. 90° gebeugt, Unterarme zeigen Richtung Kopf

148 **Ausführung**
Langsam, Stück für Stück die Wirbelsäule aufrichten, d. h. mit der Halswirbelsäule beginnen, danach die Brustwirbelsäule und zum Schluss die Lendenwirbelsäule, bis eine aufrechte Haltung der gesamten Wirbelsäule erreicht ist (keine Überstreckung in einem der drei Bereiche!). Arme bleiben immer in derselben Position, das Absenken des Oberkörpers findet in der selben Reihenfolge statt, d. h. erst Hals-, Brust-, dann Lendenwirbelsäule

Wiederholungen
3 – 5 Serien à 15 Wiederholungen, dazwischen 1,5 Minuten Pause
3 – 5 Serien à 20 Wiederholungen, dazwischen 1 Minute Pause

Unterer Rücken- und Gesäßmuskel

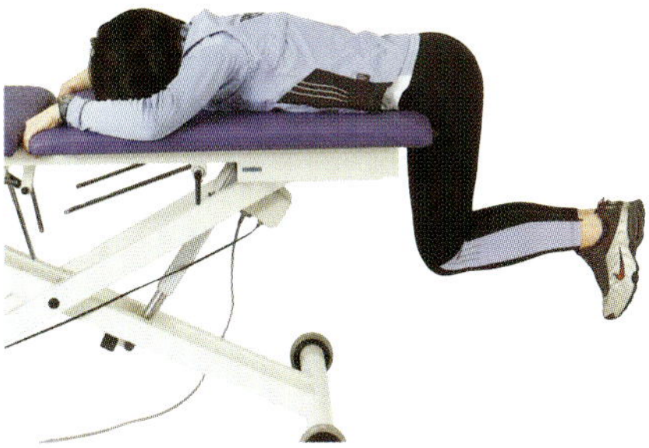

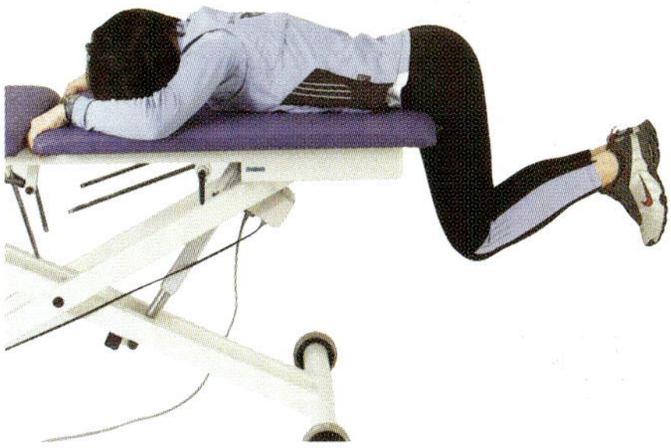

149 **Ausgangsposition**
Bauchlage auf einer Liege, Bank oder Ähnlichem. Oberkörper und Kopf flach ablegen, Hüfte und Knie 90° gebeugt

150 + 151 **Ausführung in 2 Schritten**
1. 150: Gesäß etwas anheben, d. h. minimal Richtung Decke bewegen und halten
2. 151: Ein Bein nach hinten wegstrecken und 10 Sekunden halten, dann wieder beugen und Gesäß locker lassen. Im Wechsel rechte und linke Seite beüben, und die Übung immer mit Schritt 1. beginnen

Wiederholungen
3 – 5 Serien à 10 x 10 Sekunden
im Wechsel (5 x pro Seite), dazwischen
1 Minute Pause

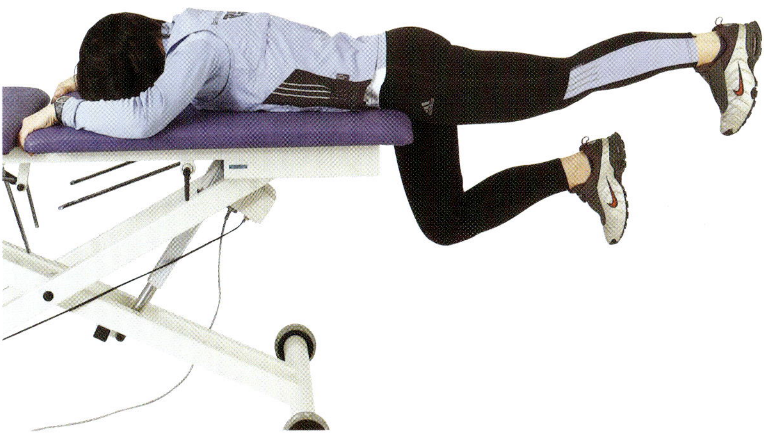

16

Halbtiefe Kniebeuge

152 **Ausgangsposition**
Stand, Füße parallel, Gewicht gleich verteilt, Arme nach vorne weggestreckt um bei der Bewegung das Gleichgewicht zu halten. Anfangs hinter dem Körper einen Hocker oder Stuhl als Orientierungshilfe aufstellen

153 **Ausführung**
Hüfte und Knie beugen, indem das Gesäß sich Richtung Hocker bewegt und dabei der Oberkörper stark nach vorne geneigt wird, und wieder strecken.
Die Unterschenkel bleiben möglichst senkrecht stehen, d. h. die Knie bewegen sich nicht nach vorne

Wiederholungen
3 – 5 Serien à 15 Wiederholungen, dazwischen 1,5 Minuten Pause
3 – 5 Serien à 20 Wiederholungen, dazwischen 1 Minute Pause

154 **Ausgangsposition**
Zweibeinstand auf einem Schaumstoffkissen, Fußgelenke stabil, Kniegelenke in der Beinachse, leicht gebeugt
Oberkörper aufrecht, Arme locker gebeugt seitlich am Körper halten

155 **Ausführung, Schwierigkeitsgrad 1**
Ein Bein in Schrittstellung nach hinten auf die Fußspitze stellen, so dass die Situation für das Standbein labiler wird, Beinachse des Standbeines 10 Sekunden halten, dann Wechsel

156 **Ausführung, Schwierigkeitsgrad 2**
Ein Bein nach vorne heben, so dass Hüfte und Knie gebeugt sind; desto höher das Bein gehoben wird, desto labiler ist die Situation für das Standbein, Beinachse 10 Sekunden halten, dann Wechsel

Wiederholungen
Je nach Schwierigkeitsgrad 3 – 5 Serien à 10 x 10 Sekunden im Wechsel (5 x pro Seite), dazwischen 1 Minute Pause

Koordination und Stabilisation für Fuß- und Kniegelenk

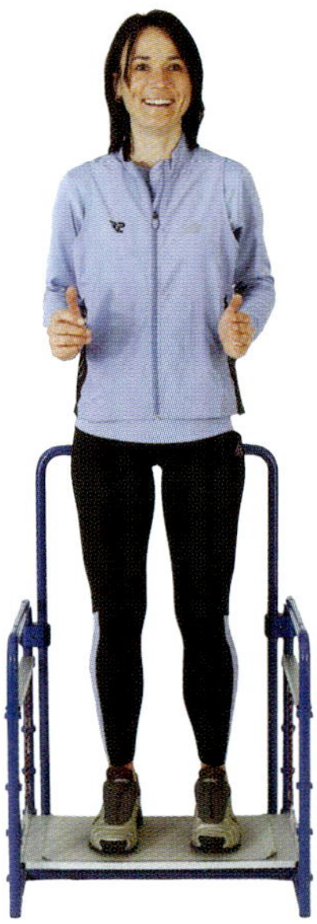

157 **Ausgangsposition**
Zweibeinstand auf Posturomed (Wackelbrett). Fußgelenke stabil, Kniegelenke in der Beinachse, leicht gebeugt. Oberkörper aufrecht, Arme locker gebeugt seitlich am Körper halten

158 **Ausführung, Schwierigkeitsgrad 1**
Ein Bein in Schrittstellung nach hinten auf die Fußspitze stellen, so dass die Situation für das Standbein labiler wird. Beinachse des Standbeines 10 Sekunden halten, dann Wechsel

159 **Ausführung, Schwierigkeitsgrad 2**
Ein Bein nach vorne heben, so dass Hüfte und Knie gebeugt sind; je höher das Bein gehoben wird, desto labiler ist die Situation für das Standbein. Beinachse 10 Sekunden halten, dann Wechsel

Wiederholungen
Je Schwierigkeitsgrad 3 – 5 Serien à 10 x 10 Sekunden im Wechsel (5 x pro Seite), dazwischen 1 Minute Pause

Radfahren

160 **Ausführung, Schwierigkeitsgrad 3**
Wie 159, nur verstärken, indem man einen Ball von der rechten in die linke Hand wirft und umgekehrt

161 **Radfahren auf dem Heimtrainer**
Sitzhöhe so einstellen, dass das Knie beim Treten nicht maximal durchgestreckt wird. Gerade Kopfhaltung, Oberkörper stabil

Wiederholungen
Täglich 10 Minuten und mehr (je nach Beschwerdebild)

Hüfttraktion

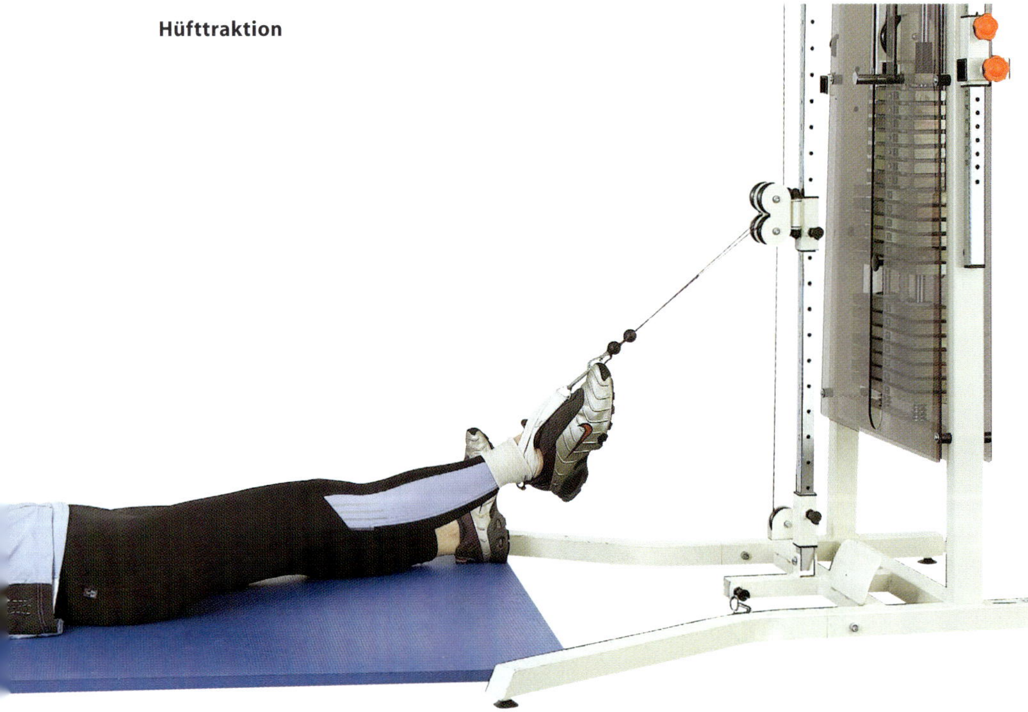

162 **Ausgangsposition + Ausführung**
Entspannte Rückenlage, Stoffschlaufe oder Ähnliches um den Fuß legen und mit dem Seilzug verbinden.
Das Bein befindet sich etwas (etwa 30°) nach außen abgespreizt und leicht nach außen gedreht (ca. 10°), außerdem vom Boden weg um ca. 30° angehoben.
Der Zug des Seilzuges kommt von vorne oben und ist so stark, dass er sich bis zum Hüftgelenk fortsetzt

Wiederholungen
Täglich 10 – 20 Minuten halten

Mobilisation des Hüftgelenkes in die Innendrehung (Innenrotation)

163 + 164 **Ausgangsposition + Ausführung**
Entspannte Bauchlage, Stoffschlaufe oder Ähnliches um den Fuß legen und mit dem Seilzug verbinden. Das Bein befindet sich in der Hüfte gestreckt, anliegend am anderen Oberschenkel (d. h. nicht vom Körper abgespreizt), im Kniegelenk 90° gebeugt, der Unterschenkel zur Außenseite bis zur Bewegungsgrenze (Becken muss auf beiden Seiten auf dem Boden aufliegen) abgespreizt. Der Zug des Seilzuges kommt von der Seite und ist so stark, dass versucht wird die Bewegungsgrenze zu überschreiten

Wiederholungen
Täglich 10 – 20 Minuten halten

Koordination und Stabilisation für Fuß- und Kniegelenk

165 **Ausgangsposition**
Zweibeinstand auf einem Therapiekreisel. Fußgelenke stabil, Kniegelenke in der Beinachse, leicht gebeugt.
Oberkörper aufrecht, Arme locker gebeugt seitlich am Körper halten

166 **Ausführung, Schwierigkeitsgrad 1**
Ein Bein in Schrittstellung nach hinten auf die Fußspitze stellen, so dass die Situation für das Standbein labiler wird. Arme in Schulter und Ellenbogen 90° gebeugt nach oben halten, Beinachse des Standbeines 10 Sekunden halten, dann Wechsel

167 **Ausführung, Schwierigkeitsgrad 2**
Ein Bein nach vorne heben, so dass Hüfte und Knie gebeugt sind; je höher das Bein gehoben wird, desto labiler ist die Situation für das Standbein. Arme im Schulter- und Ellenbogen 90° gebeugt nach oben halten. Beinachse 10 Sekunden halten, dann Wechsel

Wiederholungen
Je Schwierigkeitsgrad 3 – 5 Serien à 10 x 10 Sekunden im Wechsel (5 x pro Seite), dazwischen 1 Minute Pause

Beinpresse in der Multipresse

168 **Ausgangsposition**
Rückenlage, Hüftgelenk befindet sich unter der Stange der Multipresse. Hüft- und Kniegelenke sind gebeugt, Füße haben Kontakt mit der Stange der Multipresse (mit verschiedenen Gewichten möglich). Arme seitlich vom Körper abgelegt

169 **Ausführung**
Hüfte und Knie strecken, indem man die Stange nach oben wegdrückt; langsam wieder senken

Wiederholungen
3 – 5 Serien à 15 Wiederholungen, dazwischen 1,5 Minuten Pause
3 – 5 Serien à 20 Wiederholungen, dazwischen 1 Minute Pause

16

Kniestreckung – Vastus medialis (innerer Anteil des Quadriceps/ Kniestreckers) betont

170 **Ausgangsposition**
Rückenlage abgestützt, Hüft- und Kniegelenke 90° gebeugt, fußballgroßen Ball zwischen die Knie klemmen, Theraband um den Vorfuß beider Füße wickeln

171 **Ausführung**
Beide Knie drücken den Ball zusammen und halten die Spannung. Füße und Unterschenkel gegen den Widerstand des Therabandes nach außen drehen und halten; während die Spannung gehalten wird, Knie strecken und wieder beugen

Wiederholungen
3 – 5 Serien à 15 Wiederholungen, dazwischen 1,5 Minuten Pause
3 – 5 Serien à 20 Wiederholungen, dazwischen 1 Minute Pause

Wadenmuskulatur beidbeinig

172 **Ausgangsposition**
Stand mit beiden Füßen (mit dem Vorfuß) hüftbreit auf einer Erhöhung (Treppe o. Ä.). Die Fersen befinden sich in der Luft, Kniegelenke gestreckt, Oberkörper aufrecht. Mit den Händen an der Wand oder Ähnlichem (Treppengeländer) abgestützt

173 **Ausführung**
Gesamtes Körpergewicht nach oben drücken, indem man die Fersen möglichst weit anhebt. Dabei soll im Fuß keine Ausweichbewegung im Sinne einer Drehung nach außen oder innen stattfinden (als Hilfe kann man die Falte nehmen, die sich im vorderen Bereich des Schuhs bildet – sie muss horizontal verlaufen, nicht schräg!). Beim Absinken des Körpergewichtes geht die Ferse etwas unter ihr Ausgangsniveau

Wiederholungen

3 – 5 Serien à 15 Wiederholungen, dazwischen 1,5 Minuten Pause
3 – 5 Serien à 20 Wiederholungen, dazwischen 1 Minute Pause

16

Wadenmuskulatur einbeinig

174 **Ausgangsposition**
Stand mit einem Fuß (mit dem Vorfuß) auf einer Erhöhung (Treppe o. Ä.). Die Ferse des einen Beins befindet sich in der Luft. Das andere Bein locker gebeugt nach vorne abheben. Kniegelenk des Standbeines gestreckt, Oberkörper aufrecht, mit den Händen an der Wand oder Ähnlichem (Treppengeländer) abgestützt

175 **Ausführung**
Gesamtes Körpergewicht nach oben drücken, indem man die Ferse möglichst weit anhebt. Dabei soll im Fuß keine Ausweichbewegung im Sinne einer Drehung nach außen oder innen stattfinden (als Hilfe kann man die Falte nehmen, die sich im vorderen Bereich des Schuhs bildet – sie muss horizontal verlaufen, nicht schräg!). Beim Absinken des Körpergewichtes geht die Ferse etwas unter ihr Ausgangsniveau

Wiederholungen
3 – 5 Serien à 15 Wiederholungen, dazwischen 1,5 Minuten Pause
3 – 5 Serien à 20 Wiederholungen, dazwischen 1 Minute Pause

Koordination und Stabilisation für Fuß- und Kniegelenk

176 **Ausgangsposition**
Schrittstellung barfuß auf einem Trampolin, Oberkörper aufrecht, Arme locker seitlich am Körper

177 + 178 **Ausführung in 2 Stufen**
1. 177: In Schrittstellung auf dem Trampolin laufen, dabei auf die Beinachse achten, d. h. Fuß und Kniegelenk zeigen immer nach vorne
2. 178: Kurz auf dem vorne stehenden Bein stehen bleiben und für wenige Sekunden die Beinachse halten. Dann weiter laufen, im Wechsel rechten und linken Fuß vorne

Wiederholungen
3 – 5 Serien à 10 x pro Bein wenige Sekunden stehen, dazwischen 1 Minute Pause

179 **Ausgangsposition**
Stand barfuß auf einer Weichbodenmatte, Füße parallel, hüftbreit.
Hüfte und Knie gebeugt, Oberkörper nach vorne geneigt, Arme gestreckt nach vorne um das Gleichgewicht zu halten

180 **Ausführung**
Auf der Weichbodenmatte in kleinen Schritten laufen und abwechselnd für wenige Sekunden auf dem rechten bzw. auf dem linken Fuß stehen bleiben und dabei die Beinachse halten

Wiederholungen
3 – 5 Serien à 10 x pro Bein wenige Sekunden stehen, dazwischen 1 Minute Pause

Kniebeuge in der Multipresse

181 **Ausgangsposition**
Stand in der Multipresse, Füße parallel, hüftbreit geöffnet, Fußspitzen und Kniegelenke zeigen nach vorne.
Stange der Multipresse liegt auf den Schultern und wird mit den Händen gehalten (auch mit freier Hantelstange und mit verschiedenen Gewichten möglich)

182 **Ausführung**
Hüfte und Knie beugen, indem man das Gesäß nach hinten absetzt, und wieder strecken

Wiederholungen
3 – 5 Serien à 15 Wiederholungen, dazwischen 1,5 Minuten Pause
3 – 5 Serien à 20 Wiederholungen, dazwischen 1 Minute Pause

Collagentraining für die ischiocrurale Muskulatur (Oberschenkelrückseite)

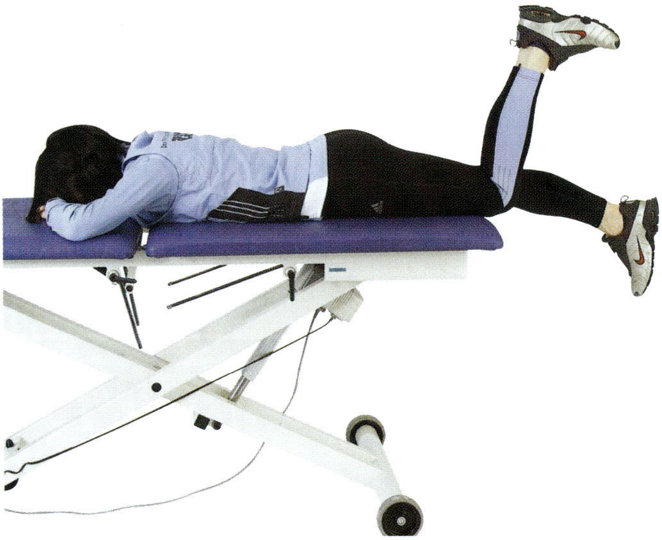

183 **Ausgangsposition**
Bauchlage auf einer Liege oder Ähnlichem Soweit ans Bankende rutschen, dass die Kniegelenke nicht aufliegen. Oberkörper entspannt ablegen, zu bearbeitendes Bein ist im Kniegelenk 90° gebeugt, das andere Bein gestreckt

184 **Ausführung**
Das gebeugte Bein sehr langsam Richtung Streckung bringen und zurück in die Beugung

Wiederholungen
200 – 400 Wiederholungen am Stück pro Tag

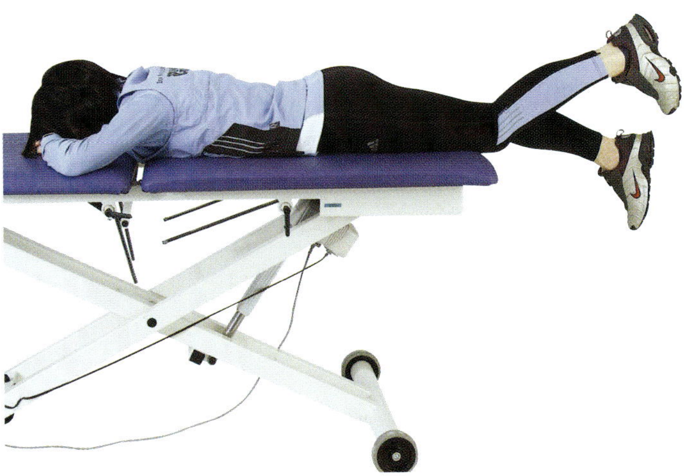

16

Exzentrisches Wadentraining

185 **Ausgangsposition**

Stand mit beiden Füßen (mit dem Vorfuß) hüftbreit auf einer Erhöhung (Treppe o. Ä.), die Fersen befinden sich in der Luft.

Kniegelenke gestreckt, Oberkörper aufrecht, mit den Händen an der Wand oder Ähnlichem (Treppengeländer) abgestützt

186 + 187 **Ausführung in 2 Schritten**

1. 186: Gesamtes Körpergewicht auf dem Bein der nicht betroffenen Seite nach oben drücken, indem man die Fersen möglichst weit anhebt (keine Belastung auf der betroffenen Seite). Dabei soll im Fuß keine Ausweichbewegung im Sinne einer Drehung nach außen oder innen stattfinden (als Hilfe kann man die Falte nehmen, die sich im vorderen Bereich des Schuhs bildet – sie muss horizontal verlaufen, nicht schräg!)

2. 187: Oben angekommen, das gesamte Körpergewicht auf die betroffene Seite geben und über diese absinken. Dabei geht die Ferse etwas unter ihr Ausgangsniveau. Unten angekommen, mit Schritt 1 weitermachen!

Wiederholungen

2 x täglich 3 Serien à 15 Wiederholungen, dazwischen 1,5 Minuten Pause

17 Erste-Hilfe-Maßnahmen

Mit der zunehmenden Anzahl der Sporttreibenden besteht auch eine größere Gefahr für eine Sportverletzung oder einer gesundheitlichen Störung. Deshalb muss auch der Sporttreibende über die Grundsätze einer sachkundigen ersten Hilfe informiert sein.

17.1 Grundsätze zum Ablauf

Unter »erster Hilfe« versteht man die Durchführung von Hilfsmaßmahmen, die den Verunglückten oder plötzlich Erkrankten vor weiteren Schädigungen, schwerwiegenden Unfallfolgen bzw. Dauerschäden bewahren und einer endgültigen Behandlung zuführen soll.

Die Erste-Hilfe-Maßnahmen sind dabei nicht unsystematisch, sondern in einer geordneten Reihenfolge zu treffen. Dabei sind folgende Aspekte zu beachten:

- Bergung des Verletzten aus dem Gefahrenherd
- Sofortmaßnahmen zur Erhaltung der Lebensfunktionen (Atemspende, Herzdruckmassage u. a.)
- Maßnahmen zur Verhütung lebensbedrohlicher Zustände (stabile Seitenlage, Schockprophylaxe u. a.)
- Anlegen von Wund-, Schutz- und Stützverbänden
- sachgemäße Lagerung entsprechend der Schädigung
- Sicherung des Unfallortes und Überwachung des Abtransportes

17

17.2 Allgemeine Maßnahmen der ersten Hilfe

Diese Maßnahmen beziehen sich, entsprechend der speziellen Unfallsituation, auf die Erhaltung der wichtigsten Körperfunktionen. Dabei ist eine sorgfältige Beobachtung (Puls, Atmung u. a.) des Verunfallten eine wichtige Voraussetzung.

Freimachen der Atemwege

Diese Maßnahme dient zur Sicherung einer freien Atmung. Dafür wird die beengte Oberbekleidung geöffnet, um die Brustkorbbeweglichkeit zu erleichtern.

Aus der Mundhöhle werden ein eventuell vorhandener Zahnersatz oder Fremdkörper entfernt. Dabei sind ein Gummi- oder Holzkeil bzw. die Zunge des Verunfallten als Bisssperre zu verwenden, um Fingerverletzungen beim Helfer zu verhindern.

Die eventuell zurückgefallene Zunge ist hervorzuziehen und zu befestigen (Zungenzange, Binde u. a.) bzw. durch das Einlegen eines Tubus (Guedel-Tubus u. a.) zu stabilisieren.

Stabile Halbseitenlagerung

Diese Lagerung ist besonders angezeigt bei einer Störung des Bewusstseins, damit Erbrochenes nicht aspiriert werden, sondern aus dem Mund ungehindert abfließen kann. Damit wird eine Erstickungsgefahr verhindert. Voraussetzung dafür ist eine normale Atem- und Herzfunktion.

Durchführung:

Bei der Einnahme dieser Lagerung beugt sich der Helfer über den auf den Rücken liegenden Verunfallten und greift mit einer Hand in die gegenüberliegende Kniebeuge, mit der anderen Hand den Oberarm. Durch Ziehen wird nun der Verunglückte langsam in die Seitenlage gedreht. Anschließend wird das oben liegende Bein im Hüft- und Kniegelenk fast rechtwinklig gebeugt und das unterliegende Bein wird in einer nur leichten Beugung gelagert. Der nach hinten geneigte Kopf liegt seitlich auf den Handrücken des oben liegenden, im Ellenbogen rechtwinklig gebeugten Armes. Der unten liegende Arm verbleibt zur Sicherung dieser Lagerung gestreckt hinter dem Körper (Abb. 84).

17

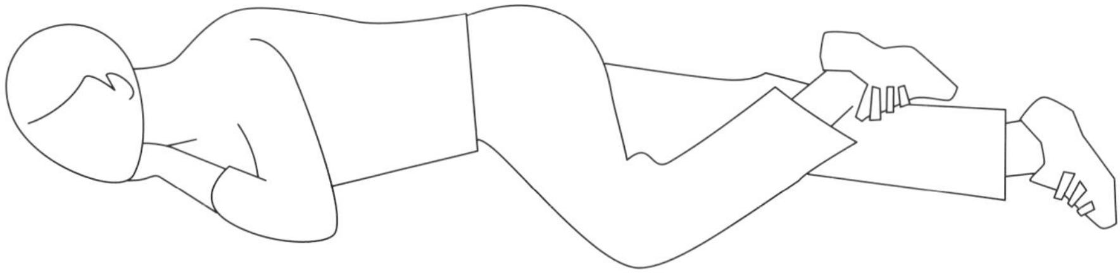

Abb. 84 Stabile Halbseitenlagerung

Herzdruckmassage

Diese Maßnahme muss angewendet werden, wenn eine schwere Herrhythmus-Störung oder ein Herzstillstand besteht. Sie dient dazu einen Minimalkreislauf für die Gehirn- und Koronardurchblutung zu gewährleisten.

Durchführung:

Lagerung des Verunfallten auf einer harten Unterlage. Der Helfer kniet seitlich neben dem Verunfallten und legt eine Hand mit dem Daumenballen bei gestreckten Fingern auf die untere Brustbeinhälfte. Die zweite Hand legt er gekreuzter Weise über die erste.

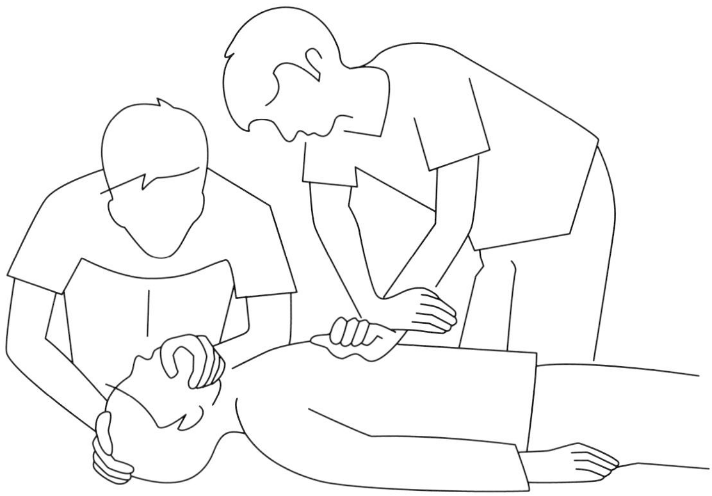

Abb. 85 Herzdruckmassage

17

Nun erfolgt ein 80 – 100-maliges rhythmisches Zusammendrücken des Brustkorbes pro Minute in Richtung Wirbelsäule (4 – 5 cm) durch die Verlagerung des Körpergewichtes des Helfers über die gestreckten Arme. Die Kompression und Entlastung erfolgt im Verhältnis 1:1 (Abb. 85).

Die Herzdruckmassage kann bei Bedarf auch kombiniert mit der Atemspende im Rhythmus 2 : 15 (Atemspende : Herzdruckmassage) erfolgen.

Atemspende

Diese Methode dient bei einer mangelhaften oder völlig fehlenden Spontanatmung (Herz-/Atemstillstand, Atemlähmung u. a.) zur Aufrechterhaltung einer minimalen Sauerstoffversorgung.

Durchführung:

Das Unfallopfer wird mit dem Rücken auf einen feste Unterboden (Fußboden u. a.) gelagert. Der Helfer kniet neben dem Kopf des Verunglückten. Die Atemwege werden freigemacht und der Kopf stark nach hinten überstreckt. Die obere Hand drückt mit dem Handballen die Stirn nach hinten und die andere Hand umfasst den Unterkiefer und führt ihn nach vorn oben (Abb. 86).

Die Ausmungsluft des Helfers (ca. 800 – 1200 ml) wird dem Bewusstlosen einblasen. Die Beatmungsfrequenz liegt optimal bei 12 - 15 mal pro Minute. Dabei muss sich der Brustkorb deutlich heben.

Bei der Mund-zu-Mund-Beatmung muss die Nase verschlossen werden (Nasenklemme, Daumen und Zeigefinger der oberen Hand u. a.).

Die Atemspende kann auch mittels eines Safar- oder Oro-Tubus bzw. Atemmaske durchgeführt werden.

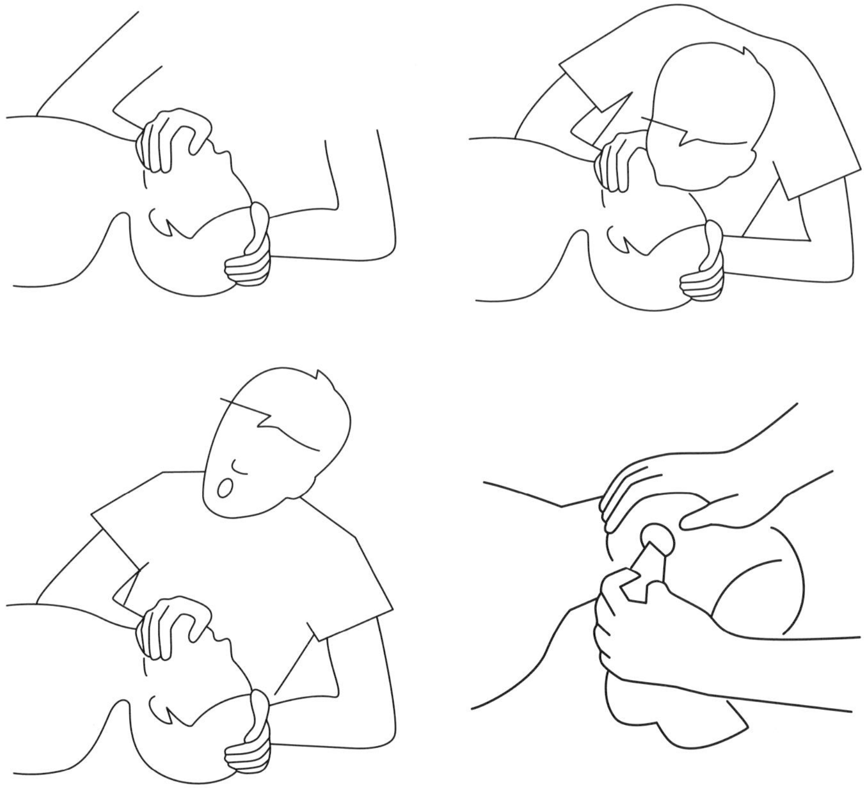

Abb. 86 Mund-zu-Mund-Beatmung

17

17.3 Spezielle Maßnahmen der ersten Hilfe

Hierbei handelt es sich um Maßnahmen, die sich auf spezielle Verletzungen oder Notfälle richten, um eine qualifizierte erste Hilfe leisten zu können.

17.3.1 Störungen im Herz-Kreislauf

Schock

Ursachen:

Hohe Stressbelastung, starker Blutverlust, Bauchverletzung, Unterzuckerung, schwere Körperverletzung u. a.

Zeichen:

Kühle Haut, Schweißausbruch, blasses Gesicht, trockene Zunge, kleiner/schneller Puls (>100/min), geistige Verlangsamung, eventuell Bewusstlosigkeit

Maßnahmen:

Sachgerechte Lagerung (stabile Halbseitenlagerung u. a.), Freimachen der Atemwege, Schutz vor Unterkühlung, Schmerzdämpfung (Schienung bei Gliedmaßenverletzung u. a.), eventuell Herzdruckmassage und Atemspende

Kreislaufkollaps

Ursachen:

Starker Blutverlust, hohe Stressbelastung, funktionelle Herz-Kreislaufstörung, klimatische Einflüsse u. a.

Zeichen:

Blässe, kalter Schweiß, weite Pupillen, oberflächliche Atmung, unregelmäßiger/flacher/beschleunigter Puls, Bewusstseinstrübung

Maßnahmen:

Flache Lagerung (Kopf tief, Beine anheben), eventuell Auswickeln der Beine, Freimachen der Atemwege, eventuell stabile Halbseitenlagerung

Herzanfall

Ursachen:

Organische Herzerkrankung (Koronarsklerose, Herzinfakt u.a), Hochdruck, Schreck, psychische Einflüsse

Zeichen:

Todesangst, Schweißausbruch, starker Herzschmerz, Pulsveränderungen, Herzrhythmusstörungen, Unruhe

Maßnahmen:

Schmerzbekämpfung (Nitranginsprey u. a.), Beruhigung, halbsitzende Lagerung, eventuell Herzdruckmassage und Atemspende

Blutung

Ursachen:

Zerreißung, Zerschneidung bzw. Zequetschung von Blutgefäßen verschiedener Gewebe

Zeichen:

Starke Blutung (teilweise überschätzt), eventuell Kreislaufstörung, hellrot spritzend bei Schlagaderblutung, dunkelrot fließend bei Venenblutung, punktförmige Sickerblutung bei Kapillarblutung

Maßnahmen:

Schlagaderblutung: Keimfreier Druckverband oder Abschnürverband handbreit herzwärts über der Blutung bzw. Abdrücken der herzwärts gelegenen Schlagader bei ungenügender Blutstillung (Abb. 87)

Venen-/Sickerblutung: Keimfreier Druckverband, eventuell Hochlagerung der Gliedmaßen

Nasenblutung: Eisbeutel/Kältepackung im Bereich des Nackens und der Stirn, Tamponade im vorderen Nasenbereich, Zusammendrücken der Nasenflügel, halbsitzende Lagerung

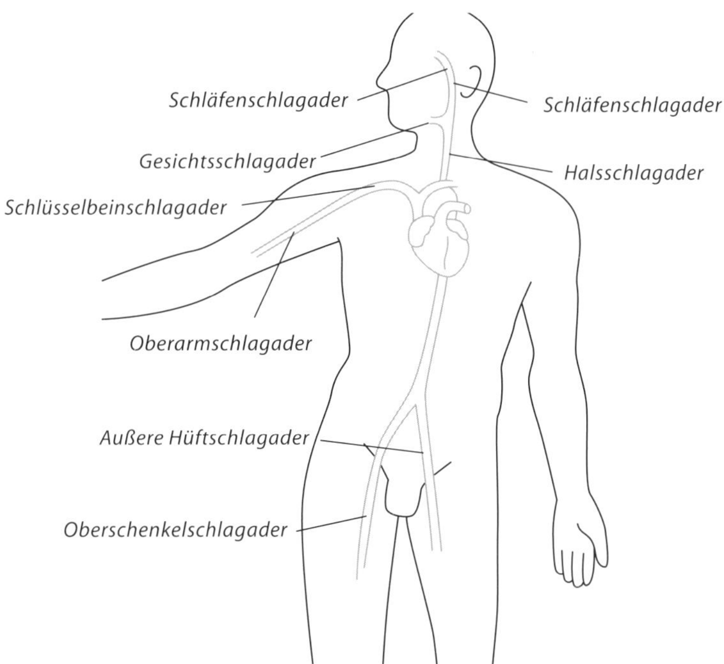

Abb. 87 Abdruckpunkte bei Schlagaderblutungen

17

17.3.2 Hautverletzungen

Blasenbildung

Ursachen:

Falsche Lauftechnik, feuchte Haut, unzureichendes Schuhwerk, unzweckmäßige Fußbekleidung, statische Fußfehlbelastung

Zeichen:

Abhebung der Oberhaut, Blase mit und ohne Flüssigkeitsinhalt bzw. freie Wundfläche

Maßnahmen:

Keimfreier Verband, eventuell Laufeinstellung

Wunde

Ursachen:

Äußere Gewalteinwirkung mit Verletzung unterschiedlicher Hautschichten

Zeichen:

Glattrandige oder vielgestaltige Hautdurchtrennung (Schnitt-, Platz-, Quetsch-, Riss-, Stichwunde u. a.), Blutung, Wundschmerz

Maßnahmen:

Keimfreier Verband, eventuell Blutstillung, Ruhigstellung, große Wunden zur chirurgischen Versorgung (innerhalb 6 Stunden) u. a.

17.3.3 Gliedmaßenverletzungen

Muskel-/Sehnenriss

Ursachen:

Plötzlicher starker Zug oder Schlag, ungenügende Aufwärmung, chronische Überlastung,unebenes Laufgelände u. a.

Zeichen:

Plötzlich starker örtlicher Schmerz, eventuell tastbare Delle, Bewegungsschmerz /-unfähigkeit, teilweise Bluterguss

Maßnahmen:

Sofortige Laufpause, Ruhigstellung

Prellung/Verstauchung

Ursachen:

Stumpfe flächenhafte Gewalteinwirkung, gewaltsame Überdehnung eines Gelenkes

Zeichen:

Schwellung, Schmerz, eventuell Bluterguss, Bewegungseinschränkung

Maßnahmen:

Stütz-/Kompressionsverband, örtliche Kältepackung oder -spray , sofortige Laufpause

Verrenkung
Ursachen:
Gewaltsame Verschiebung beider knöcherner Gelenkenden aus der normalen Stellung
Zeichen:
Abnorme Gelenkstellung, eventuell Bluterguss, Bewegungseinschränkung/-schmerz
Maßnahmen:
Ruhigstellung in schmerzarmer Stellung (Tragetuch, Schiene u. a.), sofortiger Arztbesuch

Knochenbruch
Ursachen:
Direkte Gewalteinwirkung (Schlag, Stoß, Fall u. a.) oder indirekte Fernwirkung (Biegung, Stauchung u. a.)
Zeichen:
Abnorme Beweglichkeit, Schmerz, eventuell Bluterguss, Zug-/Druck-/Bewegungsschmerz, Schwellung, eventuell Wunde (offener Bruch)
Maßnahmen:
Ruhigstellung in schmerzarmer Stellung unter Einbeziehung der angrenzenden Gelenke (Tragetuch, Schiene, Brett u. a.), keimfreier Verband bei einem offenen Knochenbruch, sofortiger Arztbesuch

17.3.4 Kopfverletzungen

Wunde
Siehe Hautverletzung (17.3.2)

Schädelprellung
Ursachen:
Direkte (Schlag u. a.) oder indirekte (Sturz u. a.) Gewalteinwirkung, die zu einer knöchernen Schädelverletzung (Knochenbruch u. a.) oder zu einer Gehirnverletzung (Gehirnerschütterung, Blutung u. a.) führen kann
Zeichen:
Örtlicher Druckschmerz, eventuell Schwellung und Bluterguss, zunehmende Benommenheit oder Bewusstlosigkeit, eventuell Blutung aus Ohr und Nase sowie blutunterlaufene Augenlider (Schädelbasisbruch), eventuell Puls-/Atemstörung und Brechreiz (Gehirnbeteiligung)
Maßnahmen:
Stabile Halbseitenlagerung, Freimachen der Atemwege, eventuell Atemspende, bei Blutung keimfreier Verband, sofortiger Arztbesuch

Gesichtsverletzung

Ursachen:

Stumpfe oder scharfe Gewalteinwirkung bzw. Sturz auf das Gesicht, besonders können das Auge, das Ohr und die Nase betroffen sein

Zeichen:

Auge: Sehverschlechterung, eventuell sichtbare Blutung im vorderen Augenbereich
Ohr: Blutung aus dem Gehörgang, Schwindel, Ohrgeräusch
Nase: Nasenbluten, Verschiebung/Schwellung des Nasenrückens

Maßnahmen:

Keimfreier Verband, sofortiger Arztbesuch

17.3.5 Körperstammverletzungen

Wirbelsäulenverletzung

Ursachen:

Prellung, Stauchung, Stoß, Schlag auf die Wirbelsäule, abnorme Bewegungen

Zeichen:

Örtlicher Schmerz, Bewegungseinschränkung, Empfindungsstörung/Lähmung (Rückenmarkbeteiligung)

Maßnahmen:

Rückenlagerung auf harter Unterlage (Brett u. a.), geringe Lageveränderung, stabile Halbseitenlagerung nur bei Bewusstlosigkeit, sofortiger Arztbesuch

Brustkorbverletzung

Ursachen:

Sturz, Schlag, Druck auf den Brustkorb, Aufeinanderprallen, Stich- oder Pfählungsverletzung

Zeichen:

Druck-, Kompressions-, Atem-, Bewegungsschmerz, Atemnot, blutiger/schaumiger Auswurf (Lungenverletzung), flache Atmung

Maßnahmen:

Fester Verband um den Brustkorb (Prellung, Rippenbruch), luftdichter und keimfreier Verband bei Hautverletzungen, halbsitzende Lagerung, eingedrungenen Fremdkörper (Messer u. a.) belassen, sofortiger Arztbesuch

Bauchverletzungen

Ursachen:

Sturz (Radfahren, Skilauf u. a.), Schlag (Hufschlag u. a.) oder Aufprallen auf den Bauch, Stich- oder Pfählungsverletzung

Zeichen:
Örtlicher Druckschmerz, Kreislaufstörung (blasse Haut, kalter Schweiß, flacher/schneller Puls u. a.), Übelkeit, Erbrechen, bretthharte Bauchdecke (innere Blutung) u. a.

Maßnahmen:
Rückenlage mit angezogenen Knien, keimfreier Verband bei offener Wunde, keine Nahrungs- oder Flüssigkeitsgabe, eingedrungenen Fremdkörper belassen, sofortiger Arztbesuch

17.3.6 Gesundheitliche Störungen durch äußere Bedingungen

Örtliche Erfrierung

Ursachen:
Starke Kälteeinwirkung auf ungeschütze oder schlecht geschützte Körperteile (Finger, Zehen, Nase, Ohren u. a.), Feuchtigkeit, nasse/eng anliegende Kleidung

Zeichen:
Hautblässe, Abkühlung, Gefühlslosigkeit, eventuell Aufplatzen der Haut oder Blasen, Schmerzen, Schwellung (Erfrierung 1. – 2. Grades)

Maßnahmen:
Langsame Erwärmung vom Körperstamm her, keimfreier Verband, Arztbesuch

Ertrinken

Ursachen:
Nichtbeachtung von Untiefen (Nichtschwimmer), Kreislaufstörung, Muskelkrampf, Bewusstlosigkeit, allgemeine Unterkühlung

Zeichen:
Bläuliche Verfärbung der Haut, Bewusstlosigkeit, Atem-/Herzstillstand

Maßnahmen:
Öffnung beengender Kleidung, Säuberung der Mundhöhle (Schlamm u. a.), eventuell Entfernung der Zahnprothese, Wasser aus dem Körper abfließen lassen, Atemspende, eventuell Herzdruckmassage, allgemeine Erwärmung nach Einsetzen der lebenswichtigen Funktionen, sofortige Arztvorstellung

Hitzeerschöpfung

Ursachen:
Starker Schweißverlust ohne ausreichende Flüssigkeitszufuhr, Langlauf bei heißer und schwüler Temperatur

Zeichen:
Kreislaufstörung, Benommenheit bis Bewusstseinstrübung, verringerte Urinausscheidung, eventuell erniedrigter Blutdruck, Schock, keine Temperaturerhöhung

Maßnahmen:
Flachlagerung, Flüssigkeitszufuhr bei vorhandenem Bewusstsein, ansonsten sofortiger Arztbesuch

Hitzschlag

Ursachen:
Störung der Wärmeregulation, innerer Überhitzung, hohe Umgebungstemperaturen, ungenügende Wärmeabgabe (luftundurchlässige Kleidung u. a.), hohe Wärmeproduktion (Marathonlauf u. a.)

Zeichen:
Allgemeines Unwohlsein, Kopfschmerz, körperliche Unruhe, Durstgefühl, Übelkeit, Benommenheit bis Bewusstlosigkeit, gerötete/trockene/heiße Haut, erhöhter Puls, Blutdruck zunächst normal, später abfallend, Körpertemperatur über 40 °C

Maßnahmen:
Flachlagerung in kühler/frischer Luft, Entkleiden, kalte Umschläge, Abkühlung auf 38 °C, eventuell Atemspende, sofortiger Arztbesuch

Hitzekrämpfe

Ursachen:
Hoher Verlust an Gewebeflüssigkeit (2 – 4 Liter) und Kochsalz nach anstrengender körperlicher Belastung und hoher Umgebungstemperatur

Zeichen:
Muskelzuckungen und Krämpfe besonders bei der Laufmuskulatur

Maßnahmen:
Elektrolyt- und Flüssigkeitsgabe (hypotone Kochsalzlösung u. a.)

Sonnenstich

Ursachen:
Starke unmittelbare Einwirkung der Sonnenstrahlung auf den ungeschützten Kopf und Nacken (Langstreckenlauf, Wanderung u. a.), Reizung der Hirnhäute

Zeichen:
Starker Kopfschmerz, Übelkeit bis Erbrechen, Fieber, Schwindel, Ohrensausen, tiefrote Gesichtsverfärbung, Nackensteifigkeit, eventuell Bewusstlosigkeit, normale Körpertemperatur u. a.

Maßnahmen:
Kopfhochlagerung in halbsitzender Position, kühle Kopf-/Nackenumschläge, Lagerung in schattiger/kühler Umgebung

18 Glossar

A
aerob . . . . im Bereich der Sauerstoff verbrauchenden Prozesse
aktiv . . . . selbsttätig
akut . . . . plötzlich auftretend
Allergene. . . . . Stoff, der eine allergische Reaktion auslöst
Analyse . . . . Zergliederung
Antirheumatika . . schmerz- und entzündungshemmende Medikamente
Anatomie. . . . . Beschreibung der Körpergegenden
arteriell . . . . zu den Arterien gehörend
Arthritis . . . . Gelenkentzündung
Arthrose . . . . Struktur verändernde Gelenkerkrankung
Arthroskopie. . . . . Untersuchung eines Gelenkraumes mit einem Gerät
aseptisch . . . . keimfrei
asymmetrisch . . . . ungleichmäßig
Atemsekundenwert . . . . Luftmenge, die nach tiefem Einatmen innerhalb einer Sekunde abgeatmet werden kann
Atrophie . . . . Rückbildung
Autoimmunreaktion. . . . . Reaktion, bei der körpereigene Substanzen durch andere körpereigene Substanzen angegriffen werden

B
biomechanisch . . . durch die Bewegung beeinflusst

C
chronisch. . . . . langsam verlaufend
CT . . . . Computertomographie

D
deformieren . . . . . verunstalten
degenerativ. . . . . . Struktur abbauend
diastolisch. . . . . . . unterer Blutdruckwert
Disposition . . . . . . Reaktionsbereitschaft des Körpers
Dysbalance . . . . . . Ungleichgewicht (muskulär)

E
Elastizität . . . . Dehnungsfähigkeit von Geweben
Elektrophorese . . . Transport von Substanzen mittels Strom
Emphysem . . . . . . Aufblähung der Lunge
endogen. . . . . im Körper selbst entstanden
Enzym . . . . Wirkstoff, der Stoffwechselvorgänge steuert
exogen. . . . . von außen in den Körper eindringend
Extremität . . . . . . Gliedmaß (Arm, Bein)

F
Flexibilität . . . . . . Anpassungsfähigkeit an neue Bedingungen
florid . . . . stark ausgeprägt

G
genetisch. . . . . anlagebedingt
Gicht . . . . infolge erhöhter Harnsäure im Blut

H
habituell . . . . wiederkehrend
Harnsäure . . . . Endprodukt beim Abbau der Kerneiweiße
Herzminutenvolumen. . . . . ausgeworfene Blutmenge in einer Minute
Hyposensibilisierung . . . . schrittweise Herabsetzung einer speziellen Überempfindlichkeitsreaktion

I
Implantation. . . . . Einpflanzung
Infektion . . . . Übertragung von Erregern

Injektion . . . . Spritze
Inspektion. . . . . . . Betrachtung
Instabilität . . . . . . Unbeständigkeit, keine Festigkeit
Insulin . . . . Blutzucker senkendes Hormon
Intervention . . . . . Eingreifen
intraartikulär . . . . in das Gelenk
Iontophorese. . . . . Einschleusen von Medikamenten in die Haut mittels galvanischen Stromes
isometrisch . . . . . . Spannungsänderung im Muskel bei gleicher Länge

K
klinisch . . . . auf die Krankheit bezogen
Knochennekrose. . Knochenstoffwechselstörung
Komplikation . . . . hinzukommende Verschlechterung
Kompression. . . . . Zusammendrücken
Kondition . . . . allgemeine Leistungsfähigkeit des Körpers
Konstitution . . . . . Summe der körperlichen und psychischen Eigenschaften
konstitutionell . . . bezüglich der Körperbeschaffenheit
Kontraktion . . . . . Zusammenziehung der Muskelfaser
Koordination . . . . Abstimmung von Bewegungsfunktionen
Kryotherapie . . . . Kältebehandlung
Kyphose . . . . nach hinten gekrümmte Wirbelsäule

L
Läsion . . . . Beschädigung
Laufanalyse . . . . . Aufgliederung der Laufphasen
limitieren . . . . begrenzen
Lordose . . . . nach vorn gekrümmte Wirbelsäule

M
Mikrotrauma . . . . kleine Verletzung
Mikrowelle . . . . . . Gerät für Wärmestrahlung
Muskelglykogen . . Speicherzustand des Blutzuckers im Muskel
MRT . . . . Magnetresonanztomographie

N
neuromuskulär . . . Nerveneinfluss auf den Muskel
NSAR . . . . nichtsteriodale Antirheumatika

O
Orthese . . . . Gelenk stabilisierendes Gerät
Osteoporose . . . . . Knochenerkrankung mit Verminderung der Knochensubstanz
Ovulationshemmer . . . . Antibabypille

P
passiv . . . . untätig
peripher . . . . fern vom Zentrum, fern gelegen
physiologisch . . . . normal ablaufende Lebensvorgänge
plantar . . . . zur Fußsohle gehörig
psychisch . . . . auf das Seelenleben bezogen
Pronation . . . . Einwärtsdrehung des inneren Fußrandes
Prophylaxe . . . . . . Verhütung von Schäden oder Verletzungen
physiologisch . . . . normal
Physiotherapie . . . naturgegebene Mittel zur Gesundheitsstabilisierung
primär . . . . ursprünglich, anfänglich, zur ersten Ordnung gehörend
Plaque . . . . Belag
Purine . . . . Bestandteil des Zellkerns

R
radiologisch . . . . . Untersuchung mit Strahlen
reaktiv. . . . . angeregt durch andere Ereignisse

18

Regeneration .... Wiederherstellung der körperlichen Leistungsfähigkeit
Rehabilitation ... Wiederherstellung
Rekonstrution.... Wiederherstellung
rezidivierend..... wiederkehrend
Rezeptoren ...... Empfangsorgane des Nervensystems
Risikofaktoren ... gesundheitsgefährdende
Faktoren
Rotation .... Drehung eines Gelenkes oder des Körpers

S

Schlagvolumen... Blutauswurfmenge pro Herzschlag
sekundär .... zur zweiten Ordnung gehörend
senil............ alt, gealtert
serös............ blutwasserartig
Softlaser .... Bestrahlungsgerät mittels Laserstrahlen im Niederwattbereich
Sonographie ..... Ultraschalldiagnostik
Stabilität........ Festigkeit
stabilisieren ..... festigen
statisch .... auf das Stehen bezogen
Syndrom .... Beschwerdekomplex
systolisch .... bezogen auf die Phase der Herzmuskelzusammenziehung, oberer Blutdruckwert
Supination ...... Auswärtsdrehung des äußeren Fußrandes

T

Trauma .... Gewalteinwirkung
Tumor .... Geschwulst

U

Übergewicht..... Fettsucht
Überpronation ... übermäßige Einwärtsdrehung des inneren Fußrandes
Ultraschall ...... Gerät mit hohen Schwingungen in der Physiotherapie

V

Vagotonie .... erhöhte Erregbarkeit des Parasympathikus
venös .... zu den Venen gehörend
Vitalkapazität.... Atemvolumen nach maximaler Ein- und Ausatmung

Z

Zyste .... durch eine Kapsel abgeschlossene sackartige Geschwulst mit flüssigen Inhalt

Anderson B.: Stretching. Shelter Publications 1990
Avela J., Kyroelaeinen H., Komi P. V.: Altered reflex sensitivity after repeated and prolonged passive muscle stretching. The effect of static stretch and dynamic range of motion training on the flexibility of the hamstring muscles. J Appl Physiol, 86 (1999) 4, 1283 – 1291
Bauersfeld K. H. u. a.: Ausgewählte Beiträge zur Theorie und Methodik der Leichtathletik – Studientexte. Deutsche Hochschule für Körperkultur Leipzig. DHfK Druck, Leipzig 1979
Cierpinski W.: Jogger und Sieger. Druckhaus Groß Ilde 1993
Cierpinski W.: Meilenweit bis Marathon. Sportverlag Berlin 1986
Denner A.: Mit einem gesunden Rücken Golf in einer neuen Dimension spielen. Graphische Betriebe Borowsky & Co. GmbH 2001
Ellis J., Henderson J.: Laufen ohne Risiko. BLV Verlag 1995.
Etnyre B. R., Abraham L. D.: Gains in range of ankle dorsiflexion using three popular stretching techniques. Am J Phys Med, 65 (1986) 4, 189 – 196
Eysenck M. W.: Attention and arousal: cognition and performance. Berlin: Springer 1982
Farfel W. S.: Bewegungssteuerung im Sport. Sportverlag Berlin 1977
Feuerstake G., Zell J.: Sportverletzungen. Gustav Fischer Verlag, Stuttgart – New York 1990
Forgo I.: Sportmedizin für alle. Verlag Karl Hofmann, Schorndorf 1983.
Fowles J. R., Sale D. G., MacDougall J. D.: Reduced strength after passive stretch of the human plantarflexors. J Appl Physiol, 89 (2000) 3, 1179 – 88
Franke K.: Traumatologie des Sportes. VEB Verlag Volk und Gesundheit, Berlin 1986
Freiwald J., Engelhardt M., Konrad P., Jäger M., Gnewuch A.: Dehnen – Neuere Forschungsergebnisse und deren praktische Umsetzung. Manuelle Medizin, 37 (1999), 3 – 10
Fuchs U.: Höhentraining. Philippika, Münster 1990
Gauder H.: Die zweite Chance. Sportverlag Berlin 1998
Geiger L.V.: Ausdauersportleitfaden. Sportinformation-Verlag, Oberhaching 1988
Geiger L.V.: Gesundheitstraining, BLV-Verlag 1999
Gollhofer A., Schoepp A., Rapp W., Stroinik V.: Changes in reflex excitability following isometric contraction in humans. Eur J Appl Physiol, 77 (1998) 1 – 2, . 89 – 97
Gollner E.: Rehabilitatives Ausdauertraining. Pflaum Verlag, München 1991
Greul W.: Rehabilitative Medizin sytematisch. UNI MED Verlag AG, Lorch/Württemberg 1995
Haaker R.: Sportverletzungen – was tun ? Springer Verlag, Berlin – Heidelberg 1996
Handel M., Horstmann T., Dickhuth H. H., Gülch R.W.: Effects of contract-relax stretching training on muscle performance in athletes. Eur J Appl Physiol, 76 (1997), 400 – 408
Harre D.: Trainingslehre. Sportverlag Berlin 1986
Haus E., Gross S.: Gynäkologie und Geburtshilfe. Haus & Gross Verlag, Völklingen 1996
Hollmann W.: Prävention und Rehabilitation von Herz-Kreislauf-Erkrankungen durch körperliches Training. Hippokrates-Verlag, Stuttgart 1983
Hollmann W.: Sportmedizin – Arbeits- und Trainingsgrundlagen. Schattauer, Stuttgart/New York 1990
Hottenrott K.: Ausdauerprogramme. Rowohlt, Reinbek/Hamburg 1995
Israel S.: Sport mit Senioren. Barth Verlag, Leipzig 1995
Klinge K., Magnusson S. P., Simonsen E. B., Aagaard P., Klausen K., Kjaer M.: The effect of strength and flexibility

training on skeletal muscle electromyographic activity, stiffness, and viscoelastic stress relaxation response.
Am J Sports Med, 25 (1997) 5, 710–716

Kluge V.: Otto der Seltsame – Die Einsamkeit eines Mittelstreckenläufers.
Parthas Verlag, Berlin 2000

Kokkonen J., Nelson A., Cornwell A.: Acute muscle stretching inhibits maximal strength performance. Res Quart Exerc Sport, 69 (1998) 4, 411–415

Kuhlmann D.: Das LaufLESEbuch.
Meyer & Meyer Verlag, Aachen 1993

Lamontagne A., Malouin F., Richards C. L.: Viscoelastic behavior of plantar flexor muscle-tendon unit at rest.
J Orthop Sports Phys Ther, 26 (1997) 5, 244–252

Magnusson S. P., Aagaard P., Larsson B., Kjaer M.: Passive energy absorption by human muscle-tendon unit is unaffected by increase in intramuscular temperature. J Appl Physiol, 88 (2000) 4, 1215–1220

Magnusson S. P., Aagard P., Simonsen E., Bojsen-Moller F.: A biomechanical evaluation of cyclic and static stretch in human skeletal muscle.
Int J Sports Med, 19 (1998) 5, 310–316

Magnusson S. P., Simonsen E. B., Aagaard P., Gleim G.W, McHugh M. P., Kjaer M.: Viscoelastic response to repeated static stretching in the human hamstring muscle. Scand J Med Sci Sports, 5 (1995) 6, 342–347

Magnusson S. P., Simonsen E. B., Aagaard P., Sörensen H., Kjaer M.: A mechanism for altered flexibility in human skeletal muscle. J Physiol, (1996) 497.1, 291–298

Magnusson S. P., Simonsen E. B., Dyhre-Poulsen P., Aagaard P., Mohr T., Kjaer M.: Viscoelastic stress relaxation during static stretch in human skeletal muscle in the absence of EMG activity.
Scand J Med Sci Sports, (1996) 6, 323–328

Magnusson S. P.: Passive properties of human skeletal muscle during stretch maneuvers.

Matwejew L. P.: Grundlagen des sportlichen Trainings. Sportverlag Berlin 1981

Mc Kenzie, R.: Behandle deinen Rücken selbst. Upper Hutt, New Zealand 1988

Mc Kenzie, R.: Die Selbstbehandlung für den Nacken. Astra Print Limited, Wellington, New Zealand 1986

McHugh M. P., Magnusson S. P., Gleim G.W., Nicholas J. A.: Viscoelastic stress relaxation in human skeletal muscle.
Med Sci Sports Exerc, 24 (1992) 12, 1375–1382

Moore M. A., Hutton R. S.: Electromyographic investigation of muscle stretching techniques.
Med Sci Sports Exerc, 12 (1980) 5, 322–329

Moritani T.: Effects of static stretching upon alpha motoneuron excitability and DOMS 6th Annual Congress of the European College of Sports Science: Perspectives and Profiles,
Cologne 24–28 July 2001, Abstractband Köln 2001

Mühlfriedel B.: Trainingslehre. Moritz Diesterweg Verlag, Frankfurt am Main 1994

Neumann G.: Ausdauerbelastung. Johann Ambrosius Barth, Leipzig – Heidelberg 1991

Neumann G.: Sportartspezifische Leistungsdiagnostik. Sports Care, Dr. Loges und Co. GmbH, Nr. 2/1999, S. 2 ff.

Peterson L., Renström P.: Verletzungen im Sport. Deutscher Ärzte-Verlag, Köln 1987

Peterson L.,Renström P.: Verletzungen im Sport. Deutscher Ärzte-Verlag, Köln 1987

Prahmann U.: Perfektes Lauftraining. Südwest Verlag München 1998

Prochnow Th.: Laufen in …,
LAS Verlag, Regensburg 1999 ff.

Prochnow Th.: Lauffibel.
LAS Verlag, Regensburg 2002

Read M.: Sportunfälle – Sportschäden. Trias – Thieme Hippokrates Enke, Stuttgart 1988

Reichel H.: Muskelphysiologie.
Berlin, Göttingen, Heidelberg: Springer 1960

Rosenbaum D., Hennig E.: The influence of stretching and warm-up exercises on

Achilles tendon reflex activity. J Sports Sci, 13 (1995) 6, 481–490
Ryffel M.: Der Weg in die Weltklasse. Verlag Aare, Solothurn 1988
Scand J Med Sci Sports, 8 (1998) 2, 65–77
Schmolinsky G.: Leichtathletik. Sportverlag Berlin 1977
Schönthaler S., Ott H.: Neuere Aspekte des Beweglichkeitstrainings. Teil 3: Auswirkungen verschiedener Dehnmethoden auf die maximale Bewegungsreichweite. Physiotherapie 1997 (3), 20–24
Shrier I.: Stretching before exercise does not reduce the risk of local muscle injury: a critical review of the clinical and basic science literature. Clin J Sport Med, 9 (1999) 4, 221–227 (25)
Strauzenberg S. E., Gürtler H., Hannemann D., Tittel K.: Sportmedizin. J.A. Barth Verlag, Leipzig, 1990
Taylor D. C., Dalton J. D., Seaber A.V., Garrett W. E.: Viscoelastic properties of muscle-tendon units. Am J Sports Med, 18 (1990) 3, 300–309
Thieß G. und A.: Training von A–Z. Sportverlag Berlin 1980
Van Aaken E.: Krebsvorbeugung und Heilung. Meyer & Meyer Verlag Aachen 1984
Viidik A.: Functional properties of collagenous tissues. In: Hall DA, Jackson DS (Eds.): International review of connective tissue research. New York, London: Academic Press 1973, 127–209
Vujnovich A. L., Dawson N. J.: The effect of therapeutic muscle stretch on neural processing. J Orthop Sports Phys Ther, 20 (1994) 3, 145–153
Hollmann W., Hettinger Th.: Sportmedizin, Arbeits- und Trainingsgrundlagen. Schattauer Verlag, Stuttgart 1990
Waitz G.: Worldclass – Eine Frau läuft sich frei. Meyer & Meyer Verlag Aachen 1989
Weineck J.: Optimales Training. Perimed Fachbuch-Verlagsgesellschaft, Erlangen 1990
Wessinghage Th.: Laufen. BLV Verlag München 2001
Wiemann K., Klee A., Startmann M.: Filamentäre Quellen der Muskel-Ruhespannung und die Behandlung muskulärer Dysbalancen. Dtsch. Zschr. Sportmed., 49 (1998) 4, 111–118
Wiemann K.: Beeinflussung muskulärer Parameter durch ein zehnwöchiges Dehnungstraining. Sportwiss., (1991) 3, 295–306
Williford H. N., East J. B., Smith F. H., Burry L. A.: Evaluation of warm-up for improvement in flexibility. Am J Sports Med, 14 (1986) 4, 316–319
Zintl F.: Ausdauertraining: Grundlagen, Methoden, Trainingssteuerung. BLV Verlag 1994

20 Sachwortverzeichnis

MTT = Medizinischer Trainingsmittelkatalog

20

E

F

G

H

N

O

P

Q

R

S

T

U

V

W

20

Danksagung
Der Verlag bedankt sich bei der Praxis GÜNTER KNARR, Regensburg, für die Überlassung der Räumlichkeiten für Fotoaufnahmen.
Des Weiteren sei Herrn DR. MED. MARTIN NOELKE für das Korrekturlesen des Manuskriptes gedankt.

Wichtiger Hinweis
Die Zusammenstellung und Überprüfung der in diesem Buch dargestellten Sachverhalte erfolgte nach bestem Wissen und mit größtmöglicher Sorgfalt.
Dennoch empfehlen wir in jedem Fall den fachlichen medizinischen Rat einzuholen. Eine Haftung für etwaige Nachteile oder Schäden jeglicher Art kann daher aus keinem Rechtsgrund weder von den Autoren noch vom Verlag übernommen werden.

ISBN: 3-89787-162-9

Bildnachweis: WOLFRAM SCHMIDT, Regensburg;
Illustrationen: CORNELIA HOFMANN, Berlin
Gesamtgestaltung, Infografiken, Satz und Excelsior-Caps: MARTIN VEICHT, Regensburg
Umschlaggestaltung: JUTTA METZGER-BREWKA, Regensburg

2. Auflage

Müllerstraße 21, D-93059 Regensburg